존 파이퍼 목사의 '로마서 강해'는 위대한 본문이 훌륭한 해석자를 만나서 나온 작품이다. 로마서 강해는 영국의 탁월한 강해설교자, 고(故) 마틴 로이드 존스 목사의 강해서 이후로 좀 더 현대적이고 실제적인 설교자를 오랫동안 기다려 왔는데 마침내 좋은 해석자를 만났다. 존 파이퍼 목사는 신학자 출신의 목회자로서 벧엘신학교에서 6년간 가르치다가 설교자로 부르심을 받았다. 그는 로마서의 위대함에 사로잡혀 있었고 그 중에서도 로마서 8장에 붙들려 18년 목회 사역을 감당할 수 있었다고 고백한다. 존 파이퍼의 '로마서 강해'가 마틴 로이드 존스의 '로마서 강해' 이상으로 한국 교회 강단에 큰 영향을 미칠 것으로 기대한다.

김서택 대구동부교회 담임목사

로마서는 성경의 모든 책들 중 가장 방대한 교리적 진술을 담고 있다. 존 파이퍼 목사의 로마서 강해는 교리적 가르침을 세밀하게 소개함과 동시에 그 진리가 주는 뜨거움을 생생하게 전달한다. 이는 불붙는 논리로 설교를 전했던 마틴 로이드 존스를 연상시킨다. 바른 진리는 열정을 발산시키게 하며, 열정은 바른 진리로부터 시작될 수 있다. 저자는 이것을 '구원의 틀'과 '현실을 바라보는 시각'으로 표현한다. 본서의 독자들은 견고한 구원의 진리를 만나게 될 것이며, 구원의 진리에 따라 살도록 도전받게 될 것이다. 이어 출간하게 될 로마서 강해집이 진리의 기반이 약한 한국 교회에 건강한 기초를 놓게 될 것을 기대한다.

송태근 삼일교회 담임목사

로마서에는 하나님과 세상과 우리 인간에 관한 진리와 복음의 중심이 고스란히 녹아 있다. 특별히 16년 간 베들렘헴교회 강단에서 전해진 복음주의 설교자 존 파이퍼 목사의 로마서 강해가 책으로 정리되어 출간되니 무척이나 반갑다. 존 파이퍼 목사의 로마서 강해가 전하는 복음의 메시지는 신학을 전공한 학도들뿐 아니라 평신도들도 쉽고 명쾌하게 이해할 수 있다. 이 책을 통해 모든 성도들이 복음을 깨닫고 그 복음을 살며 열방 가운데 복음을 전하는 그리스도인으로 날마다 자라가길 기도한다.

이찬수 분당우리교회 담임목사

'은혜'는 소위 말하는 기독교의 상투적이고 형식적인 문구 중 하나가 아니라 복음의 심장이며 기독교의 핵심 메시지다. 죄인들을 향한 하나님의 넘치도록 부요하신 사랑과 우리 구주 예수 그리스도의 완전한 대속이 만들어 내는 은혜를 깨달아 알 때, 비로소 우리는 세상을 거슬러 사는 경건의 능력과 눈물과 감격이 있는 예배를 회복할 수 있다. 조건과 자격이 지배하는 이 세상에 복음은 일하지 않은 자들, 자격 없는 자들을 값없이 의롭다 하시는 하나님의 은혜가 통치하고 왕 노릇하는 새로운 질서를 선포한다. 세속화의 위험이 어느 때보다 많은 오늘 같은 시대일수록 우리는 은혜에 대해 더 정확하게 알고, 은혜를 더 자주 강조하고 반복해야 한다. 존 파이퍼 목사의 두 번째 로마서 강해집 「복음과 하나님의 은혜」는 이런 점에서 때에 맞는 좋은 책이다. 은혜의 파격성과 경건의 능력을 말하고 있는 이 책이 조국 교회가 각성되고 다시 회복되는 데 귀한 도구로 사용되기를 기대한다.

화종부 남서울교회 담임목사

좋은 강해를 읽는 것은 언제나 감동이다. 이 책은 그런 보기 드문 역작 중의 하나다. 최근 우리에게 큰 유익을 끼치는 외국 작가로 우리는 팀 켈러와 존 파이퍼를 주목한다. 두 분은 모두 목회자요 강해 설교가다. 두 분 다 견고한 신학적 기반에서 설교하는 분들이다. 한 분은 장로교 목회자고, 또 한 분은 침례교 목회자다. 존 파이퍼는 그의 목회의 절정에서 이 로마서를 강해한다고 고백한다. 그는 존 스토트의 로마서 강해에서 영감을 얻었다고 말한다. 그는 이 책에서 그의 회심과 목회의 모든 것을 내놓고 있다. 그래서 어쩌면 존 파이퍼 신학의 절정이라고 할 만한 작품이다. 존 스토트나 마틴 로이드 존스의 로마서와는 또 다른 감동이 있다. 바로 우리 시대의 치유와 해답이라고 할 만한 현장을 느끼게 된다. 나는 이 책에서 한국 교회를 살리는 희망을 느끼며 읽었다. 그래서 이 책을 이 시대의 한국 강단의 동역자들에게 강추하는 바다. 오랫동안 이 책은 설교자의 필수 도서목록으로 남을 가치가 있다. 다른 불필요한 책들 대신에 이 책으로 자리를 대신하기 바란다. 그 대신 우리의 강단은 새로운 부요를 경험하게 될 것이다.

이동원 지구촌교회 원로목사

멋진 음악은 늘 새로이 연주되고 새로이 음미된다. 연주자가 달라지고, 듣는 내 삶의 자리도 달라지기에, 익숙한 아름다움이라도 언제나 그 맛이 새롭다. 로마서라는 멋진 음악 역시 오랜 세 월 숱한 설교자들을 만나며 깊고 진한 감동을 선사해 왔다. 오늘날 우리는 존 파이퍼라는 또 한 사람의 능숙한 연주자를 알고 있다. 로마서 연구로 박사학위를 받은 성경학자로서의 기량과 가슴 따스하고 열정적인 목회자로서의 정감을 함께 갖춘 그는 로마서를 연주할 최적의 연주자 중 하나다. 그의 설교를 읽으며 독자들은 복음의 의미에 대한 상세한 해설뿐 아니라 그 복음이 내 삶과 어우러지는 방식에 대해서도 많은 생각을 하게 될 것이다. 특히 복음의 탈을 쓴 욕망의 외침에 지치고 혼란스런 영혼들에게 값진 깨우침과 격려의 통로가 되리라 확신한다.

권연경 숭실대학교 기독교학과 교수

존 파이퍼 목사는 목회자와 저술가로서 그 영성과 지성이 검증된 주님의 사역자다. 로마서는 초대 교회 때부터 성도들의 신앙의 기초를 견고하게 세우는 영적 자양분을 공급하는 보고로 쓰임 받아왔다. 이제 한국 교회 성도들은 예배당 안에서의 영성이라는 편협성을 과감하게 극복해야 할 시대적 소명을 안고 있다. 일상의 예배자로 한걸음 더 개혁적인 발걸음을 내딛기 위해 말씀에 대한 불같은 확신과 진리에 대한 각성 및 생활의 변화가 그 열매로 나타나야 한다. 목회와 말씀의 균형 감각이 탁월한 저자를 통하여 펼쳐지는 로마서의 파노라마가 한국의 목회자들과 성도들의 가슴에 안겨질 때 하나님의 역사하심이 힘 있게 일어날 줄 믿는다. 저자가 금세기 지구촌 그리스도인들을 향한 하나님의 은혜로운 선물인 것처럼 '로마서 강해' 역시 한국 교회를 향한 주님의 마음이 담긴 선물임을 믿어 의심치 않는다.

오정호 새로남교회 담임목사, 제자훈련목회자협의회(CAL-NET) 대표

존 파이퍼 목사의 '로마서 강해'는 그의 신학적 통찰과 목회적 경건성이 잘 조화를 이루고 있으며, 복음의 진수를 배우고자 사모하는 이들에게 설득력 있는 문장으로 다가가는 잘 구성된 이야기다. 로마서는 복음의 비밀을 가장 분명하게 드러내는 성경 중의 성경으로, 최신 유행이나 문화적 흐름에 쉽게 반응하기 쉬운 가벼운 신앙과 신학을 경계하고 기독교 신앙과 신학을 바르게 안내하는 지침서라 할 수 있다. 더불어 이 책은 저자의 신학적 깊이와 목양적 소양이 함께 묻어나는 결과물로 복음의 영광과 복음의 기쁨을 잘 드러내고 있다. 저자는 자신의 회심과 부르심과 신학형성에 이르기까지 로마서에 빚지고 있음을 고백하고 있다. 로마서를 공부하는 이들에게 으뜸 길잡이가 될 책으로 기쁘게 추천한다.

김성희 기독대학인회(ESF) 대표

복음주의적 성경해석으로 이름난 존 파이퍼 목사의 로마서 강해집은 오늘날 행위심판과 행위구원을 강조하는 한국 교회의 도덕주의자들과 윤리주의자들을 향해 울리는 경고와 깨우침의 종소리다. 그는 왜 인간이 자신의 내재적 능력과 자원으로 스스로를 구원할 수 없는지, 왜 인간은 하나님의 은혜로만 구원받을 수밖에 없는지 설득력 있게 설명한다. 그리고 그의 설명은 복잡한 추론이 아니라, 성경 본문이 말하는 바를 직설적으로 지적하는 것이어서 더욱 간명하다. 이 책은 평신도, 신학생, 목회자들에게 두루 도움을 줄 수 있다. 그의 로마서 강해집의 출간을 환영하며 구원에 관해 잘못된 설명을 하고 있는 사람들이 다시 복음으로 돌아오게 되길 기대한다.

김철홍 장로회신학대학교 신약학 교수

존 파이퍼의 로마서 설교는 어느 페이지를 읽어도 그냥 지나칠 수 있는 내용이 없다. 그의 강점은 로마서를 조금씩 잘라 설교하면서 본문을 철저하게 분석하고 있는 것에서부터 시작된다. 본문을 치밀하게 분석하는 것은 이미 하나님의 뜻을 제대로 이해할 확실한 토대를 마련했다는 사실을 의미한다. 그런데 존 파이퍼의 더욱 놀라운 모습은 로마서 전체를 통찰할 뿐 아니라 바울 서신 전부를 섭렵하면서 본문 해석을 종합한다는 것이다. 그래서 존 파이퍼의 로마서 설교를 읽다보면 사도 바울의 영혼에 흐르고 있던 생각의 주류가 무엇인지 깨닫게 된다. 하지만 그의 로마서 설교는 여기서 그 놀라움을 멈추지 않는다. 그는 본문으로부터 우리의 현실을 직시하게 만들면서 때로는 우리의 오류를 맹렬하게 공격하고 때로는 우리의 믿음을 열렬하게 위로한다. 그 결과로 우리는 자신에 대한 명료한 일깨움을 얻는다. 이것이 존 파이퍼의 로마서 강해다.

조병수 합동신학대학원대학교 총장

존 파이퍼 목사는 학식과 영성 그리고 복음에 대한 열정을 겸비한 분이다. 전 세계 많은 그리스도인들로부터 인정과 존경을 받는 훌륭한 목회자요 저술가이기도 하다. 존 파이퍼 목사가 학술적 전문성과 목회 현장 체험을 토대로 집필한 바울 복음의 정수인 로마서 강해가 한국어로 출간되는 것을 매우 기쁘게 생각한다. 본문 해석에 충실하고 적절한 적용이 담긴 풍성한 강해설교를 원하는 목회자들에게 매우 유용한 책이다. 또한 바울의 복음과 로마서를 좀 더 깊이 이해하고 학습하려는 사람들에게도 적극 추천한다.

최흥식 횃불트리니티신학대학원대학교 신약학 부교수

ROMANS 2

John piper

로마서 강해 2

(롬 3:21-5:11)

로마서 강해 2
복음과 하나님의 은혜

초판 1쇄 인쇄 | 2014년 6월 10일
초판 1쇄 발행 | 2014년 6월 20일

지은이 | 존 파이퍼
옮긴이 | 주지현
펴낸이 | 신은철
펴낸곳 | 좋은씨앗
출판등록 | 제4-385호(1999. 12. 21)
주소 | (137-860) 서울시 서초구 효령로 77길 20, 212호(서초동, 현대ESA)
주문전화 (02)2057-3041 주문팩스 (02)2057-3042
홈페이지 | www.gsbooks.org
페이스북 | facebook.com/goodseedbook
ISBN 978-89-5874-227-2 04230
ISBN 978-89-5874-219-7(세트)

로마서 강해 2

복음과 하나님의 은혜

존 파이퍼 지음 | 주지현 옮김

좋은씨앗

| 차례 |

1장

우리의 죄를 씻으신 귀하신 예수

로마서 3:19-26

우리가 알거니와 무릇 율법이 말하는 바는 율법 아래에 있는 자들에게 말하는 것이니 이는 모든 입을 막고 온 세상으로 하나님의 심판 아래에 있게 하려 함이라. 그러므로 율법의 행위로 그의 앞에 의롭다 하심을 얻을 육체가 없나니 율법으로는 죄를 깨달음이니라. 이제는 율법 외에 하나님의 한 의가 나타났으니 율법과 선지자들에게 증거를 받은 것이라. 곧 예수 그리스도를 믿음으로 말미암아 모든 믿는 자에게 미치는 하나님의 의니 차별이 없느니라. 모든 사람이 죄를 범하였으매 하나님의 영광에 이르지 못하더니 그리스도 예수 안에 있는 속량으로 말미암아 하나님의 은혜로 값없이 의롭다 하심을 얻은 자 되었느니라. 이 예수를 하나님이 그의 피로써 믿음으로 말미암는 화목제물로 세우셨으니 이는 하나님께서 길이 참으시는 중에 전에 지은 죄를 간과하심으로 자기의 의로우심을 나타내려 하심이니. 곧 이때에 자기의 의로우심을 나타내사 자기도 의로우시며 또한 예수 믿는 자를 의롭다 하려 하심이라. _롬 3:19-26

죄책(guilt)은 보편적인 경험입니다. 모든 인간은 자신이 마땅히 해야 하는 일을 하지 않았을 때, 그것으로부터 오는 부정적인 감정을 예외 없이 경험해 보았습니다. 심지어 말로는 '세상에 옳고 그른 것이란 없다'고 부정하는 사람들조차 그들 마음에 새겨진 하나님의 법에서 벗어나지 못합니다. 그들은 "세상에는 옳고 그름이란 없으며 모든 윤리는 상대적이므로 그때그때 다르다"고 주장하지만 그래놓고 자기들 의견에 동조하면 옳은 거고 동의하지 않으면 잘못된 거라는 식으로 결론을 내립니다.

하나님이 모든 인간의 마음에 새겨두신 당위감(sense of ought)을 지우는 데 성공한 사람은 아무도 없었습니다. 우리의 도덕 감각이 오염돼서 하나님의 윤리에 등을 질 수는 있어도, 모든 인간은 어떤 일은 마땅히 해야 하고 어떤 일은 하지 말아야 한다는 것을 느낍니다. 마땅히 해야 하는 모든 일을 하지 않았을 때 우리는 우리가 하지 않았다는 사실을 잘 알 뿐 아니라, 마땅히 품어야 하는 모든 감정을 품지 않았을 때에도 그 사실을 잘 압니다. 언제든 이런 일이 벌어질 때마다 우리는 나쁜 감정을 경험합니다. 마땅한 일을 행하는 데 실패했을 때 우리는 그것을 죄책(guilt)이라고 부릅니다. 여기에는 보통 우리가 죄책감(guilt feelings) 혹은 양심의 가책(bad conscience)이라 부르는 부정적 감정이 동반됩니다.

세상이 죄책에 대처하는 법

우리의 양심이 민감하다면, 이러한 감정은 너무 큰 고통을 일으켜 스스로 목숨을 끊고 싶은 유혹을 느끼게 할 수도 있습니다. 하지만 더 많은 경우 우리는 양심의 가책에 따르는 고통을 덜기 위해 다른 방법을 모색합니다. 요즘 사람들이 죄책 문제를 해결하기 위해 시도하는 방식이 적어도 세 가지가 있습니다. 지적인 방식, 육체적인 방식, 종교적인 방식입니다.

예를 들어 지적인 방식이라고 하면, 우리가 스스로에게 지우는 비현실적인 기대감으로 인해 죄책이 생긴다고 가르치는 것입니다. 우리가 실패하고 잘못을 저지르는 것은 인간으로서 당연한 일이므로 지나친 기대를 품는 것이야말로 불합리하다는 주장입니다. 그래서 자신의 도덕성에 대한 기대를 낮추면 낮출수록 죄책도 덜하게 된다고 말합니다.

죄책에 대처하는 또 다른 지적 방법은, 우리의 도덕 원칙이란 구시대적인 것이어서 사람을 구속할 뿐이라고 주장하는 것입니다. 도덕 원칙을 진부한 프로테스탄트 노동 윤리나 고상한 척 하는 청교도주의 혹은 빅토리아 시대의 유물 정도로 간주합니다. 그래서 도덕을 강조하는 암흑 시대에서 벗어나면 우리의 죄책 문제도 해결할 수 있다고 말합니다. 지난 10여 년간 죄책이라는 문제를 처리하기 위해 사용해 온 가장 놀라운 전략 중 하나로, 이런 가르침에 따르면 우리가 다들 악하다고 생각했던 것들이 실상은 미덕에 해당하므로, 오히려 이런 것들이 없을 경우 잘못이 되고 맙니다. 예를 들면, 탐욕(greed)과 위협(intimidation), 자기 자랑(self-exaltation) 같은 것들입니다. (저널리스트 엘런 굿맨은 〈프라이데이〉 지에서 '돈 보고 결혼하는 법'에 대한 세미나 관련 사설을 쓴 바 있습니다. 심지어 '남을 위협하는 법'에 대한 책이 베스트셀러가 되기도 합니다. 그리고 나를 강조하기 위해 대문자로 'ME'라고 표기한 상품은 큰 것부터 사소한 것에 이르기까지 뭐든 잘 팔린다고 합니다.) 악덕을 미덕으로 탈바꿈시키는 분위기에 편승하는 것이야말로 자신의 죄책 문제를 가장 확실하게 해결해 준다고 보는 사람들이 많습니다.

70년대는 죄책을 지적인 방식으로 해결하려는 시도가 봇물처럼 쏟아지던 시대였는데, 그럼에도 아직까지는 예전 방식, 즉 육체적인 방식이 주를 이루고 있습니다. 죄책감에서 벗어나게 할 총명한 머리를 지니지 않은 사람들에게는 알코올만큼 의존하기 좋은 대상이 없습니다. 최근에는 다른 약물들도 늘었습니다. 저는 알코올 중독의 뿌리는 양심의 가책이라고 생각합니다. 당사자는 단순히 스트레스 때문에 술을 마시게 되었다고 말할지 모릅니다. 혹은 너무 슬프고 외로워서 마셨다고 말할 수도 있습니다. 하지만 스트레스와 비탄과 고독을 해결해야 한다고 깊이 느끼면서도 그러지 못한 데서 오는 (커져 가는) 죄책이야말로 그들이 정말 벗어나고자 한 대상이 아닐까요?

물론 알코올과 마약만이 그것을 회피하는 수단은 아닙니다. 어떤 이들은 쉴 새 없이 강박적으로 말을 늘어 놓으며 남의 말을 가만히 듣지 않습니다. 듣고 싶지 않은 말을 듣지 않으려는 것이지요. 어떤 사람은 밤낮으로 게임과 취미 활동과 스포츠에 빠져 살기도 합니다. 또 어떤 이는 하루 종일 시끄럽게 TV를 켜 놓기도 합니다. 자신들의 마음에 온갖 소리와 시각효과로 쉴 새 없이 일제 엄호 사격을 가해 이른바 사이먼 앤 가펑클이 부른 불안한 "침묵의 소리"(sounds of silence)로부터 스스로를 보호하기 위해서입니다.

그렇지만 죄책의 고통에서 벗어나기 위한 가장 오래 되고 추앙 받는 전략은 종교입니다. 이 전략이 가장 간교하다 할 수 있는 이유는 진리로부터 가장 가까이 있기 때문입니다. 종교는 지적이고 육적인 전략이 대체로 무시하는 측면, 즉 죄책이 일어나는 궁극적인 원인은 피조물을 향한 자신의 뜻을 철저히 무시당하고 외면당하는 의로운 하나님이 계신다는 사실에 있음을 인정합니다. 인간이 겪는 양심의 고통에는 입으로 표현하지는 않지만 "내가 하나님을 대적했구나" 하는 침묵의 고백이 흐르고 있다는 사실을 인정합니다. 이런 죄책을 처리하기 위해 종교가 개발해 낸 방법은 선한 행위와 종교 의식(ritual)으로 하나님을 진정시키고 달래려 시도하는 것입니다. 종교적인 사람은 자신이 불순종 때문에 하나님께 큰 빚을 졌다는 사실을 압니다. 하지만 자신의 선한 행위와 종교적 의무 수행으로 그 빚을 다 갚을 수 있다고 생각하는 엄청난 실수를 저지르기도 합니다.

우리의 죄책을 다루시는 하나님의 방법

조금만 시간을 두고 깊이 들여다보면 죄책을 다루는 이런 방법들(지적, 육체적, 종교적) 중 어느 하나도 만족스럽지 않음을 알 수 있습니다. 우리의 머리는 죄책의 심연으로부터 쉽게 빠져나올지 모르나 우리의 가슴은 쉽게 치유되지 않습니다. 자기를 기만하고 돈에 탐닉하고 위협을 일삼는 일들이 실제로는 진짜 미덕이 아니라는 것을 우리는 압니다. 술과 마약, 강박적 유희와 소음은 생명과 평안을 주는 길이 아니라는 것을 우리는 압니다. 그리고 예수 그리스도의 복음을 들은 우리는 인간이 하나님께 진 빚은 우리의 하찮은 도덕 행위로는 결코 갚을 수 없다는 사실을 알아야 합니다.

하지만 이 모든 방법들이 불충분함을 설명하려 애쓰는 대신 저는 앞서 전했던 말씀 위에서 이를 풀어 가고 싶습니다. 지난 두 주에 걸쳐 전한 메시지의 요점은, 성경이 묘사하는 예수님은 참되시다는 것이었습니다. 이것은 역사적 사실에서 비롯하기 때문에 누구라도 충분히 납득할 수 있습니다. 마음이 열린 사람이라면 이성적으로 받아들이지 않을 수 없을 정도입니다. 예수님처럼 말한 사람은 이 세상 어디에도 없습니다(요 7:46). 그분은 신뢰할 만한 분이며 진실하십니다. 구약의 말씀을 확증하시며, 신약에서 성령으로 말씀하시는 이가 그분입니다.

그러므로 인간의 죄를 다루시는 하나님의 방법에 관해서는 사도인 바울을 통해 전하시는 그분의 말씀을 들어야 합니다. 그것은 온 세상 최고의 소식입니다. 하나님의 의와 그분 앞에 선 우리 죄책의 심각성에 관한 진리를 내 것으로 삼을 수 있는 유일한 방법입니다. 우리의 죄책을 다루시는 하나님의 방법에 사로잡히고 나면 그밖의 다른 방법들은 모두 얄팍하고 피상적이고 부적절하여 비교 불가하다는 사실을 깨닫게 됩니다. 그리고 "우리의 죄를 씻으신 귀하신 예수"를 노래하며 기뻐하게 될 것입니다.

저의 말이 아니라 하나님의 말씀인 성경이 우리에게 보여 주는 방법임을 기억하십시오. 그러므로 로마서 3장 19-29절을 함께 보겠습니다. 이 본문은 우리의 마음을 설득하고 굴복시키는 엄청난 능력이 있으므로 그 말씀 그대로 받아들이기를 소망합니다. 본문에서 요약한 다섯 가지 사실을 말씀드린 뒤 바울의 논지를 따라 하나씩 자세히 살펴보도록 하겠습니다. 첫째, 유대인이든 이방인이든 모든 사람은 각자 자신의 죄(sin)로 인해 하나님의 심판 아래에 있습니다(19절). 둘째, 그로 인해 초래되는 인간의 죄책(guilt)과 하나님의 진노의 관계는 율법의 행위로 해결될 수 없습니다(20절). 셋째, 우리를 값없이 무죄 방면하기 위해 하나님이 먼저 주도적으로 조치를 취하셨습니다(21-24절). 넷째, 하나님이 이 일을 행하신 방법은, 예수 그리스도를 보내어 그분의 죽음으로 우리를 속량하시고 하나님의 의로우심을 나타내시는 것이었습니다(24-26절). 다섯째, 칭의의 선물은 예수 그리스도를 믿는 자들에게만 임합니다(22, 25, 26절). 이번에는 19-26에 걸쳐 이어지는 바울의 논지를 따라가 보겠습니다.

모든 사람이 죄 아래 있다

로마서 3장 9절에서 바울은 이전에 다뤘던 부분을 요약합니다. "유대인이나 헬라인이나 다 죄(sin) 아래에 있다." 모든 사람이 죄를 범하여 죄의 끔찍한 지배 아래 있으며 죄의 종이 되었습니다(롬 6:16). 바울은 그 점을 설명하고 확증하기 위해 시편과 이사야서 말씀을 인용하면서 10-18절에 걸쳐 인류가 죄 아래 처한 상태를 묘사합니다. 그런 다음 19절에서 이렇게 말합니다. "우리가 알거니와 무릇 율법이 말하는 바는 율법 아래에 있는 자들에게 말하는 것이니 이는 모든 입을 막고 온 세상으로 하나님의 심판 아래에 있게 하려 함이라." 그러므로 첫 번째 요점은 인종과 관계없이 모든 사람이 예외없이 하나님의 심판 아래에 있다(accountable to God)는 것입니다. 죄책이라는 보편적 문제는 우리가 '사람'을 실망시켰다는 사실에 기인하는 것이 아니라, '하나님'을 실망시켰다는 사실에서 비롯합니다.

오늘 이곳에 모인 우리 모두는 하나님의 심판 아래 있습니다. 하나님은 우리 한 사람 한 사람을 상대하시며, 우리는 언젠가 자신의 인생에 관해 하나님 앞에 직고해야 합니다. 그런데 우리가 앞서 살펴보았던 지적이고 육체적이고 종교적인 방식으로 자기 죄를 다루려고 애쓴다면 생각만 해도 끔찍합니다. "진노의 날 곧 하나님의 의로우신 심판이 나타나는 그날에"(롬 2:5) 그 모든 것이 얼마나 어리석고 어처구니없으며 비극적인 것으로 드러나겠습니까? 우리가 얼마나 도덕적으로 보이든 상관없이 우리는 하나님의 심판 아래 있으며, 우리 삶의 모든 행동과 말과 생각과 감성에 관해 헤아림 받게 될 것입니다.

죄책이라는 보편적인 문제는 어떻게 해야 기분이 좋아지느냐의 문제가 아니라 어떻게 해야 하나님 앞에서 의롭다 함을 얻느냐의 문제입니다. 죄책으로 인한 고통을 경감시키는 세상의 방식이 언제나 실패할 수밖에 없는 것은 인간 실존의 주된 문제를 간과하기 때문입니다. 우리는 하나님 앞에서 죄 있는(guilty) 존재입니다. 우리가 깨뜨린 것은 '하나님'의 법입니다. 우리가 이르지 못하는 것은 '하나님'의 영광입니다(롬 3:23).

이곳에 모인 모든 사람은 저마다 하나님의 심판 아래에 있으며, 언젠가는 하나님을 만나게 되는데, 어떤 사람은 유죄 선고와 정죄를, 또 어떤 사람은 무죄 선고와 기쁨을 얻게 될 것입니다.

율법의 행위로 의롭다 함을 얻을 사람은 없다

20절은 19절의 근거로 제시된 말씀입니다. "그러므로 율법의 행위로 그의 앞에 의롭다 하심을 얻을 육체가 없나니 율법으로는 죄를 깨달음이니라." 의롭다 하심을 얻는다는 것은 하나님에 의해 죄가 없다고 인정 받고 자유롭게 풀려나도록 선고 받으며 하나님과의 관계가 바르게 회복된다는 의미입니다. 그리하여 하나님의 진노는 사라지고 우리의 반역은 제거된다는 의미입니다. 20절의 요점은 율법의 행위로는 결코 무죄 선고를 받을 수 없다는 것입니다. 값없이 의를 주시는 하나님의 자비를 신뢰하지 않고서는, 율법의 행위를 통해 하나님 앞에서 스스로를 의롭게 하려는 모든 시도는 실패한다는 의미입니다. 결과적으로 그것을 통해 오히려 그 사람의 죄가 더욱 분명하게 드러날 것입니다(롬 5:20, 7:7-8, 갈 3:19).

19절과 20절 사이의 연결은 이렇게 되어야 좋을 것 같습니다. 사람들이 하나님의 자비하심을 의지하지 않고 하나님 앞에서 의롭게 되려고 율법을 사용하려 애쓰면, 결국 그 율법을 통해 그들의 죄가 밝히 드러나고 그들의 불신앙으로 정죄를 받게 된다고 말입니다. 이 사실은 유대인이든 이방인이든 모든 인간(모든 육체)에게 진실이므로, 우리는 율법이 유대인에게 말할 때 그것이 또한 온 세상에도 해당한다는 것과, 따라서 모든 입이 닫히고 하나님의 심판 아래에 있게 된다는 것을 알게 됩니다. 따라서 첫 번째 요점 두 가지는 이것입니다. 모든 사람은 죄인이며 예외 없이 하나님의 심판 아래 있고, 죄로 더러워진 관계는 율법의 행위로 바르게 잡을 수 없습니다.

하나님이 우리의 무죄 방면을 위해 일하시다

세 번째 요점은 하나님이 우리의 무죄 방면을 위해 주도적으로 먼저 움직이셨다는 것입니다. 21-24절입니다. "이제는 율법 외에 하나님의 한 의가 나타났으니 율법과 선지자들에게 증거를 받은 것이라. 곧 예수 그리스도를 믿음으로 말미암아 모든 믿는 자에게 미치는 하나님의 의니 차별이 없느니라. 모든 사람이 죄를 범하였으매 하나님의 영광에 이르지 못하더니. 그리스도 예수 안에 있는 속량으로 말미암아 하나님의 은혜로 값없이 의롭다 하심을 얻은 자 되었느니라." 구약의 율법은 하나님의 긍휼하심에 관해 많은 약속들을 제공하고 또 사람들을 향해 회개와 믿음을 수없이 요청하고 있습니다. 하지만 그것과 별개로, 하나님이 율법을 주심으로 나타나는 실제 효과는 주로 인간의 죄를 드러내고 정죄하는 것입니다(갈 3:21-22).

그러므로 하나님이 우리의 칭의를 위해 그분의 의를 나타내셨을 때, 하나님은 "율법 외에"(apart from the law) 그 일을 하셨습니다. 즉 하나님은 우리가 동물의 희생을 수반하는 율법에 관심을 갖는 것이 아니라, 우리 죄를 대신해 죽기 위해 오신 그분의 아들에게로 관심을 돌리게 하셨습니다. 로마서 8장 3절은 그 사실을 이렇게 표현합니다. "율법이 육신으로 말미암아 연약하여 할 수 없는 그것을 하나님은 하시나니 곧 죄로 말미암아 자기 아들을 죄 있는 육신의 모양으로 보내어 육신에 죄를 정하사."

세 번째 요점에서 제가 강조하고 싶은 것은 이것입니다. 하나님은 우리가 아직 죄인인 상태로 있을 때(롬 5:8), 우리 스스로 죄책을 해결하라고 버려 두지 않으시고, 오히려 값없이 우리의 무죄 방면을 제공하고자 주도적으로 먼저 나서셨습니다. 하나님 앞에서 우리는 죄인이고 유죄임이 분명함에도 그 하나님이 스스로 우리의 죄책과 그분의 진노를 도맡아 의와 화목으로 바꿔 주셨다는 사실이야말로 복음의 영광입니다. 더 이상의 죄책과 정죄함이 없는, 하나님과의 의로운 관계 속으로 우리를 불러들이시는 하나님의 그 행위를 24절에서

"칭의"라고 부릅니다.

이 구절에 나오는 칭의의 근거를 놓치지 말기 바랍니다. 즉 칭의는 '은혜'에 근거를 두고 있으므로 거저 주시는 '선물'입니다. 그것은 우리의 행위로 노력하거나 공로를 쌓아 획득할 수 있는 것이 아닙니다. 은혜와 행위는 서로 정반대의 대척점에 있습니다. 로마서 11장 5-6절에 귀 기울여 보십시오. "그런즉 이와 같이 지금도 은혜로 택하심을 따라 남은 자가 있느니라. 만일 은혜로 된 것이면 행위로 말미암지 않음이니 그렇지 않으면 은혜가 은혜 되지 못하느니라." 우리의 죄책이 '은혜로'(by grace) 씻기었다는 바울의 말은, 그것이 우리에게 거저 주신 선물이고 행위로 얻지 못한다는 의미입니다.

우리의 칭의를 위해 그리스도를 앞세우시다

네 번째 요점은 하나님이 칭의라는 값없는 선물을 어떻게 우리에게 주셨는가에 관한 것입니다. 바울은 24-25절에서 이렇게 말합니다. "그리스도 예수 안에 있는 속량으로 말미암아 하나님의 은혜로 값없이 의롭다 하심을 얻은 자 되었느니라." 얼마나 중요한 문장인지요! 죄책으로 인한 인간의 고통 문제를 해결하려는 세상의 모든 노력은 무기력합니다. 이런 노력 이면에는 우리의 죄로 말미암아 하나님의 거룩함과 의로운 영광이 모욕당하고 비난받고 훼손되었다는 사실에 대한 간과가 있기 때문입니다.

우리의 죄책을 다루려면 반드시 거룩하신 하나님이 포함되어야 합니다! 인간이 업신여긴 하나님의 거룩하심이 높임을 받고 훼손되었던 그분의 의가 회복되지 않는 한, 인간에게 칭의도 없고 화목도 없으며 양심의 씻김도 없습니다. 인간의 죄책과 관련한 문제 해결이 시급한 이유는 우리가 비참함을 느낀다는 데 있는 것이 아니라 하나님의 이름이 모욕을 받았다는 데 있습니다. 우리가 사는 현 시대는 인간의 잠재력을 끔찍하리만큼 부풀리는 반면, 하나님의 거룩하심은 비참할 만큼 사소하게 바라봅니다. 그래서 죄책의 진짜 문제가 무엇인지 제대로 인식하지 못합니다. 그것의 진짜 문제는 "저런 사소한 죄로 사람들을 정죄하시는 하나님이 어떻게 사랑이라는 말인가?"가 아닙니다. 진짜 문제는 "이토록 비참한 우리 같은 죄인들을 죄 없다고 하시는 하나님이 어떻게 의로우시다는 말인가?"입니다. 죄에 대한 하나님의 의로운 진노와 관련이 없는 영구적인 '죄 해결책'이란 결코 없습니다.

그래서 희생 제사가 필요했습니다. 아무것으로나 드리는 제사가 아니라 하나님의 아들을 드리는 제사 말입니다! 세상 어느 누구도, 어떤 행위도 우리의 죄 때문에 더럽혀진 하나님의 영광을 회복할 수 없었습니다. 하지만 예수님이 아버지의 영광을 위해 죽으셨을 때, 모든 요구가 충족되었습니다. 영광은 회복되고 의가 드러났습니다.

그러므로 하나님이 경건하지 아니한 자들을 은혜로 값없이 의롭다 하실 때(롬 4:5), 그분은 정의를 실현해야 한다는 요구에 무관심한 게 아니었음이 분명해졌습니다. 갈보리 십자가에서 아버지와 아들 사이에 있었던 위대한 거래(grand transaction)를 근거로 가능했던 일입니다. 다른 복음으로는 우리의 죄를 씻을 수 없습니다. 다른 복음은 하나님과 관련된 인간의 실로 엄청난 죄 문제를 해결할 수 없기 때문입니다.

오직 믿음으로 받는 칭의

마지막 다섯 번째 요점은 예수님이 십자가에서 값을 치르고 사서 값없이 주시는 칭의의 선물은 오직 예수님을 믿는 자에게만 임한다는 것입니다. 바울은 21절에서 하나님이 율법 외에 그분의 의를 나타내셨다고 말한 뒤, 그 의를 22절에서는 "예수 그리스도를 '믿음으로' 말미암아 모든 '믿는' 자에게 미치는 하나님의 의"로 정의하고 있습니다(빌 3:9 참조). 그런 다음 25절에서는 그리스도가 "믿음으로 말미암는"(through faith) 혹은 "믿음으로 받는"(to be received by faith) 화목제물이라고 말합니다. 마지막으로 26절에서는 하나님이 "예수를 '믿는' 자를 의롭다 하신다"고 말합니다. 따라서 하나님의 말씀이 가르치는 바는 단순합니다. 칭의를 얻고자 예수님을 믿는 사람은 어느 누구든 값없이 그것을 받는다는 것, 이것이 복음입니다.

이 말씀은 인간으로서는 가장 어려우면서도 동시에 가장 쉬운 것이기도 합니다. 그것이 어려운 일이 되는 이유는 하나님 앞에서 나 자신이 유죄임을 진심으로 인정해야 하고 내가 그 문제를 해결하기 위해 할 수 있는 일이 전혀 없음을 인정해야 하기 때문입니다. 인간은 자신이 유죄이며 무능하다고 생각하기를 싫어합니다. 그래선지 인간의 잠재력 계발 운동이 요즘 전성기를 이루고 있습니다. 하지만 대다수 사람들은 죄에 대한 진짜 문제는 전혀 해결하지 못한 채 살아가고 있습니다. 예수 그리스도를 믿는, 구원 얻는 믿음은 절망으로부터 태어나기 어려우며, 하나님의 은혜가 아니고서는, 인간은 자신이 절망적인 상황에 놓였다는 사실을 인정하는 것도 싫어합니다.

하지만 반대로, 믿음보다 더 쉬운 게 어디 있을까요? 굉장한 능력이 필요하다거나, 더 아름다워야 하거나, 더 똑똑해져야 할 필요가 없습니다. 심판의 날에 어느 누구도 구원받는 방법이 너무 어려웠다고 변명하지 못할 것입니다. 하나님은 분명 이렇게 대답하실 것입니다. "네가 할 일은 어린아이가 되는 것뿐이었다(마 18:3). 그리고 내가 너를 돌보아 줄 것을 신뢰하는 것뿐이었다. 그게 어려운 일이었느냐? 나에게 의지하고 내가 준 약속 안에 안식하며 그리스도가 성취한 일을 신뢰하는 게 그리도 어려웠느냐? 값없이 주는 선물을 받는 것이 그토록 어려웠느냐? 죄사함의 보물을 귀하게 여기는 것이 어려웠느냐? 너를 위해 목숨을 버린 구세주를 사랑하는 게 어려웠느냐?" 구원은 무료입니다! 구원은 공짜입니다! 우리의 필요를 인정하고 그분 안에서 안식하십시오!

이제 다섯 가지 항목을 종합해 결론을 내리려 합니다. 이것이 예수님을 만나 하나님의 비밀을 알리라는 사명을 직접 받은 사도 바울이 전하는 말씀이라는 점을 기억하기 바랍니다(엡 3:3-5). 교묘하게 각색한 신화가 아닙니다. 역사에 근거한 진실이며, 스스로 진실한 자 되시고 부활하신 예수님이 주시는 말씀입니다.

첫째, 모든 인간은 예외없이 저마다 자기 죄로 인해 하나님의 심판 아래 있습니다(19절). 둘째, 인간의 죄가 초래한 결과와 하나님의 의로운 분노는 율법의 행위로 해결할 수 없습니다(20절). 셋째, 하나님이 먼저 은혜로 우리의 칭의를 완성하시고 값없이 의를 선물로 주십니다(21-24절). 넷째, 하나님은 그 아들 예수님을 우리에게 보내어 죽음으로 우리를 대속하고 하나님의 의를 드러내게 하는 방법으로 그 일을 이루셨습니다(24-26절). 다섯째, 우리의 죄를 씻고 하나님의 진노를 없게 한 칭의라는 선물은 오직 예수님을 믿는 사람에게만 임합니다(22, 25-26).

예수 그리스도의 이름으로 여러분에게 간청합니다. 하나님과 화목하십시오(고후 5:20). 이 세상이 자신의 죄책을 면하려고 사용하는 모든 지적, 육체적, 종교적 수단을 버리고 예수님 안에서 안식하십시오. 예수님만이 우리의 죄를 씻을 수 있는 귀한 분이십니다.

2장

경건하지 않은 자를 의롭다 하는 것이 어떻게 의로울 수 있는가?

로마서 3:20-4:5

그러므로 율법의 행위로 그의 앞에 의롭다 하심을 얻을 육체가 없나니 율법으로는 죄를 깨달음이니라. 이제는 율법 외에 하나님의 한 의가 나타났으니 율법과 선지자들에게 증거를 받은 것이라. 곧 예수 그리스도를 믿음으로 말미암아 모든 믿는 자에게 미치는 하나님의 의니 차별이 없느니라. 모든 사람이 죄를 범하였으매 하나님의 영광에 이르지 못하더니, 그리스도 예수 안에 있는 속량으로 말미암아 하나님의 은혜로 값없이 의롭다 하심을 얻은 자 되었느니라. 이 예수를 하나님이 그의 피로써 믿음으로 말미암는 화목제물로 세우셨으니 이는 하나님께서 길이 참으시는 중에 전에 지은 죄를 간과하심으로 자기의 의로우심을 나타내려 하심이니, 곧 이때에 자기의 의로우심을 나타내사 자기도 의로우시며 또한 예수 믿는 자를 의롭다 하려 하심이라. 그런즉 자랑할 데가 어디냐? 있을 수가 없느니라. 무슨 법으로냐? 행위로냐? 아니라! 오직 믿음의 법으로니라. 그러므로 사람이 의롭다 하심을 얻는 것은 율법의 행위에 있지 않고 믿음으로 되는 줄 우리가 인정하노라. 하나님은 다만 유대인의 하나님이시냐? 또한 이방인의 하나님은 아니시냐? 진실로 이방인의 하나님도 되시느니라. 할례자도 믿음으로 말미암아 또한 무할례자도 믿음으로 말미암아 의롭다 하실 하나님은 한 분이시니라. 그런즉 우리가 믿음으로 말미암아 율법을 파기하느냐? 그럴 수 없느니라. 도리어 율법을 굳게 세우느니라. 그런즉 육신으로 우리 조상인 아브라함이 무엇을 얻었다 하리요. 만일 아브라함이 행위로써 의롭다 하심을 받았으면 자랑할 것이 있으려니와 하나님 앞에서는 없느니라. 성경이 무엇을 말하느냐 아브라함이 하나님을 믿으매 그것이 그에게 의로 여겨진 바 되었느니라. 일하는 자에게는 그 삯이 은혜로 여겨지지 아니하고 보수로 여겨지거니와 일을 아니할지라도 경건하지 아니한 자를 의롭다 하시는 이를 믿는 자에게는 그의 믿음을 의로 여기시나니. _롬 3:20-4:5

복음의 핵심은 사리분별을 지닌 사람들의 법 개념으로 볼 때 언뜻 이상해 보입니다. 그러한 법 개념이 구약의 잠언 17장 15절에 나옵니다. "악인을 의롭다 하고 의인을 악하다 하는 이 두 사람은 다 여호와께 미움을 받느니라"(잠 24:24 비교). 우리는 죄 있는 사람들을 봐주는 재판관들에 대해 분노하며 자리에서 물러날 것을 촉구합니다. 잘못되고 죄가 되는 일에 법적 용인이 내려질 때 우리의 도덕 감정은 격분합니다. 그런데 우리가 지닌 복음의 핵심에는 이런 내용이 있습니다. "하나님은 그분을 의뢰하는 경건하지 않은 자를 의롭다 하신다." "하나님은 죄 있는 자를 죄 없다 하신다." 이것이 복음입니다! 그렇지만 하나님이 그렇게 하시는 것이 어떻게 옳을 수 있을까요?

이 질문을 왜 살펴보아야 하는가?

이렇게 말하는 분도 있을 겁니다. "하나님이 하시는 일이 옳은지 아닌지 굳이 생각하지 마세요. 하나님이 그렇게 하겠다고 말씀하시면, 그저 옳다고 믿고 따라야지요. 창조자를 의심하지 마세요." 하나님의 의로우심에 대해 그토록 굳은 확신을 품고 있는 것에 경의를 표합니다. 하나님은 우리보다 무한히 지혜롭고 높고 깊으시기에, 처음에는 틀려 보일지 몰라도 결국 옳습니다. 하나님이 알고 계신 모든 것을 고려해 보면 그렇습니다. 하지만 하나님이 죄 있는 자를 죄 없다고 하시는 것이 어떻게 옳은 건지 알고 싶은 열망이 절대적으로 의심하는 마음에서 비롯된다고 볼 수는 없습니다. 우리가 이 질문을 살펴보려고 하는 데는 적어도 두 가지 다른 동기가 있습니다.

첫째, 하나님의 지혜의 깊으심을 찬양하고자 하는 갈망입니다. 인체의 신비를 설명하는 생리학자의 놀라운 통찰에 감탄하면서 "이건 어떻게 그럴 수 있지? 저것은 어떻게 그럴 수 있는 걸까?" 하고 궁금해 한다고 해서 그 질문이 꼭 의심에서 비롯되었다고 볼 수 없습니다. 인체가 놀라울 정도로 복잡하게 기능하는 것을 보고 느끼는 순전한 즐거움에서 나온 질문일 수 있습니다. 만일 인간이 하나님을 더 많이 알고 싶고, 하나님을 찬양하고 예배하고 즐거워하는 만큼 진심으로 그분을 더 이해하고 싶은 경우라면 저는 이런 질문을 하는 것이 오히려 인간이 하나님을 사랑하고 있다는 중요한 징표가 된다고 봅니다.

하나님이 경건하지 않은 자를 의롭다고 하시는 것이 어떻게 옳을 수 있는지 알려고 하는 두 번째 동기는, 하나님이 일하시는 방식을 합리적으로 이해하지 못하게 막는 불필요한 걸림돌을 최대한 제거하고 싶은 열망입니다. 세속적 사고를 지닌 사람의 입맛대로 진리를 왜곡하려는 의도가 아니라면, 하나님에 대한 오해를 풀려고 애쓰는 것이 나쁜 일은 아닙니다. 만일 하나님께서 그렇게 행하시는 이유와 까닭을 가르쳐 주신다면, 우리는 사람들이 하나님의 지혜와 의로우심을 제대로 알고 진심으로 이해하고 받아들이도록 자세히 설명하는 데 주저해서는 안 됩니다.

로마서 3장 21-26절은 하나님이 우리의 질문에 대한 답을 드러내 보여 주셨으므로 우리가 이를 깊이 상고하기 바라신다고 분명히 말합니다. 오늘 성찬식을 준비하면서 여러분과 함께하고 싶은 일이 바로 그것입니다. 다음의 구절들에 드러난 바울의 생각을 따라가 봅시다.

하나님의 의로우심에 관한 문제

로마서 3장 21절에 오기까지 바울은 모든 사람이 죄 아래 있으며 하나님의 심판을 받는다는 사실을 보여 주었습니다(지난 두 주간 함께 살펴본 말씀의 요점이기도 합니다). 이제 바울은 죄라는 우주적인 질병과 심판을 해결할 처방 쪽으로 관심을 돌립니다. "이제는 율법 외에 하나님의 한 의가 나타났으니 율법과 선지자들에게 증거를 받은 것이라. 곧 예수 그리스도를 믿음으로 말미암아 모든 믿는 자에게 미치는 하나님의 의니." 하나님 앞에서 자신이 죄인임을 느끼고, 우리의 의로는 하나님의 은총을 얻기에 철저히 무력하다는 사실을 아는 사람들을 위한 이 세상 최고의 소식입니다.

예수 그리스도 안에 생명이 있음을 확신하는 모든 사람에게 하나님께서 그 크신 사랑으로 의를 허락하셨다는 것이야말로 복음입니다. 우리가 수고롭게 일한다고 해서 이 선물을 획득하거나 공로로 얻거나 혹은 받을 자격을 갖출 수 있는 게 아닙니다. 다만 그리스도를 믿는 모든 사람에게 주어질 뿐입니다. 로마서 4장 4-5절에서 분명히 말하고 있습니다. "일하는 자에게는 그 삯이 은혜로 여겨지지 아니하고 보수로 여겨지거니와 일을 아니할지라도(즉 하나님의 선물을 획득하거나 공로로 얻거나 받을 자격을 갖추려 애쓰지 않더라도) 경건하지 아니한 자를 의롭다 하시는 이를 믿는 자에게는 그의 믿음을 의로 여기시나니."

하나님과 사람들을 감동시키려 애쓰는 대신 예수님 안에서 안식하는 죄인에게 값없이 무죄가 선고된다는 것이 복음의 기쁜 소식입니다. 이 진리가 아니고서는 양심의 가책을 달랠 인간의 약은 없습니다. 오늘 이곳에 모인 여러분도 이 진리를 받아들이고 그리스도와 함께 죄인의 자리에서 벗어나 깨끗케 되기를 소망합니다.

그런데 이 놀라운 복음의 소식이 바울에게 문젯거리를 안겨 주었고, 그래서 바울은 하나님의 도우심으로 24-26절에서 이 문제를 다룹니다. 24절입니다. "하나님의 은혜로 값없이 의롭다 하심을 얻은 자 되었느니라." 말씀은 여기서 멈추지 않고 더 깊이 들어가 칭의의 기초 혹은 근거를 제시합니다. 죄인의 무죄 방면이 예수 그리스도가 겪으신 일 안에서 일어난 거룩한 거래를 근거로 발생한다고 말합니다. 이 거래를 24절에서는 구매, 몸값이라는 의미의 "속량"(redemption)으로 지칭합니다. 예수님의 죽음 안에서 발생한 놀라운 일이, 그리스도를 믿는 수많은 죄인들이 죄 없다 여김을 받는 근거가 됩니다. 과연 어떤 일이 발생한 것일까요?

바울은 25-26절에서 이에 대해 답합니다. "이 예수를 하나님이 그의 피로써 믿음으로 말미암는 화목제물(혹은 속죄물)로 세우셨으니 이는 하나님께서 길이 참으시는 중에 전에 지은 죄를 간과하심으로 자기의 의로우심을 나타내려 하심이니."

여기서 우리는 경건하지 아니한 자를 의롭다 하는 것이 바울에게 문제로 대두되었음을 볼 수 있습니다. 죄를 간과하신다는 내용 때문에 하나님의 의로우심에 대해 의문이 제기되는 것입니다. 하나님은 예수님을 믿는 사람들의 죄를 간과하십니다. 그리고 4장 6-8절은 하나님이 그분을 신뢰하는 여러 세대에 걸친 사람들에게도 동일하게 행하고 계심을 보여 줍니다. "일한 것이 없이 하나님께 의로 여기심을 받는 사람의 복에 대하여 다윗이 말한 바, 불법이 사함을 받고 죄가 가리어짐을 받는 사람들은 복이 있고 주께서 그 죄를 인정하지 아니하실 사람은 복이 있도다 함과 같으니라."

하나님은 아브라함과 다윗을 믿음으로 의롭다 하시면서 이전의 죄를 간과하셨고 이제는 예수님을 믿는 모든 사람들의 죄를 간과하십니다. 이것 때문에 바울은 25절에서 하나님의 의로우심에 관한 의문이 제기되었다고 보고 있고, 그래서 피 흘려 화목제물이 되신 그리스도를 앞세움으로써 하나님의 의로우심을 드러내야 합니다.

하지만 하나님이 죄를 간과하시고 경건하지 아니한 자를 의롭다 하신다고 해서 왜 하나님의 의로우심에 관해 의문이 제기되는 것일까요? 죄를 간과한다고 해서 그것이 죄인의 악을 인정하는 것이 되고 계속 죄를 짓도록 내버려두는 것이 되기 때문은 아닙니다. 구원에 이르는 믿음은 언제나 죄인을 변화시킨다는 지난 설교 말씀을 볼 때도 이는 명백합니다. 하나님은 의롭다 하신 자들을 언제나 성화로 이끄십니다. 그러므로 죄인의 무죄 방면으로 거리마다 강간범이 넘쳐나는 것이 아니라 오히려 성령의 능력으로 변화가 일어납니다(이것은 다음 주일에 말씀드릴 주제입니다).

따라서 경건하지 아니한 자를 의롭다 하는 것이 죄인으로 계속

죄를 짓도록 놔두는 것이 아니므로 하나님의 의로우심에 관한 의문이 제기되는 이유가 아닙니다. 하나님의 의로우심에 관해 의문이 제기되는 진짜 이유는 다음과 같다고 생각합니다. 죄는 언제나 하나님의 영광을 경홀히 여기는 짓인데, 그 죄를 간과한다는 것은 마치 그분의 영광이 아무 가치가 없다는 주장에 하나님도 동의하는 듯 보이기 때문입니다. 또 하나님 스스로가 자기 자신에게 진실하지 못하신 것처럼 보이게 만듭니다. 하나님이 그분의 영광을 드러내거나 영예를 지키는 일에 더 이상 무관심하신 듯 보이게도 합니다. 하지만 하나님이 무한하신 그분의 가치를 스스로 부인한다면 그것은 하나님 자신에 대한 신실하심을 저버리는 것일 뿐 아니라 하나님의 백성들이 소망하는 영광의 무한한 가치를 포기하는 것이 됩니다. 그야말로 궁극의 잔인무도한 행위이며 불의의 극치입니다.

하나님의 의로우심에 의문을 제기하는 것이 이렇듯 끔찍한 관점 때문이라고 생각하는 이유는, 로마서 3장 23절과 1장 21절에서 죄의 본질이 하나님을 영화롭게 하거나 높이는 일에 대한 거부로 나타나기 때문입니다. 23절은 이렇게 말합니다. "모든 사람이 죄를 범하였으매 하나님의 영광에 이르지 못하더니." 그리고 로마서 1장 21-23절은 이것의 의미를 다음과 같이 설명합니다. "하나님을 알되 하나님을 영화롭게도 아니하며 감사하지도 아니하고 … 스스로 지혜 있다 하나 어리석게 되어 썩어지지 아니하는 하나님의 영광을 썩어질 사람과 새와 짐승과 기어다니는 동물 모양의 우상으로 바꾸었느니라." 육에 속한 사람은 하나님의 영광보다는 피조물의 영광을 보며 더 기뻐합니다. 또 이것을 하나님의 영광과 바꾸었기에 하나님의 영광에 이르지 못하는 것입니다.

따라서 하나님이 자신의 영광을 대수롭지 않게 여긴다는 듯 죄를 간과하고 마신다면, 마치 그분의 영광이 무가치한 것인 듯 보이게 됩니다. 그런데 하나님이 그분의 존귀를 지키지 않는다거나 영광을 드러내지 않으신다면 잘못입니다. 하나님이 이런 식으로 행하신다면 그분은 의롭지 못한 분입니다. 이것이 경건하지 않은 죄인을 의롭다고 하시는 칭의에서 바울이 문제로 인식하는 내용의 핵심입니다. 이렇게 되면 하나님이 그분의 영광을 바닥에 짓밟은 인간들을 죄 없다고 하시는 것으로 말미암아 자신의 영광을 무가치하게 만드는 것처럼 되고 맙니다.

하나님의 의로우심을 입증함

하나님의 해결책은 한 마디로 그리스도의 죽음입니다. 25절에 따르면 하나님은 예수님을 "그의 피로써", 즉 죽음으로써 화목제물로 세우셨습니다. 어떻게 하나님은 그분의 영광을 소중히 여기고 의로운 분으로 남으시면서도, 그분의 영광을 가볍게 여기고 폄훼한 죄를 저지른 경건치 않은 자들을 의롭다 하셨습니까? 25-26절에 나온 답은 이렇습니다. 하나님은 그리스도를 죽음에 내어 주심으로 자신의 의로우심을 나타내셨습니다. 그렇지만 하나님 아들의 죽음이 어떻게 하나님의 의, 즉 하나님이 자기의 영광의 가치를 지키는 일에 신실하심을 드러낸다는 것입니까?

바울은 그 사실에 대해 자세히 설명하지 않습니다만 다음과 같이 간략히 정리해 볼 수 있습니다. 다른 성경 본문에서 알 수 있는 사실은 예수님이 그분의 삶과 죽음 가운데 행하신 모든 일을 아버지의 영광을 위해 하셨다는 것입니다.

예를 들어, 예수님은 죽음의 시각이 가까이 왔을 때 이렇게 말씀하셨습니다. "지금 내 마음이 괴로우니 무슨 말을 하리요? 아버지여 나를 구원하여 이때를 면하게 하여 주옵소서! 그러나 내가 이를 위하여 이때에 왔나이다. 아버지여, 아버지의 이름을 영광스럽게 하옵소서"(요 12:27, 28). 이후 유다가 마지막 만찬 자리를 떠나고 예수님의 죽음이 임박하자 이렇게 말씀하셨습니다. "지금 인자가 영광을 받았고 하나님도 인자로 말미암아 영광을 받으셨도다"(요 13:31). 그리고 마지막으로 요한복음 17장에서 기도하는 중에 사실상 죽음이 완료되었다고 보고 이렇게 말씀하십니다. "아버지께서 내게 하라고 주신 일을 내가 이루어 아버지를 이 세상에서 영화롭게 하였사오니"(17:4).

위의 본문들에서 알 수 있는 사실은 예수님이 겪으신 모든 고난이 하나님의 영광을 위해서였다는 점입니다. 그러므로 그분의 모든 고통과 수치와 굴욕과 불명예는 아버지의 영광을 극대화하기 위함이었습니다. 아버지를 위해 모든 손실을 감내한다는 것은 하나님의 영광에 무한한 가치가 있음을 보여 주는 것이기 때문입니다. 우리는 전적으로 무죄한 분이 고난 받고 돌아가신 일, 무한히 귀하신 하나님 아들의 십자가 사건, 그리고 아버지의 영광이 회복되도록 모든 고난을 감내하신 아들의 일을 보고 들으면서, 하나님이 자신의 영광의 가치를 포기하지 않으셨다는 것과 하나님이 그분 스스로에게 결코 진실하지 않은 게 아니시라는 것, 그분의 영광을 드러내고 명예를 높이는 일을 결코 멈추지 않으신다는 것, 그러므로 하나님이 의로우신 분임을 알게 됩니다. 아들의 끔찍한 죽음이야말로 하나님 스스로 자신이 의로운 분임을 나타내시는 동시에 예수님을 믿는 죄인을 의롭다 하시는 그분의 방법입니다.

참으로 영광스러운 개념이지 않습니까? 우리가 얻은 칭의는 얄팍한 감상주의에 기초한 것이 아닙니다. 우리의 칭의는 우리 주 예수 그리스도의 죽음 안에서 드러나고 그분의 부활 안에서 확증된 하나님의 결코 무너지지 않는 '의'라는 거대한 반석 위에 기초한 것입니다. 우리 주님의 죽으심을 함께 기념하는 오늘, 우리의 믿음이 말씀을 통해 더욱 깊고 단단해지기를 소망합니다.

3장

그리스도의 죽음으로 자기의 의로우심을 나타내신 하나님

로마서 3:21-26

이제는 율법 외에 하나님의 한 의가 나타났으니 율법과 선지자들에게 증거를 받은 것이라. 곧 예수 그리스도를 믿음으로 말미암아 모든 믿는 자에게 미치는 하나님의 의니 차별이 없느니라. 모든 사람이 죄를 범하였으매 하나님의 영광에 이르지 못하더니, 그리스도 예수 안에 있는 속량으로 말미암아 하나님의 은혜로 값없이 의롭다 하심을 얻은 자 되었느니라. 이 예수를 하나님이 그의 피로써 믿음으로 말미암는 화목제물로 세우셨으니 이는 하나님께서 길이 참으시는 중에 전에 지은 죄를 간과하심으로 자기의 의로우심을 나타내려 하심이니, 곧 이때에 자기의 의로우심을 나타내사 자기도 의로우시며 또한 예수 믿는 자를 의롭다 하려 하심이라. _롬 3:21-26

세상적 사고방식 VS 성경적 사고방식

세상적인 현대인들에게 성경의 실체를 전하기가 어려운 한 가지 이유는, 성경적인 사고방식과 세상적인 사고방식이 그 출발점부터 근본적으로 다르기 때문입니다.

세상적 사고방식

제가 의미하는 세상적 사고방식이란 하나님을 배제하고 성경의 진리성을 부정하는 사고만을 말하지 않습니다. 여기서는 인간을 우주의 근본 실체로 보는 데서 출발하는 사고방식을 말합니다. 따라서 세상적 사고는 인간에게 근본적인 권리와 필요가 있고 기본적인 기대나 요청이 있다는 가정에서 출발합니다. 그리고 이것을 중심에 둘 뿐 아니라 더 나아가, 인간과 인간의 권리 및 필요를 척도로 삼아 세상의 모든 것을 해석합니다.

세상적 사고방식에서 말하는 문제란, 모든 것의 중심이 되는 인간과 인간의 권리와 필요와 기대에 부합하느냐 그렇지 않느냐에 따라 결정됩니다. 마찬가지로 세상적 사고방식에서 말하는 성공도 인간과 인간의 권리와 필요와 기대에 부합하느냐의 여부에 따라 결정됩니다. 우리는 이러한 사고방식 속에서 태어나고, 세상적인 이 사회가 사실상 우리 삶의 매일 매시간마다 이것을 강화시킵니다. 바울은 이러한 사고방식을 "육신의 생각"(롬 8:6-7)이라 부르고 "육에 속한 사람"(고전 2:14)이 생각하는 방식이라고 말합니다. 그것은 우리가 그 존재를 인식하기 힘들 만큼 이미 우리의 일부분이 되고 말았습니다. 그래서 또다른 사고방식, 즉 성경이 품고 있는 사고방식과 마주쳐 충돌을 일으키기 전까지 이를 당연하게 여기며 살아갑니다.

성경적 사고방식

성경적 사고방식이란 단순히 우주 어딘가에 하나님이 계시며 성경이 진실되다고 말하는 정도가 아닙니다. 성경적 사고방식이란 말 그대로 철저히 다른 출발점, 즉 하나님으로부터 시작합니다. 하나님은 우주의 근본이 되는 실체로, 인간이 존재하기 이전부터 계셨을 뿐 아니라, 세상에 존재하는 어떤 것보다 앞서 계신 분입니다. 단순하게 말해 그분은 가장 궁극적인 실재(most absolute reality)십니다.

따라서 성경적 사고방식은 하나님이 존재하는 모든 것의 중심이라는 전제에서 출발합니다. 만물의 창조자이신 하나님에게 모든 근본 권리가 있다는 확신으로부터 모든 생각이 시작됩니다. 중심이신 하나님은 그분의 속성과 완전한 성품에 일치하는 목표를 세우십니다. 그러므로 성경적 사고방식은 중심에 계시는 하나님과 그분의 권리와 목표를 만물의 척도로 삼고 세상을 해석해 갑니다.

성경적 사고방식이 우주의 근본 문제로 인식하는 것은 세상적 사고방식으로 바라보는 문제와 대체로 동일하지 않습니다. 문제 발생의 시초가 인간의 권리와 필요에 관한 것이 아니라 하나님의 권리와 목적에 관한 것이기 때문입니다.

인간이 아닌 하나님의 역사에 집중하기

부활절을 앞두고 이 말씀을 전하면서 제가 의도하는 바는, 우리의 시선을 우리 자신으로부터 돌이켜 결코 실패할 수 없는 구원이라는 목적을 이루고자 하나님이 성취하신 위대하고 객관적이고 거룩한 실체들에 초점을 맞추게 하는 것입니다. 그리고 (우리가 아닌) 하나님의 위대한 역사에 초점을 맞추는 가운데 소망의 확신을 충만히 경험하는 것이 우리의 목표입니다. 소망의 확신은 구원에 참예한 우리 자신의 주관적인 경험을 돌아볼 때뿐 아니라 보다 중요하게는 구원의 객관적인 기초를 깊이 묵상할 때 얻게 됩니다.

누가 그리스도와 연합하여 믿음에 이르게 될지를 선택하시는 하나님의 일하심에 대해서는 앞에서 살펴보았습니다(엡 1:4). 그리고 그 기쁘신 뜻대로 미리 예정하시고 그분의 영광을 찬양하게 하시는 하나님의 역사에 대해서도 살펴보았습니다(엡 1:5). 또 이러한 실체들이 세상적 사고방식과는 어울리지 않는다는 사실도 보았습니다. 세상의 실체들을 볼 때 창조자와 그분의 권리와 목표에서 시작하는 대신 인간 및 인간의 권리와 필요에서 시작하면, 우리 눈에 보이는 우주의 문제도 전혀 달라지게 됩니다.

사고방식에 따라 달라지는 문제 인식

우주가 안고 있는 가장 근본적인 숙제는 무엇입니까? 어떻게 해야 인간의 권리를 지키고 고민을 해결할 것인가(즉 인간의 자기 결정권과 고통이라는 문제 해결) 하는 문제일까요? 아니면 어떻게 해야 무한히 가치로운 하나님께서 전적 자유하심 가운데 그분의 완전하심 —바울은 이를 영광의 풍성함이라고 부릅니다— 과 거룩함과 능력과 지혜와 공의와 진노와 선함과 진리와 은혜를 온전히 나타내실 수 있는가 하는 문제일까요?

인간을 중심에 놓고 시작하게 되면(즉 인간의 권리와 필요를 주장하는 우리의 자연스런 경향을 따라가면) 하나님의 예정과 선택이라는 성경의 가르침을 매우 다른 방향으로 평가하게 됩니다. 하나님과 하나님의 목표를 중심에 놓고 시작하는 것, 즉 하나님의 하나님 되심을 알게 할 뿐 아니라 그것에 부합하는 존경과 경외와 기쁨으로 우리가 하나님을 예배할 수 있도록 하나님의 모든 것을 드러내는 것을 중심에 놓고 시작할 때와는 완전히 달라집니다.

저는 오늘 본문을 오랫동안 묵상하면서 우리의 출발점이 어디인가 하는 문제가 얼마나 중요한지를 깨달았습니다. 예수님의 죽음을 통해 해결되어야 했던 심각한 문제가 세상의 사고방식으로는 사실상 이해가 되지 않기 때문입니다. 오늘 본문은 지금까지 제가 말씀드린 내용을 가장 분명하게 설명해 주는 말씀일 것입니다. 즉 인간 중심의 세상적 사고방식과 하나님 중심의 성경적 사고방식은 문제의 해결책은커녕 심지어 해결해야 하는 문제 인식조차 다릅니다.

하나님이 아들의 죽음을 통해 해결하시려는 문제와 세상적 시각에서 볼 때 해결되어야 할 문제가 서로 다르다는 사실을 본문에서 발견하더라도 놀랄 필요가 없습니다. 제가 말하는 의미가 무엇인지 확인하기 위해 본문으로 가겠습니다.

십자가의 가장 심도 있는 의미

오늘 하루에 집중적으로 살펴볼 수 있는 부분은 매우 한정되어 있습니다. 앞으로 3주간은 그리스도의 죽음에 관해 다룰 예정인데, 특히 그리스도의 죽음이 지닌, 경건하지 않은 자를 의롭다 하시는 능력과 죄인을 하나님과 화목케 하는 능력에 관해 이야기하도록 하겠습니다. 다만 오늘은 이 모든 주제의 가장 밑바탕이 되는 —C. E. B. 크랜필드가 "십자가의 가장 심도 있는 의미"라고 말한— 부분을 보도록 하겠습니다.*

그리스도의 죽음이 해결한 근본 문제

25-26절에 나옵니다. 본문을 읽는 동안 우리가 주의를 기울여야 하는 것은 성경적 사고방식이 (즉 하나님이 생각하시는 바) 그리스도의 죽음을 통해 해결하려 한 우주적인 문제가 무엇인가 하는 부분입니다. 세상적 사고방식에서 볼 때 하나님이 해결하셔야 하는 문제와는 얼마나 다른지도 보십시오.

> 이 예수를 하나님이 그의 피로써 믿음으로 말미암는 화목제물[죄인을 향한 하나님의 진노를 돌이키는 희생물]로 세우셨으니, 이는 하나님께서 길이 참으시는 중에 전에 지은 죄를 간과하심으로 자기의 의로우심을 나타내려 하심이니(25절).

그리스도의 죽음으로 해결하려 했던 가장 근본적인 문제로 좁혀 보겠습니다. 하나님은 그분의 의로우심(혹은 공의)를 나타내시려고 그리스도를 앞세우셨습니다(보내어 죽게 하셨습니다). 어떤 이유에선지 마치 하나님은 의롭지 않은 분처럼 보였고 하나님이 스스로의 결백을 입증하고 더럽혀진 이름을 깨끗케 하는 것이 여기서 해결해야 할 문제였습니다.

* C. E. B. Cranfield, *Romans*, vol 1(Bloomsbury T&T Clark; 1 edition, June 26, 2004), p.213.

"전에 지은 죄를 간과하심으로"

그렇다면 문제가 되는 것은 무엇입니까? 왜 하나님은 그분의 의로우심을 공개적으로 입증해야 하는 문제를 떠안게 되셨을까요? 25절 마지막에 답이 있습니다. "전에 지은 죄를 간과하심으로."

이 구절이 의미하는 바는 무엇일까요? 수 세기 동안 하나님은 시편 103편 10절에서 말씀하신 바를 실행해 오셨습니다. "우리의 죄를 따라 우리를 처벌하지는 아니하시며 우리의 죄악을 따라 우리에게 그대로 갚지는 아니하셨으니." 하나님은 그들의 죄를 간과하셨습니다. 죄를 벌하지 않으셨습니다.

다윗 왕이 좋은 예입니다. 사무엘하 12장에서 다윗은 선지자 나단을 만났습니다. 나단은 밧세바와 간음을 저지르고 그의 남편까지 살해한 것에 대해 다윗을 책망했습니다. "어찌하여 네가 여호와의 말씀을 업신여기고"(삼하 12:9-10). 하나님은 "왜 너는 나를 업신여겼느냐?"고 말씀하십니다. 나단의 말에 찔림을 받은 다윗은 13절에서 이렇게 말합니다. "내가 여호와께 죄를 범하였노라." 이 말에 나단은 이렇게 답합니다. "여호와께서도 당신의 죄를 사하셨나니 당신이 죽지 아니하려니와." 바로 이와 같습니다! 간음과 살인이 간과된 바 되었습니다.

이것이 왜 문제가 되는가?

그것이 로마서 3장 25절에서 이전에 지은 죄를 간과하신다는 말씀의 의미입니다. 그런데 왜 이것이 문제가 되는 것일까요? 세상적 사고를 가진 사람들에게는 하나님이 죄인들에게 인자하시다는 사실이 문제로 느껴질까요? 성경의 영향력 밖에 있는 사람들 중에 하나님이 악한 자와 선한 자에게 공평하게 햇빛을 비추시고, 의로운 자와 불의한 자에게 동일하게 비를 내려주시는 것(마 5:45)을 문제 삼아 고민하는 이들이 얼마나 많을까요? 하나님이 죄인에게 친절하시다는 것 때문에 힘겨워하는 이들이 얼마나 있겠습니까? 이들이 받은 용서가 하나님의 의로우심에 위협이 된다는 사실에 갈등하는 이들이 얼마나 많을까요?

세상적 사고는 성경적 사고와 비교해 문제에 접근하는 방식 자체가 다릅니다. 왜 그렇습니까? 세상적 사고방식은 그 시작점부터 근본적으로 다르기 때문입니다. 세상적 사고방식은 창조주 하나님께 무한히 가치 있는 그분의 영광을 드러낼 권리가 있다는 사실에서 시작하지 않습니다. 오히려 인간에게서 시작하며 하나님은 인간의 권리와 필요를 채워 줘야 한다는 전제에서 출발합니다.

죄의 의미

23절을 보시기 바랍니다. "모든 사람이 죄를 범하였으매 하나님의 영광에 이르지 못하더니." 죄로 인해 문제가 되는 것은 하나님의 영광입니다. 다윗이 간음을 저질렀을 때 하나님이 하신 말씀을 기억하십니까? "왜 너는 '나를' 업신여겼느냐?"

다윗은 이렇게 말할 수도 있었습니다. "무슨 말씀이신지요? 제가 주님을 업신여기다니요? 어찌 제가 감히 주님을 업신여기겠습니까? 저는 그저 이 여인에게 눈이 멀었고 사람들에게 발각돼 죽임을 당할까 두려웠을 뿐입니다. 주님과는 전혀 관계가 없는 일입니다."

그러면 하나님은 이렇게 말씀하셨을 것입니다. "온 우주의 창조자, 결혼의 제정자, 생명의 근원이 되며, 너를 왕으로 세운 나와 전혀 관계가 없는 일이라고? 그래 맞다. 너는 나를 업신여겼다. 모든 죄악은 나와 내 영광을 업신여기는 짓이다. 모든 죄악은 나와 함께하는 기쁨보다 세상의 덧없는 즐거움을 더 사랑하는 것이다. 너는 나의 영광을 가벼이 여겼다. 나의 존귀함을 우습게 여겼다. 내 이름을 하찮은 것으로 만들었다. 다른 어떤 것보다도 나의 영광을 사랑하지 못한 것, 그것이 죄의 진정한 의미다."

죄를 간과한다는 의미

하나님이 죄를 간과한다는 것(세상적 사고로는 이해할 수 없는)이 초래하는 문제는 그로 인해 하나님의 존귀와 영광과 의로움이 업신여김을 받고 하나님도 값싸게 보인다는 것입니다.

무정부주의자들이 대통령과 그 내각에 대한 암살테러 계획을 세우고 성공을 거의 눈앞에 둔 시점이라고 해 봅시다. 그들이 설치한 폭발물에 백악관 일부가 파괴되고 백악관 직원 다수가 살해되지만 대통령은 가까스로 몸을 피합니다. 곧이어 무정부주의자들이 체포되고 법정에서 유죄 판결을 받습니다. 그런데 무정부주의자들이 정말 죄송하다고 말하자, 법정은 형 집행을 중지하고 이들을 석방합니다. 이런 행동이 세상에 전하는 의미는 대통령의 목숨과 국가의 내각이 별 가치 없는 싸구려라는 것입니다.

이것이 죄를 간과한다는 것이 전하는 의미입니다. 하나님의 영광과 의로운 통치가 값싸고 값어치도 없다는 뜻이 됩니다.

세상적 사고방식이 보지 못하는 것

신적 계시가 없는 상태에서 육에 속한 사람의 사고 —세상적 사고—는 이 문제를 제대로 인식하거나 느끼지 못합니다. 그러니 죄인을 향한 하나님의 긍휼하심이 일으키는 불의함의 문제를 세상적인 사람이 마음이나 쓰겠습니까?

그러나 로마서에 따르면 이것은 하나님께서 아들의 죽음으로 해결하신 가장 근본적인 문제입니다. 25절을 다시 읽겠습니다. "이[아들의 죽으심]는 하나님께서 길이 참으시는[인내하시는] 중에 전에 지은 죄를 간과하심으로 자기의 의로우심을 나타내려 하심이니." 26절입니다. "곧 이때에 자기의 의로우심을 나타내사 자기도 의로우시며…" 하나님이 자신의 영광에 아무런 가치를 두지 않으신다는 듯, 죄를 간과해 버리신다면 하나님은 불의한 분이 되고 맙니다.

하지만 하나님은 그러지 않으셨습니다. 하나님은 그분의 영광이 죄인들에 의해 업신여김 당하는 것을 보시고도 —우리의 죄로 인해 그분의 존귀하심이 경홀히 여김을 받고 그분의 이름이 더럽혀지는 것을 보시고도— 이들을 죽임으로써 그분의 존귀한 영광을 입증하시는 대신, 아들을 죽임으로써 영광을 입증하셨습니다.

성경적 사고방식 받아들이기

오늘 아침 저는 여러분에게 성경적인 사고방식을 받아들일 것을 강권합니다. 전에 한 번도 그래본 적이 없다면 지금 당장 하시기 바랍니다. 독생자의 죽음에 관해 여러분도 하나님의 관점으로 사고하고 느낄 수 있도록 말입니다.

성경적 사고방식 확인하기

우리가 성경적 사고방식을 가지고 있는지 확인하는 방법은 다음과 같습니다. 예수님의 죽음이 없다면 하나님이 우리의 죄를 용서하지 않아야 의로우신 것이라고 느낍니까? 하나님의 의로우심이 드러나려면 우리가 업신여긴 하나님의 무한 영광에 준하는 수준의 큰 고통을 우리가 대가로 치러야 한다고 느낍니까?

그리스도의 죽음을 바라볼 때 여러분은 어떻습니까? 여러분 안에 있던 자기 존중(self-esteem)이라는 동력이 이 경외스러운 하나님의 역사로 교체되어, 그것으로부터 실제로 기쁨이 솟아납니까? 자신에 대한 몰입으로부터 빠져나와 경이와 존경과 경배가 가득해지고, 예수님의 죽음이야말로 하나님의 영광과 하나님 아들의 무한 영광이 가장 깊이 그리고 가장 분명하게 드러난다고 선포할 수 있습니까?

소망의 풍성함을 위한 객관적 기초

소망의 풍성함(full assurance of hope)을 얻는 위대한 객관적 기초가 여기에 있습니다. 죄에 대한 용서는 결국 나 자신의 한정된 가치나 행위에 기반을 두는 것이 아니라, 무한히 가치로운 하나님의 의로우심에 기반을 두고 있습니다. 오직 하나님의 의로우심만이 그분의 이름의 영광을 변함없이 신실하게 지켜내고 입증합니다.

이 기초 위에 서십시오. 이것으로 여러분의 삶을 세워 가십시오. 결코 넘어지지 않을 것입니다.

4장

경건하지 않은 자를 의롭다 하시는 하나님

로마서 3:21-4:8

이제는 율법 외에 하나님의 한 의가 나타났으니 율법과 선지자들에게 증거를 받은 것이라. 곧 예수 그리스도를 믿음으로 말미암아 모든 믿는 자에게 미치는 하나님의 의니 차별이 없느니라. 모든 사람이 죄를 범하였으매 하나님의 영광에 이르지 못하더니, 그리스도 예수 안에 있는 속량으로 말미암아 하나님의 은혜로 값없이 의롭다 하심을 얻은 자 되었느니라. 이 예수를 하나님이 그의 피로써 믿음으로 말미암는 화목제물로 세우셨으니 이는 하나님께서 길이 참으시는 중에 전에 지은 죄를 간과하심으로 자기의 의로우심을 나타내려 하심이니, 곧 이때에 자기의 의로우심을 나타내사 자기도 의로우시며 또한 예수 믿는 자를 의롭다 하려 하심이라. 그런즉 자랑할 데가 어디냐? 있을 수가 없느니라. 무슨 법으로냐? 행위로냐? 아니라! 오직 믿음의 법으로니라. 그러므로 사람이 의롭다 하심을 얻는 것은 율법의 행위에 있지 않고 믿음으로 되는 줄 우리가 인정하노라. 하나님은 다만 유대인의 하나님이시냐? 또한 이방인의 하나님은 아니시냐? 진실로 이방인의 하나님도 되시느니라. 할례자도 믿음으로 말미암아 또한 무할례자도 믿음으로 말미암아 의롭다 하실 하나님은 한 분이시니라. 그런즉 우리가 믿음으로 말미암아 율법을 파기하느냐? 그럴 수 없느니라. 도리어 율법을 굳게 세우느니라. 그런즉 육신으로 우리 조상인 아브라함이 무엇을 얻었다 하리요? 만일 아브라함이 행위로써 의롭다 하심을 받았으면 자랑할 것이 있으려니와 하나님 앞에서는 없느니라. 성경이 무엇을 말하느냐? 아브라함이 하나님을 믿으매 그것이 그에게 의로 여겨진 바 되었느니라. 일하는 자에게는 그 삯이 은혜로 여겨지지 아니하고 보수로 여겨지거니와, 일을 아니할지라도 경건하지 아니한 자를 의롭다 하시는 이를 믿는 자에게는 그의 믿음을 의로 여기시나니. 일한 것이 없이 하나님께 의로 여기심을 받는 사람의 복에 대하여 다윗이 말한 바, 불법이 사함을 받고 죄가 가리어짐을 받는 사람들은 복이 있고 주께서 그 죄를 인정하지 아니하실 사람은 복이 있도다 함과 같으니라. _로마서 3:21-4:8

하나님의 의로우심을 나타냄

지난 주에 저는 그리스도의 죽음이 죄인의 구원과 관련한 가장 심각한 문제를 해결했다고 말씀드렸습니다. 하나님께서 정죄 받아 마땅한 수많은 죄를 간과하고 넘어가시면 그분이 불의하게 되시는 문제가 발생했습니다. 그리스도의 죽음이 이 심각한 문제를 해결한 것입니다. 구약성경 전체는 하나님이 노하기를 더디하고 인자와 진실이 많으시며 인자를 천대까지 베풀고 악과 과실과 죄를 용서하는 분임을 증거하고 있습니다(출 34:6-7).

또한 저는 우리가 죄에 대해 그리고 의에 대해 하나님 중심적인 사고를 하지 않으면 이 문제의 심각성을 제대로 느끼지 못할 것이라고 말씀드렸습니다.

죄(롬 3:23)는 기본적으로 인간에 대한 범죄가 아닙니다. 죄는 하나님에 대해 저지르는 것입니다. "모든 사람이 죄를 범하였으매 하나님의 영광에 이르지 못하더니." 죄는 언제나 이 세상의 것을 하나님보다 훨씬 가치 있게 여기는 것입니다. 하나님의 영광을 가벼이 여기는 것입니다. 하나님의 이름을 모독하는 것입니다.

그러나 하나님의 의는 궁극적으로 의로운 일을 행하시려는 하나님의 헌신, 즉 하나님의 이름을 높이고 하나님의 영광의 가치를 지키시려는 하나님의 헌신입니다. 의는 죄와 정반대편에 있습니다. 죄는 하나님을 거역하는 편을 택함으로써 하나님을 멸시하지만, 의는 하나님을 위해 선택함으로써 하나님의 가치를 드높입니다.

그러므로 하나님께서 죄를 간과하시고 죄인이 벌받지 않도록 놔두신다면, 하나님은 의로운 분이 아닌 듯이 보입니다. 마치 이렇게 말씀하시는 것이나 다름없습니다. "나의 가치를 우습게 여기는 것은 내게 별일 아니다. 나의 영광을 무시하는 것도 그리 심각한 일이 아니다. 나의 이름을 더럽히는 것도 상관하지 않는다." 혹 이것이 사실이라면 하나님은 불의한 분이 되시는 것입니다. 그리고 우리는 아무 소망이 없게 됩니다.

하지만 하나님은 상황을 그냥 내버려두지 않으셨습니다. 하나님은 그분의 아들 예수 그리스도를 앞세우셨습니다. 그 아들의 죽음을 통해 하나님은 자기가 의로운 분임을 나타내셨습니다. 하나님 아들의 죽음은, 하나님이 하나님 자신의 영광에 대해 부여하시는 가치의 선포이며, 죄에 대해 하나님이 갖고 계신 증오에 대한 선포이자, 죄인을 향해 하나님이 품고 계신 사랑에 대한 선포입니다.

경건하지 않은 자를 의롭다 하심

죄를 간과한다는 말처럼 하나님을 불의한 분으로 보이게 만드는 또 다른 단어는 '칭의'(justification)입니다. 칭의란 경건하지 않은 자를 의롭다 하시는 것을 말합니다(롬 4:5). 제가 오늘 나누려고 하는 말씀이기도 합니다. 이것은 오래 전에 저지른 죄를 간과하는 것만을 말하는 것이 아닙니다. 하나님께서 그의 백성들의 죄를 간과하시되, 어제 지은 죄, 오늘 아침에 지은 죄, 그리고 내일 지을 죄까지 간과하시는 것을 말합니다.

26절은 예수님이 죽으셨을 때 한 가지가 아니라 두 가지 일이 발생했다고 말합니다. "곧 이때에[그리스도가 죽으셨을 때에] 자기의 의로우심을 나타내사 자기도 의로우시며 또한 예수 믿는 자를 의롭다 하려 하심이라." 하나님은 자기의 의로우심을 보여 주시고 믿는 자들은 의롭다 함을 받았습니다.

오늘 저는 의롭다 함을 얻게 하는 '믿음'이라는 주관적 행위에 대해서는 살펴보지 않으려 합니다. 그보다는 의롭다 하시는 하나님의 객관적 사역에 초점을 맞춰 보고자 합니다. 우리가 이 위대한 사역, 다시 말해 우리가 행한 일이 아닌 하나님이 행하신 일에 초점을 맞추면, 의롭다 하심을 얻게 하는 그 믿음이 우리 마음속에 부풀어 오르는 것을 발견하게 될 것이라고 생각하기 때문입니다.

그러면 이제 예수님에 대한 믿음을 통해 의롭다 하심의 선물을 받는 사람들에게 이 칭의가 의미하는 네 가지를 살펴보겠습니다.

1. 우리의 모든 죄를 용서받음

먼저, 의롭다 여김을 받는다는 말은 우리의 모든 죄가 용서받는다는 것을 의미합니다.

모든 죄 — 과거, 현재, 미래의 모든 죄

로마서 4장 5-8절에서 바울은 구약성경을 인용하며 칭의의 진리를 풀어 놓고 있습니다.

일을 아니할지라도 경건하지 아니한 자를 의롭다 하시는 이를 믿는 자에게는 그의 믿음을 의로 여기시나니. 일한 것이 없이 하나님께 의로 여기심을 받는 사람의 복에 대하여 다윗이 말한 바 "불법이 사함을 받고 죄가 가리어짐을 받는 사람들은 복이 있고 주께서 그 죄를 인정하지 아니하실 사람은 복이 있도다" 함과 같으니라.

이것이 칭의의 핵심입니다. 7-8절에 나오는 세 개의 문구를 소중히 마음에 담기 바랍니다. "불법이 사함을 받고", "죄가 가리어짐을 받는", "주께서 그 죄를 인정하지 아니하실."

바울이 용서를 그저 우리가 믿기 전에 저지른 죄에 대한 용서로만 국한하지 않는다는 점에 유의하십시오. 마치 과거의 죄는 다 용서받았으나 미래의 용서는 장차 획득해야 할 것처럼 말하지 않습니다. 그런 식의 제한은 없습니다. 불법이 사함 받고 죄가 가리어지며, "주께서 그 죄를 인정하지 아니하시는" 것이 칭의의 복입니다. 이 사실은 절대적이며 무슨 자격을 요하지 않습니다.

우리의 죄와 죄책을 짊어지셨기 때문에

어떻게 그렇게 하실 수 있습니까? 로마서 3장 24절은 우리가 "그리스도 예수 안에 있는 속량으로 말미암아" 의롭다 함을 얻는다고 말합니다. 여기서 '속량'(redemption)이란 어딘가에 묶이거나 감금당한 것에서 자유로워지고 풀려나며 해방된다는 의미입니다. 따라서 여기서 말하는 핵심은 예수님이 우리를 위해 죽으셨을 때 죄에 갇힌 우리를 자유롭게 풀어주셨다는 점입니다. 우리를 정죄하던 죄의 속박을 끊으셨습니다.

바울은 갈라디아서 3장 13절에서 이렇게 말합니다. "그리스도께서 우리를 위하여 저주를 받은 바 되사 율법의 저주에서 우리를 속량하셨으니." 베드로 사도는 이렇게 말합니다. "친히 나무에 달려 그 몸으로 우리 죄를 담당하셨으니"(벧전 2:24). 이사야 선지자는 이렇게 말했습니다. "우리는 다 양 같아서 그릇 행하여 각기 제 길로 갔거늘 여호와께서는 우리 모두의 죄악을 그에게 담당시키셨도다"(사 53:6).

따라서 칭의 —죄의 용서— 는 그리스도가 우리의 죄를 지시고 우리의 저주를 담당하시고 우리의 죄책을 떠안으시고 정죄의 속박에서 자유롭게 해 주심으로 우리에게 임하는 것입니다. 그것이 바로 우리가 "그리스도 예수 안에 있는 속량으로 말미암아" 의롭다 함을 받는다는 의미입니다. 우리가 받아야 할 형벌을 그리스도가 대신 담당하심으로 우리는 형벌에서 풀려났습니다.

그리스도가 단번에 고난받으심

그리고 이 사실을 기억하십시오. 그리스도는 오직 한 번 고통을 당하셨습니다. 그분의 첫 번째 희생 제사가 충분하지 않다는 듯, 성찬식이나 미사 때마다 반복해서 희생을 당하시지는 않습니다. 히브리서 9장 26절은 이렇게 말합니다. "자기를 단번에(once for all) 제물로 드려 죄를 없이 하시려고 세상 끝에 나타나셨느니라"(히 7:27 비교). 9장 12절에서 다시금 말합니다. "염소와 송아지의 피로 하지 아니하고 오직 자기의 피로 영원한 속죄를 이루사 단번에 성소에 들어가셨느니라." 하나님이 십자가에서 우리를 위해 이루신 일의 영광을 깨닫기 위해서는 반드시 알아야 할 중요 사실입니다.

그리스도가 단번에 죽으셨다는 사실이 우리의 죄뿐 아니라 모든 하나님 백성들의 모든 죄와 어떻게 연결되는지 보입니까? 단번의 죽으심으로, 몇몇 사람의 죄나 특정 죄, 혹은 과거의 죄뿐 아니라 백성들의 모든 죄를 그리스도께서 완전히 걷어 가셨습니다.

그러므로 칭의의 죄 용서는 우리의 모든 과거와 현재와 미래의 죄에 대한 용서입니다. 그것이 바로 그리스도께서 죽으실 때 일어난 일입니다.

2. 하나님의 의로 의롭다 인정받음

의롭다 함을 얻는다(being justified, 24절)는 말은 우리에게 전가된, 혹은 우리의 것으로 간주된 하나님의 의로써 우리가 의로운 자로 여겨진다는 의미입니다.

우리는 하나님과의 관계 회복 없이 단순히 용서만 받는 것이 아닙니다. 하나님은 그저 우리의 죄만 사하시는 것이 아니며, 우리를 의롭다고 여기시고 하나님 앞에 의로운 자로 서게 하십니다. 하나님께서 자신의 의를 우리에게 주십니다.

예수님을 믿음으로 말미암는 하나님의 의

21-22절을 보십시오. 바울은 율법의 행위로 의롭다 함을 받는 사람은 아무도 없다고 20절에서 말했습니다. 우리의 율법주의적 노력

을 근거로 하나님 앞에서 의로운 자로 서지 못한다는 것입니다. 그런 다음 바울은 (칭의를 어떻게 얻는지 보여 주기 위해) 이렇게 말합니다. "이제는 율법 외에 하나님의 한 의가 나타났으니 율법과 선지자들에게 증거를 받은 것이라. 곧 예수 그리스도를 믿음으로 말미암아 모든 믿는 자에게 미치는 하나님의 의니."

그러므로 율법의 행위로는 의롭다 함을 받을 사람이 아무도 없으나, 예수 그리스도를 믿음으로 말미암아 얻을 수 있는 하나님의 의가 존재합니다. 이것이 의롭다 함을 받는다는 것은 의로운 자로 여겨진다는 뜻이라고 제가 앞서 말한 바의 의미입니다. 하나님의 의가 믿음으로 말미암아 우리의 것으로 간주되는 것입니다.

지난 주에 25-26절을 통해 살펴보았듯, 예수님께서 하나님의 의로우심을 나타내기 위해 죽으셨을 때, 주님은 그 의를 죄인들을 위한 선물로 허락하셨습니다. 죄를 간과하신 하나님이 의로우시다는 사실을 나타내고자 그리스도께서 죽음을 당하지 않으셨다면, 하나님의 의로우심을 드러내는 유일한 방법은 우리를 정죄하는 것뿐이었습니다. 그러나 그리스도가 죽음을 당하셨습니다. 그리하여 하나님의 의가 이제는 모든 믿는 자들에게 정죄가 아니라 생명의 선물이 되었습니다.

고린도후서 5장 21절

고린도후서 5장 21절은 '전가된 의'(imputed righteousness)라는 위대한 선물에 관한 가장 경이로운 말씀입니다. "하나님이 죄를 알지도 못하신 이[그리스도]를 우리를 대신하여 죄로 삼으신 것은 우리로 하여금 그 안에서 하나님의 의가 되게 하려 하심이라."

그리스도는 죄를 알지도 못하셨습니다. 그분은 죄가 없는 완전한 인간이셨습니다. 평생 동안 그리고 죽음의 때에도 오로지 하나님의 영광을 위해 사셨습니다. 그분은 의로우셨습니다. 하지만 그와 반대로 우리 모두는 죄인입니다. 우리는 하나님의 영광을 하찮게 여겼습니다. 우리는 불의한 자들입니다.

하지만 세상의 기초가 놓이기도 전에 그리스도 예수 안에서 우리를 택하신 하나님은 장차 엄청난 거래(exchange)가 있을 것을 작정하셨습니다. 즉 그리스도를 죄로 삼으시는(to be sin) 것입니다. 죄인(sinner)이 아니라 죄(sin) —우리의 죄, 우리의 죄책, 우리의 형벌, 하나님으로부터의 유리(遊離), 우리의 불의— 로 삼으시는 것입니다. 그리고 하나님은 그리스도가 그토록 놀랍게 입증하신 하나님의 의를 취하여 우리로 그 의를 품고, 입고, 소유하게 하셨습니다. 그리스도가 우리의 죄를 떠안으시는 그 방식대로 말입니다.

여기서 핵심은 그리스도가 도덕적으로 죄인이 되고 우리는 도덕적으로 의롭게 된다는 내용이 아닙니다. 오히려 그리스도가 낯선 죄를 감당해 그 죄 때문에 고통을 겪으시고, 우리는 낯선 의를 덧입고 그 의로 말미암아 살게 된다는 것이 핵심입니다.

칭의는 성화에 선행한다

우리 바깥에서 오는 칭의라는 객관적 실체를 바로 볼 필요가 있습니다. 이것은 아직은 성화(sanctification)라는 실체가 아닙니다. 즉 우리의 생각과 감정과 삶의 방식이 도덕적으로 의로워지는 과정으로서 성화가 이루어진 것이 아닙니다. 성화 역시 선물입니다(3주 후에 살펴볼 것입니다). 하지만 성화 또한 칭의에 근거를 두고 있습니다. 우리 중 누구라도 부분적으로 의로워짐으로(in being righteous partially) 참된 복음의 진보를 이루려면, 우리가 완전히 의롭다 함을 받았다는(reckoned righteous totally) 사실을 반드시 믿어야 합니다. 다시 말해, 하나님의 능력으로 우리가 실제로 극복할 수 있는 유일한 죄가 있다면, 용서받은 죄뿐입니다. 칭의라는 위대한 선물은 성화의 과정에 선행하며, 성화의 과정을 가능하게 해줍니다.

3. 하나님의 사랑을 받고 은혜를 입음
의롭다 함을 얻는다는 말은 하나님의 사랑을 받고 은혜를 입는다는 뜻입니다.

우리를 향한 하나님 사랑의 크기를 증명하신 그리스도

하나님이 우리를 사랑하지 않으셨다면 아들의 죽음을 통해 해결해야 할 문제도 없었을 것입니다. 우리의 죄를 간과해 스스로 불의한 분인 것처럼 보이게 만든 것이 우리를 향한 하나님의 사랑입니다. 하나님이 우리를 사랑하지 않으셨다면 그저 우리를 정죄하여 멸망하도록 버려 두는 것으로 죄 문제를 해결하셨을 것입니다. 그것이 하나님의 의를 입증하는 방법이었습니다. 하지만 하나님은 그렇게 하지 않으셨습니다. 우리를 향한 사랑 때문입니다.

로마서 5장 6-8절에 그에 대한 말씀이 참으로 아름답게 묘사되어 있습니다.

우리가 아직 연약할 때에 기약대로 그리스도께서 경건하지 않은 자를 위하여 죽으셨도다. 의인을 위하여 죽는 자가 쉽지 않고 선인을 위하여 용감히 죽는 자가 혹 있거니와 우리가 아직 죄인 되었을 때에 그리스도께서 우리를 위하여 죽으심으로 하나님께서 우리에 대한 자기의 사랑을 확증하셨느니라.

하나님은 아들의 죽음 안에서 하나님 자신이 의로우시다는 진리뿐 아니라 그분의 사랑이 얼마나 큰지도 증거하고 계십니다.

값없이 주시는 하나님의 선물

로마서 3장 24절에서 바울은 우리가 "하나님의 은혜로 값없이" 의롭다 함을 얻는다고 말합니다. 죄인들을 향한 하나님의 사랑이 은혜의 선물 안에서 넘쳐흐르고 있음을 말합니다. 즉 우리가 의롭다 함을 얻는 것은 풍성한 하나님의 긍휼에서 나오는 선물이지, 우리가 마땅히 받을 만하거나 공로가 있어서가 아닙니다.

죄 용서와 하나님의 의는 값없이 주시는 선물입니다. 그리스도께서 값을 다 치르셨기 때문에 우리는 값을 치르지 않는다는 뜻입니다. 공로로 획득하는 것도 아니고 부모에게서 물려받는 것도 아니며 성례를 통해 얻는 것 또한 아닙니다. 믿음으로 값없이 받는 것입니다.

로마서 5장 17절은 이렇게 말합니다. "한 사람의 범죄로 말미암아 사망이 그 한 사람을 통하여 왕 노릇 하였은즉 더욱 은혜와 의의 선물을 넘치게 받는 자들은 한 분 예수 그리스도를 통하여 생명 안에서 왕 노릇 하리로다."

죄사함과 하나님의 의는 하나님의 사랑에서 흘러나오는 은혜의 값없는 선물입니다. 의롭다 함을 얻는다는 것은 용서를 받는다는 의미이며, 의로운 자로 여겨진다는 뜻이고, 하나님의 사랑을 받는다는 뜻입니다.

4. 하나님이 영원히 보장해 주심

마지막으로, 의롭다 함을 얻는다는 것은 하나님이 영원히 보장하신다는 의미이기도 합니다. 이는 최상의 축복입니다. 바울은 로마서 8장 30절에서 이렇게 선포합니다. "또 미리 정하신 그들을 또한 부르시고 부르신 그들을 또한 의롭다 하시고 의롭다 하신 그들을 또한 영화롭게 하셨느니라."

의롭다 함을 얻었다면 또한 영화롭게도 될 것입니다. 장차 올 세대의 영광에 이르게 될 것이고 기쁨과 거룩함 속에서 하나님과 영원히 살게 될 것입니다. 왜 이 사실이 그토록 확실할까요?

하나님의 백성들에게 있어서 하나님 아들의 죽음이 가져온 효과는 객관적이고 실제이며 명백하고 결코 돌이킬 수 없는 것이기 때문에 그렇습니다. 하나님 아들의 죽음이 이룩한 성취는 영원한 성취입니다. 그리스도의 피로 말미암은 효과는 결코 변덕스럽지 않습니다. 얻었다가 잃었다가 다시 얻었다가 잃었다가 하지 않습니다.

이것이 32절의 핵심입니다. "자기 아들을 아끼지 아니하시고 우리 모든 사람을 위하여 내주신 이가 어찌 그 아들과 함께 모든 것을 우리에게 주시지 아니하겠느냐?" 그러니 하나님께서 우리를 또한 영화롭게 하시지 않겠습니까? 그렇습니다! 우리의 칭의를 보장해 주시는 아들의 희생이 동일하게 우리의 영화(glorification)도 보장해 줍니다.

오늘 아침 우리가 의롭다 함을 얻은 사람들이라면, 우리는 고발과 정죄에서도 벗어난 사람들입니다. 33절 말씀입니다. "누가 능히 하나님께서 택하신 자들을 고발하리요? 의롭다 하신 이는 하나님이시니." 핵심이 무엇인지 이해하겠습니까? 하나님께서 아들의 죽음을 통해 우리를 의롭다 하셨다면, 하늘에서나 땅에서나 땅 아래 그 어디에 있는 누구라도 우리를 죄 있다고 고발할 수 없습니다. 우리는 영화롭게 될 것입니다.

왜 그렇습니까? 우리가 죄가 없어서입니까? 아닙니다. 그리스도의 피로써 의롭다 함을 얻었기 때문입니다.

5장

하나님의 의가 나타나다 (1부)

로마서 3:21-26

이제는 율법 외에 하나님의 한 의가 나타났으니 율법과 선지자들에게 증거를 받은 것이라. 곧 예수 그리스도를 믿음으로 말미암아 모든 믿는 자에게 미치는 하나님의 의니 차별이 없느니라. 모든 사람이 죄를 범하였으매 하나님의 영광에 이르지 못하더니 그리스도 예수 안에 있는 속량으로 말미암아 하나님의 은혜로 값없이 의롭다 하심을 얻은 자 되었느니라. 이 예수를 하나님이 그의 피로써 믿음으로 말미암는 화목제물로 세우셨으니 이는 하나님께서 길이 참으시는 중에 전에 지은 죄를 간과하심으로 자기의 의로우심을 나타내려 하심이니. 곧 이때에 자기의 의로우심을 나타내사 자기도 의로우시며 또한 예수 믿는 자를 의롭다 하려 하심이라. _롬 3:21-26

누가 의롭다고 느끼는가?

오직 믿음으로만 의롭다 함을 받는다는 교리와 어머니날(Mothers' Day) 사이에는 연관성이 있습니다. 몇 년 전 저는 "사자같이 담대한 의인"이라는 제목으로 연속 설교를 했습니다. "악인은 쫓아오는 자가 없어도 도망하나 의인은 사자같이 담대하니라"는 잠언 28장 1절 말씀을 본문으로 하는 설교였습니다. '의롭다 함을 받는 것'에는 사람을 담대하게 만드는 무언가가 있습니다. "의인은 사자같이 담대합니다."

그런데 여기서 껄끄러운 부분이 있습니다. 과연 우리 중 누가 자신을 의롭다고 느낄까요? 우리의 양심은 우리가 죄인이라고 말합니다. 성경도 우리가 죄인이라고 말합니다. 우리가 앞서 살펴본 로마서 1장 18절에서 3장 20절까지 본문의 주요 핵심은 이것입니다. 우리는 다 "죄 아래에 있다 … 의인은 없나니 하나도 없으며"(롬 3:9-10). 그리고 여기 로마서 3장 23절에서도 다시금 바울은 이렇게 말합니다. "모든 사람이 죄를 범하였으매 하나님의 영광에 이르지 못하더니."

이것이야말로 이 세상에서 그다지 담대한 모습을 찾아볼 수 없는 한 가지 이유입니다. 많은 사람들이 그토록 소심하고 부끄럼 많고 우유부단하고 줏대 없고 비겁하고 두려워하고 용기 없이 그저 무심하게 살면서 반대에 부딪혀도 굳건히 서지 못하는 이유인 것입니다. 우리 스스로가 의롭다고 느끼지 못하기 때문에 그렇습니다. 우리의 양심이 우리를 정죄하고 성경도 우리를 고발함으로 우리는 소스라치게 놀라고 맙니다. 그래서 우리는 인생을 도망치듯 살면서, 바닥만 내려다보고 다른 사람은 똑바로 쳐다보지도 못하고, 무엇을 하고 싶은 열망도 없이 늘 미래를 염려하며 스스로를 부족하게 여기고 불안해 합니다.

그렇다면 "의인은 사자같이 담대하다"는 말씀에서 언급하는 사람은 과연 누구일까요? 엄마들 아닐까요? 오늘은 어머니날입니다. 사자같이 담대한 어머니들이 여기에 계십니까? 계시군요. 잠언 31

장 25절에서도 그런 부류의 어머니를 찾아볼 수 있습니다. "능력과 존귀로 옷을 삼고 후일을 웃으며(문자 그대로 웃는 것을 뜻함)." 이게 어떠한 의미인지 알겠습니까? 대다수 사람들은 미래에 관해 걱정합니다. 그런데 여기 나오는 여인은 미래를 보며 웃습니다. 그 여인은 담대함으로 미래의 면전에서 이렇게 말합니다. "네가 나를 두렵게 할 수 있을 것 같으냐? 온갖 두려움을 내 눈 앞에서 펄럭거리면서 미래의 모든 질병과 재난과 원수와 불운과 상실과 고통을 가지고 나를 부엌 바닥의 쥐새끼처럼 인생의 구석에서 바들바들 떨게 만들 수 있을 것 같으냐? 안 될 말씀, 나는 능력과 존귀로 옷을 입고서 너의 위협을 비웃는다."

의로운 여인은 사자처럼 담대합니다. 그녀는 베드로전서 3장 5-6절의 말씀을 듣고 "그렇지!" 하고 말합니다. "전에 하나님께 소망을 두었던 거룩한 부녀들도 … 너희는 선을 행하고 아무 두려운 일에도 놀라지 아니하면 그의 딸이 된 것이니라." 하나님께 소망을 두는 여인은 사자처럼 담대합니다.

죄가 있는데도 의로울 수 있는가?

이제 우리는 오늘 아침의 본문 말씀을 정면으로 마주하면서 이렇게 질문하게 됩니다. "우리의 소유가 아닌데도 우리 것이 될 수 있는 의가 있는가? 의의 선물이란 과연 존재하는가? 우리에게 죄가 있는데 그럼에도 불구하고 의를 소유할 수 있는가? 양심이 우리를 정죄함에도 의를 소유하는 게 가능한가?" 옛적 여인들은 자기 스스로에게가 아닌 "하나님께 소망을 두었"습니다. 그들은 사자처럼 담대했고 어떤 것에도 두려워 떨지 않았습니다. 그렇다면 구약성경에서 "하나님께 소망을 두었다"는 것은 하나님이 그들을 의로운 자로 여기셨다는 의미일까요? 사자같이 담대한 이들은 의로운 자들입니다.

로마서 3장 21절을 보십시오. "이제는 율법 외에 하나님의 한 의가 나타났으니 율법과 선지자들에게 증거를 받은 것이라." 이 말씀을 통해 바울은 그의 서신서에서 중대한 전환점을 열어 놓습니다. 로마서 1장 18절 이후로 바울이 제시한 내용은 우리에게 아무런 의가 없으므로 우리가 죄와 심판 아래 있고 마지막 날에 진노를 받으리라는 것이었습니다. 온 세상은 입을 다물고 모든 사람은 변명의 여지없는 심판 아래 처하고 말았습니다. 하나님의 법이 인간의 반역과 맞닥뜨렸고 그 결과는 칭의가 아닌 정죄입니다. 어떤 인간도 율법을 행함으로써 하나님과 화해를 이룰 수 없습니다. 이것이 20절이 말하는 바입니다. "율법의 행위로 그의 앞에 의롭다 하심을 얻을 육체가 없나니." 제가 보기에는 이것이 도덕적 담대함의 최후입니다. 의로운 자는 하나도 없습니다. 어머니든 아버지든 청소년이든 어린아이든 말입니다. 율법의 행위로는 하나님 앞에 바로 설 수 있는 사람은 아무도 없습니다.

그러고 나서 서신서의 중대한 전환점이 시작됩니다. 21-22절입니다. "이제는 율법 외에 하나님의 한 의가 나타났으니 율법과 선지자들에게 증거를 받은 것이라. 곧 예수 그리스도를 믿음으로 말미암아 모든 믿는 자에게 미치는 하나님의 의니 차별이 없느니라." 그렇습니다! 여기서 하나님이 주시고 부여하시는 의가 나옵니다. 그 의는 율법의 행위로 받지 않고 예수 그리스도를 믿음으로 말미암아, 모든 믿는 자들이 받습니다(22절). 다시 말해, 로마서 1장 18절에서 3장 20절까지의 본문에 나온 죄와 정죄 문제에 대한 하나님의 해결책은 그 아들 예수를 보내어 죄 가운데 죽게 하시고(다음 주에 24절에서 살펴볼 내용), 그 아들을 믿는 우리에게는 그분의 의를 주시는 것입니다. 이것을 이신칭의(justification by faith)라고 부릅니다. 즉 우리가 그 아들을 믿으면 하나님께서 자신의 의를 우리의 의로 인정해 주신다는 것입니다.

이는 1장 16-17절에서 이미 보았던 바입니다. 로마서 초반 8장에 등장하는 가장 위대한 주제입니다. "내가 복음을 부끄러워하지 아니하노니 이 복음은 모든 믿는 자에게 구원을 주시는 하나님의 능력이 됨이라. 먼저는 유대인에게요 그리고 헬라인에게로다. 복음에는 하나님의 의가 나타나서 믿음으로 믿음에 이르게 하나니 기록된 바 '오직 의인은 믿음으로 말미암아 살리라' 함과 같으니라." 바울은 1장 17절에서 시작한 내용을 3장 21절에서 다시 언급합니다. 믿음으로 말미암는 의를 펼쳐 설명하고 적용하려는 것입니다.

"나는 악인이 죽는 것을 기뻐하지 아니하노라"

이 말씀이 여러분에게 소중하게 다가올는지 모르겠습니다. 여러분은 —어쩌면 지난 밤이나 오늘 새벽에— 자신의 죄악이 너무나도 무겁고 끔찍해서 속이 뒤틀리는 듯이 느껴지고, 혹 지금이든 나중이든 죽게 된다면 천국에 들어갈지 확신도 서지 않으며, 거룩하고 의로우신 하나님이 나를 하나님의 영광의 임재에서 끌어내 영원한 불속에 던져 넣을 것 같이 느낀 적이 있습니까? 만일 그런 지점에 이르게 된다면 —모든 사람이 그러한 지점에 다다릅니다— 하나님의 이 말씀이야말로 우주에서 가장 달콤한 말씀이지 않겠습니까? "나는 악인이 죽는 것을 기뻐하지 아니하노라(겔 33:11). 나를 믿어라. 내 아들을 신뢰해라. 나를 너희의 유일한 소망으로 알고 온전히 신뢰해라. 또한 나는 내 아들을 위해 너희의 죄를 씻기고 나의 의를 값없이 선물로 너희에게 주겠으며 너희를 용납하고 구원하겠다. 나의 의를 너희에게 주겠다!"

이곳에 오신 어머니들은 어떻습니까? 오늘은 여러분의 날입니다. 참으로 귀한 날이지 않습니까? 그러한 날이기를 바랍니다. 우리 베들레헴교회 어머니들이 언제나 사자처럼 담대해지기를 소망합니다. 또 베들레헴교회 어머니들이 자녀를 가슴에 꼭 품고 지내기 앞서 이 신칭의의 진리를 가슴에 꼭 붙잡고 사셨으면 좋겠습니다. 그렇게 되면 여러분은 자녀들 앞에서 미래를 향해 강하고 담대한 모습으로 흔들림 없이 웃으며 살아가는 본보기가 될 수 있기 때문입니다.

옛적 여인들에 관한 부분으로 다시 돌아가겠습니다. 앞서 베드로전서 3장 6절 말씀에서 언급했는데, 하나님께 소망을 두고 아무것도 두려워하지 않았던 옛적의 거룩한 여인들을 기억하실 것입니다. 이들은 하나님께 소망을 두었기에 사자처럼 담대할 수 있었습니다. 그래서 제가 이렇게 물었습니다. 구약성경에서 "하나님께 소망을 두었다"는 것은 하나님이 그들을 의로운 자로 여기셨다는 의미일까요? 잠언 28장 1절에 따르면 사자처럼 담대한 사람은 의인이기 때문입니다.

구약은 이신칭의를 가르쳤는가?

조금 다른 식으로 질문해 보겠습니다. 구약성경 안에 이신칭의에 관한 가르침이 있을까요? 그 여인들이 담대함을 갖게 된 방법은 오늘 우리가 담대해지는 방법과는 다른가요? 그들의 의 역시 하나님이 선물로 주신 의였을까요? 그들도 하나님께 소망을 두어(히 11:1) 믿음으로 의롭다 함을 받은 것일까요? 오늘 본문과도 무관하지 않은 질문입니다. 오늘 본문에서도 제기하고 있습니다.

로마서 3장 21절을 다시 보겠습니다. "이제는 율법 외에 하나님의 한 의가 나타났으니 율법과 선지자들에게 증거를 받은 것이라." 특히 뒷부분에 주목하십시오. 이 대목에서 말하려는 요점은 무엇일까요? 하나님이 값없이 주신 의의 선물이 "율법 외에" 나타났지만 "율법의 증거"를 받았다는 것입니다. 달리 말해, 하나님은 (의를 얻기 위한) 율법의 행위를 배제하고 의의 선물을 주셨습니다. 하나님은 (의를 얻기 위한) 그 일을 예수님의 죽음과 부활을 통해 이루셨습니다. 대신 구약의 율법은 그 일이 임할 것이라고 가르치면서, 백성들에게 하나님의 자비하심에 소망을 둘 것을 요청했습니다.

그렇다면 이 말씀의 요지는 무엇입니까? "하나님께 소망을 둔" 구약의 여인들이 —비록 하나님이 어떤 식으로 죄를 간과하시고 어떤 식으로 그들을 의롭다 여기고 용납하실지 알지는 못했지만— 사실상 하나님과 그분의 약속에 대한 믿음으로 의롭다 함을 얻었다는 것입니다. 로마서 3장 21절 후반부의 핵심인 "율법과 선지자들에게 증거를 받은 것이라"는 말씀은 이신칭의 메시지가 구약에 이미 제시되어 있었음을 보여 주며, 또 장차 하나님이 지난 모든 죄 —구약에 나오는 모든 믿는 자들과 믿음의 여인들이 저지른 죄까지도 해당(25-26절 참조)— 를 간과하심으로 그분의 의를 나타내실 때가 임할 것임을 가리키고 있습니다.

4장 본문의 몇 구절만 살펴보아도 이 사실이 매우 잘 드러나 있습니다. 여기에는 구약성경이 이신칭의를 어떤 식으로 증거하고 있는지 두 가지 실례가 나타납니다. 로마서 4장 3절에서 바울은 아브라함을 언급하면서 창세기 15장 6절을 인용합니다. "성경이 무엇을 말하느냐? '아브라함이 하나님을 믿으매 그것이 그에게 의로 여겨진 바' 되었느니라." 이것이 바울이 언급하는 구약의 첫 번째 예입니다. 그런 다음 6절에서는 다윗을 언급하며 이렇게 말합니다. "일한 것이 없이 하나님께 의로 여기심을 받는 사람의 복에 대하여 다윗이 말한 바(그런 후에는 시편 32편 1절을 인용합니다), '불법이 사함을 받고 죄가 가리어짐을 받는 사람들은 복이 있고.'"

따라서 다윗과 아브라함은(시편과 창세기는) 믿음으로 말미암는 의에 관해 증거하고 있습니다. 비록 그리스도의 죽음과 부활을 통해 의가 어떻게 임할지 온전히 알지는 못했을지라도 말입니다. 또 다른 예는 로마서 1장 17절에 있습니다. 바울은 여기서 하박국 2장 4절을 인용하고 있습니다. "복음에는 하나님의 의가 나타나서 믿음으로 믿음에 이르게 하나니, 기록된 바 '오직 의인은 믿음으로 말미암아 살리라' 함과 같으니라." 결국 우리는 창세기와 시편과 하박국에서 "하나님의 의는 행위가 아니라 믿음으로 얻는다"는 위대한 진리가 증거되었음을 보게 됩니다. 비록 그들은 하나님께서 믿음으로 죄인들을 의롭다 하시는 과정에서 어떤 식으로 의를 나타내실지 온전히 알지 못했지만, 그럼에도 하나님을 신뢰했습니다.

이사야는 구약의 다른 저자들보다 훨씬 분명하게 그 사실을 보았습니다. 그는 이사야 53장에서 여호와의 종(예수님)이 고통을 당하고 대신 죽음을 당한 뒤 다시 살아날 것에 관해 예언하며 11절에서 이렇게 말합니다. "그가 자기 영혼의 수고한 것을 보고 만족하게 여길 것이라. 나의 의로운 종이 자기 지식으로 많은 사람을 의롭게 하며 또 그들의 죄악을 친히 담당하리로다."

그러므로 저는 하나님을 소망했던 여인들에 관한 제 질문에 이렇게 답합니다. "그렇습니다. 그들이 하나님께 소망을 두었을 때 하나님은 그것을 의로 여기셨습니다. 여인들은 믿음으로 의롭다 함을 받았습니다." 앞으로 몇 주 간 살펴보겠지만, 수백 년 뒤 그 여인들의 죄를 지고 그들의 죄를 간과하시면서도 하나님의 공의를 입증하신 이가 바로 예수님입니다.

그들이 그토록 두려움 없이 담대했던 이유가 바로 이것입니다. 의인은 사자처럼 담대합니다. 의로운 여인들은 그 모든 위협에도 불구하고 미래를 보며 웃습니다. 그렇다면 누가 하나님 앞에서 의로운 여인 —의로운 남성, 의로운 청소년, 의로운 어린이— 입니까? 구약성경의 답은 하나님께 소망을 둔 사람입니다. 신약성경의 답은 하나님이신 그리스도께 소망을 둔 사람입니다.

의롭다 하시는 하나님

그러므로 어머니들이여, 제가 생각하기에 가장 위대한 선물이 바로 여기에 있습니다. 여러분이 세상 마지막 날에 이르러 끔찍한 죄책감을 느낄 때, 즉 사는 동안 심술을 부리면서 자녀들에게 함부로 말하고, 혹은 드라마에 빠져서 이상한 생각에 사로잡히고, 우울한 마음을 달래느라 몰래 폭식하고, 남편과의 이혼을 결심하며 밖으로 돌고, 마음속 깊이 끓어오르는 울분을 억누르고, 제멋대로 반항하며 저질렀던 십대 때 일들이 자꾸 떠오를 때, 여러분 자신을 온전히 예수님의 긍휼하심에 맡기고 그분을 유일한 소망으로 삼기 바랍니다. 그러면 하나님이 그것을 의로 여겨 주실 것입니다. 그러면 여러분은 순결함 속에 잠들 수 있을 것이며 사자처럼 담대하게 다시 일어나게 될 것입니다. "누가 능히 하나님께서 택하신 자들을 고발하리요? 의롭다 하신 이는 하나님이시니"(롬 8:33).

어머니들이여, 오늘 하나님의 선물을 받아들이고, 생애 중 가장 행복한 어머니날을 누리기를 바랍니다. 그러면 어머니가 아닌 분들은 어떻게 할까요? 똑같이 하시기 바랍니다. 로마서 3장 22절 말씀입니다. "곧 예수 그리스도를 믿음으로 말미암아 모든 믿는 자에게 미치는 하나님의 의니 차별이 없느니라."

6장

하나님의 의가 나타나다 (2부)

로마서 3:21-26

이제는 율법 외에 하나님의 한 의가 나타났으니 율법과 선지자들에게 증거를 받은 것이라. 곧 예수 그리스도를 믿음으로 말미암아 모든 믿는 자에게 미치는 하나님의 의니 차별이 없느니라. 모든 사람이 죄를 범하였으매 하나님의 영광에 이르지 못하더니 그리스도 예수 안에 있는 속량으로 말미암아 하나님의 은혜로 값없이 의롭다 하심을 얻은 자 되었느니라. 이 예수를 하나님이 그의 피로써 믿음으로 말미암는 화목제물로 세우셨으니 이는 하나님께서 길이 참으시는 중에 전에 지은 죄를 간과하심으로 자기의 의로우심을 나타내려 하심이니. 곧 이때에 자기의 의로우심을 나타내사 자기도 의로우시며 또한 예수 믿는 자를 의롭다 하려 하심이라. _롬 3:21-26

백 가지 환난에도 흔들리지 않다

오늘 저는 23-24절에 초점을 맞추려고 합니다. 23절은 모든 인류의 보편적 필요를 보여 줍니다. 그리고 24절은 그 필요를 충분히 채워 줄 수 있는 해결책을 제시합니다. 이 두 구절이 전하는 내용은 우리의 문제를 해결하기 위해 인간이 집필한 만 권의 책보다 우리 미래에 있어서 훨씬 중요합니다. 이 구절은 사도 바울을 통해 선포하시는 하나님의 말씀입니다. 이 구절은 인류의 상태를 적나라하게 보여 줍니다. 그리고 하나님의 아들, 예수님을 믿는 사람들을 구하기 위해 하나님이 행하신 일에 대해 말해 줍니다.

이 구절을 토대로 우리의 인생을 세워 간다면 —이 두 구절에 담긴 진리를 삶의 기초로 삼는다면— 백 가지 환난 속에서도 흔들리지 않을 것입니다. 두 구절을 인생의 태양계 속에서 중심 태양으로 삼는다면, 나머지 행성들은 하나님의 뜻을 중심으로 조화를 이루며 운행할 것입니다. 하지만 이 말씀을 인생의 변두리에 내던져 둔다면 (해왕성이나 명왕성 언저리쯤), 우리의 삶이 혼돈과 불확실성과 두려움과 약점으로 둘러싸인다 해도 놀랄 이유가 없습니다. 참으로 기본적이면서도 중심 되는 진리이므로 반드시 이 말씀을 기억하고 묵상하며, 사슬이든 줄이든 동원할 수 있는 모든 방법으로 마음과 생각에 묶어 두어야 합니다.

무늬만 그리스도인인 사람들은 매우 연약해서 불신자와 별반 다를 것 없는 인생을 살아갑니다. 물에 빠진 사람이 구조하는 사람의 팔을 붙잡고 늘어지듯 말씀을 단단히 붙잡지 않기 때문입니다.

하나님의 영광이 결핍됨

23절은 인간의 보편적 필요를 언급합니다. "모든 사람이 죄를 범하였으매 하나님의 영광에 이르지 못하더니." 모든 사람이 죄를 지었습니다. 예외가 없습니다. 이것이 로마서 1장 18절에서 3장 20절까지 말씀의 핵심입니다. 그리고 죄의 결과로 우리는 하나님의 영광에 이르지 못합니다. "이르지 못한다"(fall short)는 것은 말 그대로 "결핍되다"(lacking)는 뜻입니다. 모든 사람이 죄를 지었기 때문에 하나님의 영광이 결핍된 것입니다.

그런데 그게 과연 어떤 의미일까요? "하나님의 영광이 결핍되다"(lack the glory of God)는 말의 뜻은 무엇입니까? 우리가 하나님만큼 영광스러워야 하는데 그렇지 못해서 영광이 결핍되었다는 의미가 아닙니다. 결코 그렇지 않습니다. 좀 더 살을 붙여서 제대로 이해하려면 바울이 죄에 관해 유사한 논증을 펼친 로마서 1장에서 하나님의 영광에 관해 언급한 내용을 다시 살펴보아야 합니다.

"불의로 진리를 막는 사람들"(롬 1:18)에 관해 설명하면서 바울은 1장 23절에서 이렇게 말합니다. "[그들은] 썩어지지 아니하는 하나님의 영광을 … 우상으로 바꾸었느니라." 그리고 1장 28절에서는 이렇게 말합니다. "그들이 마음에 하나님 두기를 싫어하매." 따라서 전체를 정리해 보면, 모든 사람이 죄를 범했고 그 죄는 본질적으로 하나님과 그분의 영광을 인생 최고의 가치로 삼기를 거부하는 것입니다. 죄는 하나님의 영광을 사랑하고 그 영광을 귀하게 여기는 대신 하나님과 그분의 영광을 평가하는 것이고, 죄는 하나님의 영광을 다른 것과 바꾸는 것입니다. 이것이 죄의 모습입니다.

죄는 주로 하나님과 관련이 있습니다. 죄가 사람을 상하게 하기는 하지만 단순히 사람을 다치게 하는 것이 죄는 아닙니다. 죄는 주로 하나님을 욕되게 하는 것입니다. 하나님을 믿지 않고 귀하게 여기지도 않으며 인생의 기초와 중심으로 갈망하지도 않음으로써 그분의 영광을 업신여기는 것입니다. 모든 사람은 죄를 저질렀고 다른 것과 바꾸었으므로 하나님의 영광이 결핍되고 말았고, 그리하여 하나님의 영광을 욕되게 했습니다.

그것이 엄청난 죄악입니다. 하나님은 그분의 영광을 드러내고자 우주를 창조하셨습니다(사 43:7). 우리가 존재하고 모든 만물이 존재하는 이유는 완전한 하나님의 위대하심을 드러내기 위함입니다. 온 우주가 하나님과 연관되어 있습니다. 이 세상이 이토록 역기능적이고 고통스러운 이유는 세상이 자기의 창조 목적에 반기를 들었기 때문입니다. 온 세상이 하나님의 영광을 드러내도록 창조되었는데도 인류는 하나님 외에 다른 것을 높이는 데만 혈안이 되어 있다면, 세상에 엄청난 격변과 작동불능 사태가 발생하고 불행한 일이 일어나는 것은 당연합니다.

모든 사람이 죄를 범했으므로 하나님의 영광이 결핍되어 있습니다. 우리는 하나님의 영광을 다른 것으로 바꾸어 버렸습니다. 하나님 외에 다른 것을 더 사랑했습니다. 그리고 하나님과 그 영광에 무관심하고 어쩌다 가끔 일요일에만 미적지근한 관심을 나타냈습니다. 그래서 우리에게 그토록 엄청난 문제가 발생하는 것입니다. 어떻게 해야 하나님과 관계를 바로잡고, 하나님을 욕되게 하는 죄 상태에서 구원받을 수 있을까요? 모든 사람이 하나님을 주말의 취미활동보다 못한 분 정도로 취급하여 그분의 무한하신 가치를 조롱했는데, 그런 우리가 어떻게 해야 하나님께 영원히 용납받을 수 있습니까?

죄인을 위해 하나님이 행하신 네 가지

그 답은 24절에 나와 있습니다. 이 구절이 전하는 가장 놀라운 사실은 우리가 스스로를 구원하기 위해 행한 일이 아닌, 하나님이 우리를 구원하려고 행하신 바를 보여 준다는 것입니다. 로마서에서 큰 전환점을 이루는 부분이 21절이라고 했던 것을 기억하실 것입니다. "이제는 율법 외에 하나님의 한 의가 나타났으니 율법과 선지자들에게 증거를 받은 것이라." 하나님의 의를 나타내는 어떤 큰 사건이 벌어진 것입니다. 그 의는 죄인을 정죄하던 율법을 통해 얻는 법적인 의가 아니라 죄인을 의롭다 여겨 주시는 선물로 값없이 주어지는 의입니다. 큰 사건이란 무엇입니까? 바울이 "이제는"이라는 표현과 함께 하나님의 의가 나타났다고 말하게 만든 어떤 일이 역사 속에서 일어난 것입니까? 24절은 그 위대한 사건이 무엇이고, 또 그 결과는 어떠한지 말해 주고 있습니다. 함께 읽겠습니다.

> 그리스도 예수 안에 있는 속량으로 말미암아 하나님의 은혜로 값없이 의롭다 하심을 얻은 자 되었느니라.

여기서 언급되는 대상이 누군지, 즉 "의롭다 하심을 얻은 자"가 누군지 물어보기에 앞서 이 구절이 무엇의 성취를 말하고 있는지 살펴보겠습니다. 이 구절은 하나님께서 우리를 구원하기 위해 하신 일이 무엇이고, 구체적으로 어떤 일을 하셨는지 말해 줍니다. 그러므로 누가 의롭다 하심을 얻었는지 질문하기에 앞서 이 구절이 말하는 성취를 자세히 보고 생각하고 기도하며 감탄할 필요가 있습니다.

하나님이 죄인들과 화목을 이루기 위해 어떻게 행하셨는지 네 가지로 살펴보겠습니다. 첫 번째는 "의롭다 하심을 얻은", 두 번째는

"값없이", 세 번째는 "하나님의 은혜로", 네 번째는 "그리스도 예수 안에 있는 속량으로 말미암아"입니다(영어의 어순상, 한글 성경과 반대 순서로 기술됨 —옮긴이).

1. "의롭다 하심을 얻은"

"의롭다 하심을 얻었다"는 구절을 살펴보시기 바랍니다. 여기에는 세 가지 주목할 사항이 있습니다.

첫째, 이 구절은 수동태입니다. "의롭다 하다"(justifying)가 아니라 "의롭다 하심을 얻다"(being justified)로 나옵니다. 우리 스스로 그 일을 행한 것이 아니라, 우리에게 그 일이 이뤄진 것입니다. 의롭다 하는 일은 하나님이 행하시는 일이지 우리가 행하는 일이 아닙니다. 우리는 "의롭다 하심을 받습니다." 하나님이 의롭다고 하십니다. 여기서 행동의 주체는 하나님입니다. 우리는 행동의 객체(대상)입니다. 이것이 구원의 방법입니다. 최종적으로 그리고 결정적으로 성부 하나님이 행하시는 일입니다.

둘째, "의롭다 함을 얻다"(justified)라는 단어 안에 "올바른"(just)이라는 단어가 들어 있다는 점을 주목하기 바랍니다. "올바른"(just)이라는 단어는 "의로운"(righteous)이라는 단어와 본질적으로 유사합니다. 게다가 원어로 살펴볼 때 22절의 "의롭다 함을 얻다"(justified, dikaioumenoi)와 "의"(righteousness)라는 단어가 동일한 어원(dikai-)을 사용하고 있습니다. 따라서 24절에서 "의롭다 함을 얻다"(being justified)는 의미와 22절에서 "믿음으로 말미암아 미치는 … 의니"(righteousness through faith)의 의미가 매우 유사해지는 것을 알 수 있습니다.

따라서 이 부분을 이렇게 읽어 보시기 바랍니다. "이제 하나님의 한 의가 나타났으니 … 곧 예수 그리스도를 믿음으로 말미암아 모든 믿는 자에게 미치는 하나님의 의니 … 의롭다 하심을 얻은 자 되었느니라." 다시 말해, 우리가 의롭다 하심을 얻을 때 하나님의 의가 우리에게 정죄가 아닌 칭의로 임하는 일이 발생하는 것입니다. 죄의 짐이 아니라 의의 선물로 오는 것이지요.

하지만 여기서 한 가지 문제점이 발생합니다. "의롭다 하심을 얻은"이라는 구절과 관련해 살펴볼 세 번째 항목이기도 합니다. 우리가 의를 받는다(receive righteousness)는 것은 어떤 의미입니까? 칭의의 행위로 우리의 체질이 의로워진다(be made righteous)는 말인가요? 아니면 칭의의 행위로 의롭다 선고 받는다(be declared righteous)는 말인가요?

잠언 17장 15절을 봅시다. "악인을 의롭다 하고(justifies) 의인을 악하다 하는(condemns) 이 두 사람은 다 여호와께 미움을 받느니라." 누군가를 의롭다고 하는 것은 심판자가 하는 일입니다. 의롭다고 하는 것의 반대는 정죄하는 것입니다. 우리가 누군가를 정죄한다는 것은 그 사람이 유죄임을 선고하고 징계를 내리는 것입니다. 우리가 그 사람을 죄에 물든 사람으로 만드는 것이 아닙니다. 그리고 누군가를 의롭다고 할 때는 그 사람이 죄가 없다고 선고하면서 석방을 명령하는 것입니다.

따라서 의롭다 하는 것(justifying)은 누군가를 올바르게 만드는 것(making someone just)이 아니라 올바르다고 선언하는 것(declaring someone just)입니다. 이에 관해서는 특히 누가복음 7장 29절에서 분명하게 볼 수 있습니다. 예수님이 세례 요한을 칭찬하시자 누가는 이렇게 기록합니다. "모든 백성과 세리들은 이미 요한의 세례를 받은지라. 이 말씀을 듣고 하나님을 의롭다 하되"(로마서 3장 24절과 동일한 단어). 하나님이 사람들을 통해 의롭다 함을 얻으셨습니다. 그것이 어떤 의미입니까? 사람들이 하나님을 의롭다고 선언했다는 말입니다.

그러므로 칭의(justification)는 우리를 의로운 사람으로 만드시는 하나님의 행위가 아닙니다. 우리를 의롭다고 선언하시는 하나님의 행위입니다. 22절에서 "예수 그리스도를 믿음으로 말미암아 모든 믿는 자에게 미치는 하나님의 의"라고 한 것은 그 의를 우리의 의로 인정해 주셨음을 뜻합니다.

하나님의 칭의 행위는 우리 내부에 있는 것이 아니라 우리 외부에 있습니다. 우리 안에 있지 않고 우리를 위해 있습니다. 우리의 천성이나 상태가 변하는 게 아니라 하나님 앞에서 우리의 신분이 바뀌는 것입니다. 우리 안에서 일어나 우리의 성품을 바꾸는 성화와는 다릅니다. 성화는 점차 우리를 하나님 아들의 형상으로 바꾸어 가는 성령의 역사입니다. 칭의는 그분이 보시기에 우리가 올바르고 의롭다고 단번에(once for all) 선포하시는 하나님의 행위입니다.

2. "값없이"

두 번째로, 이 놀라운 행위는 우리에게 "값없이"(as a gift) 임했습니다. 이것이 24절의 두 번째 문구입니다. "값없이 의롭다 하심을 얻은…" 여기서 사용된 단어는 로마서 외 여러 곳에서도 사용되어서 그 의미를 더욱 분명하게 해 주고 있습니다. 요한계시록 22장 17절 후반을 예로 들겠습니다. "원하는 자는 값없이 생명수를 받으라." 여기서 "값없이"(without price)는 로마서 3장 24절에 나오는 "값없이"와 동일한 단어입니다.

따라서 여기서 말하려는 핵심은 우리가 갚을 수 없는 방법으로 의롭다 함을 받았다는 것입니다. 우리는 칭의를 돈 주고 살 수 없습니다. 이는 선물입니다. 내가 지불할 수 있는 방법이 없습니다. 칭의는 살 수도, 교환할 수도, 빌릴 수도 없습니다. 하나님의 칭의의 행위는 값없는 선물입니다.

3. "하나님의 은혜로"

이제 세 번째 문구인 "하나님의 은혜로"(by His grace)에 주목하기 바랍니다. "하나님의 은혜로 값없이 의롭다 하심을 얻은." 바울의 서신서에서 가장 중요한 문구 중 하나입니다. 바울은 이 표현을 95차례나 사용하고 있습니다. 여기서 하나님의 칭의 행위가 "하나님의 은혜로" 된다는 것은 무슨 의미일까요?

그것을 살펴볼 가장 쉬운 방법은 몇 구절 뒤로 가서 로마서 4장 4절을 살펴보는 것입니다. 여기에 깊은 통찰이 담겨 있으므로 은혜에 관해 살펴볼 때마다 여기로 다시 돌아오겠습니다. "은혜"라는 동일한 단어가 여기 이 구절에 있음을 여러분이 알 수 있도록 직역해 보겠습니다.

로마서 4장 4절입니다. "일하는 자에게는 그 삯이 '은혜'로(according to grace, 영문 성경에는 as a favor로 표현되어 있으며, 우리 개역성경에선이 grace와 favor의 차이가 드러나지 않음—옮긴이)로 여겨지지[혹은 계산되지] 아니하고 빚으로(but according to debt, 영문 성경에는 but as what is due로 표기되어 있음—옮긴이) 여겨지거니와." 달리 말해 우리가 누군가를 위해 일을 한다면 그것은 은혜를 받는 것이 아니라 보수를 받는 것입니다. 누군가를 고용인으로 상대한다면 그에게서 받는 것은 은혜가 아니라 빚(debt)입니다. 그가 우리에게 임금을 빚진 것이지요. 그러므로 하나님을 위해 일하려 애쓰는 것은 무례한 행위입니다. 하나님에게 빚을 갚으라고 요구할 수는 없습니다. 로마서 11장 35절은 이렇게 말합니다. "누가 주께 먼저 드려서 갚으심을 받겠느냐?" 그에 대한 답은 "아무도 할 수 없다"입니다. 그 이유는 다음과 같습니다. "이는 만물이 주에게서 나오고 주로 말미암고 주에게로 돌아감이라"(롬 11:36).

따라서 무엇을 은혜로 얻으려면 그것을 위해 일해서는 안 됩니다. 은혜는 상대방이 내게 아무 빚이 없는 상태에서 나에게 베풀어야 은혜가 됩니다. 그래서 바울이 "하나님의 은혜로 값없이 의롭다 하심을 얻었다"고 말한 것은 우리가 칭의를 위해 일할 수 없음을 의미한 것입니다. 그러므로 "값없이"라는 문구는 우리가 이에 대해 돈을 치를 수 없음을 뜻하고, "하나님의 은혜로"라는 말은 우리가 이를 위해 일할 수 없음을 뜻합니다.

그렇다면 과연 그 일이 어떻게 가능할까요? 하나님은 어떻게 죄인을 의로운 자로 선언하실 수 있습니까? 우리가 값을 치르지도 못하고 일하지도 못한다는데, 그것은 어디에 기초한 사실입니까? 경건하지 않은 자를 의롭다 하는 것이 어떻게 공의로울 수 있습니까?

4. "그리스도 예수 안에 있는 속량으로 말미암아"

마지막 문구가 이에 대한 답을 제시합니다. 나머지 답은 다음 주에 나옵니다. 24절 앞의 문구는 "그리스도 예수 안에 있는 속량으로 말미암아"입니다. "그리스도 예수 안에 있는 속량으로 말미암아 하나님의 은혜로 값없이 의롭다 하심을 얻은 자 되었느니라." 이 말은 어떤 의미입니까? 속량(redemption)이란 무엇을 뜻합니까?

속량이란 "값을 치르고 구한다" 혹은 "돈을 주고 풀려나게 한다"는 뜻입니다.* "속량"이라는 뜻의 원어(apolutroseos)에는 "몸값"(ransom)이라는 뜻의 단어 lutron이 남아 있습니다. 다시 말해, 속량이라는 개념은 몸값을 치르고 구해 내어 풀어 준다는 뜻입니다. 누군가를 속량하려면 먼저 몸값을 치러야 풀어 주고 구해 줄 수 있습니다.

몸값은 무엇입니까? 값을 치른다는 것은 무엇입니까? "몸값"(lutron)이라는 단어는 마가복음 10장 45절에서만(그리고 다른 복음서의 동일한 예화에서) 사용되었습니다. "인자가 온 것은 섬김을 받으려 함이 아니라 도리어 섬기려 하고 자기 목숨을 많은 사람의 대속물(ransom)로 주려 함이니라." 인자의 생명은 속량을 위해 치러진 몸값이라는 뜻입니다. 바울이 "그리스도 예수 안에 있는 속량"이라고 말한 의미이기도 합니다. 예수님이 몸값이기 때문에 그분 안에 속량이 있는 것입니다. 구해 내고 풀어 주기 위해 예수님이 자기의 목숨을 내어놓으셨습니다.

* 레온 모리스의 「사도의 십자가 설교」(Grand Rapids: Wm. B. Eerdmans Pub. Co., 1955), 40-45쪽.

어디서 풀려난다는 말입니까? 23절에 언급된 인간의 보편적인 문제, 즉 하나님을 업신여기는 죄의 권세와 정죄와 죄책에서 벗어나는 것입니다. 우리가 얻는 칭의의 기반은 이것입니다. 즉 그리스도께서 많은 사람을 위해 자기의 목숨을 몸값으로 주신 사실입니다. 그분은 우리를 죄와 죄책과 정죄로부터 풀려나게 하기 위해 값을 치르셨습니다. 이것이 하나님께서 은혜로 값없이 불경건한 자를 의롭다 하시는 이유입니다. 모든 것이 그리스도의 죽음 덕분입니다(예수님의 피에 관해서는 다음 주에 25절에서 살펴보겠습니다). 그렇기 때문에 우리는 칭의를 위해 돈을 치를 수도 일을 할 수도 없는 것입니다. 칭의의 근거는 나 자신이나 나의 행위에 있지 않습니다. 오직 "그리스도 예수 안에 있는 속량으로 말미암아" 임합니다.

우리는 이 칭의를 어떻게 얻는가?

우리는 그리스도 예수 안에 있는 속량으로 말미암아, 하나님의 은혜로 값없이, 의롭다 하심을 얻습니다. 그래서 의롭다 함을 얻는다는 것이 하나님 보시기에 우리가 의롭다는 하나님의 선언하심이라면, 그리고 그것이 "값없이 선물로" 주어지는 것이어서 우리가 돈을 치를 수 없고, 또한 "은혜로" 주어지는 것이어서 우리가 이것을 얻고자 일할 수도 없는 것이라면, 또한 그리스도 예수 안에 있는 속량으로 말미암아 몸값이 치러진 것이라면, 우리는 이 칭의를 어떻게 얻는 것일까요?

22절입니다. "예수 그리스도를 믿음으로 말미암아 모든 믿는 자에게 미치는 하나님의 의니." 아, 죄인들이여! 아, 하나님의 영광을 훼방하는 죄인들이여! 여러분은 칭의를 원합니까? 사형수의 감방에서 마지막 순간에 사면을 받기 원합니까? 감옥 문이 열리면서 우주의 재판관이 여러분을 의롭다고 여겨 주심으로 석방되어 영원히 그분과 친교를 누리며 푸른 초장과 맑은 시냇가를 거닐고 싶습니까?

그렇게 되기 원한다면 그리스도 앞에 모든 것을 내려놓고 철저히 무력한 존재로 나아가십시오. 손에 돈도 쥐지 말고, 뭔가 해보려고 하지도 말고, 다만 주권자가 온전히 값없이 베푸시는 은혜만을 신뢰하고 귀하게 여기시기 바랍니다.

7장

하나님의 의가 나타나다 (3부)

로마서 3:21-26

이제는 율법 외에 하나님의 한 의가 나타났으니 율법과 선지자들에게 증거를 받은 것이라. 곧 예수 그리스도를 믿음으로 말미암아 모든 믿는 자에게 미치는 하나님의 의니 차별이 없느니라. 모든 사람이 죄를 범하였으매 하나님의 영광에 이르지 못하더니 그리스도 예수 안에 있는 속량으로 말미암아 하나님의 은혜로 값없이 의롭다 하심을 얻은 자 되었느니라. 이 예수를 하나님이 그의 피로써 믿음으로 말미암는 화목제물로 세우셨으니 이는 하나님께서 길이 참으시는 중에 전에 지은 죄를 간과하심으로 자기의 의로우심을 나타내려 하심이니. 곧 이때에 자기의 의로우심을 나타내사 자기도 의로우시며 또한 예수 믿는 자를 의롭다 하려 하심이라. _롬 3:21-26

윌리엄 쿠퍼, 영혼이 깨어나다

제가 딸 아이 탈리타를 침대에 재울 때면 아이는 "노래 불러 주세요"라고 말합니다. 저는 윌리엄 쿠퍼(18세기 영국 시인—옮긴이)가 작사한 저의 애창 찬송을 자주 불러 줍니다.

주 하나님 크신 능력 참으로 기이하다
바다 위에 주 발자국 폭풍 위를 걸으시네

성도여 담대하라 구름을 두려워 말라
크신 자비가 임하여 구름도 복이 되리

선불리 판단 말고 그의 자비를 신뢰하라
두려운 섭리 뒤에 주의 미소 빛나네

주의 뜻은 순간마다 활기차게 익어가네
꽃망울은 쓰디쓰나 그 꽃은 향긋하리

끝 모르는 광산 속 헤아리는 주의 손길
찬란한 보석 같은 주의 계획 드러나네

믿음의 눈 어두워서 주의 역사 보지 못해
그가 친히 가르치사 앞길 보여 주시리라
(찬송가 80장, 주 하나님 크신 능력, 원문 직역임)

지금은 탈리타가 알지 못하지만 언젠가는 알게 될 일이 있습니다. 윌리엄 쿠퍼는 28세였던 1759년에 신경쇠약증이 심해져 세 차례나 자살을 시도했습니다. 그는 자신이 소망도 없이 저주받은 사람이라고 확신하고 있었습니다. 1763년 12월에 그는 성 앨번 정신병원에 수용되었는데, 그곳에서 환자들을 자애롭게 돌보는 58세의 의사 나다니엘 코튼을 만나게 되었습니다. 하나님의 놀라운 계획하심으로 코튼 박사는 그리스도인이었고 하나님을 사랑하며 복음을 전하는 사람이었습니다.

코튼 박사는 쿠퍼를 아꼈고 그가 스스로 저주받아 소망 없는 자라고 고집할 때에도 박사는 지속적으로 쿠퍼에 대한 소망을 붙들었습니다. 병원에 머문 지 6개월이 되었을 때 쿠퍼는 정원 벤치에 놓인 성경을 발견했습니다(우연이 아니었습니다). 그가 처음 본 말씀은 요한복음 11장이었고, 그 안에서 "비참함 가운데 있는 인간을 자비와 사랑과 선함과 긍휼로 대하시는 그리스도의 모습"을 보고 한 줄기 소망을 품게 되었습니다. 그런 다음 그가 읽은 말씀이 오늘 우리 본문인 로마서 3장 25절이었습니다. 그 말씀이 그의 인생에 있어 전환점이 되었습니다.

> 그 즉시 나는 말씀을 믿을 수 있는 힘을 받았고, 눈부신 의의 태양빛이 나를 비추었다. 나는 예수님이 이루신 대속의 능력을 보았고, 예수님의 피로 죄 용서가 확정되었다는 것, 그리고 그 칭의로 모든 것이 충분하고 완성되었음을 깨달았다. 그 순간 나는 복음을 믿고 받아들였다.

쿠퍼는 1765년 6월에 성 앨번을 나와 이후 35년 간 사역을 하며 지냈지만, 그러는 동안에도 우울증과 엄청난 싸움을 벌여야 했습니다. 하지만 동시에 "샘물과 같은 보혈은", "하나님과 더 가까이", "성령이 숨 쉬는 말씀" 등의 찬송시를 통해 하나님 나라의 큰 열매를 맺

기도 했습니다.

역사상 이러한 일은 계속 일어났습니다. 로마서에 있는 놀라운 복음의 말씀을 통해 영혼이 깨어난 사람들이 어거스틴, 루터, 웨슬리 등입니다. 오늘날에도 이 말씀을 마음 깊이 담을 때 그러한 일들이 일어나기를 소망합니다. 25-26절이야말로 성경에서 가장 중심이 되며 중요한 말씀일 것입니다. 지난 주 우리가 살펴본 23-24절 말씀과 연결지어 보면 특히 그렇습니다.

하나님의 의로우심을 나타냄

25-26절에서 벌어지는 일은 "의롭다 하심"(24절)과 "속량(혹은 몸값)"(24절)이라는 사안을 통해 들여다볼 수 있습니다. C. E. B. 크랜필드는 이를 "십자가의 가장 심오한 의미"라고 불렀습니다.* 25-26절입니다.

> 이 예수를 하나님이 그의 피로써 믿음으로 말미암는 화목제물로[propitiation, NIV에서는 "sacrifice of atonement"로 나옴. 맥락으로 볼 때 "진노를 돌이키는 것"의 의미] 세우셨으니[혹은 앞에 두셨으니] 이는 하나님께서 길이 참으시는 중에 전에 지은 죄를 간과하심으로 자기의 의로우심을 나타내려 하심이니** 곧 이때에 자기의 의로우심을 나타내사 자기도 의로우시며 또한 예수 믿는 자를 의롭다 하려 하심이라.

* 「로마서 주석 1권」(Edinburgh: T & T. Clark, 1975), 213쪽.

** 아직 다루지는 않았지만 하나님의 의로우심을 나타내는 것은 그리스도가 십자가에 죽으신 목적입니다. 그런데 왜 하나님은 자기의 의로우심을 나타내셔야 했습니까? 전에 지은 우리의 죄를 간과하셨기 때문입니다. 잊지 말자는 의미에서 다시 반복합니다.

요약하면, 그리스도의 죽음은 가장 근본적인 문제 해결을 위한 것이었습니다. 하나님은 자기의 의로우심을 나타내기 위해 그리스도를 세우셨습니다(보내어 죽게 하셨습니다). 여기서 해결해야 할 문제란 어떤 이유로 인해 하나님이 불의하게 나타나는 것이었습니다. 그래서 스스로를 변론하고 자기 이름을 깨끗케 하려 하신 것입니다. 사실상 26절이 말하는 바는 "자기의 의로우심을 나타내기 위해" 그리스도께서 그의 피로써 화목제물로 나타나지 않으셨다면, 하나님은 죄인을 의롭다 하신 것 때문에 불의하고 불공정한 분처럼 되었을 것이라는 점입니다. 이것이 근본적인 문제입니다. 하나님의 의로우심이 위기에 처했습니다. 그분의 이름 혹은 명성 혹은 영광이 입증되어야 했습니다. 십자가는 우리를 위한 십자가가 되기에 앞서, 먼저 하나님을 위한 것이어야 했습니다.

왜 하나님이 입증하셔야 하는가?

문제가 발생한 원인이 무엇일까요? 왜 하나님은 자기의 의로우심을 사람들 앞에 입증해야 하는 문제를 떠안게 되신 것일까요? 25절 마지막 구절과 26절 후반에 그 답이 나옵니다. "이는 하나님께서 길이 참으시는 중에 전에 지은 죄를 간과하심으로", "예수 믿는 자를 의롭다 하려 하심이라."

그렇다면 이 두 구절이 의미하는 바는 무엇입니까? 지난 수 세기에 걸쳐 지금까지 하나님께서는 시편 103편 10절의 말씀대로 해 오셨음을 의미합니다. "우리의 죄를 따라 우리를 처벌하지는 아니하시며 우리의 죄악을 따라 우리에게 그대로 갚지는 아니하셨으니." 하나님은 우리의 엄청난 죄를 간과해 오고 계십니다. 우리를 용서하시며 처벌받지 않고 지나가게 하셨습니다.

다윗 왕이 좋은 실례입니다. 사무엘하 12장에서 다윗 왕은 밧세바와 간음을 저지르고 그 남편을 살해한 후에 나단 선지자를 직면하게 됩니다. 나단 선지자는 이렇게 말합니다. "어찌하여 네가 여호와의 말씀을 업신여기고"(삼하 12:9).

나단의 책망을 들은 다윗은 13절에서 이렇게 말합니다. "내가 여호와께 죄를 범하였노라." 그러자 나단은 이렇게 답합니다. "여호와께서도 당신의 죄를 사하셨나니 당신이 죽지 아니하려니와." 바로 이와 같습니다! 간음과 살인 죄가 간과되고 있습니다. 가히 믿기 힘든 일입니다. 우리의 정의 관념은 이렇게 소리칩니다. "안 됩니다! 그런 식으로 내버려 두어서는 안 됩니다. 다윗 왕은 마땅히 사형을 당하거나 종신형을 받는 게 마땅합니다!" 하지만 나단 선지자는 그렇게 말하지 않습니다. 오히려 이렇게 말합니다. "여호와께서 왕의 죄를 사하셨으니 왕께서는 죽지 않을 것입니다."

이전에 지은 죄를 간과하시는 하나님

이 말씀은 하나님이 전에 지은 죄를 간과하신다고 했던 로마서 3장 25절과 같은 의미입니다. 그런데 이것이 왜 문제가 될까요? 세상적인 사고로 볼 때는 하나님이 죄인들에게 관대하시다는 게 문제점으로 느껴집니까? 성경적 사고 밖에 살고 있는 사람들 중에는 거룩하고 의로운 하나님이 선인과 악인에게 골고루 태양을 비춰 주시고 의로운 자와 불의한 자 모두에게 비를 내려 주시는 것(마 5:45)을 문제

삼아 고민하는 이들이 얼마나 있을까요? 또 하나님이 죄인들을 관대하게 대하시는 명백한 부당함을 놓고 고민하는 사람이 얼마나 있을까요? 사실상, 우리가 받은 용서가 하나님의 의로우심에는 위협이 된다는 사실을 놓고 고민하는 그리스도인은 얼마나 많을까요?

세상적 사고로는 성경적 사고 방식이 이루어지는 상황을 평가조차 하기 힘듭니다. 왜일까요? 세상적 사고는 성경적 사고와는 철저히 다른 출발점에서 바라보기 때문입니다. 세상적 사고는 하나님 영광의 무한 가치를 높이고 드러내고자 하는 권리, 곧 창조주이신 하나님의 권리에서 출발하지 않습니다. 세상적 사고는 인간으로부터 출발하며, 인간의 권리와 소원을 성취해 주는 대상으로 하나님을 봅니다. 하지만 로마서 전체를 볼 때 핵심은 하나님의 영광이 어떠한 취급을 받았으며 그것에 대한 하나님의 의로우신 반응이 무엇인가 하는 것입니다.

지난 주에 23절을 통해 보았던 사실을 기억하시기 바랍니다. "모든 사람이 죄를 범하였으매 하나님의 영광에 이르지 못하더니[결핍되었더니]." 인간의 죄로 인해 위협을 받는 것은 하나님의 영광입니다. 나단 선지자가 다윗을 만났을 때 그는 다음과 같이 하나님의 말씀을 인용했습니다. "어찌하여 네가 여호와의 말씀을 업신여기었느냐?" 다윗이 어떻게 대답했을지 상상이 갑니다. "무슨 말씀입니까, 제가 업신여겼다니요? 저는 하나님을 업신여기지 않았습니다. 하나님에 대해 생각조차 하지 않았습니다. 그저 목욕하는 여자를 보고 달아올랐을 뿐이고, 그런 후에는 사람들에게 발각될까 봐 죽을 만큼 두려웠을 뿐입니다. 제 머릿속에서 하나님은 떠올려 보지도 않았습니다."

하나님은 이렇게 대답하실 것입니다. "우주의 창조자, 결혼의 설계자, 생명의 근원, 너의 존재를 붙들고 있는 자, 너를 왕으로 세운 자, 나 여호와를 머릿속에 떠올리지도 않았다니! 다윗아, 바로 그거다. 그게 바로 내가 하고 싶은 말이다. 너는 나를 업신여겼다." 모든 죄악은 인간에 대한 해악이기에 앞서 하나님을 업신여기는 일입니다. 모든 죄악은 하나님과 더불어 누리는 영원한 기쁨보다 세상의 순간적 쾌락을 더 사랑하는 것입니다. 다윗은 하나님의 영광을 모욕했습니다. 하나님의 가치를 하찮게 여겼습니다. 하나님의 이름을 더럽혔습니다. 하나님의 영광을 다른 어떤 것보다 더 사랑하는 데 이르지 못하는 것, 그것이 죄의 의미입니다. "모든 사람이 죄를 범하였으매 하나님의 영광을 다른 것과 '바꾸었으니'."

문제점 : 하나님 스스로 자신의 영광을 업신여기는 듯 보일 때

따라서 하나님이 죄를 간과하실 때 발생하는 문제는 하나님의 이름을 업신여기고 영광을 무시하는 사람들을 하나님이 인정하시는 것처럼 보인다는 것입니다. 하나님은 자기의 영광이 웃음거리가 되는 것에 아무 관심이 없다고 말씀하시는 듯 보입니다. 하나님이 자신의 가치가 저평가됨에도 이를 묵과하시는 듯 보입니다. 죄를 간과하는 것, 즉 죄를 용서하고 불경건한 자를 의롭다 하는 일(롬 4:5)은 그 자체로 하나님의 영광과 이름과 가치가 별 의미 없거나 심지어 아무 의미도 없다는 메시지를 던져 줍니다. 이것이 불의함의 본질입니다. 따라서 만일 하나님이 자기의 영광에 대한 무한한 열정, 즉 하나님의 의로우심을 나타내는 방식으로 우리를 구원하지 않고 죄를 간과하신다면 하나님은 참으로 불의한 자처럼 보이게 됩니다.

만일 신적 계시가 없다면, 인간의 자연스런 생각, 즉 세상적인 생각으로는 하나님이 십자가에서 다루셨던 그 위기에 놓인 문제를 보거나 느끼지 못합니다. 죄인을 향한 하나님의 긍휼이 명백히 불의해 보이지만 세상적인 인간은 그것 때문에 잠을 설치거나 하지 않습니다.

그런데 로마서에 따르면 하나님이 그 아들의 죽음으로 해결하려 하신 문제는 가장 근본적인 것이었습니다. 다시 한 번 읽어 봅시다(25-26절). "이 예수를 하나님이 그의 피로써 믿음으로 말미암는 화목제물로 세우셨으니[그의 아들을 죽게 내보내셨으니] 이는 하나님께서 길이 참으시는[혹은 인내하는] 중에 전에 지은 죄를 간과하심으로 자기의 의로우심을 나타내려 하심이니, 곧 이때에 자기의 의로우심을 나타내사 자기도 의로우시며 또한 예수 믿는 자를 의롭다 하려 하심이라." 하나님이 자기 영광의 가치가 아무것도 아닌 듯 죄를 간과하셨다면, 하나님은 불의하게 보이고 또한 불의한 자로 나타나셨을 것입니다.

하나님은 모든 죄인을 지옥에 보내어 벌하심으로써 그 문제를 해결하실 수도 있었습니다. 그렇게 하셨더라면 하나님의 영광에 이르지 못하고 그분의 이름을 무시하는 우리의 죄를 축소시키려는 하나님으로 비춰지지는 않았을 것입니다. 하지만 우리를 멸망시키는 것은 하나님이 기뻐하시는 바가 아니었습니다. 요한복음 3장 17절은 이렇게 말합니다. "하나님이 그 아들을 세상에 보내신 것은 세상을 심판하려 하심이 아니요 그로 말미암아 세상이 구원을 받게 하려 하심이라."

하나님은 의로우신 분, 의롭다 하시는 분

26절 마지막 부분에서 바울은 예수님의 죽음에 대한 하나님의 두 가지 원대한 목표를 보여 줍니다. 예수님은 왜 죽으셨습니까? 이는 "[하나님께서] 자기도 의로우시며 또한 예수 믿는 자를 의롭다 하려 하심"입니다. 하나님 스스로 의로운 분이 되시는 것과 더불어, 자기의 의가 없는 사람들을 의롭다고 인정하시기 위해서입니다. 이 두 가지는 서로 모순되어 보입니다. 하나님의 영광을 다른 것들과 바꾸어 버린 죄인들을 향해 진노를 퍼붓는 것은 의로운 것이어도, 경건치 아니한 자들에게 진노를 퍼붓지 않는 것은 불의한 것일 테니 말입니다. 하지만 하나님께서 자기 영광의 무한한 가치를 나타내면서도 경건치 아니한 자들을 의롭다 하는 것이 그분의 뜻이라면, 누군가가―즉 예수 그리스도가― 하나님의 진노를 받음으로 하나님이 자기의 영광을 조롱하는 죄를 결코 가벼이 여기지 않으신다는 사실을 보여 주셔야 했습니다. 그래서 25절의 "화목제물"이라는 단어가 그토록 중요한 것입니다. 그리스도가 우리의 죄를 대신해 하나님의 진노를 담당하시고, 우리에게서는 그 진노를 걷어 내셨습니다.

십자가에 달리시기 전날 밤에 예수님은 고뇌하시면서도 하나님의 영광을 향한 사랑으로 승리를 거두셨습니다. 요한복음 12장 27-28절에서 이렇게 말씀하셨습니다. "지금 내 마음이 괴로우니 무슨 말을 하리요. 아버지여 나를 구원하여 이때를 면하게 하여 주옵소서. 그러나 내가 이를 위하여 이때에 왔나이다. 아버지여, 아버지의 이름을 영광스럽게 하옵소서 하시니 이에 하늘에서 소리가 나서 이르되, '내가 이미 영광스럽게 하였고 또다시 영광스럽게 하리라' 하시니." 하나님은 예수님의 삶 속에서 자신을 영광스럽게 하셨을 뿐 아니라, 이제는 예수님의 죽음을 통해 영광스럽게 되실 것입니다. 그리고 그렇게 경건치 아니한 자들을 의롭다 하시는 일에서도 그 자신이 의로운 분임을 보이실 것입니다.

그리스도는 우리의 화목제물입니다. 예수님은 하나님의 영광을 향한 사랑 때문에 우리가 받아야 할 하나님의 진노를 몸으로 받으셨습니다. 그리하여 우리가 "그리스도 예수 안에 있는 속량으로 말미암아 하나님의 은혜로 값없이 의롭다 하심을 얻은 자가"(24절) 될 때에, 그리스도를 믿는 자를 의롭다 여기시는 하나님이야말로 공의롭고 의로운 분임이 만천하에 드러나게 될 것입니다.

하나님이 행하신 일이 내게도 임하려면

하나님이 예수님 안에서 행하신 이 위대한 사역과 우리가 어떻게 확실하게 연결될지 살펴보는 것으로 말씀을 마칠까 합니다. 이 짧은 본문(21-16절) 안에서 바울은 그것에 대해 무려 세 차례나 언급합니다. 뒤로 돌아가 보겠습니다. 말씀을 보면서 하나님이 윌리엄 쿠퍼에게 하신 일이 여러분에게도 임하도록 기도하시기 바랍니다.

26절 후반, "자기도 의로우시며 또한 예수 믿는 자를 의롭다 하려 하심이라." 예수님을 믿으십시오. 예수님을 믿으십시오. 예수님을 신뢰하십시오.

25절 전반, "이 예수를 하나님이 그의 피로써 믿음으로 말미암는 화목제물로 세우셨으니." 여러분 자신이 직접 받아 마땅한 하나님의 진노를 예수님이 대신 담당하심으로 여러분이 더 이상 진노를 받을 필요가 없게 되기를 바랍니까? 그렇다면 이 구원의 아름다운 소식에 귀를 기울이고 그대로 받아들이십시오. 예수님을 신뢰하십시오.

마지막 23절, "모든 사람이 죄를 범하였으매 하나님의 영광에 이르지 못하더니." 하나님의 의는 믿는 모든 사람들의 것입니다. 여러분 안에는 없지만 영생을 위해서는 반드시 지녀야 하는 의를 우리의 믿음을 통해 우리에게 "은혜로, 값없이" 선물로 주십니다. 그분을 신뢰하십시오. 그분을 믿으십시오. 이것이 그분이 요구하시는 바입니다. 값을 지불하는 것도 아니고, 하나님이 빚을 지게끔 우리의 행위로 얻을 수 있는 것도 아닙니다. 다만 "경건하지 아니한 자를 의롭다 하시는 이를" 믿어야 합니다(롬 4:5).

8장

이신칭의는 자랑의 끝

로마서 3:27-31

그런즉 자랑할 데가 어디냐? 있을 수가 없느니라. 무슨 법으로냐? 행위로냐? 아니라, 오직 믿음의 법으로니라. 그러므로 사람이 의롭다 하심을 얻는 것은 율법의 행위에 있지 않고 믿음으로 되는 줄 우리가 인정하노라. 하나님은 다만 유대인의 하나님이시냐? 또한 이방인의 하나님은 아니시냐? 진실로 이방인의 하나님도 되시느니라. 할례자도 믿음으로 말미암아 또한 무할례자도 믿음으로 말미암아 의롭다 하실 하나님은 한 분이시니라. 그런즉 우리가 믿음으로 말미암아 율법을 파기하느냐? 그럴 수 없느니라. 도리어 율법을 굳게 세우느니라. _롬 3:27-31

왜 자랑이라는 문제를 제기하는가?

왜 바울은 자랑이라는 문제를 제기할까요? 27절에서 이렇게 묻고 있습니다. "자랑할 데가 어디냐?" 그리고 이렇게 답합니다. "있을 수가 없느니라. 무슨 법으로냐? 행위로냐? 아니라, 오직 믿음의 법으로니라." 그런 다음 로마서 4장 2절에서 다시금 같은 사안을 제기합니다. "만일 아브라함이 행위로써 의롭다 하심을 받았으면 자랑할 것이 있으려니와 하나님 앞에서는 없느니라." 그래서 자랑의 문제가 바울에게는 매우 중요합니다. 왜일까요?

1. 교만은 인류의 가장 큰 문제이기 때문에

첫째, 교만이라는 내면의 상태가 밖으로 표출되어 나온 것이 자랑이기 때문입니다. 교만은 로마서 1장 18절부터 3장 20절에 이르는 본문에서 묘사되었듯이 세상의 모든 악과 불행을 야기하는 근원입니다. 그 구절로 돌아가 우리 자신을 먼저 살펴봅시다. 로마서 1장 18절에서 바울은 말합니다. "하나님의 진노가 불의로 진리를 막는 사람들의 모든 경건하지 않음과 불의에 대하여 하늘로부터 나타나나니." 진리는 어떤 식으로든 모든 사람 앞에 놓여 있습니다. 그런데 우리는 그 진리 아래 우리 자신을 겸손히 내어드리는 대신 진리를 짓밟고 올라서며 진리를 끌어내립니다. 이것이 교만입니다. 교만은 수백 가지 다양한 형태를 띱니다. 아주 작고 세미한 것에서부터 아주 강하고 조악한 것까지 말입니다. 하지만 그 실체는 동일합니다. 우리는 진리를 밟고 서서 우리가 좋아하는 부분만 받아들이고 그렇지 않은 부분은 막아 버립니다.

우리가 막는 진리는 무엇입니까? 21절은 이렇게 말합니다. "하나님을 알되 하나님을 영화롭게도 아니하며 감사하지도 아니하고." 대부분 교만은, 하나님이 우리보다 크시며 온 우주의 가장 위대한 존재로서 영광을 받으셔야 한다는 것과 모든 만물을 만드셨기에 끊임없이 감사를 받아야 할 분이라는 진리를 억누릅니다. 교만한 사람들의 마음에는 하나님을 향한 예배와 감사의 마음이 결핍되어 있습니다. 하나님이 아니라 우리 자신이 추앙받기를 원하고, 하나님의 자비하심에 온전히 의지하는 무기력한 자녀가 되기를 원치 않습니다.

그래서 22절은 이렇게 말합니다. "스스로 지혜 있다 하나 어리석게 되어." 이것이 교만입니다. "스스로 지혜 있다 하나 [우리는] 어리석게 되어 썩어지지 아니하는 하나님의 영광을 … 우상으로 바꾸었느니라." 우리는 어리석은 행동을 하면서도 스스로 지혜롭다고 생각합니다.

25절입니다. "이는 그들이 하나님의 진리를 거짓 것으로 바꾸어 피조물을 조물주보다 더 경배하고 섬김이라." 교만은 그럼에도 여전히 무언가를 경배하고 섬깁니다. 하지만 하나님이 그 대상이 아닙니다. 인간이 조종할 수 있고 인간을 실제로 다스리지 못하고 인간의 위치를 지정해 주지도 못하는 피조물이 그 대상입니다.

28절입니다. "그들이 마음에 하나님 두기를 싫어하매." 교만은 하나님을 인정하는 것을 싫어합니다. 교만은 권위에 복종하거나 자비하심에 의지하는 것을 싫어합니다. 그래서 늘 진리이신 하나님을 거부하거나 재정의합니다.

그래서 30절 중반에는 다음과 같은 사람들이 등장합니다. "비방하는 자요 … 능욕하는 자요 교만한 자요 자랑하는 자요." 여기서 바울은 타락한 인간의 마음속에 있는 깊은 교만을 명백하게 표현하고 있습니다.

그리고 로마서 2장 3절에서 바울은 이러한 교만이 취하는, 도덕적으로 경계해야 하는 형태를 보여 줍니다. "이런 일을 행하는 자를 판단하고도 같은 일을 행하는 사람아, 네가 하나님의 심판을 피할 줄로 생각하느냐?" 음란한 자들의 교만과 같은 것도 있지만 법에 민감하고 도덕적인 사람들의 교만도 있다는 것입니다.

하나님에 대한 지식을 자신을 높이는 도구로 사용하는 종교적인 사람의 교만도 있습니다. 로마서 2장 17절입니다. "'유대인'이라 불리는 네가 율법을 의지하며 하나님을 자랑하며…" 그런 다음 바울은 이들의 위신을 경고합니다. 어떤 종교 집단도 이렇게 될 수 있습니다. 우리는 모두 자신을 높이는 수단으로 하나님을 사용하고 싶은 유혹을 받습니다.

모든 인간이 죄 아래 있다(3:9)는 바울의 긴 논증은 이제 막바지에 이르고, 3장 18절에서 최고조에 다다릅니다. "그들의 눈앞에 하나님을 두려워함이 없느니라." 이들은 하나님 앞에서 두려워 떨지 않습니다. 하나님의 영광을 다른 것으로 바꾸어 버렸습니다. 자신이 세상에서 제일 소중한 존재라는 과장된 착각에 빠져 창조자이며 심판자이신 그분 앞에서 두려워 떨 생각조차 못합니다.

그래서 자랑에 관한 문제가 바울에게는 중요합니다. 자랑이란 인간 내면에 깊이 뿌리박힌 교만의 외적인 모습이기 때문입니다. 이러한 도덕적 부패는 세상 모든 악과 불행의 이면에 자리하고 있습니다. 설상가상으로 이러한 교만 때문에 하나님과 우리의 관계는 악화됩니다. 그래서 로마서 3장 19절 후반은 이렇게 말하고 있습니다. "모든 입을 막고 온 세상으로 하나님의 심판 아래에 있게 하려 함이라." 우리는 우리 자신의 교만 때문에 하나님의 심판 아래 있으며, 모든 죄는 교만으로부터 흘러나옵니다.

2. 하나님이 인간의 도움 없이 구원을 완성하기 때문에

그렇다면 어떻게 해야 하나님과의 관계가 올바르게 될까요? 바울은 로마서 1장 18절에서 우리를 향해 하나님의 진노가 나타났다고 합니다. 그리고 "진노의 날 곧 하나님의 의로우신 심판이 나타나는 그날에 임할 진노를 네게 쌓는도다"(2:5)라고 말합니다. 우리가 너무나도 교만하고 죄가 많아서 하나님이 크게 진노하신다면, 과연 하나님의 진노에서 구원을 받을 수 있는 길은 무엇일까요? 무한한 하나님의 영광을 무시하고 우습게 여기는 사람들이 어떻게 하면 하나님과 화목을 이룰 수 있을까요?

그 답은 로마서 3장 21-26절에 나와 있습니다. 지난 3주간 살펴보았던 내용이기도 합니다. 정답은, 교만하고 불의한 죄인들을 대신해서 고통 받고 죽게 하기 위해 하나님이 자신의 아들 예수 그리스도를 이 세상에 보내셨다는 것입니다. 이를 통해 네 가지 일이 일어납니다. 첫째, 우리의 교만과 죄로 말미암아 하나님의 영광에 가해졌던 손상이 회복됩니다. 예수님이 하나님을 영화롭게 하기 위해 자기 목숨을 드렸기 때문입니다(23, 25절 참조). 둘째, 예수님이 피를 흘려 화목제물로 자신을 드리심으로써, 하나님의 진노를 자신이 다 받으시고 우리에게서는 그 진노를 제거하십니다(25절). 셋째, 죄로부터 우리를 해방시키기 위해 무한히 귀한 몸값이 지불됩니다. 이것이 그리스도 예수 안에 있는 속량입니다(24절). 넷째, 하나님의 의로우심이 나타나고 입증됩니다.

요약하면 다음과 같습니다. 1) 하나님의 영광이 바로 세워진다. 2) 하나님의 진노가 가라앉는다. 3) 몸값이 지불된다. 4) 하나님의 의로우심이 나타난다. 이는 우리가 무언가를 하기 이전에 우리 밖에서, 하나님이 그리스도 안에서 행하신 일입니다. 위대한 구원이 우리 안에 적용되기 이전에 우리 밖에서 완성되었습니다.

이제 우리를 향한 위대한 구원의 결과는 칭의(justification)입니다. 그것이야말로 우리가 하나님의 진노에서 벗어날 소망을 줍니다. 칭의가 의미하는 바는, 하나님이 그리스도 안에서 하신 일(네 가지 일)에 근거해, 하나님이 우리를 의롭다고 선언하신다는 것입니다. 이 위대한 일 때문에 바울은 24절에서 다음과 같이 말합니다. "그리스도 예수 안에 있는 속량으로 말미암아 하나님의 은혜로 값없이 의롭다 하심을 얻은 자 되었느니라."

그리고 지난 주에 22, 25, 26절을 살펴보고 마무리하면서 우리가 의롭다 함을 받는 방편은 그리스도 예수에 대한 믿음뿐이라는 사실을 보았습니다. 26절입니다. "자기도 의로우시며 또한 예수 믿는 자를 의롭다 하려 하심이라."

이제는 오늘 설교를 시작할 때 제기했던 문제를 다시금 보겠습니다. 왜 바울은 27절에서 자랑에 관한 사안을 문제로 제기했을까요? 이제는 더 충분히 대답할 수 있을 것 같습니다. 교만이 인류 최대의 문제라는 사실이 첫 번째 답입니다. 자기 숭배, 자기 예찬, 자체 결정이야말로 살아계신 하나님을 영화롭게 하고 감사하며 신뢰하는 일과 겨루려는 인간 숭배의 보편적 형태입니다. 따라서 자랑은 참으로 심각히 다뤄야 할 일입니다.

그리고 끔찍한 교만의 결과로부터 우리를 구해 내기 위해 하나님께서 그리스도의 죽음을 통해 역사 속에서 몸소 일하셨다는 것이 두 번째 답입니다. 하나님은 인간을 전혀 개입시키지 않은 채 이 모든 것을 성취하셨습니다. 즉 하나님이 그리스도를 보내셨고, 그리스도를 통해 자기 영광을 회복하셨고, 그리스도를 통해 자신의 진노를 달래셨고, 그리스도를 몸값으로 직접 치르셨으며, 그리스도 안에서 자기의 의로우심을 나타내셨습니다. 우리는 그 일을 성취하는 데 아무런 관여를 한 적이 없으므로, 마치 우리가 무슨 역할이라도 한 양 자랑하지 못합니다.

3. 하나님의 위대한 구원은 그에 대한 믿음으로만 얻기 때문에

바울이 왜 자랑을 문제 삼았는가에 대한 세 번째 답은 이것입니다. 말 그대로 위대한 구원(속량, 속죄, 칭의)으로부터 혜택을 받는 수단은 하나님에 의해 특별히 고안된 방법이므로 인간이 자랑할 수 없습니다. 오직 믿음이라는 수단뿐입니다.

이 세 가지 단계를 그려 보시기 바랍니다. 첫째, 교만은 우리를 하나님에게서 끊어 내고 구원 받아야 할 필요를 만들어 내는 모든 악의 큰 뿌리입니다. 둘째, 하나님은 위대한 구원을 십자가의 예수님 안에서 완성하셨습니다. 이를 통해 하나님의 영광이 회복되고, 진노가 가라앉고, 몸값을 치렀으며, 그의 의로우심이 드러나게 되었습니다. 우리는 구원에 하나도 기여한 것이 없으므로 우리 자신을 의지하며 자랑할 것이 전혀 없습니다. 셋째, 그렇다면 이제 하나님은 이 큰 구원을 어떻게 우리에게 연결시키실까요? 우리는 어떻게 이 큰 구원의 수혜자가 될 수 있습니까?

이것은 결코 자랑하지 못할 수단으로 이뤄집니다. 구원과 연관된

부분에서 우리가 자랑할 만한 행위가 있다면, 모든 구원 계획의 목적은 완전히 무너져 버리고 말 것이기 때문입니다.

바울이 굳이 자랑에 관해 문제를 제기하는 이유가 바로 그 때문입니다.

믿음의 법

그렇다면 27절의 질문, "그런즉 자랑할 데가 어디냐?"에 대한 바울의 답변은 무엇입니까? 바울의 답은 우리가 기대하는 바 그대로입니다. "있을 수 없느니라." 참으로 중요한 말입니다. 하나님이 우리를 구원하시는 방법에 있어서 모든 자랑은 반드시 배제되어야 합니다. 어떻게 배제된다는 것입니까? 하나님이 자랑을 배제하실 때 무엇을 계획하셨을까요? 바울은 이렇게 답합니다. "[자랑이 배제되는 것이] 무슨 법으로냐? 행위[의 법으]로냐? 아니라, 오직 믿음의 법으로니라." 믿음의 법(law of faith)으로 인해 자랑은 배제되는 것입니다.

여기서 "법"(law)이라는 단어는 어떤 번역본에서는 "원리"(principle)로 번역되고 있습니다. "자랑은 행위의 '원리'가 아니라 믿음의 '원리'로 배제된다"는 식으로 말입니다. "법"은 문자 그대로의 의미이고 그 다음 절(28절)에 나오는 "율법의 행위"(works of the Law), 그리고 31절의 "우리가 믿음으로 말미암아 율법(Law)을 파기하느냐? 그럴 수 없느니라. 도리어 율법(Law)을 굳게 세우느니라"에 나오는 단어와 동일합니다.

따라서 27절 역시 "율법"으로 해석되어야 한다고 생각합니다. 바울이 의미하는 바도, 율법이 행위를 칭의의 수단으로 추천했다면 자랑을 배제시키지 않을 것이지만, 율법이 이신칭의를 가르친다면 자랑을 배제시킬 것이라는 말입니다. 실제로 율법은 이렇게 가르치고 있으며, 바울도 4장에서 이를 열심히 설명하게 될 것입니다.

그러므로 27절의 핵심은, 구원에 있어서 자랑을 배제시킨다는 사실은 칭의가 율법의 행위가 아니라 믿음으로 우리에게 임한다는 것이며, 이는 율법의 가르침이라는 것입니다. 27절과 28절이 어떻게 연결되어 있는지 유의해 보십시오. "그런즉 자랑할 데가 어디냐? 있을 수가 없느니라. 무슨 법으로냐? 행위로냐? 아니라, 오직 믿음의 법으로니라. 그러므로 사람이 의롭다 하심을 얻는 것은 율법의 행위에 있지 않고(apart from works of Law) 믿음으로 되는 줄 우리가 인정하노라"(바울이 율법을 변호하는 내용은 4장에 나옵니다). 달리 말하자면, 자랑이 칭의에서 배제된다면, 칭의는 믿음으로만 될 뿐 아니라 "율법의 행위에 있지 않(아야)" 합니다. 행위를 칭의의 수단으로 뒤섞어 놓는다면 모든 자랑을 배제시키려는 하나님의 목적을 훼손하는 것이 됩니다.

율법의 행위에 있지 않음

여기서 "율법의 행위에 있지 않다"는 말은 무슨 의미일까요? 다음에 이어지는 두 구절이 바울의 생각을 이해하는 데 도움이 됩니다. 29절입니다. "하나님은 다만 유대인의 하나님이시냐? 또한 이방인의 하나님은 아니시냐? 진실로 이방인의 하나님도 되시느니라." 달리 말하면, 바울은 지금 "칭의는 율법의 행위에 있지 않다"는 말을 하고 있는 것입니다. 만일 칭의가 율법의 행위에 기반을 둔다면 율법이 없는 이방인들은 불이익을 받게 되고, 하나님은 유대인의 하나님도 아니고 이방인의 하나님도 아니게 됩니다.

30절의 설명을 보면 보다 분명해집니다. "할례자도 믿음으로 말미암아 또한 무할례자도 믿음으로 말미암아 의롭다 하실 하나님은 한 분이시니라." 달리 말해, 열방과 유대인을 다스리는 하나님은 한 분이시지 여럿이 아니며, 하나님과 화목을 이루는 방법도 단 하나, 즉 믿음으로만 가능합니다.

그렇지만 여기서 "율법의 행위"(28절)가 의미하는 바를 보려면 바울이 초점을 두고 있는 내용에 주의를 기울여야 합니다. 바울은 "율법의 행위"의 예로 할례를 들고 있으며, 30절에서 할례를 행하는 사람들(유대인들)도 이 행위가 아니라 믿음으로 의롭다 함을 얻고, 할례를 행하지 않는 사람들(이방인들)도 이 행위와 별개로(apart from this work) 의롭다 함을 얻는다고 말합니다. "할례자도 믿음으로 말미암아 또한 무할례자도 믿음으로 말미암아 의롭다 하실 하나님은 한 분이시니라"(30절). 그러므로 29절, 하나님은 유대인의 하나님일 뿐 아니라 이방인의 하나님도 되십니다. 따라서 28절, "사람이 의롭다 하심을 얻는 것은 율법의 행위에 있지 않고 믿음으로" 됩니다.

따라서 자랑을 배제시키지 않는 "율법의 행위"는 칭의를 얻기 위해 행하는 —할례(30절) 같은— 율법에서 요구되는 행동입니다. 명확히 설명하기 위해 다시금 말씀드립니다. "율법의 행위" —그 본질상 자랑을 배제하지 않음— 는 하나님으로부터 의를 얻어내기 위해 (믿음이 아닌) 다른 어떤 행동을 하는 것입니다. 즉 칭의를 얻기 위한 행위입니다. 하나님 앞에 의롭게 서기 위해 하나님의 은혜를 의지하는 대신 어떤 행위를 하려고 애쓴다면, "율법의 행위"를 하는 셈이 됩니다. 여전히 교만함을 놓지 않는 것이지요. "율법의 행위"는 자랑을 배제시키지 않으며, 오직 믿음으로만 이를 배제할 수 있습니다.

왜 그럴까요? 바울은 로마서 4장 4-5절에서 "율법의 행위"가 자랑을 배제하지 않는 이유를 이렇게 설명합니다. "일하는 자에게는 그 삯이 은혜로 여겨지지 아니하고 보수로 여겨지거니와 일을 아니할지라도 경건하지 아니한 자를 의롭다 하시는 이를 믿는 자에게는 그의 믿음을 의로 여기시나니."

믿음은 의지할 대상에게 집중한다

달리 말해, 여러분이 하나님 앞에 의롭게 설 수 있는 방법으로 할례를 받으면(혹은 교회를 다니거나, 십계명의 두 번째 계명을 지킨다든지 하면), 은혜를 받는 것이 아니라 당연히 받아야 할 것을 받는 것입니다. "일하는 자에게는 그 삯이 은혜로 여겨지지 아니하고 보수로 여겨지거니와." 달리 말해, "일"은 일하는 자와 그 일 자체에 집중하게 되며, 그에 따른 보상을 기대합니다. 따라서 일은 자랑을 배제시키지 않고 자랑을 부추깁니다.

반면 믿음은 자기에게 집중하는 대신 의지하는 대상이 베푸는 은혜에 집중합니다. 믿음은 은혜와 일치합니다. 일은 보수와 일치합니다. 그러므로 믿음은 자랑을 배제하고 일은 자랑을 부추깁니다. 내가 존재하는 것과 내가 소유한 모든 것이 은혜로 누리고 있는 거라면 자랑할 수 없는 것입니다. 바울은 고린도전서 4장 7절에서 이렇게 말했습니다. "누가 너를 남달리 구별하였느냐? 네게 있는 것 중에 받지 아니한 것이 무엇이냐? 네가 받았은즉 어찌하여 받지 아니한 것 같이 자랑하느냐?" 모든 것이 선물일 때 자랑은 배제됩니다. 하지만 하나님 앞에 의롭게 서는 방법으로 "율법의 행위"를 시도한다면 과연 무슨 일이 일어날까요? 세 가지로 말씀드립니다. 첫째, 은혜를 무효화하게 됩니다("일하는 자에게는 그 삯이 은혜로 여겨지지 아니하고 보수로 여겨지거니와."). 둘째, 칭의를 값없이 주는 선물로 받아들이는 대신 마땅히 받아야 할 임금 정도로 변질시키게 됩니다. 셋째, 구원의 온전한 계획을 통해 소멸시킨 자랑을 다시 일으켜 세우게 됩니다.

따라서 오늘 주님의 날에 여러분께 간곡히 말씀드립니다. 그리스도 안에서 완성된 하나님의 위대한 구원 앞에 겸손히 엎드리십시오. 모든 교만과 자랑과 자기 의존에서 벗어나십시오. 칭의의 선물을 받을 만한 가치 있는 존재로 보이기 위해 애쓰는 모든 노력을 포기하십시오. "율법의 행위에서 벗어나," 값없이 주시는 은혜만을 하나님 앞에 의롭게 설 수 있는 유일한 방편으로 의지하시기 바랍니다. 구원을 제시하시는 하나님 앞에 로마서 4장 4절 말씀으로 반응하지 말고 로마서 4장 5절 말씀으로 반응하시기 바랍니다.

> 일하는 자에게는 그 삯이 은혜로 여겨지지 아니하고 보수로 여겨지거니와(롬 4:4).

> 일을 아니할지라도 경건하지 아니한 자를 의롭다 하시는 이를 믿는 자에게는 그의 믿음을 의로 여기시나니(롬 4:5).

9장

율법을 세우는 이신칭의

로마서 3:27-31

그런즉 자랑할 데가 어디냐? 있을 수가 없느니라. 무슨 법으로냐? 행위로냐? 아니라, 오직 믿음의 법으로니라. 그러므로 사람이 의롭다 하심을 얻는 것은 율법의 행위에 있지 않고 믿음으로 되는 줄 우리가 인정하노라. 하나님은 다만 유대인의 하나님이시냐? 또한 이방인의 하나님은 아니시냐? 진실로 이방인의 하나님도 되시느니라. 할례자도 믿음으로 말미암아 또한 무할례자도 믿음으로 말미암아 의롭다 하실 하나님은 한 분이시니라. 그런즉 우리가 믿음으로 말미암아 율법을 파기하느냐? 그럴 수 없느니라! 도리어 율법을 굳게 세우느니라. _롬 3:27-31

중대한 진리의 무효화?

오늘 집중해서 볼 말씀은 31절입니다. "그런즉 우리가 믿음으로 말미암아 율법을 파기하느냐? 그럴 수 없느니라! 도리어 율법을 굳게 세우느니라." 이 질문, "그런즉 우리가 믿음으로 말미암아 율법을 파기하느냐?"는 도대체 어디서 나왔을까요? 왜 바울이 이런 질문을 던졌을까요? 분명 누군가는 바울이 율법을 무효화하고 있다고 생각하고 있기 때문입니다.

아, 얼마나 많은 신학 논쟁이 있었는지요! 우리가 어떤 진리를 받아들이면 사람들은 이렇게 말합니다. "그 사실을 믿는다면 이 사실을 믿을 수는 없겠군요. 당신은 다른 진리를 붙잡느라고 이 진리를 무효화시키고 있는 거요." 어떤 사람들은 이런 가르침을 들은 적이 있을 것입니다. 사람을 회심시키는 하나님의 주권을 믿는다면, 믿음에 대한 인간의 책임을 무효화해야 한다고 말입니다. 그래서 그들은 이렇게 말했을 수도 있습니다. "당신은 인간의 책임을 파기하고 있소." 혹은, 여러분이 만물을 다스리시는 하나님의 섭리를 믿는다고 할 때 —머리를 희고 검게 하는 것에서부터 하늘의 새가 떨어지는 일에 이르기까지— 이렇게 말하는 사람도 있을 것입니다. "그렇다면 당신은 기도를 무효화시키고 있는 거요. 하나님이 모든 것을 완벽히 다스리시는데 왜 기도하는 겁니까?"

하지만 두 가지 진리가 서로 맞아떨어질 수 있음을 보지 못하는 사람들 때문에, 두 진리가 서로 공존할 수 없는 것은 아닙니다. 여기 본문에서 보십시오. 어떤 사람들이 말합니다. "바울은 율법을 무효화하고 있다. 바울의 가르침이 하나님의 율법을 폐지하고 있다." 바울은 그 말에 동의하지 않습니다. 하지만 그 이유를 살피기에 앞서 던져야 할 질문이 있습니다. 어쩌다가 그런 질문이 나오게 되었을까요? 왜 그들은 바울에게 율법을 무효화한다며 비난했을까요?

바울이 하나님의 법을 무효화하는 듯이 보이는 이유

그 이유를 찾아보기란 어렵지 않습니다. 로마서 3장 20절로 돌아가,

사람들 사이에 이러한 결론을 야기한 바울의 몇 가지 말들을 찾아 보겠습니다. 20절에서 그는 이렇게 말합니다. "그러므로 율법의 행위로 그의 앞에 의롭다 하심을 얻을 육체가 없나니 율법으로는 죄를 깨달음이니라." 바울은 "할례를 받으라", "안식일에 일하지 말라", "도둑질하지 말라, 살인하지 말라, 거짓말하지 말라, 간음하지 말라"와 같은 율법의 명령을 지켜서 의롭다 함을 얻을 사람은 아무도 없다고 말합니다. 어떤 죄인도 "율법의 행위"를 지킴으로써 하나님 앞에 의롭게 설 수는 없습니다.

그리고 21절에서는 이렇게 말합니다. "이제는 율법 외에(apart from the Law) 하나님의 한 의가 나타났으니." 하나님의 의는 율법의 명령을 벗어나(apart from) 그리스도로 말미암아 "은혜로 값없이"(24절) 우리에게 부여됩니다. 율법을 지키는 행위는 우리가 하나님 앞에 의롭게 서는 방법이 아닙니다.

이제 27절을 보십시오. "그런즉 자랑할 데가 어디냐? 있을 수가 없느니라. 무슨 법으로냐? 행위(의 법으)로냐? 아니라, 오직 믿음의 법으로니라." 다시금 바울은 "행위의 법"에 대해 부정적입니다. 행위의 법은 자랑을 소멸하지 못합니다. 오직 "믿음의 법"만이 자랑을 소멸시킬 수 있습니다. 그렇다면 율법에 남아 있는 긍정적인 역할은 과연 무엇일까요?

28절을 주목하십시오. "그러므로 사람이 의롭다 하심을 얻는 것은 율법의 행위에 있지 않고 믿음으로 되는 줄 우리가 인정하노라." 다시 나옵니다. 바울은 "사람이 믿음으로 의롭다 함을 얻는다"는 긍정적 사실을 말하는 것만으로는 만족스럽지 않았는지, "율법의 행위에 있지 않다"는 부정적 측면도 말하고 있습니다. 여기서 바울을 비판했던 사람들이 발끈하고 있습니다. 바울은 율법으로 하나님 앞에 의롭게 설 수 없다고 말합니다. 우리는 "율법의 행위를 벗어나" 믿음으로 의롭다 함을 얻습니다.

이러한 맥락 가운데 31절로 접어들면서 바울은 "그런즉 우리가 믿음으로 말미암아 율법을 파기하느냐?"라고 질문합니다. 누군가 바울에게 이런 질문으로 몰아쳤다고 해도 그다지 놀랍지 않습니다. "바울 선생! 사람이 '율법의 행위를 벗어나' 믿음으로 하나님 앞에 의롭게 서는 것 —의롭다 함을 얻는 것— 을 말씀하실 뿐 아니라 '행위의 법'이 자랑을 극복하지 못할 것에 관해 계속 얘기를 하고 계시는군요. 그래서 우리 눈에는 사실상 당신이 율법을 무효화하는 것으로 보입니다. 하나님의 도덕법 안에 담긴 모든 계명들이 권위가 없으니 백성들이 마음대로 무시해도 된다고 말하고 있습니다. 당신은 지금 율법 없는 백성이 되라고 말하는 것 같습니다."

"그럴 수 없느니라!"

"그럴 수 없느니라!" 이것이 그 질문에 대한 바울의 답변입니다. 정말 그런가요? 바울은 이렇게 말합니다. "그렇지 않습니다. 절대 불가합니다. 저는 그렇게 말하고 있는 게 아닙니다. 그런 생각이 든다면 돌이키십시오. 성급한 결론입니다. 이 논증을 마무리할 때까지는 저의 말에 귀를 기울이셔야 합니다. 제 말씀을 듣지 않고 여러분이 생각한 바를 밀어붙이지 마십시오. 제가 율법의 행위를 떠나 믿음으로 얻는 칭의를 전파한다고 해서 율법을 무효화하는 것은 아닙니다."

바울이 계속해서 주장하는 바는 이것입니다. "오히려 우리는 율법을 세웁니다." 참으로 놀랍습니다. 바울은 상황을 역전시킵니다. 그리고 이렇게 말합니다. "율법의 행위와 상관없이 믿음으로만 받는 칭의를 가르친다고 해서 우리가 율법을 무효화하는 것도 아니고, 오히려 이를 가르침으로써 율법을 세우고 있습니다. 율법의 행위가 아닌 믿음으로만 받는 칭의는 율법을 해체하는 것이 아니라 율법을 세웁니다. 행위가 아닌 믿음으로만 하나님 앞에 의롭게 서는 것이 율법을 세웁니다."

이게 무슨 의미일까요? 하나님의 도덕법이 우리에게 요구하는 바는, 우리가 이것을 —의롭다 함을 얻기 위해 행위로 추구하지 않고, 이미 의롭다 함을 얻은 자로서— 믿음으로 추구할 때 행할 수 있게 된다는 의미라고 생각합니다. 이미 의롭다 함을 얻은 사람은 그 칭의를 얻기 위해 어떤 행위를 할 필요가 없었던 것처럼 말입니다. 먼저 오직 믿음으로 하나님 앞에 의롭다 함을 얻고 나서, 사랑과 용납과 칭의의 자유함 가운데 살면 내면으로부터 변화가 일어나서 율법이 요구하는 바를 사랑할 수 있게 되어, 결국 율법이 우리의 삶 속에서 세워지는 것입니다. 이것은 공로로 인정받는 행위가 아닌 믿음의 열매요(살전 1:3, 살후 1:11), 성령의 열매입니다.

롤러코스터 궤도 오르기

제가 이것을 그런 의미로 생각하게 된 이유를 보여 드리기 전에 여러분을 위해 한 가지 그림으로 설명하려 합니다. 어린이 여러분, 귀를 쫑긋 세우고 듣기 바랍니다. 여러분이 저보다 롤러코스터에 대해 잘 알 테니 말입니다. 여러분이 지금 롤러코스터 궤도 위에 있다고 생각해 봅시다. 눈앞에는 100미터 높이의 열차 궤도가 거의 직선으로 뻗어 있는데 지금 여러분은 가장 낮은 곳 바닥에 서 있습니다. 꼭대기를 보니 롤러코스터 열차 한 대가 반대편으로 내려갈 준비를 하고 있습니다. 그런데 어떤 사람 ―모세 선생이라고 부릅시다― 이 외칩니다. "여기로 올라오시오. 궤도 위 롤러코스터가 대기중인 이곳 맨 꼭대기로 올라오란 말이오." 그리고 그는 이렇게 덧붙입니다. "여기로 올라와서 타면 롤러코스터가 움직이기 위해 필요한 가속도가 쉽게 붙어서 오후 내내 즐기게 될 거요."

그래서 여러분은 궤도를 따라 올라가기 시작합니다. 레일 사이의 난간을 한 손씩 붙잡고 올라가는데 갑자기 어떤 사람 ―바울 선생이라고 부릅시다― 이 외치는 소리가 들립니다. "잠깐, 그러지 마시오. 이 궤도와 난간은 타고 올라가라고 만든 게 아닙니다. 밑으로 내려와서 내 말 좀 들어보시오." 그 순간 옆에서 구경하던 사람들이 참견하며 말합니다. "이봐요, 모세 선생께서 반드시 이 궤도 위로 올라오라고 하셨소. 그게 그분의 법이오. 그분은 '궤도를 따라 롤러코스터가 있는 궤도 꼭대기까지 올라오라'고 하셨단 말이오. 그런데 당신은 이 사람들더러 궤도를 오르지 말고 바닥으로 내려오라고 하다니. 이 사람들은 오후 내내 즐길 수 있었는데 당신이 망쳐 버렸소. 당신은 모세 선생의 법을 무효화한 거요."

꼭대기로 올려지다

하지만 바울 선생은 말합니다. "아니, 그렇지 않습니다. 그런 일이 일어나는 게 아닙니다. 제가 보여 드릴 테니 와서 보십시오. 우리는 모세 선생의 법을 무효화하려는 게 아니라 이루려는 것입니다. 이게 그 법을 이룰 수 있는 유일한 방법이니까요." 그런 후 바울은 기다란 줄과 그 줄 끝에 안전벨트가 달린 크레인을 손으로 가리킵니다. 그리고 공중 120미터 높이의 크레인 운전석에 앉은 사람을 가리킵니다. 그 사람은 손을 흔들며 미소를 보냅니다. 그리고 바울 선생이 말합니다. "이 안전벨트를 매드리겠습니다. 크레인 운전석에 있는 사람과 기다란 줄과 안전벨트를 신뢰하기만 하면 저 사람이 여러분을 들어 올려 롤러코스터 열차 안에 내려줄 겁니다. 이게 훨씬 더 안전한 방법이란 건 제가 보증하겠습니다."

그래서 여러분은 곰곰이 생각하다가 그 사람을 믿기로 합니다. 운전자는 안전벨트를 맨 여러분을 들어 올려 롤러코스터 안에 내려 줍니다. 그러자 롤러코스터가 움직이기 시작합니다. 내려가면서 점점 속도가 빨라지고 중력의 힘이 느껴집니다. 뿐만 아니라 다시 올라가면서 엄청나게 박차고 오르는 힘도 느껴집니다. 여러분은 롤러코스터 궤도 전체를 돌아 맨 처음 서 있다가 기어오르기 시작했던 최저점에 도달합니다. 롤러코스터는 시속 120킬로미터의 속도로 최저점을 찍은 뒤, 아까 붙잡고 올라가려 했던 궤도를 타고 오릅니다. 그리고 계속 달립니다.

아래를 내려다보니 모세 선생과 바울 선생이 절친한 친구처럼 어깨를 걸고 미소 지으며 서 있습니다. 둘 사이에 아무런 긴장감도 없었다는 듯이 말입니다.

율법은 궤도이지 사다리가 아니다

여기서 핵심은 무엇일까요? 모세 선생이 "이리로 올라오시오. 궤도 위 롤러코스터가 있는 가장 꼭대기까지 올라오시오"라고 했던 당시, 그가 정말로 의미했던 것이 핵심입니다. 그것은 율법이 요구하는 바입니다. 하지만 여러분에게 손으로 난간을 하나씩 붙잡고 올라오라고 한 건 모세의 생각이 아니었습니다. 난간은 그런 목적으로 존재하는 것이 아닙니다. 난간은 딛고 올라서는 사다리가 아닙니다. 열차가 달릴 수 있게 힘을 주는 궤도입니다. 이는 구약에 나오는 율법과 관계 있습니다. 율법은 사람들이 오르도록 사다리 역할을 하는 것이 아니라 성령의 힘으로 달릴 수 있는 궤도를 제공하기 위한 것입니다.

따라서 바울 선생이 옆에 와서 "궤도를 붙잡고 꼭대기로 올라가지 말고 여기 와서 안전벨트를 매시오"라고 말했을 때, 어떤 이들은 그가 "모세 선생의 율법을 버려라, 계명을 무효화하라"고 말한다고 생각했습니다. 하지만 그것은 바울이 의도하는 바가 아니었습니다. 그는 율법을 무효화하려는 것이 아니라 세우고 있었습니다. 율법은 "궤도 위로 올라가라. 롤러코스터가 대기중인 가장 높은 꼭대기로 올라가라"였습니다. 그리고 여러분이 크레인 운전석에 있는 사람을 신뢰하여 그가 여러분을 롤러코스터가 기다리는 곳까지 들어 올려 준 다음 여러분의 것이 아닌 힘으로 달릴 수 있게 해 주리라고 믿었을 때, 모세가 말했던 그 일, 곧 율법이 이루어졌습니다. 여러분은 궤도를 돌아 맨 처음 자리에 왔고 다시 궤도를 따라 올랐습니다. 그리고 롤러코스터 궤도 꼭대기까지 올라갔습니다. 궤도를 붙잡고 오르지 말고(율법의 행위가 아닌) 믿음으로 꼭대기에 오르라고 했던 바울 선생의 메시지가 모세 선생의 율법을 무효화하지 않았습니다. 사실상 믿음의 메시지는 율법을 세웠습니다.

로마서에 등장하는 동일한 개념

정말 괜찮은 설명이라는 생각이 들 겁니다. 그런데 그것이 로마서가 의미하는 바가 맞을까요? 제가 그렇다고 생각하는 이유를 설명해 보겠습니다. 바울은 이 전반적인 사안 —율법의 행위를 떠나 믿음으로만 칭의를 얻는다는 교리가 율법을 무효화하고 불순종하는 무법자 그리스도인을 양산하는지, 혹은 순종적이고 사랑 많은 그리스도인을 양산하는지— 을 로마서 6-8장에서 아주 자세히 다루고 있습니다. 지금은 그 지점에 이르기 전까지 반대하는 사람들을 잠시 붙잡아 둘 요량으로 그들의 비판을 벗겨 가고 있습니다. 따라서 저도 제가 답을 얻은 부분만 말씀드리겠습니다.

먼저 로마서 6장 1-2절을 보십시오. "그런즉 우리가 무슨 말을 하리요? 은혜를 더하게 하려고 죄에 거하겠느냐? 그럴 수 없느니라!" 여기서 다루고 있는 사안이 로마서 3장 31절의 내용과 매우 유사하다는 것을 알 수 있습니다. 바울은 율법의 행위에서 떠나 오직 믿음으로 말미암아 은혜로 칭의를 받는다고 가르칩니다. 그런데 사람들은, 바울이 정말로 말하려는 내용을 "죄를 짓는 것은 아무 문제 될 게 없으며 죄가 많을수록 은혜가 넘치고, 죄를 용서할수록 하나님이 더 큰 영광을 받으신다"는 의미로 받아들입니다. 바울은 이를 단호히 부인합니다.

로마서 6장 14-15절에서 그의 논증을 잠시 맛볼 수 있습니다. "죄가 너희를 주장하지 못하리니 이는 너희가 법 아래에 있지 아니하고 은혜 아래에 있음이라. 그런즉 어찌하리요? 우리가 법 아래에 있지 아니하고 은혜 아래에 있으니 죄를 지으리요? 그럴 수 없느니라!" 그렇지 않다고 바울은 말합니다. 오직 믿음으로 말미암아 은혜로 받는 칭의의 복음은 죄를 만들어 내지 않습니다. 오히려 사랑을 만들어 냅니다. 크레인 운전자를 믿고 케이블 줄과 안전벨트를 믿으며, 이를 연결하는 은혜의 힘으로 롤러코스터에 앉을 때, 율법이 요구하는 100미터 언덕의 최저점으로 내려가 멈추지 않습니다. 우리는 은혜의 힘과 통제력 아래 있고, 그것이 율법을 무효화하지 않습니다. 오히려 율법을 세웁니다.

이제는 가장 중요한 병행 구절인 로마서 8장 2-4절을 보겠습니다. "이는 그리스도 예수 안에 있는 생명의 성령의 법이 죄와 사망의 법에서 너를 해방하였음이라. 율법이 육신으로 말미암아 연약하여 할 수 없는 그것을…" 멈추십시오. 100미터 궤도의 율법이 나쁜 것이 아니었습니다. 그것은 완벽했습니다. 두 개의 레일 위에 단단한 난간이 잘 고정되어 있습니다. 궤도를 붙잡아 주는 지지대들도 튼튼합니다. 그런데 어떻게 연약할 수 있습니까? 그것은 "육신으로 말미암아 연약한" 것입니다. 이는 사람이 난간을 붙잡고 오르도록 만들어진 것이 아니었습니다. (성령이 내주하지 않은 채) 하나님이 만드신 육신으로 이 일을 시도하는 것은 불가능했습니다. 이 궤도는 롤러코스터가 달릴 길을 인도하라고 만들어진 것이지 우리의 육신으로 올라가기 위한 것은 아니었습니다. 바울의 논증이 계속 이어집니다 "율법이 육신으로 말미암아 연약하여 할 수 없는 그것을 하나님은 하시나니, 곧 죄로 말미암아 자기 아들을 죄 있는 육신의 모양으로 보내어 육신에 죄를 정하사 육신을 따르지 않고 그 영을 따라 행하는 우리에게 율법의 요구가 이루어지게 하려 하심이니라."

하나님은 죄를 도말하기 위해 그리스도를 보내셨고, 그리하여 우리는 율법의 행위를 떠나 믿음으로만 의롭다 함을 얻게 되었으며, 또한 "우리에게 율법의 요구가 이루어"졌습니다. 우리에게 말입니다! 이것이야말로 진정한 삶의 변화입니다. 이것은 다음에 나오는 구절로 확정됩니다. "… 육신을 따르지 않고 그 영을 따라 행하는 우리에게." 성령을 따라 행한다는 것은 나 자신의 것이 아닌 힘으로 롤러코스터를 타는 것을 의미합니다. 그것이 율법의 완성이고 율법을 세우는 것입니다. 우리는 율법의 행위를 떠나 오직 믿음으로 의롭다 함을 얻고, 성령의 부으심을 받아 그의 힘으로 율법을 성취합니다. 즉 우리는 사랑합니다.

시간이 부족하므로, 역시 동일한 주제인 로마서 9장 30-32절은 넘어가겠습니다. 마지막으로 로마서 13장 8-10절을 보겠습니다. "피차 사랑의 빚 외에는 아무에게든지 아무 빚도 지지 말라 남을 사랑하는 자는 율법을 다 이루었느니라. '간음하지 말라, 살인하지 말라, 도둑질하지 말라, 탐내지 말라' 한 것과 그 외에 다른 계명이 있을지라도 '네 이웃을 네 자신과 같이 사랑하라' 하신 그 말씀 가운데 다 들었느니라. 사랑은 이웃에게 악을 행하지 아니하나니 그러므로 사랑은 율법의 완성이니라."

달리 말해, 사랑은 율법을 완성하고 율법을 세웁니다. 그러면 그 사랑은 어디에서 나옵니까? 사랑은 우리의 삶 가운데 있는 성령의 열매입니다. 그렇다면 율법의 행위로 성령의 충만을 받습니까, 아니면 믿음으로 들을 때 그러합니까?(갈 3:5) 성령은 우리가 우리 행위로 스스로 가치 있음을 보여 준 덕분에 그의 힘으로 사랑의 롤러코스터에 우리를 태워 주시는 것입니까, 아니면 믿음으로 의롭다 함을 얻었기 때문에 그러한 것입니까?

로마서 7장 6절에서 바울의 대답을 찾을 수 있습니다. "이제는 우리가 … 율법에서 벗어났으니." 여러분은 난간을 붙들고 오르려던 100미터 궤도에서 내려옵니다. 여러분은 율법에 대해 죽습니다. 그리고 믿음으로 은혜의 안전벨트를 받습니다. 그리고 (믿음으로) 칭의의 꼭대기에 오르고 성령의 능력으로 열차에 탑니다. 이제 로마서 7장 6절의 나머지 부분을 읽어 보십시오. "우리가 [율법에] 얽매였던 것에 대하여 죽었으므로 … 이러므로 우리가 영의 새로운 것으로 섬길 것이요 율법 조문의 묵은 것으로 아니할지니라."

우리는 섬깁니다. 우리는 사랑합니다. 하지만 옛적 방식으로 하지 않습니다. 연약한 육신의 힘으로 난간을 붙잡고 오르지 않습니다. 우리는 율법의 행위를 떠나 오직 믿음으로 의롭다 함을 얻었으므로 성령의 능력을 통해 섬깁니다. 성령의 열매는 사랑입니다. 그리고 사랑은 율법을 완성합니다. 그래서 바울은 이렇게 말할 수 있는 것입니다. "그런즉 우리가 믿음으로 말미암아 율법을 파기하느냐? 그럴 수 없느니라. 도리어 율법을 굳게 세우느니라."

하나님 앞에 의롭게 서고 그분의 영광을 위해 살기 원합니까? 롤러코스터 언덕을 오르려는 "율법의 행위"를 그만두십시오. 오직 "이신칭의"라 부르는 안전벨트를 의지하시기 바랍니다.

10장

개혁 신앙과 인종 화합

로마서 3:28-30

그러므로 사람이 의롭다 하심을 얻는 것은 율법의 행위에 있지 않고 믿음으로 되는 줄 우리가 인정하노라. 하나님은 다만 유대인의 하나님이시냐 또한 이방인의 하나님은 아니시냐 진실로 이방인의 하나님도 되시느니라. 할례자도 믿음으로 말미암아 또한 무할례자도 믿음으로 말미암아 의롭다 하실 하나님은 한 분이시니라. _롬 3:28-30

오늘의 주된 핵심은 이것입니다. 우리가 성경에 나타난 '하나님의 관점'을 제대로 이해할 뿐 아니라 이 관점을 만물 위에 있는 최고의 주권이자 절대적으로 자유롭고 은혜로운 것으로 소중히 여길수록, 인종적 다양성과 인종간 조화를 사랑하고 이를 위해 힘쓰며 살게 될 것입니다.

작년 이맘 때, 아프리카계 미국인들의 "역동적 영혼"(soul dynamic, 백인들의 압제와 그 압제에 맞선 흑인들의 저항이라는 배경 속에서 발전한 아프리카계 미국인 문화의 정수를 일컫는다 — 옮긴이)을 경험하고 나서 이것이 하나님의 주권이라는 성경의 관점과 얼마나 잘 연결되는지를 어떻게 메시지로 전할 수 있을지 고민하고 있었습니다. 그런 고심의 결과가 목회자 세미나 때 전했던 저의 메시지였습니다. “역동적 영혼”이라는 단어는 칼 엘리스(Carl Ellis)가 그의 책 「마침내 자유?」(Free at Last) 126쪽에서 처음 사용했습니다. 여러분은 그 말이 어떤 의미인지, 그리고 제가 저의 책 「하나님을 기뻐하라」(Desiring God)의 메시지와 더불어 어떻게 조합시켰는지 보실 수 있습니다.

오늘 아침에는 그 연장선에서, 개혁 신앙에 나타난 하나님의 관점과 인종 화합 사이의 관계를 성경에 비추어 생각해 보려고 합니다. 저는 제가 말하는 내용이 모든 민족 집단과 그 안에서 일어나는 인종 갈등 문제와도 연결된다고 믿습니다. 그렇지만 저는 주로 지난 역사뿐 아니라 지금도 계속되고 있는 흑인과 백인 사이의 관계라는 특수하면서도 중대한 사안에 초점을 맞추어 다루려고 합니다(최근 미시간 대학의 소수인종 가산점 부여 방침과 이에 대한 국무장관 콘돌리자 라이스의 지지, 그리고 이에 반하는 부시 대통령의 행보가 뉴스에 등장하고 있습니다). 흑백 갈등은 분명하게 드러나지 않는다고 해도 표면 아래 여전히 존재하는 문제입니다. 혹시 이를 느끼지 못하는 분이 있다면 그것은 주류 문화 속에 있어서 인종을 이유로 차별 받는 사람이 있다는 것을 잘 인식하지 못하기 때문입니다.

우리의 기도

오늘 아침 저는 인종 화합과 그것을 추구하기 위해 대가를 치르는 일이 개혁신앙에 담긴 성경적인 하나님의 관점을 받아들인 결과로 나타나는 열매라는 사실을 여러분이 깨닫게 되기를 기도합니다. 달리 말해, 저는 여러분이 성경의 하나님을 사랑하고, 인종적 다양성과 인종 화합, 인종간 정의 실현을 위해 애쓰기를 기도합니다. 이것이 사랑의 수고입니다.

이번 주 〈스타〉 지에 실린 쉐라드 목사님의 기고문에 그 내용이 정확히 담겨 있습니다. 목사님의 강력한 메시지 가운데 아주 중요한 기도가 있습니다.

> 베들레헴교회 성도인 우리가 복음을 사랑하는 까닭에 인종 화합을 간절히 원하기를 기도합니다. 또 우리가 하나님의 영광과 그리스도의 성품을 높여 드리는 복음 중심의 교회로 소문 나기를 기도합니다. 우리 안에 있는 복음의 열정이 빚은 결과로 하나님의 다채로운(multicolored) 지혜를 드러내는 우리가 되기를 기도합니다. 하나님은 신실하셔서 주권자의 계획을 따라 그 일을 모두 이루실 것입니다!

달리 말하면 인종 화합은 복음과 하나님의 주권에 그 기초를 두고 있습니다. 그래서 이 사안이 중요한 것입니다. 인종 간의 화합이 이뤄지지 않는 곳에는 그리스도의 십자가가 멸시당하고 하나님의 주권이 드러나지 않습니다.

개혁 신앙

제가 말씀드리는 개혁 신앙(Reformed Faith)이란 성경적인 '하나님의 관점'이자, 마르틴 루터, 존 칼뱅, 울리히 츠빙글리 같은 지도자 아래 이루어진 종교 개혁으로 회복된 '하나님의 방법'을 뜻합니다. 이들의 가르침이 모두 진리라는 의미는 아닙니다. 오직 성경만이 완전한 진리입니다. 이들은 성경의 중심부에서 모두 동일한 것을 보았고 강력하게 이를 선포했다고 말하려는 것입니다. 우리도 성경에서 동일한 것을 보고 이를 믿고 사랑합니다. 성경적이라는 것은 개혁적인 것보다 훨씬 중요합니다. 하지만 그 중심에 있어서는 개혁적인 것이 성경적입니다.

개혁 신앙을 설명하는 방법 중 하나가 다섯 가지 "오직"(alones)입니다. 구원은 오직 은혜로, 오직 믿음을 통해 가능하며, 이는 오직 그리스도만이, 오직 하나님의 영광을 위해, 오직 성경의 권위를 따랐기 때문입니다. 이 다섯 가지 "오직"의 중심에는 오직 믿음으로만 얻는 칭의에 관한 귀한 가르침이 있습니다. 이것이 오늘 중점적으로 살펴볼 부분은 아니지만, 인종 화합과의 관련성에 있어 놓쳐서는 안 될 부분이라고 봅니다. 로마서 3장 28-30절에 바울이 이를 어떤 식으로 설명하고 있는지 살펴봅시다.

> 그러므로 사람이 의롭다 하심을 얻는 것은 율법의 행위에 있지 않고 믿음으로 되는 줄 우리가 인정하노라. 하나님은 다만 유대인[하나의 민족 집단]의 하나님이시냐? 또한 이방인[모든 민족 집단]의 하나님은 아니시냐? 진실로 이방인의 하나님도 되시느니라. 할례자[유대 민족]도 믿음으로 말미암아 또한 무할례자[나머지 모든 민족]도 믿음으로 말미암아 의롭다 하실 하나님은 한 분이시니라.

다시 말해 한 가지 방식 —오직 믿음— 으로 인간을 의롭다 하시는 한분 하나님이 계시다는 사실을 가지고 바울은 인종 문제를 제기하고 있습니다. 오직 믿음으로만 얻는 칭의는 민족적 우위를 무효화하고 우월감이나 배타심 같은 것도 배제합니다. "이방인[모든 열방]의 하나님은 아니시냐!" 그렇습니다. 하나님은 오직 한 가지 방식으로만 의롭다 함을 얻게 하십니다. 그 방식은 민족적 차이로 인한 이익이나 불이익을 어느 한편에게 주지 않는 것이 분명합니다. 민족적 차이는 인간을 구원하지도 않고 저주하지도 않습니다. 구원하는 이는 그리스도이고, 저주하는 것은 죄입니다. 모든 인간은 오직 믿음으로만 의롭다 함을 얻습니다.

하지만 오늘 저의 관심은 개혁 신앙에 담긴 성경적인 하나님의 관점과 그분의 방법을 조금 다른 방식으로 요약하는 데 있습니다. 개혁 신앙의 중심에는 우리가 일컫는 바 '은혜 교리'(doctrines of grace)가 있습니다. 그 개념을 모아 TULIP이라는 단어로 만들기도 했습니다. T(전적 타락, total depravity), U(무조건적 선택, unconditional election), L(제한된 속죄, limited atonement), I(불가항력적 은혜, irresistible grace), P(성도의 견인, perseverence of the saints).

앞서 저의 주된 요점을 언급하면서, 여러분이 성경에 나타난 '하나님의 관점'을 제대로 이해할 뿐만 아니라 이 관점을 만물 위에 있는 최고의 주권이자 절대적으로 자유롭고 은혜로운 것으로 소중하게 여길수록, 인종적 다양성과 인종간의 조화를 사랑하고 이를 위해 힘쓰며 살게 될 것이라고 말했습니다. 이 말을 할 때 저는 다섯 가지 성경적 "은혜 교리"에 담긴 하나님의 관점을 염두에 두고 있었습니다. 그래서 그 다섯 가지를 한 가지씩 살펴보면서 성경적 근거를 찾고, 이를 인종의 다양성과 인종 화합과 연관시켜 말씀드리도록 하겠습니다.

전적 타락

성경은 아담의 첫 범죄 이후로 모든 인간은 영적으로 죽었고 하나님께 믿음과 순종으로 복종할 도덕적 능력이 없다고 가르칩니다. 우리 인간에게는 "하나님께 굴복할 수 없다"는 사고방식이 자리하고 있습니다.

로마서 8장 7-8절입니다. "육신의 생각은 하나님과 원수가 되나니 이는 하나님의 법에 굴복하지 아니할 뿐 아니라 할 수도 없음이라. 육신에 있는 자들은 하나님을 기쁘시게 할 수 없느니라." 왜 도덕적으로 이런 능력이 없는지에 관해서는 에베소서 2장 1절에 나옵니다. "허물과 죄로 죽었던 너희…" 육에 속한 사람 ―태생 그대로의 우리― 은 성령의 일과는 동떨어져 있으므로 진리를 진리로 인식하거나 갈망하지 않고 오히려 어리석은 것으로 여깁니다. 따라서 육에 속한 사람은 진리를 진리로 귀하게 받아들이지 못합니다. 고린도전서 2장 14절은 이렇게 말합니다. "육에 속한 사람은 하나님의 성령의 일들을 받지 아니하나니, 이는 그것들이 그에게는 어리석게 보임이요, 또 그는 그것들을 알 수도 없나니 그러한 일은 영적으로 분별되기 때문이라."

이 교리가 인종 화합과 관련해 지니는 의미는 매우 큽니다. 대부분의 경우 그리스도인들은 모든 민족들 사이에 위대한 공통의 분모가 있다는 사실, 즉 하나님의 형상으로 모두 평등하게 창조되었다는 사실을 매우 좋아합니다(창 1:27, 5:1, 9:6, 약 3:9). 그것은 진리이고 강력하며 시사하는 바도 있습니다. 하지만 이것만을 따로 떼어 교리로 삼는다면 문제가 됩니다. 이 사실을 제대로 이해하지 못하고 적용도 잘못하는 것입니다.

죄 많고 타락하여 회개하지도 않고 완고한 인간에게 그가 하나님의 형상으로 창조되었다는 확신만 준다면 아마도 내면의 교만을 더욱 부채질하고 말 것입니다. 그리고 그 교만은 인간의 실체를 제대로 보지 못하도록 왜곡시켜 자신이 남보다 낫다고 쉽사리 단정 짓게 만들 것입니다. 인간에게 절대적으로 필요한 것은 이와는 다른 확신입니다. 그 정도로 강하고 교만을 깨부술 수 있는 것, 즉 나를 포함한 모든 인간은 부패하고 타락했으며 죄가 있고 저주를 받았고 지옥에 들어가 그곳에서 이를 갈며 울게 될 것이라는 사실입니다. 얼굴이 빨갛든 노랗든 까맣든 하얗든 관계 없이 말입니다.

지옥에 인종적 다양성 존재한다는 사실은 매우 중요한 교리입니다. 로마서 2장 9절은 이를 이렇게 설명합니다. "악을 행하는 각 사람의 영에는 환난과 곤고가 있으리니 먼저는 유대인에게요 그리고 헬라인에게며." 구원에 있어서든 정죄에 있어서든 하나님은 사람을 차별하지 않으십니다. 인류는 —그 안에 포함된 모든 민족 집단은— 다음과 같은 거대한 실체로 하나가 되었습니다. 즉 우리 모두는 타락했고 저주를 받았다는 사실입니다. 우리는 모두 숲에서 길을 잃었고, 같은 배를 타고서 침몰하고 있으며, 다 같은 질병으로 죽어가고 있습니다.

우리가 그 사실을 보다 분명히 깨닫는다면 두 가지 일이 일어날 것입니다. 먼저, 스스로 겸손해지고 두려워하면서 마치 어린아이처럼 구원자를 간절히 찾게 될 것입니다. 저는 흰 두건을 쓴 KKK단(백인우월주의 단체 —옮긴이)이나 루이스 패러칸(미국의 과격 흑인단체 '이슬람국가'의 지도자 —옮긴이)의 추종자들이 자신의 죄 때문에 마음 아파하면서 겸손하게 구원자를 찾는 모습을 한 번도 본 적이 없습니다. 둘째로, 우리 자신이 죄와 얼마나 깊이 얽혀 있는지 깨닫게 되면 다른 사람의 죄를 내 마음속 죄가 드러난 것으로 보기 때문에 정죄는 더디 하지만 은혜 베푸는 일에는 빠르게 됩니다.

전적 타락 교리는 모든 민족 집단을 겸손하게 하고, 모두가 정죄받은 죄인이라는 동질감을 갖게 하는 큰 역할을 합니다.

무조건적 선택

로마서 9장을 공부하면서 가장 분명하게 살펴보았던 교리입니다. 하나님은 세상의 기초를 놓으시기 전에 어떠한 조건도 없이 그분의 백성을 선택하셨습니다. 무조건적인 선택입니다. 그렇다고 구원받기 위해 그리스도를 믿지 않아도 된다는 말은 아닙니다. 또 우리가 자신의 죄와 잘못과도 상관없이 정죄를 받는다는 의미도 아닙니다. 우리는 믿음으로 구원을 얻습니다. 그리고 우리는 죄와 불신앙 때문에 정죄를 받습니다. 이 교리가 의미하는 바는 이것입니다. 누가 믿고 구원을 얻으며, 누가 거역하고 구원을 얻지 못하는지는 전적으로 하나님에 의해 결정됩니다.

사도행전 13장 48절은 바울이 비시디아의 안디옥에서 설교를 한 이후에 일어난 일을 이렇게 말하고 있습니다. “이방인들이 듣고 기뻐하여 하나님의 말씀을 찬송하며 영생을 주시기로 작정된 자는 다 믿더라.” 먼저는 로마서 9장 11절에서 바울이 말하듯 “택하심을 따라 되는 하나님의 [주권적] 뜻”이 있어야 하고 그 다음이 믿음입니다. 따라서 “택하심을 따라 되는 하나님의 뜻”은 인간의 믿음이 먼저 있어야 하거나 아니면 인간의 결정이나 감정 또는 행동이나 특징이 조건으로 먼저 필요한 게 아닙니다. 무조건적인 것입니다. 하나님은 자기 백성을 선택하실 때 그분의 뜻 이외의 어떤 것에도 구애를 받지 않으시며 전적으로 자유로우십니다.

그 말은 하나님이 피부색이나 민족적 차이에 따라 사람을 가려서 선택하지 않으신다는 의미입니다. 어느 민족 집단도 자신들의 신체적, 정신적, 영적 특성 때문에 하나님의 더 큰 사랑을 받아 선택받았다고 말할 수 없습니다. 그리고 반대로 자신들의 특성 때문에 선택받지 못했다고 말할 수 있는 민족도 없습니다. 하나님의 조건은 무조건적입니다. 우리 안에 있는 어떤 것에 기반을 둔 것이 아닙니다. 하나님은 어떤 것에도 매이지 않고 완전히 자유로우십니다. 이것이 그분의 영광이요, 그분의 이름입니다. 이러한 방식을 따라 행하는 것이 그분의 의입니다.

그러므로 무조건적인 선택은 모든 뿌리 깊은 인종주의와 민족우월주의를 배제합니다. 만일 내가 하나님의 선택을 받은 사람 중 하나라면, 그건 나의 특별함이 아니라 오로지 하나님의 값없는 은혜 때문입니다. 따라서 하나님의 선택 안에는 교만할 수 있는 아무 근거가 없습니다. 또한 하나님의 선택 안에는 절망할 이유도 없습니다.

내 안에 있는 어떤 것도 하나님이 나를 선택하시는 데 영향을 미치지 않습니다. 그리고 우리 안에 있는 어떤 것도 하나님이 우리를 선택하시는 것을 막을 수 없습니다. 우리 모두는 선택을 받을 때 조건 없는 긍휼이라는 동등한 기반 위에 서 있습니다. "내가 긍휼히 여길 자를 긍휼히 여기고 불쌍히 여길 자를 불쌍히 여기리라"(롬 9:15).

제한된 속죄(한정된 속죄, 특정적 구속)

제한된 속죄 교리의 주된 핵심은 요한복음 3장 16절에서 "하나님이 세상을 이처럼 사랑하사 독생자를 주셨으니 이는 그를 믿는 자마다 멸망하지 않고 영생을 얻게 하려 하심이라"고 말씀하신 의미에서 그리스도가 모든 사람을 위해 죽으신 게 아니라고 주장하는 것이 아닙니다. 이것은 절대적 진리입니다. 즉 그리스도는 그를 믿는 자마다 영생을 얻게 하려고 죽으셨습니다. 그리스도의 죽음은 모든 사람을 구원하기에 충분하고, 믿기만 하면 그들을 구원하는 데 영광스러울 만큼 넉넉하므로 모든 이를 구원하기 위해 제공되어야 합니다. "제한된 속죄"가 그 사실을 거부하는 것이 아닙니다.

이 교리는 속죄에 있어서 하나님의 계획이 모든 사람에게 동일하다는 점을 거부합니다. 이 교리는 그리스도가 모든 사람을 위해 죽으신 것과는 또다른 방식으로 그의 신부를 위해 죽으셨다고 주장합니다. 에베소서 5장 25절은 말합니다. "그리스도께서 교회를 사랑하시고 그 교회를 위하여 자신을 주심 같이…" 달리 말해, 그리스도는 십자가에서 교회의 구원을 완성하려는 주권적 목적을 품고 그의 신부인 교회를 위해 죽으셨습니다. 교회를 정결하게 하고 자기 죽음으로 값을 주고 사려 하신 것입니다. 예수님의 죽음은 교회에게 믿을 수 있는 기회만 제공하기 위함이 아니라, 값을 치르고 믿음 그 자체를 사기 위한 것이었습니다. 그분의 죽음은 단순히 교회를 구원하기에 충분한 데 그치지 않고 더 나아가 효과적이고 유효하며 결정적이었습니다. 예수님은 이렇게 말씀하십니다. "아버지께서 나를 아시고 내가 아버지를 아는 것 같으니 나는 양을 위하여 목숨을 버리노라"(요 10:15). "내가 그들을 위하여 비옵나니, 내가 비옵는 것은 세상을 위함이 아니요, 내게 주신 자들을 위함이니이다. 그들은 아버지의 것이로소이다"(요 17:9). "또 그들을 위하여 내가 나를 거룩하게 하오니 이는 그들도 진리로 거룩함을 얻게 하려 함이니이다"(요 17:19).

그리고 바울은 그리스도께서 하신 일에 대한 깨달음을 로마서 8장 32-33절에서 이렇게 표현합니다. "자기 아들을 아끼지 아니하시고 우리 모든 사람을 위하여 내주신 이가 어찌 그 아들과 함께 모든 것을 우리에게 주시지 아니하겠느냐? 누가 능히 하나님께서 택하신 자들을 고발하리요?" 달리 말해, 그리스도께서 위하여 목숨을 바치신 모든 사람들은 모든 것을 얻게 되어, 마침내 하나님 나라를 상속받게 됩니다. 그리스도의 죽음은 택함을 받은 자들에게 효력을 발휘합니다.

이 말은 어떤 사람이든, 어떤 민족에 속한 자라도 죄의 노예 상태에서 풀려나는 몸값을 스스로 지불할 수 없다는 뜻입니다. 우리 모두는 우리의 타락으로 인해 공히 죄와 부패와 허무와 죽음과 저주의 노예가 되었습니다. 이것이 우리의 공통적인 노예 신분입니다. 그 사실에 대해서는 이미 살펴보았습니다. 이번에는 그리스도가 우리의 자유를 위해 치르신 대가 ―그리스도의 피와 의― 가 참으로 완전하므로, 우리 의지나 노력 혹은 민족적 특성에 상관없이 우리 자신이 이를 위해 아무 공로를 쌓을 수도 없고 쌓지도 않았다는 점에 관해 살펴보겠습니다. 그리스도께서 우리를 대신해 그리고 우리 죄를 위해 죽으셨을 때 모든 몸값이 지불되었습니다. 완전히 지불되었으므로 우리에게 죄에 대한 자유가 제공될 뿐 아니라 안전하게 보장되기까지 했습니다.

그리스도의 십자가는 모든 인간을 평등하게 해 주는 큰 사건입니다. 단지 우리 모두가 절망적인 죄인이기 때문만이 아니라, 단지 오직 믿음으로만 구원받을 수 있다는 사실 때문만이 아니라, 그 사실들과 더불어, 그리스도의 십자가가 선택받은 사람을 위해 치러진 완벽하고 유효한 몸값이어서 감히 하나님의 자녀 중 어느 누구도 자신의 힘으로 값을 치렀다고 생각할 수조차 없기 때문입니다. 피부색도, 인종도, 지적 능력도, 기술도, 인간의 부와 능력도, 모든 것을 충족시키고(all-sufficient) 유효하게 만드는(all-effective) 그리스도의 희생에 무언가를 보탤 수는 없습니다. 그리스도의 피와 의로우심에 철저히 의지하는 존재라는 점에서 우리는 하나입니다.

불가항력적 은혜

십자가가 선택받은 자의 몸값을 치르는 데 효과적이듯이, 하나님의 은혜는 선택받은 자를 믿음으로 이끌어 구원하는 데 효과적입니다. 저항할 수 없는 은혜란 하나님이 우리를 그분께로 이끄실 때 하나님의 은혜를 거절할 수 없다는 의미가 아닙니다. 이는 하나님이 그렇게 하기로 선택하실 때, 우리는 그 선택에 저항할 수 있으나 하나님은 우리의 모든 저항을 극복하실 수 있고 또 그렇게 하실 것이라는 의미입니다. 하나님은 오랜 기간 동안 저항을 허용하시기도 합니다(행 7:51). 바울이 자신은 태어나기 전부터 하나님이 택정하셨다고 했던 말을 기억해 보십시오(갈 1:15). 하지만 하나님이 능력으로 역사하시어 다메섹으로 가는 길에서 바울을 사로잡기로 결정하시기 전까지는, 바울이 저지른 모든 핍박을 참아 내셨다는 사실도 생각하기 바랍니다(행 9:1-20).

저항할 수 없는 은혜란, 모든 인간이 굳은 마음과 반항과 영적 죽음으로 인해 하나님께 복종하지 못하므로 오직 주권적 은혜로만 구원 얻을 수 있음을 뜻합니다. 예수님은 말씀하셨습니다. "나를 보내신 아버지께서 이끌지 아니하시면 아무도 내게 올 수 없으니"(요 6:44). "내 아버지께서 오게 하여 주지 아니하시면 누구든지 내게 올 수 없다"(요 6:65). 우리는 믿음을 통해 은혜로 구원을 받으며, 그것은 우리의 것이 아니라 하나님의 선물이라고 바울은 말했습니다(엡 2:8-9). 우리의 믿음은 하나님이 주시는 선물입니다. 회개도 마찬가지입니다. 디모데후서 2장 25절입니다. "혹 하나님이 그들에게 회개함을 주사 진리를 알게 하실까 하며."

이는 우리의 민족적 특성이 하나님의 택하심을 결정짓는 것도 아니고, 십자가의 몸값을 치르게 하는 것도 아니며, 우리의 믿음을 일으키고 회개에 이르게 하는 역할을 하지도 않는다는 점을 뜻합니다. 동일하게 우리 모두는, 부르심을 받고 믿음에 이르고 구원 받게 하는 저항할 수 없는 은혜에 절대적으로 의지하고 있습니다.

또한 저항할 수 없는 은혜가 의미하는 바는, 어떤 악한 자라도, 인종차별주의자든 거만한 백인, 흑인, 황인이든 상관없이 누구든 하나님 앞에서 배겨낼 수 없고 버틸 수도 없으며 결국 겸손히 회개하고 믿음과 영원한 거룩함과 기쁨으로 이끌리게 된다는 뜻입니다. 저항할 수 없는 은혜에 의지할 수밖에 없다는 면에서 우리는 모두 동지이며, 우리 중 어느 누구도 인종차별의 죄로 인해 구원 받지 못하는 일이 없다는 면에서 우리는 모두 동지입니다.

성도의 견인

간단히 말해, 하나님이 부르신 사람은 반드시 끝까지 지키신다는 의미입니다. 우리가 진정한 그리스도인이라면 마지막 날까지 (완전함이 아니라) 믿음과 순종 가운데 구원을 받게 될 것입니다. 하나님이 반드시 그 일을 하실 것입니다. "미리 정하신 그들을 또한 부르시고 부르신 그들을 또한 의롭다 하시고 의롭다 하신 그들을 또한 영화롭게 하셨느니라"(롬 8:30). "내 양은 내 음성을 들으며 나는 그들을 알며 그들은 나를 따르느니라. 내가 그들에게 영생을 주노니 영원히 멸망하지 아니할 것이요 또 그들을 내 손에서 빼앗을 자가 없느니라. 그들을 주신 내 아버지는 만물보다 크시매 아무도 아버지 손에서 빼앗을 수 없느니라"(요 10:27-29). "너희 안에서 착한 일을 시작하신 이가 그리스도 예수의 날까지 이루실 줄을 우리는 확신하노라"(빌 1:6, 고전 1:8, 살전 5:23 참조).

이 말씀이 인종 화합에 있어 무슨 의미가 있을까요? 한 가지만 들어보겠습니다. 인종 화합의 추구가 하나님의 주권적 은혜라는 직물의 한 부분을 이룬다면, 그리고 인종 화합의 추구가 그리스도인이 된다는 의미의 일부라면, 견인의 언약은 우리가 죽기까지 혹은 그리스도의 재림 때까지 인종 화합을 추구하게 하신다는 언약입니다.

이는 우리가 믿어야 할 매우 중대하고도 의미심장한 내용입니다. 다음 주에 다룰 낙태 문제를 비롯한 여러 사안들이 너무 거대해 이 부분에 있어서는 그냥 내버려두고픈 유혹을 받을 때가 많습니다. 이 문제를 계속 거론하다보면 종종 쉽게 상처를 받기 때문입니다. 우리가 신경이 예민한 사람이거나, 긍휼보다는 권리가 더 중요하다고 생각하는 사람이거나, 하나님의 견인에 대한 믿음이 그리 크지 않다면 인종 화합의 길로 출발했다가 이내 멈춰 버리고 말 것입니다. 비난을 당할 것이기 때문입니다. 무언가를 힘써 말하고 무언가를 하려고 할 때 사람들에게서 오는 첫 반응은, "당신 말은 틀렸소, 옛날에나 먹힐 말이오, 이러 저러한 말을 해야 할 것 아니오? 지금은 그걸 말할 단계가 아니오"일 것입니다.

이런 일이 생기면 여러분은 어떻게 하시겠습니까? 저는 여러분이 인내로 견뎌 내기를 기도합니다. 여러분 자신의 죄와 하나님의 무조건적인 선택과 그리스도가 피로 지불하신 몸값을 생각하길 기도하고, 여러분이 얼마나 기적적으로 그리고 얼마나 은혜롭게 믿음을 얻게 되었는지 그리고 하나님이 시작하신 바를 온전히 이루겠다 하신 약속의 말씀을 기억하길 기도합니다. 그리하여 여러분이 옳다고 생각하는 것을 따라 계속 나아가면서 그리스도가 여러분 삶과 죽음의 참 위로자 되심을 드러내시길 기도합니다.

특별히 존 퍼킨스(John Perkins) 같은 사람을 통해 용기와 깨달음을 얻기를 바랍니다. 그는 열일곱 살 때 자신의 형제가 살해당하는 걸 목격한 이후 미시시피 주를 떠나면서 다시는 돌아오지 않겠다고 다짐했습니다. 그렇지만 1960년에 그리스도께 회심한 이후 미시시피로 돌아가 40년 동안 인종 화합을 위해 싸웠습니다. 그는 드와이트 페리의 책, 「새 천년, 교회의 하나됨」(Building Unity in the Church of the New Millenium)의 서문에서 자신이 보기 원했던 것을 이 책에서 보았다고 하며 이렇게 적고 있습니다. "시므온이 아기 예수를 보며 했던 말을 내 입으로 할 수 있을 것 같다. '이제는 이 늙은이를 평안히 놓아 주시옵소서.'"

성경의 진리를 추구하고 인내로 순종하고 인종 화합을 이루며 나이들어 가시기를 소망합니다.

11장

한 분 하나님 그리고 열방을 위한 하나의 구원

로마서 3:27-31

그런즉 자랑할 데가 어디냐? 있을 수가 없느니라. 무슨 법으로냐? 행위로냐? 아니라! 오직 믿음의 법으로니라. 그러므로 사람이 의롭다 하심을 얻는 것은 율법의 행위에 있지 않고 믿음으로 되는 줄 우리가 인정하노라. 하나님은 다만 유대인의 하나님이시냐? 또한 이방인의 하나님은 아니시냐? 진실로 이방인의 하나님도 되시느니라. 할례자도 믿음으로 말미암아 또한 무할례자도 믿음으로 말미암아 의롭다 하실 하나님은 한 분이시니라. 그런즉 우리가 믿음으로 말미암아 율법을 파기하느냐? 그럴 수 없느니라. 도리어 율법을 굳게 세우느니라. _롬 3:27-31

공개적 복음 선포의 성경적 기초

이번 주에도 로마서 3장 27-31절 본문을 살펴볼까 합니다. 여러분도 보시겠지만 오늘 야외 예배와 찬양 행진 가운데 드러날 우리의 모습이 본문에 아주 강력하게 설명되어 있기 때문입니다. 오늘 우리의 목표는 평상시 주일에 건물 안에서 하던 방식보다 훨씬 공개적으로 하나님에 대한 진리를 선포하는 것입니다. 우리의 목표는 예배당 주변의 이웃들과 여러 나라 사람들 앞에서 귀하신 그리스도를 크게 기뻐하는 것입니다.

로마서 3장 29-30절에는 이러한 공개적 선포에 관한 놀라운 기초가 담겨 있습니다. 앞으로 몇 분간 제가 하려는 일은 오늘 아침에 우리 발아래 성경적 기초를 놓음으로, 우리가 왜 이 일을 하는지 알고 보다 명확하고 깊이 있게 성경의 목적을 이해하는 것입니다.

한 분 하나님, 모든 사람을 위한 단 하나의 구원의 길

29-30절을 봅시다. 지금까지 바울은 우리가 율법의 행위를 떠나("율법의 행위에 있지 않고") 믿음으로 의롭다 함을 얻는다고 말했습니다. 그리고 이제 이렇게 묻습니다. "하나님은 다만 유대인의 하나님이시냐? 또한 이방인의 하나님은 아니시냐? 진실로 이방인의 하나님도 되시느니라. 할례자도 믿음으로 말미암아 또한 무할례자도 믿음으로 말미암아 의롭다 하실 하나님은 한 분이시니라."

여기서는 순서대로 사고가 나열되었는데, 저는 반대 순서로 여러분에게 설명 드린 뒤, 한 번에 하나씩 세 단계로 나누어 오늘 우리가 하는 일과 어떤 식으로 연관되는지 보여 드리겠습니다. 첫째, 30절에서는 "하나님은 한 분이시니라"고 힘 있게 단언하고 있습니다. 둘째, 하나님은 한 분이시므로 그분은 유대인과 이방인을 서로 다른 방식이 아닌 동일한 방식으로 의롭다 하신다는 추론이 나옵니다. 하나님은 "할례자도 믿음으로 말미암아 또한 무할례자도 믿음으로 말미암아 의롭다" 하십니다. 셋째, 하나님은 한 분이시며 모든 사람을 서로 다른 방식이 아닌 동일한 방식으로 의롭다 하시므로, 그분은 유대인만의 하나님이 아닌 모든 민족의 하나님이십니다.

이것이 본 단락의 요지입니다. 이 말씀이 오늘 우리가 할 일과 어떻게 연결되는지도 곧 살펴보겠습니다. 한 번에 한 단계씩 살펴보겠습니다.

하나님은 한 분이시다

첫째, 30절로부터 하나님의 한 분 되심에 관해 초점을 맞추겠습니다. "할례자도 믿음으로 말미암아 또한 무할례자도 믿음으로 말미암아 의롭다 하실 하나님은 한 분이시니라." 하나님은 한 분이십니다. 이 말은 어떤 의미일까요?

참된 하나님은 한 분이시다

"하나님은 한 분이시라"는 바울의 진술에는 여러 가지 의미가 담겨 있습니다. 우선적으로 그 말이 의미하는 바는 참된 하나님(즉 진짜 신)은 오직 한 분이며 여러 신들이 존재하는 것이 아니라는 것입니다. 영어 NIV판도 같은 의미로 해석해 놓았습니다. "오직 한 분 하나님이 계신다." 하나님의 하나님 되심이라는 의미에서 볼 때 절대적으로 필요한 믿음입니다. 바울은 로마서 11장 36절에서 이렇게 말합니다. "이는 만물이 주에게서 나오고 주로 말미암고 주에게로 돌아감이라. 그에게 영광이 세세에 있을지어다." 이것이 하나님 되심에 대한 의미라면, 하나님은 둘이 될 수 없습니다. 하나님 되심의 의미가 하나님이 모든 것의 궁극적 원천이라는 뜻이라면, 하나님은 한 분일 수밖에 없습니다. 두 존재 모두가 만물의 궁극적 원천이 될 수는 없습니다. 어떤 하나가 다른 하나의 궁극적 원천이 될 수 있으므로 그 유일한 존재는 하나님입니다. 만일 두 존재가 동등하게 궁극적인 원천이 된다면 그 둘 모두 만물의 근원이 될 수 없으며, 따라서 이 둘은 하나님이 될 수 없다는 것이 바울이 내리는 정의입니다. 하나님 이외의 모든 만물의 창조자요, 만물을 붙드시는 하나님은 오직 한 분입니다.

이 말씀은 보기보다 우리의 상황과 연관이 아주 많습니다. 지난 월요일에 북인도 출신의 어느 시크교도와 30분 동안 택시를 함께 타게 되었습니다. 시크교도는 북인도 펀자브 주에 주로 거주하는 일신론(一神論)자들입니다. 그 사람에게 복음에 대해 나누다 보니 분명해진 것은 그 사람은 내가 나의 하나님을 섬기고 자기는 자기 하나님을 섬기는 걸로 만족하더라는 것입니다. 그 둘이 완전히 다르다는 것은 그다지 문제되지 않았습니다. 그 사람에게 중요한 문제는 내가 좋은 사람이어서 다른 이들을 돌보는가 하는 것이었습니다. 하나님은 유일할 수도 있고 다수일 수도 있다는 식이었습니다.

이제 잠시 후면 우리는 무슬림, 힌두인, 유대인, 무신론자, 정령숭배자, 기독교인들 옆을 행진하게 될 것입니다. 그들 중 일부는 다소 애매한 방식으로 믿고 있을 터인데, 신은 많으므로 자신이 신실하고 선한 이상 원하는 대상은 아무나 골라도 된다고 생각할 것입니다. 다른 일부는 유일신이란 참으로 모호한 개념이므로 그 신에 관한 어떤 개념으로든 우리가 그 신을 알 수 있다고 믿습니다.

하나님의 통일성과 일관성

로마서 3장 30절에서 "하나님은 한 분이시라"고 말한 바울의 두 번째 의미로 넘어가 보겠습니다. 바울에게 있어서 한 분이신 하나님이란 이 세상에 참된 하나님은 한 분이라는 단순한 의미일 뿐 아니라, 하나님은 그 정체성에 있어서 통일성과 일관성을 지니고 계시다는 말이기도 합니다. 즉 하나님은 그분 자체로 계신 것이지 우리가 만드는 모습대로 존재하지 않습니다. 하나님은 하나님 그분이시지 다른 어떤 것이 아닙니다. 하나님은 그분 안에 정체성을 담고 계십니다. 하나님은 불변의 속성을 갖고 계십니다. 그분은 변하지 않으십니다. 그분은 일관되지 않거나 나뉘지도 않습니다. 서로 모순되는 성품을 가진 분도 아닙니다. 그분의 모든 성품은 통일된 한 존재 안에 부딪힘 없이 하나로 모여 있습니다. 그분은 자신을 있는 그대로 직접 드러내어 알리십니다. 하나님은 한 분이십니다.

이 말씀은 미니애폴리스와 시카고, 뉴욕, 런던, 예루살렘, 상파울로, 델리, 도쿄, 시드니, 자카르타, 카이로, 프리토리아(남아공 수도 — 옮긴이)에 있는 종교 다원주의를 향해 엄청난 함의를 던집니다. 한 예로 이 말씀이 의미하는 바는 모든 종교가 진리가 아니며 천국으로 인도하지도 않는다는 것입니다. 또한 하나님의 은혜로운 계시 덕분에 참된 하나님을 알게 된 사람들은 다른 사람들 역시 참된 한 분 하나님을 알고 의지하도록 설득해야 한다는 것을 의미하기도 합니다. 그리고 성경에 나오는 참된 하나님은 외부의 강제력이 아니라 믿음으로만 알 수 있는 분이므로, 어떠한 폭력이나 강요로 종교적 신념을 요구하거나 제한해서도 안 된다는 것을 의미합니다.

흥미롭게도 이 말이 의미하는 바는 성경에 나오는 참된 한 분 하나님의 유일성과 단일성 모두가 종교 다원주의에 있어서 위협이 되기도 하고 보호가 되기도 한다는 것입니다. 점차 다원화하는 사회에서 살아가는 우리로서는 이 점을 아주 명확히 짚고 가야 합니다. 모든 사람들과 모든 종교를 대상으로 성경의 하나님을 절대적인 분으로 선포하는 것이 종교 다원주의에 있어서는 영적인 위협이 됩니다. 모든 거짓 종교에서 돌이켜 회개하고 하나님의 유일한 아들 예수 그리스도를 통해 참된 한 분 하나님을 믿으라고 요구하기 때문입니다. 하지만 성경이 말하는 유일하고 참된 하나님이 종교 다원주의를 보호하기도 합니다. 하나님은 자신의 하나님 되심이 칼이나 외적인 강압으로 전파되는 것을 허락하지 않으시기 때문입니다. 예수님도 빌라도에게 말씀하셨습니다. "내 나라는 이 세상에 속한 것이 아니니라. 만일 내 나라가 이 세상에 속한 것이었더라면 내 종들이 싸워 나로 유대인들에게 넘겨지지 않게 하였으리라. 이제 내 나라는 여기에 속한 것이 아니니라"(요 18:36). 그리스도인은 원수를 사랑할 뿐 아니라 악을 악으로 갚는 대신 불의로 인해 고난을 받으라는 부르심을 받았습니다.

그러므로 참된 기독교는 종교적 다원주의에게 위협이 되기도 하고 보호가 되기도 합니다. 이는 영적으로는 위협이며 정치적으로는 보호입니다. 참된 기독교는 무슬림을 대상으로 인종 청소를 벌이거나 유대인을 학살하거나 힌두교인에게 법의 테두리 내에서라도 적개심을 드러내는 것을 찬성하지 않습니다. 참된 기독교는 칼과 총으로 나아가지 않습니다. 선포와 설득과 기도와 사랑과 핍박 받음을 통해 나아갈 뿐 박해하며 나아가지 않습니다.

우리가 분명히 해야 할 두 가지

그러므로 우리가 분명히 해야 할 두 가지가 있습니다. 첫째, 예수 그리스도를 통해 역사 속에서 자신을 계시하신 한 분 하나님에 대한 우리의 신앙이 의미하는 바는 모든 종교를 모두 동일하게 참되거나 구원을 준다고 생각하지 않는다는 것입니다. 기독교는 선교 지향적인 신앙이어야 합니다. 그렇지 않다면 그 토대부터 거짓된 신앙입니다. 어느 쪽인지 분명히 해야 합니다. 그리고 이 일은 매우 비싼 대가를 치르는 선택이 될 것입니다. 사람들은 이것을 보고 우리더러 거만하고 뻔뻔하고 심지어 모욕적이라고 말할 것입니다.

둘째로, 우리가 분명히 해야 할 것은 이것입니다. 예수 그리스도를 통해 살아계신 유일한 한 분 하나님을 사람들에게 알리고 믿게 하는 일은 사랑의 과업이라는 것입니다. 그리고 우리의 믿음은 폭력이나 강압으로 전파되어서는 안 됩니다. 그렇게 한다면 스스로 무너지고 말 것입니다. 강압적인 행위를 통해 구원을 받는 사람은 아무도 없습니다. 우리는 선포와 설득과 기도와 사랑의 믿음을 전파합니다.

셋이 아니라 한 분 하나님

"하나님은 한 분이시라"는 바울의 말이 뜻하는 세 번째에 관해서는 다음 기회에 살펴보도록 하겠습니다. 즉 그리스도의 신성과 성령의 신성이 그리스도인들을 다신론자(polytheists)로 만들지 않는다는 내용입니다. 우리는 세 분 하나님이 아니라 한 분 하나님을 예배합니다. 삼위일체의 신비가 무슬림과 힌두인과 유대인과 세속적인 사람들에게는 걸림돌입니다. 지금까지 늘 그래 왔고 앞으로도 그러할 것입니다. 참된 한 분 하나님이 영원 전부터 존재해 왔다는 사실이 우리의 작고 좁은 생각에 균열을 일으키는 것은 그리 놀라운 일이 아닙니다. 더 자세한 것은 다음 기회에 보겠습니다. 지금은 예수 그리스도를 통해 나타난 하나님의 계시에 의해 예수님은 하나님이고, 성령님도 하나님이고, 성부도 하나님이며, 하나님은 한 분이시라는 것만 언급하는 것으로 충분합니다.

30절 말씀에서 다룬 첫 번째 단계는 이것이었습니다. '하나님은 한 분이시다.'

백성을 구원하시는 단 하나의 길

이제 다룰 두 번째 단계는, 한 분이신 하나님이 백성을 구원하시는 길도 하나라는 것입니다. 즉 예수 그리스도를 통한 이신칭의입니다. 30절입니다. "할례자도 믿음으로 말미암아 또한 무할례자도 믿음으로 말미암아 의롭다 하실 하나님은 한 분이시니라." 하나님의 단일성은 백성을 자신과 화목케 하는 수단이 하나라는 점에서 서로 연결되어 있습니다.

이렇게 말하는 것이 한편으로는 하나님이 은혜라는 영광스러운 너그러움으로 종교 다원주의를 위협하는 것이 될 수도 있습니다. 하나님은 세계의 모든 종교와 모든 종교인과 모든 비종교인에게 찾아와 말씀하십니다. "내가 너희에게 줄 좋은 소식이 있다. 너희는 죄를 용서받고 너의 창조자와 화해하고 내 아들 예수 그리스도에 대한 믿음을 통해 은혜로 영생을 받아 누려라. 내가 역사 가운데서 이미 나의 진노를 제하고 인간의 죄를 도말했다. 이를 사랑스럽고 신뢰할 만한 보화로 받아들인다면 너의 것이 될 것이다."

어떤 이들은 이것을 오만과 뻔뻔함으로 규정할 수 있습니다. 하지만 제대로 된 명칭은 사랑입니다. 이것은 종교 다원주의를 손상시킵니다. 마치 항생제가 세균성 복합 질병을 약화시키고 비타민 C가 괴혈병의 복합 증상을 가라앉히듯 말입니다.

기독교는 다른 종교 시스템 속으로 들어가서 하나님을 위한 한 가지 행위를 다른 행위로 대치시키려 시도하지 않습니다. 오히려 다가와 대사면을 선포합니다. 한 분이신 참된 하나님이 아들의 생명을 대가로 평화 협정을 맺으셨습니다. 자기 아들을 믿는 모든 자에게 값없이 죄사함을 허락하시고 영원한 기쁨을 주십니다.

한 분이신 하나님이 의미하는 것은 구원에는 한 가지 길이 있을 뿐이며, 그 수단은 행위가 아닌 믿음이라는 것입니다. 그리고 그 수단이 믿음이기 때문에 모든 인종적, 정치적, 언어적, 문화적 장벽을 뛰어넘습니다. 30절입니다. "할례자도 믿음으로 말미암아 또한 무할례자도 믿음으로 말미암아 의롭다 하실 하나님은 한 분이시니라." '할례'란 하나님 앞에 나 자신을 드러내게 만든다고 여겨질 수도 있는 종교적 혹은 민족적 특성을 나타냅니다. 그리고 '무할례'란 하나님과 멀어지게 만든다고 여겨질 수도 있는 모든 특성, 혹은 누락된 특성을 나타냅니다.

예수 그리스도의 복음은 우리에게 다가와 이렇게 말합니다. "칭의(하나님 앞에 의롭다 함을 얻는 것)는 행위가 아니라 믿음으로 가능하다.

따라서 인종이나 종교적 이점을 누리고 있다는 것이 전혀 혜택이 되지 않는다. 그 인종적 혹은 종교적 이점이 없다는 것도 전혀 불이익이 되지 않는다. 왜냐하면 그리스도에 대한 믿음은 본질적으로 너희가 너희 안에 지니고 있는 모든 특성(긍정적이든 부정적이든)을 중요하게 보지 않고, 하나님이 거저 주시는 은혜로 의롭다 함을 얻고 영생을 얻는 것에 주목하기 때문이다."

한 분 되신 하나님이 의미하는 것은 모든 사람을 위한 구원의 길은 오직 하나라는 사실입니다. 한 분 하나님은 위대한 주권자이며 아무것도 부족함이 없는 분이기에 누군가의 행위가 결코 필요치 않으십니다. 오히려 은혜가 흘러넘쳐서 구원을 위한 한 가지 길을 오직 믿음을 통한 은혜로 말미암게 하셨습니다. 그것은 결코 우리의 것이 아닙니다. 오직 하나님의 선물이며 행위의 결과가 아닙니다. 따라서 어떤 사람도 —어떤 문화, 어떤 인종, 어떤 민족이라도— 자랑할 수 없습니다(엡 2:8-9).

이것이 두 번째 단계입니다. 하나님은 한 분이므로, 유대인이든 이방인이든 동일한 길로 의롭다 함을 얻게 하시지 다른 방편을 사용하시 않으십니다. 할례자(유대인)도 믿음으로, 무할례자(이방인)도 믿음으로 의롭다 함을 얻게 하십니다.

하나님은 모든 민족의 하나님이시다

마지막 세 번째 단계입니다. 하나님은 한 분이시며 모든 민족을 한 가지 방편 —오직 그리스도에 대한 믿음으로— 으로 의롭다 하시며 다른 방편을 사용하지 않으시므로, 그분은 유대인만의 하나님이 아니라 모든 민족의 하나님이십니다. 29절입니다. "하나님은 다만 유대인의 하나님이시냐? 또한 이방인의 하나님은 아니시냐? 진실로 이방인의 하나님도 되시느니라." 여기서 '이방인'이란 모든 민족 집단을 가리킵니다.

그렇다면 하나님은 열방의 하나님이며, 우리 주변에서 만나게 되는 모든 민족과 족속의 하나님이라는 점이 오늘날 우리에게 어떤 의미가 있을까요? 최소 네 가지의 의미가 있습니다.

첫째, 하나님이 모든 민족의 하나님이라는 말은 하나님이 모든 민족을 창조하셨음을 뜻합니다. 사도행전 17장 26절입니다. "인류의 모든 족속을 한 혈통으로 만드사 온 땅에 살게 하시고 그들의 연대를 정하시며 거주의 경계를 한정하셨으니." 민족이 다른 것은 하나님의 작품입니다. 여러분의 편견을 경계하십시오. 하나님께 나아가서 하나님이 모든 족속을 향해 품고 계신 그 사랑을 구하십시오.

둘째, 하나님이 모든 민족의 하나님이라는 말은 하나님이 모든 족속 가운데에서 하나님 자신을 위해 사람들을 구원해 내신다는 의미입니다. 요한계시록 5장 9절입니다. "그들이 새 노래를 불러 이르되, 두루마리를 가지시고 그 인봉을 떼기에 합당하시도다. 일찍이 죽임을 당하사 각 족속과 방언과 백성과 나라 가운데에서 사람들을 피로 사서 하나님께 드리시고." 하나님의 뜻은 모든 민족 집단으로부터 구원받는 사람들이 나오는 것입니다. 그러므로 어떤 민족도 무시를 당해서는 안 되며, 오히려 사랑받고 은혜를 입어야 하는 것입니다.

셋째, 하나님이 모든 민족의 하나님이라는 말은 그분이 어느 나라 어느 지역 어떤 사람이든 예수 그리스도에 대한 믿음을 통해 의롭다 하실 준비가 되어 있음을 뜻합니다. 모든 민족을 위한 구원의 길은 하나입니다. 하나님이 모든 민족을 그 모습대로 만드셨고, 같은 방식으로 동일한 은혜를 받게 하셨으니, 그분은 모든 민족의 하나님이십니다.

넷째, 하나님이 모든 민족의 하나님이라는 말은 하나님이 모든 민족에게 널리 알려지는 것이 그분의 목표라는 의미입니다. 시편 96편 1-4절입니다. "새 노래로 여호와께 노래하라, 온 땅이여 여호와께 노래할지어다! 여호와께 노래하여 그의 이름을 송축하며 그의 구원을 날마다 전파할지어다. 그의 영광을 백성들 가운데에, 그의 기이한 행적을 만민 가운데에 선포할지어다! 여호와는 위대하시니 지극히 찬양할 것이요 모든 신들보다 경외할 것임이여."

여기에 오늘 오후 우리를 인도할 말씀이 나옵니다. "그의 영광을 백성들 가운데에[그리고 이웃들 가운데] 선포할지어다." 그래서 우리는 현수막과 전단지를 들고 찬양하고 기도하며 직접 나아가는 것입니다. 오늘 함께할 이 예배와 행진을 통해 이 본문 말씀의 성취가 우리 가운데 임하기를 바랍니다.

12장

믿음을 의로 여기시는 하나님

로마서 4:1-5

그런즉 육신으로 우리 조상인 아브라함이 무엇을 얻었다 하리요? 만일 아브라함이 행위로써 의롭다 하심을 받았으면 자랑할 것이 있으려니와 하나님 앞에서는 없느니라. 성경이 무엇을 말하느냐? 아브라함이 하나님을 믿으매 그것이 그에게 의로 여겨진 바 되었느니라. 일하는 자에게는 그 삯이 은혜로 여겨지지 아니하고 보수로 여겨지거니와 일을 아니할지라도 경건하지 아니한 자를 의롭다 하시는 이를 믿는 자에게는 그의 믿음을 의로 여기시나니. _롬 4:1-5

가장 중요한 문제

어제 신문을 보다가 다음 질문에 대한 답을 찾았습니다. '우리 모두가 정말 중요한 게 무엇인지 제대로 알고 나서 로마서 강해로 돌아가게 하려면 어떻게 해야 할까?' 어제 신문에 교황 요한 바오로 2세의 지옥 설교 내용에 대한 기사가 실렸습니다. 기사 제목은 "교황, '죄인은 영원한 벌을 받는다' 공언"입니다.

우리는 로마 가톨릭 교회와 다음과 같은 성경적 진리를 공유할 수 있음에 감사해야 합니다. 하나님은 단일의 신적 본질로 계시는 세 위격의 성부, 성자, 성령 삼위일체시며, 하나님이 모든 만물을 창조하셨고, 예수 그리스도는 완전한 하나님이자 사람으로서 죄인을 위해 죽으셨고, 거룩한 삶을 살기 위해서는 성령이 필요하며, 성경은 하나님의 감동으로 기록되었다는 것 말입니다. 많은 사람들이 지지하는 많은 진리가 있다는 사실은 좋은 일입니다.

하지만 제가 그 기사를 보면서 분명해진 것은 450년 전의 종교개혁이 결코 불필요한 일이 아니었다는 사실입니다. 단순히 교황의 권위에 심각한 문제가 있다거나, 성경과 별개로 흘러가는 전통이나 마리아 숭배, 성체 시 그리스도 육신의 현현, 세례로 구원받는다는 주장, 연옥에 대한 가르침의 문제 정도가 아닙니다. 이런 교리들도 물론 종교개혁의 충분한 이유가 됩니다. 하지만 그 기사를 통해 알 수 있는 보다 근본적인 문제는, 이신칭의에 관한 성경적 가르침이 모호하기 때문에 대다수 가톨릭 교도들은 칭의를 귀하게 여기며 삶의 기초로 삼기는커녕 제대로 이해하지도 못하고 있다는 것입니다.

이신칭의―하나님과 화목을 이루는 것, 하나님의 심판대에서 무죄 선고를 받는 것, 우리의 죄가 용서받는 것, 의롭다 선포되고, 우리에게 전가된 그리스도의 의를 입고 우리의 죄는 그리스도에게 전가되는 것(의로워지는 것이 아니라, 아직 죄인일 때에 의로운 자로 여겨지는 것), 그리고 이 모든 것이 믿음으로만 된다는 것―는 로마서의 첫 여덟 장에서 말하는 대부분의 내용입니다. 이는 사도 바울에게 있어서 복음의 핵심입니다. 로마서는 바울의 서신서 가운데 가장 충실하고 체계적이며 바울이 그의 메시지를 글로 전하기 위해 광범위한 노력을 아끼지 않은 책입니다. 그리고 이신칭의라는 거대한 진리를 중심으로 구성되어 있습니다.

칭의에 대한 오해

그렇다면 기사에서 언급된 교황의 발언 중 문제가 되는 것은 무엇일까요? 공정하게 말하자면, 신문의 기사는 종교적인 내용을 거의 제대로 다루고 있지 않습니다. 따라서 교황이 실제 말하려고 했던 바의 뉘앙스가 무엇인지 정확하게 알고 싶다면 좀 더 깊이 들어갈 필요가 있습니다. 여기서 제가 말하려는 바는 요즘 통용되는 잘 알려진 개념인데, 저는 로마 가톨릭 신학이 이런 방향으로 흘러가는 경향이 있기 때문에 위험하다고 생각합니다.

사안은 이것입니다. 본 기사에서 교황은 지옥을 실제적이고 영원하며 끔찍한 —진짜로 존재하는— 것으로 묘사하지만, 그가 말하려는 핵심은 지옥이란 하나님이 우리에게 부과하는 어떤 것(something)이 아니라, 인간이 하나님과 분리됨을 통해 스스로 초래하는 상태(condition)라는 것입니다. "지옥은 외부에서 하나님이 부과하시는 징벌이 아니라, 인간이 이생에서 취하는 태도나 행동의 결과로 빚어지는 상태다 … 지옥은 모든 생명과 기쁨의 근원이신 하나님에게서 자기 뜻대로 확고히 분리되어 버린 사람들의 상태다. 따라서 영원한 심판은 하나님이 만드신 것이 아니라 사실상 우리가 만들어 낸 것이다."

여기서 인용된 두 가지 부정적 언급은 성경적이지 않습니다. "지옥은 외부에서 하나님이 부과하시는 징벌이 아니다"라고 말하는 것은 옳지 않습니다. 또한 "영원한 심판은 하나님이 만드신 것이 아니다"라는 말도 옳지 않습니다. 잠시 후 다시 돌아와 그 이유를 말씀드리겠습니다. 그런데 왜 그것이 문제가 되는 것일까요? 만일 지옥이 단순히 인간이 스스로 죄를 짓고 하나님에게서 분리되었기 때문에 초래되는 상태고, 하나님의 법을 깨뜨린 것에 대해 하나님이 부과하시는 법적 선고나 형벌이 아니라면, 바울이 가르쳤듯 믿음으로 말미암는 칭의는 아무 필요가 없게 됩니다.

왜 그렇습니까? 이신칭의를 필수적인 것으로 만들고 놀라운 복음의 핵심으로 만드는 것은 하나님이 외부에서 우리에게 지옥이라는 형벌을 부과하시는 공의롭고 거룩한 재판관이시라는 사실 때문입니다. 그 기사가 하나님은 그런 분이 아니라고 했던 바로 그 모습이 사실은 하나님에 대한 바른 설명입니다. 게다가 만일 지옥이 하나님이 의로운 재판자로서 율법을 깨뜨린 우리에게 외부적으로 부과하시는 징벌이 아니라면, 칭의라는 전반적인 개념도 사라지게 됩니다. 우리에게 필요없는 것이 되고 맙니다.

우리도 칭의 개념을 완전히 지워 버리거나 다른 의미로 변질시킬 수 있게 됩니다. 그래서 하나님이 재판 중에 우리의 죄값을 치렀다거나 우리를 의롭다 여긴다는 내용을 더 이상 언급하지 않고, 대신 하나님이 우리의 성격을 바꾸었다던가 우리를 정의로운 사람으로 바꾸셨다는 식으로 언급해도 괜찮아집니다.

제가 믿기로 본 기사의 이면에서는 지옥을 우리 성품의 결과물 정도로 변질시켜 버리는 심각한 오류를 범하고 있는데, 그로 인해 천국

역시 우리 성품의 결과물이 되고 마는 것입니다. 따라서 지옥은 하나님의 심판의 결국이 아니기 때문에 천국도 하나님의 칭의의 결국이 아니게 됩니다. 도리어 심판을 우리 성품의 악화 정도로 보기 때문에, 칭의도 성품의 개선으로 재정의되고 맙니다.

하지만 이것은 바울이 말하는 칭의가 아니며, 온 세상을 뒤집어 놓은 복음의 내용도 아닙니다. 개선된 성품을 통해 하나님 앞에 의롭게 되는 것은 결코 복음이 아닙니다.

지옥의 형벌은 하나님이 만드신 것인가?

본 사안이 무엇인지 그리고 기사의 내용이 얼마나 왜곡되어 있는지 확실히 말씀드리고 싶습니다. "지옥은 하나님이 외부에서 부과하시는 형벌이 아니다"라는 말은 사실입니까? 그리고 "영원한 지옥 심판은 하나님이 만드신 것이 아니다"라는 말은 사실입니까? 로마서 1-3장 내용의 대부분은 그 반대의 사실을 보여 주기 위해 기록되었습니다.

바울은 로마서 1장 16-17절에서 로마서의 주제를 언급한 뒤에 1장 18절에서 다음과 같이 말합니다. "하나님의 진노가 불의로 진리를 막는 사람들의 모든 경건하지 않음과 불의에 대하여 하늘로부터 나타나나니." 이제 심판이 시작되었고 하나님은 죄 가운데 있는 우리를 향해 크게 진노하십니다. 24절입니다. "하나님께서 그들을 마음의 정욕대로 더러움에 내버려 두사." 26절입니다. "하나님께서 그들을 부끄러운 욕심에 내버려 두셨으니." 28절입니다. "하나님께서 그들을 그 상실한 마음대로 내버려 두사." 이것이 적극적으로 드러난 하나님의 징벌입니다. 이게 다가 아닙니다.

주된 요지는 이러한 행위에 대해 하나님의 심판이 임한다는 점입니다. 로마서 2장 2절입니다. "이런 일을 행하는 자에게 하나님의 심판이 진리대로 되는 줄 우리가 아노라." 3절입니다. "이런 일을 행하는 자를 판단하고도 같은 일을 행하는 사람아, 네가 하나님의 심판을 피할 줄로 생각하느냐?" 5절입니다. "다만 네 고집과 회개하지 아니한 마음을 따라 진노의 날 곧 하나님의 의로우신 심판이 나타나는 그날에 임할 진노를 네게 쌓는도다." 심판은 하나님으로부터 임할 것이고, 죄에 대한 하나님의 진노의 결과가 심판이 될 것입니다. 그것이 지옥의 모습입니다. 지옥은 단지 인간이 스스로 부과한 상태가 아닙니다. 하나님이 내리시는 심판이며, 죄에 대한 영원한 징벌이라는 법적 선고입니다(롬 2:16, 3:5-6,19 참조).

이러한 이유와 더불어 신약에 나오는 더 많은 사실들 때문에 우리는 "지옥은 하나님이 외부에서 부과하신 징계가 아니다", "영원한 지옥 심판은 하나님이 만드신 것이 아니다"와 같은 발언을 거부할 수밖에 없습니다. 지옥은 죄인들에 대한 공의로운 재판관으로서 하나님이 부과하시는 형벌입니다.

그런데 우리가 그런 식으로 이해하는 것이 왜 그토록 중요한 것일까요? 만일 우리의 진짜 상황이 무엇인지 제대로 이해하지 못하면, 살리시는 하나님의 구원이 가까이 와도 이를 인식하지 못할 수 있습니다. 그래서 구원을 받지도 누리지도 못하고, 그럴 듯하게 들리는 가짜 복음에 정신이 팔려 가장 소중한 것을 잃어버릴 수 있습니다. 또한 하나님의 심판을 피할 수 없게 됩니다.

그러므로 칭의에 관한 로마서의 말씀은 우리의 영원한 안녕을 위해 너무나 중요한 내용입니다. 그리고 더욱 중요한 것은 최근 세계적으로 거대한 기독교 단체에 속한 주요 그리스도인 교사들 중 일부가 사람들을 잘못된 길로 이끌어 영혼을 파멸시킬 수 있는 말들을 하고 있다는 점입니다.

죄인들이 정죄를 벗어나는 방법

따라서 오늘 로마서 4장 1-5절에서는 다음 질문에 대한 답을 간단히 제시하고 있습니다. "정죄를 받은 우리 죄인들이 하나님의 진노에서 벗어나 죄를 씻음으로 더 이상 의로운 재판자의 유죄 선고를 받지 않을 수 있는 방법은 무엇입니까?"

바울은 아브라함을 예로 들어 이 질문에 답하고 있습니다. 로마서 4장 1절입니다. "그런즉 육신으로 우리 조상인 아브라함이 무엇을 얻었다 하리요?" 여러분은 옛 복음성가인 "노아는 여호와 앞에 은혜를 입었다네"(Noah found grace in the eyes of the Lord)를 아실 겁니다. 바로 창세기 6장 8절 내용을 딴 찬양입니다. 아브라함은 무엇을 얻었습니까? 아브라함 역시 은혜를 얻었습니까? 그와 하나님과의 관계는 은혜를 기반으로 하고 있었습니까?

2절에서 바울은 답변을 시작합니다. 로마서 3장 27-28절에서 다루었던 자랑의 문제를 끌어옵니다. "그런즉 자랑할 데가 어디냐? 있을 수가 없느니라. 무슨 법으로냐? 행위로냐? 아니라, 오직 믿음의 법으로니라. 그러므로 사람이 의롭다 하심을 얻는 것은 율법의 행위에 있지 않고 믿음으로 되는 줄 우리가 인정하노라."

이렇게 말하는 사람도 있을 것입니다. "정말입니까? 아브라함은 어찌 된 거지요? 아브라함은 특히 아들인 이삭을 기꺼이 바치면서까지(창 22) 순종한 행위로 널리 알려졌는데 말입니다." 로마서 4장 2절에 바울의 답변이 나옵니다. "만일 아브라함이 행위로써 의롭다 하심을 받았으면 자랑할 것이 있으려니와 하나님 앞에서는 없느니라." 무슨 의미일까요? 아브라함이 행위로 의롭다 하심을 받았으니 하나님 앞에서는 아니더라도 사람들 앞에서는 자랑할 수 있다는 의미인가요? 아닙니다. 3절 말씀이 2절 말씀을 어떤 식으로 뒷받침하는지 보십시오. "성경[창 15:6]이 무엇을 말하느냐? 아브라함이 하나님을 믿으매 그것이 그에게 의로 여겨진 바 되었느니라." 따라서 3절 말씀의 핵심은 행위로 의롭다 함을 받은 사람은 하나님이 아니라 사람들 앞에서 자랑할 수 있다는 말이 아닙니다. 3절의 핵심은 아브라함이 행위로 의롭다 하심을 받지 않았다는 것입니다. "아브라함이 하나님을 믿으매 그것이 그에게 의로 여겨진 바 되었느니라.

여기서 저는 "만일 아브라함이 행위로써 의롭다 하심을 받았으면 자랑할 것이 있으려니와 하나님 앞에서는 없느니라"는 2절의 말씀을 다른 식으로 표현하려고 합니다. 2절 말씀은 칭의와 관련된 모든 자랑을 배제합니다. 하나님 앞에서는 행위로 받는 칭의 같은 것이 도무지 없기 때문입니다. 2절에서 "만일"로 시작하는 가정법 절은 배제되어 있습니다.

왜일까요? 바울은 창세기 15장 6절 말씀을 근거로 논증을 펼칩니다. 바울은 창세기 15장 6절 말씀이 "아브람이 여호와를 위해 수고하니 이를 그의 의로 여기시고"로 되어 있지 않다고 반박합니다.

또한 "아브람이 사랑으로 행하였으니 이를 그의 의로 여기시고"라고 되어 있지도 않습니다. 그리고 아브라함이 성품이 변화하고 진보가 있어서 이를 그의 의로 여기셨다는 내용도 아닙니다. 말씀은 이렇게 말합니다. "아브람이 하나님을 믿으매[하나님을 신뢰하고, 거저 주시는 긍휼을 붙들고, 소망 없고 경건치 못한 자신을 보는 대신 하나님의 은혜를 바라보니] 그것이 그에게 의로 여겨진 바 되었느니라."

아브라함이 무엇을 얻었습니까? 아브라함은 하나님의 눈앞에서 오직 믿음만으로 은혜를 얻었습니다. 하나님은 그를 믿음으로 이끄셨고, 그 믿음을 의로 여겨 주셨으며, 하나님 앞에 바로 선 자로 인정해 주셨습니다. 그리고 아브라함은 행위가 아닌 오직 믿음으로 하나님 앞에 의롭다 함을 —죄 없다 선언받고 용서받고 용납되고 의롭다 하심을— 얻었습니다.

이제 바울은 창세기 15장 6절에서 "믿으니"(faith), "여기시고"(credited)라는 단어를 유독 부각시키려 합니다. 그 단어가 모든 자랑을 배제하고 믿음으로만 얻는 칭의를 지지하고 있음을 보여 주기 위해서입니다. 로마서 4장 4절입니다. "일하는 자에게는 그 삯이 은혜로 여겨지지 아니하고 보수로[빚으로] 여겨지거니와." 행위로 얻는 칭의가 자랑으로 끝나지 않는 이유가 이것입니다. 우리가 자신의 칭의를 위해 일한다면, 지금 하는 일은 하나님이 우리에게 빚을 지게 만들려 애쓰는 것입니다. 그리고 하나님이 빚을 지게 만드는 데 성공한다면 그때는 사람과 하나님 앞에 자랑할 수 있습니다. 우리가 칭의를 얻고자 애써서 성공한다면 은혜를 입는 게 아니라 삯을 받는 것이 됩니다. 하나님이 우리에게 빚을 지시는 것입니다. 그리고 그 빚을 받으면 "난 이걸 받을 가치가 있어"라고 말할 수 있게 됩니다. 하지만 그것은 아브라함이 행한 바가 아니라고 바울은 말합니다.

믿음으로만 얻는 칭의 — 오직 믿음뿐

그렇다면 바울은 뭐라고 말했을까요? 5절 말씀은 신약 전체에서 이 신칭의에 관한 가장 중요한 구절일 것입니다. 믿음만으로, 오직 믿음으로 얻는 칭의를 가르치는 이 구절에서 세 가지 분명한 신호가 나타납니다. 함께 읽겠습니다. "일을 아니할지라도 경건하지 아니한 자를 의롭다 하시는 이를 믿는 자에게는 그의 믿음을 의로 여기시나니."

믿음으로만 얻는 칭의를 나타내는 세 가지 신호에 주목하십시오.

1. "일을 아니할지라도"

첫째, 바울은 "일을 아니할지라도"라고 말합니다. 여기서 칭의의 순간을 특징적으로 표현하고 있습니다. (성화와 달리) 그리 오랜 과정이 아니므로 그 순간이 오늘 아침에 일어날 수도 있습니다. 칭의는 그 한순간에 하나님이 내리시는 판결입니다. 더 이상 죄가 없으며, 용납되고 용서받았음을 선언하는 판결입니다. 그리고 바울은 "일을 아니한" 사람에게 그 일이 일어난다고 말합니다! 오직 믿음으로만 일어난다는 것을 의미하는 것입니다.

2. 하나님은 "경건하지 아니한 자"를 의롭다 하신다

이신칭의에 관한 두 번째 신호는 "경건하지 아니한"이라는 문구입니다. 바울은 "일을 아니할지라도"라고 말한 뒤 "경건하지 아니한 자를 의롭다 하시는 이를 믿는 자"라고 말합니다. 매우 충격적인 표현입니다. 우리의 법 감정을 사뭇 어지럽힙니다(출 23:7, 잠 17:15). "어떻게 그럴 수 있습니까?" 하는 원성이 터져 나오게 합니다. 물론 그에 대한 답은 "그리스도께서 경건하지 않은 자를 위하여 죽으셨도다"(롬 5:6)입니다. 하나님의 아들이 경건하지 않은 자를 위해 죽으셨으므로 하나님이 경건하지 않은 자들을 의롭다 하실 수 있습니다.

"경건하지 아니한"(ungodly)이라는 단어의 핵심은 "믿음은 우리 자신의 의가 아니라"는 사실을 강조한다는 것입니다. 믿음은 경건하지 아니한 자를 의롭다 하시는 분을 믿습니다. 믿음이 생겨나는 순간에도 우리는 여전히 불경건합니다. 믿음은 우리의 불경건함을 극복하기 시작할 것입니다. 하지만 그리스도인으로서의 삶이 시작되는 단계 —막 칭의가 일어난 순간— 에서는 우리 모두 경건하지 않습니다. 우리가 의롭다 함을 얻기까지는 경건한 행위가 우리 삶에서 어떠한 역할도 시작하지 못합니다. 우리가 아직 경건하지 아니한 때 오직 믿음으로 말미암아 의로운 자로 선포됩니다. 그것이야말로 하나님이 우리 편이라는 소망을 품고서 불경건함과 맞서 싸울 수 있게 하는 유일한 방편입니다. 하나님은 우리 편이십니다. 하나님이 우리 편이시라면 누가 우리를 대적할 수 있겠습니까?

3. "그의 믿음을 의로 여기시나니"

마지막으로, 오직 믿음으로만 얻는 칭의를 나타내는 세 번째 신호는 5절 끝 부분에 있는 "그의 믿음을 의로 여기시나니"입니다. 아브라함의 행위나 사랑, 심지어 믿음의 열매가 아니라 오직 그의 믿음 때문에 의로 여겨 주셨습니다.

불경건한 자를 의롭다 하시는 자를 신뢰하라

따라서 오늘 아침 우리는 여기 지옥의 문앞에 죄인으로 서 있습니다. 지옥은 하나님과의 관계를 소외시킴으로써 우리 스스로 자초한 상태가 아니라 죄의 결과로 하나님이 내리신 징벌입니다. 어떻게 벗어날 수 있을까요? 불경건한 죄인이 되는 대신, 하나님과 화목하고 죄를 용서받으며 죄 없다 여겨지고 그분 앞에서 의롭다 인정받으려면 어떻게 해야 할까요? 답은 이것입니다. 경건하지 아니한 자를 의롭다 하시는 분을 믿는 것입니다.

그리스도는 우리의 죄값을 치르기 위해 죽으셨습니다. 그리고 우리에게 의를 주기 위해 살아나셨습니다. 우리가 자신에게는 절망하고, 불경건한 자를 의롭다 하시는 하나님을 신뢰할 때, 하나님은 우리의 죄를 이미 십자가에 못 박힌 것으로 인정해 주시고, 그리스도의 의가 우리에게 전가된 것으로 인정해 주십니다.

하나님 앞에 의롭게 서고 싶으십니까? 영원한 생명이라는 흔들리지 않는 단단한 기초 위에 서기 원하십니까? 사람의 지혜로는 생각할 수 없는 평안을 원하십니까? 경건하지 아니한 자를 의롭다 하시는 하나님을 믿으시기 바랍니다.

13장

주께서 죄를 인정하지 아니하실 때

로마서 4:6-8

일한 것이 없이 하나님께 의로 여기심을 받는 사람의 복에 대하여 다윗이 말한 바 불법이 사함을 받고 죄가 가리어짐을 받는 사람들은 복이 있고 주께서 그 죄를 인정하지 아니하실 사람은 복이 있도다 함과 같으니라. _롬 4:6-8

"복"이란 무엇인가?

우리가 로마서의 각 장을 나눠 하나씩 살펴보는 것을 마치 복음의 꽃잎을 하나씩 펼치는 것과 같습니다. 복음은 좋은 소식이라는 뜻입니다. 좋은 소식은 듣는 이의 무거운 짐을 덜어 주고 기쁨을 제공하며 강하게 세우려는 의도가 있습니다. 그리고 좋은 소식은 6절의 "복"(blessing)과 7절, 8절의 "복이 있다"(blessed)는 단어와도 연관이 있습니다. "복이 있다"(마카리오스[makarios])는 단어는 "하나님 안에서 깊은 안전과 만족과 행복을 누리는 상태"를 뜻합니다.

제가 이것을 설명하는 이유는 우리가 매우 힘든 환경 속에서도

"마카리오스", 즉 복이 있는 사람이 될 수 있기 때문입니다. 예수님은 말씀하셨습니다. "나로 말미암아 너희를 욕하고 박해하고 거짓으로 너희를 거슬러 모든 악한 말을 할 때에는 너희에게 복이 있나니(makarios), 기뻐하고 즐거워하라 하늘에서 너희의 상이 큼이라 너희 전에 있던 선지자들도 이같이 박해하였느니라"(마 5:11-12). "복이 있나니"라는 말은 "아무 문제가 없으리니", "항상 건강하리니", "명예가 따르리니", "부가 따르리니"라는 뜻이 아닙니다. 복이 있다는 것은 "나와 하나님 사이의 모든 것이 좋으리니"라는 의미입니다. 깊은 안전과 심오한 만족과 기쁨을 하나님 안에서 누립니다. 온몸이 아파 고통스럽고, 마음은 혼란스럽고, 관계가 깨져 가슴 아프게 울고 있다 하더라도 말입니다.

그러므로 로마서를 살펴나가는 동안 이 점을 놓치지 말아야 합니다. 우리는 좋은 소식인 복음을 하나씩 펼치고 있습니다. 복음은 우리의 짐을 덜고 기쁨을 주며 강하게 세우는 것이 목적입니다. 이것이 가장 기본이 되는 것입니다. 그렇지만 우리는 얼마나 쉽사리 잊어버리는지요. 로마서는 우리를 하나님 안에서 깊은 안전감과 만족과 기쁨을 누리는 "복 있는" 자로 만들어 주는 좋은 소식에 관한 책입니다.

하나님의 의에 관한 좋은 소식

그 점을 분명히 하기 위해, 다시 한 번 로마서 1장 16-17절 말씀을 보시기 바랍니다. 로마서 전체를 나타내는 깃발과도 같은 구절입니다. "내가 복음을 부끄러워하지 아니하노니 이 복음은 모든 믿는 자에게 구원을 주시는 하나님의 능력이 됨이라 먼저는 유대인에게요 그리고 헬라인에게로다." 복음은 구원에 관한 좋은 소식입니다. 그래서 바울은 로마서 1-3장에서 우리가 무엇으로부터 구원을 받아야 하는지 설명하고 있습니다. 우리는 우리의 죄악과 하나님의 진노로 나타나는 공의로부터 구원 받아야 합니다.

그렇다면 죄를 짓고 하나님의 영광을 그토록 모욕한 우리가 마땅히 하나님께 받아야 할 정죄의 선고에서 벗어날 수 있는 방법은 무엇입니까? 로마서 1장 17절은 복음이 어떻게 구원하시는 하나님의 능력이 되는가에 관해 말해 줍니다. "복음에는 하나님의 의가 나타나서 믿음으로 믿음에 이르게 하나니." 복음이 우리를 구원하는 이유는 복음에는 하나님의 의가 나타나서 믿음으로 받아들이게 하기 때문입니다.

그것이 어떤 의미일까요? 어떻게 그런 역할을 할 수 있습니까? 지금 우리가 로마서에서 살펴볼 내용이 그것입니다. 로마서 3장 마지막 부분과 4, 5장 전체는 로마서 1장 17절에 대한 바울의 설명입니다. 하나님의 의가 나타나 우리의 무거운 짐을 덜고 기쁨을 주고 강하게 세우는 좋은 소식의 기반이 되었습니다. 하나님의 의가 나타나 로마서 4장 7-8절에 나오는 "복 있는 것", 하나님 안에서 깊은 안전과 만족과 행복을 누리는 상태의 기반이 됩니다.

그렇다면 어떻게 그런 역할을 할 수 있는 것일까요? 우리가 하나님께 용납되려면 의가 필요합니다. 하지만 우리에게는 없습니다. 우리에게 있는 것은 죄뿐입니다. 따라서 우리에게 필요하지만 가질 수 없는 것이 하나님께 있습니다. 바로 의입니다. 우리에게는 하나님이 싫어하고 거부하시는 것이 있습니다. 바로 죄입니다. 그렇다면 답은 무엇입니까? 우리를 대신해 죽으신 하나님의 아들, 예수 그리스도가 답입니다. 하나님이 우리의 죄를 그리스도에게 옮겨, 그분 안에 있는 죄악을 벌하십니다. 그리고 기꺼이 죽임 당한 그리스도 안에서 하나님은 그분의 의를 성취하고 입증하시며, 그리고 그것을 우리에게 전가시키십니다(우리의 것으로 여겨 주십니다). 우리의 죄는 그리스도에게로, 그분의 의는 우리에게로 오는 것입니다.

그리스도의 의에 관한 좋은 소식

그리스도가 바로 하나님의 답이라는 사실에 대해서는 아무리 강조해도 지나치지 않습니다. 모든 것은 그리스도 덕분입니다. 그리스도를 아무리 사랑한다 해도 충분하지 않습니다. 그분을 아무리 생각하고 감사하고 의지한다 해도 충분하지 않습니다. 우리의 모든 칭의와 우리의 모든 의는 그리스도 안에 있습니다. 성경의 다른 말씀에도 귀 기울여 보십시오.

> 하나님이 죄를 알지도 못하신 이를 우리를 대신하여 죄로 삼으신 것은 우리로 하여금 그 안에서 하나님의 의가 되게 하려 하심이라[하나님의 의가 그리스도 안에서 우리의 것이 되게 하려 하심이라](고후 5:21).

> 내가 그를 위하여 모든 것을 잃어버리고 배설물로 여김은 그리스도를 얻고 그[그리스도] 안에서 발견되려 함이니 내가 가진 의는 율법에서 난 것이 아니요 오직 그리스도를 믿음으로 말미암은 것이니 곧 믿음으로 하

나님께로부터 난 의라(빌 3:8-9).

너희는 하나님으로부터 나서 그리스도 예수 안에 있고 예수는 하나님으로부터 나와서 우리에게 지혜와 의로움과 거룩함과 구원함이 되셨으니(고전 1:30).

그러므로 이제 그리스도 예수 안에 있는 자에게는 결코 정죄함이 없나니(롬 8:1, 로마서 5장 19절도 참조).

하나님의 의와 그리스도의 의를 분리시키지 마십시오. 그 둘의 관계를 이렇게 생각하면 됩니다. 하나님의 의는 죽음에 이르기까지 신실하게 순종하신 그리스도 안에서 나타났습니다. 그러므로 그리스도의 의는 하나님의 의가 나타난 것입니다. 따라서 그리스도 안에 있는다는 것은 하나님의 의 가운데 있는다는 것입니다.

그렇다면 복음이 구원에 이르는 하나님의 능력이 되는 이유는 무엇일까요? 왜 복음이 짐을 덜고 기쁨을 주며 강하게 세워 주는 것일까요? 복음은 우리의 죄를 그리스도께로 옮기고 그분의 의를 우리에게로 옮긴다는 좋은 소식이기 때문입니다. 위대한 거래(great exchange)입니다. 우리의 죄를 그리스도에게로, 하나님의 의를 우리에게로 옮기는 이 위대한 전가(great imputation)를 칭의라고 부릅니다.

이신칭의에 관한 좋은 소식

여기 로마서 4장에서 바울이 크게 기뻐하는 것은 이러한 칭의가 행위에 근거하지 않고 오직 믿음에 근거한다는 사실입니다. 바울은 복음의 이러한 면을 보며 크게 흥분한 나머지, 구약의 아브라함과 다윗의 예를 사용해 4장 전체의 내용을 우리의 마음에 각인시키려 합니다. 우리 모두의 죄가 그리스도에게 전가되었고, 행위가 아닌 믿음만으로 하나님의 모든 의가 우리에게 전가되었다는 사실 말입니다!

지난 주에 야고보서 2장과 로마서 4장을 비교한 설교의 핵심은 믿음만이 의롭다 함을 얻게 할 수 있다는 것이었습니다. 하지만 의롭다 함을 얻게 하는 믿음은 살아 있어서 믿음만으로 머물지 않고 사랑을 통해 행위로 드러납니다. 행위로 의롭다 함을 얻지는 못합니다. 행위는 우리를 그리스도 —그의 의가 우리의 변함 없는 소망이 됩니다— 와 연합시키는 믿음의 열매입니다.

지금은 로마서 4장을 살펴보고 있으므로 저는 바울과 함께 이신칭의를 크게 기뻐하고 싶습니다. 오늘 본문은 6-8절입니다. 다음과 같은 말씀으로 시작합니다. "일한 것이 없이 하나님께 의로 여기심을 받는 사람의 복에 대하여 다윗이 말한 바." 바울이 여기서 초점을 두는 내용이 무엇입니까? 바로 "일한 것이 없이"입니다. 하나님이 그분의 의를 우리의 것으로 인정하시는 것(간주하는 것, 혹은 전가하는 것)은 우리의 선한 행위에서 우리의 죄만큼을 빼고 정산한 뒤에, 더 이상 죄가 없다고 선언하기에 충분할 만큼 선한 일을 했다고 결론내리셨기 때문이 아닙니다. 결코 그렇지 않습니다. "일한 것이 없이" 우리의 계좌에 의가 이체되는 것입니다. 행위는 칭의 이후에 따라오게 되는 것이지 행위로 칭의를 얻는 것이 아닙니다.

그리고 6절의 "다윗이 말한 바" 부분에 주목하십시오. 바울이 5

절에서 피력한 바와 똑같은 내용이 앞으로 인용할 다윗의 시편 32편에 그대로 나와 있음을 뜻합니다. 이 전체가 어떻게 서로 들어맞는지 살펴보겠습니다. "일을 아니할지라도 경건하지 아니한 자를 의롭다 하시는 이를 믿는 자에게는 그의 믿음을 의로 여기시나니"(롬 4:5).

지난 설교 때 행위가 아닌 믿음만으로 받는 칭의에 관해 이 구절에서 나타난다고 했던 세 가지 신호를 기억하시기 바랍니다. 1) "일을 아니할지라도." 칭의를 얻는 데 있어서 행위를 배제합니다. 2) 하나님은 "경건하지 아니한 자를 의롭다 하신다." 칭의는 우리가 어떠한 선한 행위를 할 수 있기 이전, 아직 경건하지 아니한 때에 일어납니다. 칭의를 얻는 일에 있어서 개입될 만한 선한 행위란 있을 수 없습니다. 믿음에서 나오지 않는 선한 행위란 없기 때문입니다(롬 14:23). 그리고 일단 하나님이 주시는 믿음이 우리에게 임하면 그 즉시로 칭의가 일어납니다. 따라서 그 일에 선한 행위가 들어올 자리는 없습니다. 3) "그의 믿음을 의로 여기시나니." 믿음에 행위가 더해지는 것도, 믿음 대신에 행위가 필요한 것도 아니고, 다만 그의 믿음이 의로 인정받습니다. 즉 하나님은 의를 위해 오직 그리스도만을 철저히 의지하는 것을 그 사람의 의로 보십니다. 우리가 그리스도만을 의지한다면 그것이 온전히 우리의 의가 될 것입니다.

바울이 여기서 그토록 기뻐한 이유가 그것입니다. 이는 복음의 핵심이자 영광스러운 부분입니다. 무거운 짐을 덜고 기쁨을 주며 강하게 세워 주는 좋은 소식이 바로 여기에 있습니다. 우리는 오직 믿음만으로 하나님 앞에 의롭게 섭니다.

죄가 우리의 것으로 여겨지지 않는다는 좋은 소식

로마서 4장 6-8절에서 바울은 다소 놀라운 일을 행합니다. 지금까지는 하나님의 의를 우리에게 주셨다는 긍정적인 면으로 칭의를 정의했습니다. 하지만 이제는 죄를 인정하지 않으신다는 의미로도 정의합니다. 하나님의 의는 우리의 것으로 인정되었고, 우리의 죄는 우리의 것으로 인정되지 않습니다. 이 두 가지 모두 중요합니다. 우리는 하나님의 의를 받아야 하고 우리의 불의를 제거해야 합니다. 그런데 하나님이 우리의 죄를 인정하지 않으신다는 점을 하나님의 의를 우리에게 인정해 주시는 것과 연결시키는 바울의 설명은 참으로 놀랍습니다.

이 부분을 자세히 보시기 바랍니다. 6절은 이렇게 말합니다. "일한 것이 없이 하나님께 의로 여기심을 받는(God credits righteouness) 사람의 복에 대하여 다윗이 말한 바." 그런데 이 구절이 인용된 시편 32편 1-2절에서는 "여호와께 정죄를 당하지 아니하는 자"라고 말합니다. 하나님이 우리에게 죄가 있음을 인정하시지 않는다는 말입니다.

로마서 4장 7-8절에 나온 시편 32편 1-2절 인용문을 보겠습니다. "불법이 사함을 받고 죄가 가리어짐을 받는 사람들은 복이 있고, 주께서 그 죄를 인정하지 아니하실 사람은 복이 있도다." 마지막 문구가 "주께서 그 죄를 인정하지 아니하실"(the Lord will not take into account)입니다. 3-6절에 나온 "여기다"(credit 또는 reckon)는 말과 동일한 의미입니다. 따라서 8절이 말하는 바는 "주께서 그의 죄를 죄로 여기지 아니하실 사람은 —죄를 인정하지 아니하실 사람은, 죄와 상관없도록 하실 사람은, 죄를 그에게 전가하지 않으실 사람은— 복이 있도다"입니다.

이 놀라운 연결을 보기 위해 6절과 8절 말씀을 집중해서 보겠습니다. "일한 것이 없이 하나님께 의로 여기심을 받는 사람의 복에 대하여 다윗이 말한 바." 그리고 다윗이 말하는 복은 8절에 나옵니다. "주께서 그 죄를 인정하지 아니하실 사람은 복이 있도다." 이 놀라운 연결을 통해 분명하게 알 수 있는 한 가지는 이것입니다. 바울은 '의의 전가'와 '죄 용서' 중에 어느 하나만을 칭의로 보지 않았습니다. 바울에게 죄의 용서란 반드시 하나님의 의가 긍정적으로 전가되는 일이 포함되어야 합니다. 그리고 하나님의 의가 전가되는 데에는 반드시 죄 용서가 포함되어야 합니다. 그리고 이 두 조건이 복이 있는 것은 모두 "일한 것 없이"(apart from works) 받기 때문입니다.

용서는 행위로 얻지 못하며, 의 역시 행위로 얻지 못합니다. 두 가지 모두 "일한 것 없이" 믿음으로만 얻습니다. 6절에서 언급하듯, 다윗이 말하는 복이란 "일한 것 없이" 받는 것입니다. "일한 것 없이" 죄를 용서받고 의롭다 여김을 받는다는 내용이 시편 32편 어디에 나와 있습니까? 적시되어 있지는 않습니다만 10절인 것 같습니다. "악인에게는 많은 슬픔이 있으나 여호와를 신뢰하는 자에게는 인자하심이 두르리로다." 악인의 반대는 여호와를 신뢰하는 자, 여호와를 의지하는 자입니다. 따라서 시편 기자는 믿음을 통한 의를 말하고 있습니다. 바울은 그 사실을 보았고 그것을 가르쳤으며, 우리는 그 안에서 기뻐할 수 있습니다.

이제 마무리하겠습니다. 우리는 복음이 우리의 무거운 짐을 덜고 기쁨을 주고 강하게 세우는 것을 목적으로 하는 좋은 소식이라는 사실에 초점을 맞춰 시작했습니다. 이는 6절의 "복"이라는 단어와 7-8절의 "복이 있도다"라는 말과도 연관이 되어 있습니다. 복이란 하나님 안에서 누리는 깊은 안전과 만족과 행복의 상태입니다. 하나님이 그분의 의를 우리에게 인정해 주실 때 우리는 복이 있습니다. 하나님이 우리의 죄를 우리의 것으로 인정하지 않으실 때 우리는 복이 있습니다. 그리스도가 우리의 죄를 가져가시고 우리는 그분의 의를 가져올 때 복이 있습니다. 이 모든 복이 "일한 것 없이" 임하며 복을 받기 위해 우리가 할 일은 '오직 그리스도를 의지하는 것'이라는 기막힌 사실을 깨달을 때 복이 있습니다.

복 — "주를 기뻐하는 것이 너의 힘이라"

오늘 제가 드리는 말씀을 잊지 마시기 바랍니다. "복이 있다"는 말에서 시작합니다. 하나님은 하나님의 역사와 말씀이 우리의 행복을 목표로 하고 있다는 사실을 우리가 깨닫기 원하십니다. 복음은 좋은 소식입니다. 하나님은 우리가 이 세상에서 편하고 안락하고 잘 사는 것을 목표로 삼지 않으십니다. 하나님의 목표는 우리가 현재나 앞으로도 영원히 기쁨을 누리는 것입니다. 바울이 이신칭의라는 진리를 힘써 펼쳐 보이는 이유는 우리의 기쁨이 흔들리지 않는 하나님 위에 제대로 기반을 두게 하려는 것입니다. 이 가르침은 우리를 기쁘게 하기 위한 것입니다. 제가 "복이 있다"는 말을 통해서 깨달은 바가 그렇습니다. 가르침의 목적은 마음에 기쁨을 더하는 것입니다.

복음의 목적이 무거운 짐을 덜고 기쁨을 주고 강하게 세우는 것이라는 점을 자꾸 강조하는 이유는 이번 주에 제가 읽은 느헤미야

8장 10절 말씀 때문입니다. "여호와로 인하여 기뻐하는 것이 너희의 힘이니라." 아, 우리에게 얼마나 힘이 필요한지요. 삶 속에서 우리를 짓누르는 위협들이 참으로 많습니다. 이 복잡한 세상에 비참한 일들은 계속 이어집니다. LA 유대인 센터 총격 사건과 아일랜드 벨파스트 폭력, 케냐 모스크 대학살, 전략적인 대학 내 이교도 전파, 생후 6일 만에 사망한 아이, 루푸스 병, 백혈병, 암, 금융 위기, 남모르게 앓는 마음의 고통.

이러한 시기에 믿음으로 얻는 칭의가 우리에게 어떻게 기쁨과 힘이 되는지 아시겠습니까? 우리의 의가 우리의 것이 아니라 하나님의 것이라는 사실이 우리에게 기쁨과 평안을 주지 않습니까? 우리의 죄가 우리에게 있지 않고 그리스도의 십자가 위에 있습니다! 우리가 할 일은 그리스도께 나아갈 공로나 가치를 마련하는 것이 아니라 그리스도만을 의뢰하는 것입니다. 이 사실이 불안정한 이 시대에 우리에게 기쁨과 안전감을 주지 않습니까? 이 평안과 기쁨과 능력을 모르는 분들이여, 어리석은 일들에 관심을 두지 말고 그리스도께 나아오십시오. 그리스도께로 오십시오!

14장

할례와 칭의, 어느 것이 먼저인지가 중요한 이유

로마서 4:9-12

그런즉 이 복이 할례자에게냐, 혹은 무할례자에게도냐? 무릇 우리가 말하기를 아브라함에게는 그 믿음이 의로 여겨졌다 하노라. 그런즉 그것이 어떻게 여겨졌느냐? 할례시냐, 무할례시냐? 할례시가 아니요, 무할례시니라. 그가 할례의 표를 받은 것은 무할례시에 믿음으로 된 의를 인친 것이니, 이는 무할례자로서 믿는 모든 자의 조상이 되어 그들도 의로 여기심을 얻게 하려 하심이라. 또한 할례자의 조상이 되었나니, 곧 할례 받을 자에게뿐 아니라 우리 조상 아브라함이 무할례시에 가졌던 믿음의 자취를 따르는 자들에게도 그러하니라. _롬 4:9-12

바울은 하나님의 의가 행위가 아닌 믿음으로만 사람들에게 허락된다는 사실에 왜 그토록 집중하는 것일까요? 우리 입장에서는 바울에게 "이제 이해했습니다!"라고 말하고 싶을 정도입니다. 로마서 3장 22절에서 이미 이해했습니다. 3장 28절에서 이해했습니다. 4장 1-5절의 아브라함 이야기에서도 이해했습니다. 4장 6-8절에 나오는 다윗의 시편 이야기를 통해서도 이해했습니다. 다 이해했습니다! 그런데 왜 또 살펴봐야 하는 것입니까? 오늘 본문 로마서 4장 9-12절 역시 왜 아브라함 이야기로 돌아가야 하는 것일까요?

이 질문에는 네 가지로 답할 수 있는데, 두 가지는 지금까지 살펴보았던 내용이고 다른 두 가지는 오늘 본문에 나옵니다.

"행위가 아닌 오직 믿음으로" — 자랑하지 못하게 함

첫째, 바울이 이 진리에 집중하는 이유는 교만과 자랑을 꺾기 때문입니다. 로마서 3장 27-28절을 보십시오. "그런즉 자랑할 데가 어디냐? 있을 수가 없느니라. 무슨 법으로냐? 행위로냐? 아니라, 오직 믿음의 법으로니라. 그러므로 사람이 의롭다 하심을 얻는 것은 율법의 행위에 있지 않고 믿음으로 되는 줄 우리가 인정하노라."

자기애와 자기만족과 자기 과장에 익숙한 시대에 자랑하는 대신 자랑하지 못하게 막는 것에 마음이 끌리는 사람이 있다는 것은 기이해 보일 수 있습니다. 다들 노골적으로 자랑하듯 차 범퍼에 "나는 자랑스런 이교도", "골초도 투표한다", "내 안의 성인이 나를 변화시킨다" 같은 글귀들을 붙이고 다닙니다. 상대에게 모욕적으로 들리는 농담이나 빈정거리는 냉소는 튀고 싶은 사람들의 소통수단입니다. 정치인부터 설교자에 이르는 공인들도 허세를 부리고 자기를 드러내는 데 앞장섭니다. 질문에 대한 답을 모를 경우에도 질문과 상관없는 대답을 늘어놓으며 자신이 대단한 사람이라도 되는 듯 인상을 주려고 애씁니다. 지금은 자기를 드러내는 시대입니다.

우리가 살아가는 이런 시대 분위기에서, 바리새인과 세리에 관한 예수님의 이야기(눅 18:9-14)는 절대로 티셔츠에 새기지 않을 것입니다. 바리새인은 세리를 경멸하면서 기도했습니다. 하지만 세리는 멀찌감치 서서 가슴을 치며 말했습니다. "하나님, 불쌍히 여기소서. 나는 죄인이로소이다!" 이 모습을 보시고 예수님은 말씀하셨습니다. "저 바리새인이 아니고 이 사람이 의롭다 하심을 받고 그의 집으로 내려갔느니라. 무릇 자기를 높이는 자는 낮아지고 자기를 낮추는 자는 높아지리라 하시니라."

바울은 예수 그리스도와 완전히 의견을 같이하면서 이렇게 말합니다. '나는 행위가 아닌 믿음의 칭의를 강조합니다. 그 진리가 나와 여러분으로 하여금 자랑하지 못하게 하기 때문입니다. 우주에서 가장 소중한 분, 즉 하나님 앞에 의롭다 함을 얻으려면 어린아이처럼 은혜를 의지해야지, 온 힘으로 선한 일을 행하는 것에 의지하면 안 됩니다. 여기에는 자랑할 것이 없습니다.'

이 사실이 이토록 중요한 이유는, 결국 이 우주가 사람이 아닌 하나님의 위대하심을 드러내고 있기 때문입니다. 우리가 이 땅에 존재하는 이유는 하나님을 높이는 일을 기쁘게 하기 위함입니다. 우리 자신이 하나님과 사람에게 높임을 받기 위해서가 아닙니다. 창조의 중심은 하나님입니다. 그분은 흥하여야 하고 우리는 쇠하여야 합니다(요 3:30). "자랑하는 자는 주 안에서 자랑하라"(고전 1:31). 하나님을 높이는 가장 기초적인 방법은 마치 어린아이가 아버지를 신뢰하듯 값없이 거저 주시는 긍휼을 신뢰하는 것입니다. 우리의 기쁨은 나 자신을 높이는 것이 아니라 하나님을 높이는 것에 있습니다. 거울만 바라보기보다는 히말라야 산맥을 바라보는 것이 훨씬 만족스러운 법입니다.

로마서 4장 20-21절에서 바울이 아브라함을 언급하면서 그가 하나님을 믿음으로 하나님을 영화롭게 했다고 하는 것을 보면 우리가 나누고 있는 이 내용이 올바른 방향에 있음을 알 수 있습니다. "믿음이 없어 하나님의 약속을 의심하지 않고 믿음으로 견고하여져서 하나님께 영광을 돌리며 약속하신 그것을 또한 능히 이루실 줄을 확신하였으니." 따라서 바울이 행위가 아닌 믿음의 칭의를 그토록 강조한 첫 번째 이유는 믿음으로만 하나님 앞에서 의롭다 함을 얻는 일이 우리의 자랑을 막고 하나님을 영화롭게 하기 때문입니다.

"행위가 아닌 오직 믿음" — '전가된 의'의 복을 지켜 줌

바울이 행위가 아닌 믿음으로만 우리가 의롭다 함을 얻는다는 진리에 집중하는 두 번째 이유는 이 진리가 죄사함과 의의 전가라는 위대한 복을 지켜 주기 때문입니다. 지난 주에 로마서 4장 6절에서 찾아본 내용입니다. "일한 것이 없이 하나님께 의로 여기심을 받는 사람의 복에 대하여 다윗이 말한 바." 바울은 우리를 축복하기 원합니다. 그는 우리가 복음을 힘겨운 소식이나 나쁜 소식이 아닌 좋은 소식으로 이해하기를 원합니다. 바울은 우리를 위할 뿐 우리를 대적하지 않습니다. 우리가 기뻐하고 즐거워하기를 원합니다. 우리의 자랑을 차단하는 것은 우리의 기쁨을 앗아가려는 게 아닙니다. 우리의 복을 앗아가려는 것도 아닙니다. 우리의 복을 지켜 주기 위함입니다.

만일 하나님과의 관계 회복(칭의)이 행위에 근거하거나, 행위가 동반된 믿음에 근거한다면, 우리의 복은 사라지고 말 것입니다. 하나님과 그분의 대변자인 바울이 우리에게 주기 원하는 로마서 4장 6

절의 복은 하나님께 용납 받게 하는 강력하고 흔들리지 않는 기초입니다. 즉 그리스도 안에 있는 하나님의 의이지 우리 안에 있는 의가 아닙니다. 그래서 바울은 행위가 아닌 믿음으로만 유일하게 얻을 수 있는 의와 하나님의 용서를 우리가 받을 수 있도록 그토록 열심을 내는 것입니다.

따라서 바울이 믿음의 칭의에 집중하는 두 번째 이유는 우리가 죄를 용서받고 하나님의 의를 전가 받는 위대한 복을 지켜 주기 위해서입니다. 여기에 자랑은 배제되고 하나님 앞에서 의롭다 함을 얻는 것만 포함됩니다.

이제 로마서 4장 9-12절로 가서 바울이 행위가 아닌 믿음으로만 얻는 의에 관해 그토록 집중하는 다른 두 가지 이유를 찾아보도록 하겠습니다.

"무할례자도 동일하게 복을 받는가?"

바울은 6-8절에서 칭의와 죄사함의 복을 설명한 뒤 9절에서 이렇게 묻습니다. "그런즉 이 복이 할례자에게냐, 혹은 무할례자에게도냐?" 왜 이런 질문을 할까요? 유대인에게 있어서 할례는 자신을 유대인으로 규정짓는 한 가지 기본적인 순종의 행위였습니다. 할례는 하나님께서 받아 주시겠다는 특별한 언약을 맺은 표시였습니다. 따라서 바울의 질문은 이렇습니다. '그들은 할례를 받음으로써 하나님 앞에 의롭게 되었는가? 할례의 행위 —순종의 행위— 가 하나님과 의로운 관계를 맺게 하는가?'

그래서 바울은 이렇게 질문합니다. "이 복[6-8절에서 언급된 하나님이 전가하신 의와 죄사함]은 할례자에게 임하는가? 혹은 무할례자에게도 임하는가?" 바울은 두 단계로 나누어 대답한 뒤 결론을 맺습니다.

9절, 첫 번째 단계입니다. "우리가 말하기를, '아브라함에게는 그 믿음이 의로 여겨졌다' 하노라." 첫 번째 단계는 이렇게 말하고 있습니다. "아브라함을 다시 한 번 우리의 실례로 삼아 봅시다. 그는 모든 유대인의 아버지입니다. 그의 믿음이 의로 인정 받았습니다"(창 15:6).

10절, 두 번째 단계입니다. "그런즉 그것이 어떻게 여겨졌느냐? 할례시냐 무할례시냐?" 답은 이렇습니다. "할례 시가 아니요 무할례 시니라." 창세기 15장 6절에서 아브라함은 믿음으로 말미암아 의롭다고 인정을 받았으며, 창세기 17장에 가서야 할례를 시행했습니다.

결론을 내리면, 하나님 앞에 의롭다 함을 얻고 하나님께 용납 받는 복은 할례의 수단을 통해 오는 것이 아닙니다. 할례 이전에 왔으므로 할례와는 동떨어진 것입니다. 칭의는 믿음으로 오는 것이지 행위에서 오지 않습니다. 그래서 바울은 여기서 아브라함의 실례를 들어 설명하는 것입니다.

이번에는 바울이 행위가 아닌 믿음의 칭의에 그토록 집중하는 다른 두 가지 이유를 알 수 있는 두 가지 의미에 대해 살펴보겠습니다.

"행위가 아니라 오직 믿음으로" — 순종의 행위가 자리해야 할 마땅한 위치를 밝힘

먼저 바울은 아브라함이 할례의 행위가 아닌 믿음으로 의롭다 함을 얻었음을 강조합니다. 할례의 적절한 위치와 가치를 보여 주고 싶기 때문입니다. 따라서 바울이 이신칭의라는 진리에 그토록 몰두하는 세 번째 이유는 순종의 행위가 칭의의 수단이 되지 않고, 믿는 자의 삶에서 적절하고도 필수적인 자리에 위치할 수 있도록 분명히 설명하기 위해서입니다.

순종과 행위의 마땅한 위치는 어디입니까? 11절입니다. "그가 할례의 표를 받은 것은 무할례시에 믿음으로 된 의를 인친 것이니 이는 무할례자로서 믿는 모든 자의 조상이 되어 그들도 의로 여기심을 얻게 하려 하심이라." 믿음으로 오는 하나님의 의와 할례 사이의 관계를 설명해 주는 두 단어가 바로 표(sign)와 인(seal)입니다.

바울이 이 사안과 관련해 그토록 신경 쓰는 세 번째 이유가 여기 있습니다. 바울은 믿음 및 칭의와 관련해서 순종과 행위의 적절한 자리가 어디인지 우리에게 알려 주고 싶어 합니다. 오직 믿음으로만 의를 얻는다고 해서, 바울은 행위와 순종을 그저 창문 밖으로 내던지지 않습니다. 실제로 바울은 로마서 1장 5절에서 자신이 행하는 모든 사역의 목표가 믿어 순종하게 하는 것이라고 말했습니다. "그로 말미암아 우리가 은혜와 사도의 직분을 받아 그의 이름을 위하여 모든 이방인 중에서 믿어 순종하게 하나니."

저는 이 말씀이 '하나님을 높이는 참된 순종은 믿음에서 나오는 것'임을 뜻한다고 생각합니다. 그밖의 다른 순종은 참된 순종이 아닙니다. 그래서 바울은 행위가 아닌 믿음만으로 얻는 칭의에 관한 그의 가르침에서, 행위가 적절한 자기 위치를 찾는 일을 명확히 하는 것이 매우 심대한 사안이라고 인식하기에 그토록 열심인 것입니다. 행위는 칭의의 근거라는 자리에 들어가지 않습니다. 다만 행위는 오직 믿음으로만 얻는 의의 표이자 인입니다.

우리의 삶이 하나님의 뜻을 따르기 시작한다면, 그것은 하나의 표입니다. 그런 삶은 우리가 진짜 믿음을 지녔고, 흔들리지 않는 의, 즉 그리스도 안에 있는 하나님의 의를 받았다는 표이자 인입니다. 할례 행위나 하나님께 순종하는 행위 자체가 하나님 앞에서 의롭게 서도록 해 주지는 않습니다. 오직 믿음만이 그렇게 할 수 있습니다. 하지만 순종의 행위는 우리의 믿음이 참되고 그리스도가 우리의 완전한 의가 되신다는 하나의 표이자 인입니다.

이것이 바울이 이 진리에 그토록 매진하는 세 번째 이유입니다. 바울의 목표는 행위를 없애 버리는 것이 아니라 적절한 기초, 즉 우리는 완전한 죄사함을 받았고 하나님의 완전한 의가 우리에게 전가되었다는 기초 위에 자리 잡게 하는 것입니다. 찰스 웨슬리의 찬송처럼 하나님은 이미 해결된 죄의 권세를 깨뜨리셨습니다(찬송가 "만 입이 내게 있으면"의 가사). 그분은 먼저 죄를 해결하십니다. 그런 후에 해결된 죄의 권세를 깨뜨리십니다. 먼저 칭의가 있습니다. 그런 다음 그 기초 위에서 성화가 있습니다. 바울은 이를 우리에게 명확히 보여 주고 싶은 것입니다. 그래서 우리가 그 안에서 즐거워하고 영광 돌리기를 바라는 것입니다. 우리가 먼저 죄의 권세를 깨뜨린 후에 하나님이 해결해 주시길 바랄 필요가 없습니다. 우리의 그런 행위가 오히려 칭의를 파괴할 뿐 아니라 살아가는 동안에 거룩함에 대한 모든 소망을 끊어 버립니다.

“행위가 아니라 오직 믿음으로” — 모든 민족이 아브라함의 자녀가 되는 길을 열다

마지막으로, 바울이 행위가 아닌 믿음으로 의가 인정된다는 진리에 그토록 집중하는 네 번째 이유는 이 진리가 이방인에게 길을 열어 언약의 백성이 되게 하며 언젠가 세상을 유업으로 얻고(13절) 아브라함을 아버지로 삼게 할 것이기 때문입니다. 한 마디로, 이신칭의는 가장 기본적인 선교 교리입니다. 앵글로 색슨, 아프리카계 미국인, 히스패닉, 아시아인, 소말리아인, 에티오피아인, 터키인, 코소바인, 카자흐인, 우즈벡인, 마닌케 족, 수쿠마 족 등 세계 모든 민족과 유대인 모두를 향한 하나님의 마음이 담긴 진리입니다.

11절 말씀이 이를 어떻게 설명하는지 보십시오. “그가[아브라함] 할례의 표를 받은 것은 무할례시에 믿음으로 된 의를 인친 것이니 이는 무할례자[이방인, 모든 민족들]로서 믿는 모든 자의 조상이 되어 그들도 의로 여기심을 얻게 하려 하심이라.” 아브라함이 할례 받기 전에 믿음으로 의롭다 함을 얻은 것을 통해 하나님께서 말씀하시는 핵심은 아브라함이 이신칭의를 얻는 모든 사람들, 그들이 어느 민족 출신이든 관계 없이, 모든 사람들의 영적 아버지가 된다는 사실입니다.

이 말은 하나님이 아브라함과 맺으신 언약에 동참하기 위해 육체적으로 유대인이 되거나 정결 음식법을 지켜야 할 필요가 없다는 뜻입니다. 우리를 아브라함의 자녀와 언약의 상속자로 만들어 주는 것은 할례나 유대 관습이 아닙니다. 경건하지 않은 자를 의롭다 하시는 하나님에 대한 믿음입니다. 그 믿음이 아브라함을 하나님께 연합시켰습니다. 또한 그 믿음이 다른 사람들을 하나님과 연합시키고 아브라함과도 연합시킵니다. 바울은 갈라디아서 3장 7절에서 다시금 언급하고 있습니다. “그런즉 믿음으로 말미암은 자들은 아브라함의 자손인 줄 알지어다.”

그러므로 이것은 이 진리가 복음전파와 선교에 있어서 갖는 의미입니다. 구약 시대에는 유대교가 선교하는 종교가 되기가 쉽지 않았습니다. 할례라는 걸림돌이 있었고, 음식 정결법과 번거로운 희생 제사 의식과 성막과 몸을 정결케 하는 규례도 있었습니다. 이는 주로 와서 보라는 식의 종교였지, 장벽이 없고 선교적이며 다른 문화권에 가서 전하라는 종교는 아니었습니다.

하지만 이제 바울은 구약 시대에는 분명하게 드러나지 않은 것을 아주 투명하게 드러내고 있습니다. 모든 나라, 모든 민족이 아브라함의 언약에 동참하는 것이 하나님의 뜻입니다. 그리고 바울은 아브라함이 할례나 여타 유대인의 의식 수단을 통해서가 아니라 (할례 받기 이전에 가졌던) 믿음으로 하나님과 언약의 관계를 맺게 된 사실에 우리의 관심을 집중시킴으로써 그 사실을 명백히 설명하고 있습니다(다른 방식으로 설명하는 롬 1:16, 2:10,26-28, 3:22,29-30, 9:8,24, 11:17-25를 참소하십시오).

그러므로 바울은 (11절에서) 아브라함이 “무할례자로서 믿는 모든 자의 조상이 되어 그들도 의로 여기심을 얻게 하려 하심이라”고 말합니다. 따라서 이신칭의 메시지는 우리의 모든 선교적 가르침과 설교에 있어서 가장 중심이 되어야 합니다. 모든 전도 활동에 있어서도 마찬가지입니다. 복음은 우리가 아는 모든 다양한 민족들을 품고 있습니다. 믿음이란 모든 민족과 족속과 방언과 나라에 있는 모든 인류가 가장 보편적으로 하나님께 가까이갈 수 있는 방법이기 때문입니다. 믿음은 교육이나 성품이나 문화나 예식이나 능력이나 부유함에 기반한 행위가 아닙니다. 다른 모든 것에서 마음을 돌이켜 그리스도 안에 있는 하나님의 긍휼하심에만 의지할 때 일어나는 것입니다. 바울은 이신칭의에 관해 무척 열정적입니다. 바울에게는 그것이 위대한 선교 사역의 기초가 되기 때문입니다.

결론

요약하면, 바울이 그토록 열정적으로 우리의 관심을 행위가 아닌 믿음으로 얻는 칭의에 쏟게 하는 이유는 네 가지입니다. 첫째, 자랑을 막아 주기 때문입니다. 둘째, 죄사함과 의의 전가라는 복을 지켜 주기 위해서입니다. 셋째, 순종과 행위를 칭의 이후에 오는 적절한 자리에 놓아 표와 인이 되게 하기 때문입니다. 넷째, 바울은 세상 모든 족속들에게 복음을 전하고, 그들도 유대인의 의식이나 미국식 문화가 아닌 예수 그리스도를 믿음으로 아브라함의 자손이 되고 언약의 상속자가 되는 데에 간절함이 있기 때문입니다.

그러므로 우리 모두 이 위대한 진리를 우리의 영혼 깊숙이 끌어안고, 겸손하게 복을 받아 순종하며, 모든 나라와 족속과 민족과 방언 가운데 복음을 전하는 위대한 사역을 감당하십시다.

15장

할례와 세례는 어떻게 상응하는가?

로마서 4:9-12

그런즉 이 복이 할례자에게냐, 혹은 무할례자에게도냐? 무릇 우리가 말하기를 아브라함에게는 그 믿음이 의로 여겨졌다 하노라. 그런즉 그것이 어떻게 여겨졌느냐? 할례시냐, 무할례시냐? 할례시가 아니요, 무할례시니라. 그가 할례의 표를 받은 것은 무할례시에 믿음으로 된 의를 인친 것이니 이는 무할례자로서 믿는 모든 자의 조상이 되어 그들도 의로 여기심을 얻게 하려 하심이라. 또한 할례자의 조상이 되었나니 곧 할례 받을 자에게뿐 아니라 우리 조상 아브라함이 무할례시에 가졌던 믿음의 자취를 따르는 자들에게도 그러하니라. _롬 4:9-12

오늘은 구약의 할례와 신약의 세례(침례) 사이의 관계에 대해 이야기하도록 하겠습니다. 우리를 침례교도라 부르는 이유 중 하나는 신약성경이 믿는 자들에게 세례를 베풀도록 가르친다고 믿기 때문입니다. 하지만 믿는 자들의 유아들(infant children)에게는 아닙니다.

침례교에서 유아 세례를 하지 않는 이유

이런 신념에는 여러 가지 이유가 있습니다. 그 가운데 다섯 가지를 잠시 살펴본 뒤 유아 세례를 믿는 사람들이 사례로 들고 있는 로마서 4장 11절에 나오는 주요 사안으로 들어가겠습니다. 잠시만 언급하고 넘어가려는 이유는 지난 1997년 봄에 세례에 관한 설교에서 이미 다뤘기 때문입니다. 당시 설교를 구하여 읽거나 들어보시면 되겠습니다.

1. 신약성경에서 명령하고 제시하는 세례의 모든 예를 보면, 세례 이전에 믿음이 먼저 요구됩니다. 따라서 믿음의 고백을 할 수 없는 유아들은 세례를 받을 수 없습니다.

2. 성경 어디에도 유아 세례에 대한 분명한 예가 없습니다. "가족 세례"(household baptism)에 대한 세 이야기(행 16:15 루디아의 집, 행 16:30-33 빌립보 간수의 집, 고전 1:16 스데바나의 집)에서도 유아 세례에 대한 언급은 없으며, 빌립보 간수의 경우에도 누가가 "주의 말씀을 그 사람과 그 집에 있는 모든 사람에게 전하더라"(행 16:32)고 말하는데, 여기서는 말씀(Word)을 이해할 수 있는 권속들이라는 의미를 담고 있습니다.

3. 바울(골 2:12)은 세례를 믿음으로 말미암는(through faith) 행동으로 분명하게 정의했습니다. "너희가 세례로 그리스도와 함께 장사되고 또 죽은 자들 가운데서 그를 일으키신 하나님의 역사를 믿음

으로 말미암아 그 안에서 함께 일으키심을 받았느니라." 세례를 받을 때 우리는 믿음으로 말미암아 —부모의 믿음이 아닌 자신의 믿음으로— 그리스도와 함께 일으키심을 받았습니다. "믿음으로 말미암는" 것이 아니라면 —내면의 믿음을 외부로 표현하는 것이 아니라면— 그것은 세례가 아닙니다.

4. 베드로 사도는 그의 첫 번째 서신에서 세례를 다음과 같이 정의했습니다. "예수 그리스도께서 부활하심으로 말미암아 이제 너희를 구원하는 표니 … 이는 육체의 더러운 것을 제하여 버림이 아니요 하나님을 향한 선한 양심의 간구니라"(벧전 3:21). 세례는 "하나님을 향한 선한 양심의 간구"입니다. 내면에서 나오는 고백의 외적인 행동이자 표현이고, 정결함을 위해 하나님께 드리는 기도인데, 세례를 받는 사람이 하는 것이지 그 부모가 하는 것은 아닙니다.

5. 사도행전 15장을 보면 그리스도인이 되는 것의 일부로서 신자들에게 할례가 여전히 필요한지를 놓고 신약 교회에서 논쟁이 벌어집니다. 그런데 논쟁이 벌어지는 내내 세례가 할례의 자리를 대신하느냐는 문제에 대해 누구도 아무 말을 하지 않았다는 점은 놀라운 일입니다. 세례가 새 언약의 표징으로서 할례를 단순히 대체하는 것이고, 또한 할례처럼 성인뿐 아니라 아이들에게도 유효한 것이라면, 할례가 더 이상 필요하지 않다는 논증을 개발하고 이를 보여 주는 시간으로 삼을 수 있었을 것입니다. 하지만 그런 것은 언급조차 되지 않았습니다.

이런 내용들이 침례교에서 유아 세례를 지지하는 보다 정교한 신학적 주장을 받아들이는 데 주저하는 이유입니다. 하지만 우리는 지금 여기 로마서 4장 11절을 살펴볼 때가 되었고, 유아에게 세례를 베푸는 많은 이들은 이 구절을 자신들의 입지를 옹호하는 핵심으로 보고 있습니다. 그 사람들이 이 구절을 어떻게 보는지 그리고 저는 왜 그런 주장에 동의하지 않는지 여러분께 말씀드릴까 합니다.

개혁주의 전통에서 유아 세례를 지지하는 이유

여기서 우리는 존 칼뱅과 울리히 츠빙글리와 기타 개혁자들로 거슬러가는 위대한 개혁주의 전통을 다뤄 보려 합니다. 저는 개혁주의 전통을 무시하지 않습니다. 저는 여러 해 동안 이에 관한 논쟁을 공정하게 다루려고 애써 왔습니다. 개혁주의 전통 안에 저의 영웅과도 같은 분들이 많기 때문입니다.

이 위대한 개혁주의 전통에서 유아 세례를 지지하는 주된 이유는 할례와 세례의 상응성이 신약성경에 나타나기 때문입니다. 구약에서 할례가 "언약의 자녀"에게 주는 표징(sign)이 되었듯이, 오늘날의 "언약의 자녀"에게는 언약의 새로운 표징인 세례가 주어지기 때문입니다. 예를 들어 골로새서 2장 11-12절에서는 할례와 세례의 연관성이 나옵니다. "또 그[그리스도] 안에서 너희가 손으로 하지 아니한 할례를 받았으니 곧 육의 몸을 벗는 것이요 그리스도의 할례니라. 너희가 세례로 그리스도와 함께 장사되고." 따라서 논증을 위해, 할례와 세례 간에 어떤 상관 관계가 있다고 해두겠습니다.

이 상관 관계를 어떻게 판단해야 할까요? 지난 400여 년 간, 세례가 언약의 표징으로서 할례를 대신한다는 정교한 주장이 제기되어 왔습니다. 또한 할례가 이스라엘에게(그리고 언약 구성원의 자녀들에게) 적용되었던 방식대로 지금은 세례가 교회에 적용되어야 한다는 주장도 함께 제기되어 왔습니다. 예를 들어 (350년 전부터 내려온) 웨스트민스터 예배모범을 보면 이렇게 나와 있습니다. "교회 안에서 태어난 믿는 자의 씨와 후손들은 출생과 동시에 그 언약에 참예하여 그 인치심에 참예할 권한이 있고 복음 시대에 외형적인 교회의 특권에 참예하는 권한을 가진 것은 구약 시대의 아브라함의 자손들보다 못하지 않은 것이요."

달리 말해, 그리스도인 신자들의 자녀들도 사실상 태어날 때부터 눈에 보이는 교회에 속해 있으므로 구약 시대에 난 지 8일 된 이스라엘 유아들처럼 언약의 표와 인을 받아야 한다는 것입니다. 이것이 주요 논거입니다.

로마서 4장 11절이 유아 세례 지지자들에게 '핵심'이 되는 이유

여기서 로마서 4장 11절과는 어떤 연관성이 있는 것일까요? 제가 1997년 여름에 세례에 대한 설교를 한 뒤 유아 세례 옹호자에게서 받은 아주 좋은 편지(영적으로나 내용 면에서) 한 장을 인용하려고 합니다. 그분은 제가 로마서 4장 11절을 다루지 않은 것을 매우 아쉬워했습니다. 그러면서 그 이유를 덧붙였습니다. "제가 볼 때 로마서 4장 11절은 유아 세례 교리의 '핵심'입니다. 이 구절을 포기하면 전체 교리가 무너질 것입니다."

그렇다면 그분과 다른 이들이 그 구절이 유아 세례를 그토록 강력히 지지한다고 생각하는 이유는 무엇일까요? 제가 한 번 설명해 보겠습니다. 본문을 보겠습니다. 9절에서 바울은 "아브라함에게는 그 믿음이 의로 여겨졌다"는 사실을 다시금 상기시킵니다. 즉 아브라함이 오직 믿음만으로 의롭다 함을 얻고 하나님 앞에 바로설 수 있게 되었다는 말입니다. 그런 다음 10절에서는 그 일이 아브라함이 할례를 받기 전에 일어났음을 적시합니다. "그런즉 그것이 어떻게 여겨졌느냐? 할례시냐, 무할례시냐? 할례시가 아니요, 무할례시니라." 아브라함의 칭의는 할례를 통해 이뤄진 것이 아니라 할례 이전에 일어난 것이며, 오직 믿음으로만 가능했음을 지적하고 있습니다.

이후에 중요한 11절이 등장하는데 할례를 정의하는 역할을 하고 있습니다. "그가 할례의 표를 받은 것은 무할례시에 믿음으로 된 의를 인친 것이니, 이는 무할례자로서 믿는 모든 자의 조상이 되어 그들도 의로 여기심을 얻게 하려 하심이라." 바울은 여기서 아브라함의 할례를 "믿음으로 된 의의 표와 인"으로 설명하고 있습니다.

이것이 왜 중요합니까? 이 말씀이 할례에 영적인 의미를 부여하는데 그것이 신약의 세례가 갖는 의미와 같기 때문입니다. 즉 "믿음으로 된 의의 표와 인"이라는 것입니다. 세례는 참된 믿음의 표현이고, 세례 받기 이전에 믿음으로 하나님 앞에 의롭다 함 얻은 것의 표현이라고 우리는 말합니다. 로마서 4장 11절에서 바울이 한 말에 따르면 할례의 의미도 이와 같습니다. 할례는 아브라함이 할례받기 이전에 아브라함이 지닌 믿음의 표징이요 인증입니다.

그렇다면 이것이 뜻하는 바를 이해하시겠습니까? 할례와 세례가 동일한 것, 즉 참된 믿음의 표가 된다면, 세례의 의미 자체로는 유아 세례를 반대하는 논증으로 사용할 수 없습니다. 할례는 유아에게 주는 것이기 때문입니다. 달리 말해, 우리는 단순히 이런 식으로 말해선 안 됩니다. "세례는 믿음의 표현이며 표징이다. 유아에게는 믿음이 없다. 따라서 유아에게 세례를 주면 안 된다." 이렇게 단순화시켜 말할 수 없는 이유는 로마서 4장 11절에서 할례 역시 믿음의 표징을 의미하고 유아에게 허락되었다고 말하기 때문입니다.

그래서 유아 세례 옹호자들이 로마서 4장 11절을 핵심 구절로 간주하는 것입니다. 이 말씀이 할례에는 세례와 동일한 기본적 의미가 있다고 정의하고 있고, 창세기 17장에도 나오지만 하나님은 모든 유대인 유아들에게 할례를 명하셨습니다.

> 너희 중 남자는 다 할례를 받으라. 이것이 나와 너희와 너희 후손 사이에 지킬 내 언약이니라 … 너희의 대대로 모든 남자는 집에서 난 자나 또는 너희 자손이 아니라 이방 사람에게서 돈으로 산 자를 막론하고 난 지 팔 일 만에 할례를 받을 것이라(창 17:10-12).

따라서 바울은 할례를 아브라함이 믿음으로 얻은 의의 표징이요 인증이라고 설명하지만, 그럼에도 할례는 어린 아들과 손자와 심지어 유대인이 아닌 종들까지 받아야 했습니다.

그렇다면 할례가 믿음과 의의 표징이 되고 이스라엘의 모든 남아들(아직 스스로 믿음이 없는 이들)에게까지 행해야 하는 것이라면 그리스도인 아이들에게 세례를 주지 말아야 할 이유가 무엇이겠습니까? 세례가 (아이들에게는 아직 없지만) 믿음과 의의 표징이 된다는데 말입니다.

이에 대해 무엇을 말해야 하는가?

이 논쟁에 깔려 있는 주된 문제점은 구약 시대의 하나님 백성과 오늘날의 하나님 백성 사이의 유사성에 관한 잘못된 가정입니다. 즉 하나님이 구약 시대의 언약 백성인 이스라엘을 모으시는 방법과 오늘날의 언약 백성인 교회를 모으시는 방법이 서로 유사하다고 가정하기 때문에, 언약의 서로 다른 표징(세례와 할례)을 양쪽 모두에게 동일한 방식으로 적용할 수 있다고 보는 겁니다. 이는 가정이 잘못된 것입니다.

교회라 부르는 새로운 언약 백성과 이스라엘이라 부르는 옛 언약 백성 간에는 차이가 있습니다. 이러한 차이점은 이스라엘의 유아들에게 할례라는 옛 언약의 표를 주는 것이 적절한 이유와 교회의 유아들에게 세례라는 새 언약의 표를 주는 것이 적절하지 않은 이유를 설명해 줍니다. 달리 말해, 세례와 할례 간에는 의미적으로 겹치는 부분이 있기는 하지만(롬 4:11 참조), 하나님의 언약 백성에게 있어서 할례와 세례는 서로 다른 역할을 합니다. 구약에서 하나님의 백성을 구성하는 방법과 오늘날 교회를 구성하는 방법이 근본적으로 다르기 때문입니다.

바울은 여러 곳에서 이에 관해 분명히 설명하고 있습니다. 그중 두 군데를 보도록 하겠습니다. 로마서 9장 6-8절입니다.

> 그러나 하나님의 말씀이 폐하여진 것 같지 않도다. 이스라엘에게서 난 그들이 다 이스라엘이 아니요, 또한 아브라함의 씨가 다 그의 자녀가 아니라. 오직 이삭으로부터 난 자라야 네 씨라 불리리라 하셨으니 곧 육신의 자녀가 하나님의 자녀가 아니요, 오직 약속의 자녀가 씨로 여기심을 받느니라.

본문에서 우리의 목적과 연관성 있는 부분은 두 가지의 "이스라엘", 즉 육신의 이스라엘과 영적 이스라엘이 있다는 것입니다. 6절입니다. "이스라엘[육신, 종교적 이스라엘]에게서 난 그들이 다 이스라엘[참된 영적 이스라엘]이 아니요." 그렇지만 하나님은 전체적으로 넓은 의미의 육신의, 종교적, 민족적 이스라엘을 그의 언약 백성으로 세우셨고 언약의 표징과 (약속의 땅 같은, 창 17:8) 언약의 외적인 복을 받게 하셨습니다.

구약의 언약 백성은 혼합되어 있었습니다. 모두 육체적으로는 할례를 받은 이스라엘 사람들이었지만, 민족 국가 내부에 하나님의 진짜 자녀, 참 이스라엘의 남은 자들이 포함되어 있었습니다(8절). 이는 하나님이 의도하신 방식입니다. 하나님 스스로 한 민족과 그 자손에게 언약으로 묶이셨습니다. 그리고 그들 모두에게 언약의 표징으로 할례를 주셨지만, 그 민족 안에서 자기를 위해 참 백성을 이끌어 내는 일도 따로 하셨습니다.

교회는 이스라엘의 연장인가?

이번에 우리가 질문해 볼 것은 신약의 교회 —오늘날의 교회— 가

(참 이스라엘과 육신 및 종교적 이스라엘이 뒤섞인) 거대 이스라엘의 연장인가, 아니면 그리스도에 대한 믿음으로 하나님의 자녀가 된 진정한 아브라함 후손들만의 연장인가 하는 것입니다. 우리는 성령으로 거듭나고, 마음에 하나님이 새긴 법이 있으며, 믿음으로 형성된 새로운 언약 공동체입니까? 이에 관해선 생각해 볼 필요도 없습니다.

바울은 이에 관해 갈라디아서 4장 22-28절에서 분명하게 대답합니다.

> 기록된 바 아브라함에게 두 아들이 있으니 하나는 여종에게서[하갈의 자녀 이스마엘], 하나는 자유 있는 여자에게서[사라의 자녀 이삭] 났다 하였으며 여종에게서는 육체를 따라 났고 자유 있는 여자에게서는 약속으로 말미암았느니라 … 형제들아[교회] 너희는 이삭과 같이 약속의 자녀라.

여기서 "형제들"은 누구입니까? 그들은 교회입니다. 교회는 아브라함의 씨처럼 (하나는 육체를 따르고 하나는 약속을 따르듯) 혼합된 자녀들이어서는 안 됩니다. 교회는 육체를 따르는 다수 안에 참된 일부 성도가 포함된 이스라엘과는 다릅니다. 당연히 교회는 참된 성도들만 있습니다. 그 참된 일부 성도의 연장이 교회입니다. 28절에서 말하듯 교회는 "이삭과 같이 약속의 자녀"입니다.

구약의 언약 백성은 육체를 따라 난 이스라엘로 구성되었습니다. 그 가운데 "육신의 자녀"와 "하나님의 자녀"가 뒤섞인 민족적 국가적 종교적 백성들이었습니다. 따라서 육체를 따라 난 모든 자녀에게는 할례를 주는 것이 적절합니다.

하지만 예수 그리스도의 교회로 부름 받은, 새 언약의 백성은 근본적으로 전혀 다른 방식으로 구성됩니다. 교회는 민족적 국가적 특징을 기반으로 하는 것이 아니라 오직 믿음이라는 실체 위에, 오직 성령의 능력 안에서 은혜로 세워집니다. 교회는 전체 이스라엘의 연장이 아닙니다. 진정한 이스라엘, 즉 육체를 따라 태어난 자녀가 아니라 약속의 자녀인 일부 이스라엘의 연장입니다.

그러므로 육체를 따라 태어난 자녀들이 언약의 표인 세례를 받는 것은 적절치 않습니다.

교회는 새로운 언약의 공동체입니다. "이 잔은 내 피로 세우는 새 언약이니"(눅 22:20, 고전 11:25). 성찬식을 거행할 때 우리가 읽는 말씀입니다. 새 언약은 하나님이 우리 안에 성령을 부으시고 우리 마음에 법을 새기며 하나님의 규례를 따라 살도록 하기 위해 하나님이 행하신 성령의 역사입니다. 영적으로 진정한 공동체입니다. 옛 언약의 공동체와 달리, 참된 영적 생명과 믿음으로 정의됩니다. 교회에 속한다는 것은 이것을 지녀야 한다는 의미입니다. 그러므로 단순히 육체를 따라 태어났거나, 성령의 새롭게 함 혹은 임재의 증거가 없거나, 마음에 하나님의 법이 새겨진 증거가 없거나, 그리스도에 대한 산 믿음의 증거가 없는 자들에게 언약의 표인 세례를 베푸는 것은 새 언약의 공동체가 지닌 의미와 모순되며 구속의 역사 이전으로 회귀하는 것이 됩니다.

교회는 이스라엘의 단순 재현이 아닙니다. 이스라엘보다 한층 진보한 것입니다. 이러한 진보가 나타나지 않았다는 듯 언약의 표인 세례를 사용하는 것은 큰 실수입니다. 우리는 육체를 따라 태어난 우리의 자녀들에게 세례를 주지 않습니다. 그들을 사랑하지 않아서가 아니라 하나님이 살아계신 그리스도의 믿는 교회를 위해 위임하신 성령 공동체의 정결과 능력을 이들에게 남겨 주기 위해서입니다.

여러분도 이 말씀을 인정하게 되기를 기도합니다. 그리고 아직도 머뭇거리고 있는 많은 분들이 세례 받게 되기를 기도합니다. 교인 수를 채우기 위해서가 아니라, 여러분의 삶에 행하신 하나님의 위대한 새 언약의 역사를 믿음과 순종으로 영화롭게 하기 위해서입니다. 여러분은 어린양의 피로 씻김을 받았습니까? 죄를 용서받았습니까? 그리스도와 함께 죽고 믿음으로 다시 일어나 새로운 인생을 살아가고 계십니까? 그리스도의 성령이 여러분 안에 거하십니까? 하나님의 법이 여러분의 마음에 새겨졌습니까? 그렇다면 와서 세례를 받음으로써 그 사실을 알리고 여러분의 삶에 위대한 새 언약을 행하신 하나님께 영광을 돌리십시오.

16장

율법이 아니라 믿음으로 되는 세상의 상속자

로마서 4:13-15

아브라함이나 그 후손에게 세상의 상속자가 되리라고 하신 언약은 율법으로 말미암은 것이 아니요 오직 믿음의 의로 말미암은 것이니라. 만일 율법에 속한 자들이 상속자이면 믿음은 헛것이 되고 약속은 파기되었느니라. 율법은 진노를 이루게 하나니 율법이 없는 곳에는 범법도 없느니라. _롬 4:13-15

미래의 두 가지 가능성

오늘 본문은 ―그리고 성경 전체가― 우리 앞에 장차 두 가지 가능성이 있다고 가르칩니다. 하나는 세상을 상속받는 것, 다른 하나는 진노를 상속받는 것입니다. 13절에 나옵니다. "아브라함이나 그 후손에게 세상의 상속자가 되리라고 하신 언약은…" 그리고 11절과 12절에서 아브라함의 "후손"은 단순히 유대 백성이 아니라 아브라함의 믿음을 소유한 모든 자들임을 알 수 있습니다. 그러므로 우리 중에는 그 수에 속하는 사람도 있고 그렇지 않은 사람도 있습니다. 그것은 우리의 믿음 여부에 달려 있습니다. 그리고 15절에도 나옵니다. "율법은 진노를 이루게 하나니." 우리가 율법 아래 살면 진노를 상속받을 것입니다. 그러므로 우리 모두에게 놓인 미래의 두 가지 가능성은 세상의 상속, 아니면 진노의 상속입니다.

오늘 이곳에 모인 분들 가운데 혼잣말로 이렇게 말씀하시는 분도 있을 것입니다. "그건 진실이 아니야. 인간은 죽으면 모두 땅 속에서 부패하고 마는 거지. 그게 다야. 천국도 지옥도 없어. 세상을 상속하는 것도 진노를 상속하는 것도 없어. 바울은 자기가 무슨 말을 하는지 모르고 있는 것뿐이야." 혹은 이렇게 말하는 분도 있을 겁니다. "나는 안 믿어. 하나님은 모든 사람을 천국으로 이끄실 거야. 영원히 지속되는 진노 같은 건 있을 리가 없지. 그리고 천국에 가는 방법은 선하게 사는 거야."

사실 저는 믿지 않는 분들이 이런 식으로 말하는 것을 보면 대개는 기분이 좋습니다. 왜 그런지 아십니까? '영원'이라는 중대한 사안이 적어도 그들 마음에 새겨지기 시작했으니 말입니다. 하지만 안타깝게도 가장 흔한 대답은 이것입니다. "존 목사님, 제 앞에 장차 두 가지 가능성이 있다고 말씀하셨지요. 세상을 상속하든 진노를 상속하든 말입니다. 제가 미래에 대해 뭘 생각하는지 아십니까? 내일 마트에 가서 말랑말랑한 치즈 살 생각을 하고 있습니다. 그게 제가 생각하는 미래지요."

이 말씀을 시작하면서 제 설교를 듣는 모든 분들과 제가 공통적으로 합의할 수 있는 한 가지가 있습니다. 영원을 이생과 비교하는 것은 마치 로키 산맥을 오렌지 껍질 주름과 비교하는 것과 같다고 말입니다. 하나님을 만날 준비를 하는 것은 인생에 있어서 가장 주된 일입니다. 오! 주님. 우리가 사소한 일에 정신이 팔려 멍해지는 무감각에서 깨어날 수 있게 해 주십시오. 오늘 아침에 하나님의 말씀이 얼마나 엄중한지 느낄 수 있도록 도와 주십시오. 아멘.

로마서 4장 13-15절에서는 세 가지를 살펴보려고 합니다. 첫째, 하나님의 율법이 우리가 세상을 상속하는 데 도움이 되지 않는 이유는 무엇인가?(14-15절) 둘째, 상속을 받으려면 삶으로 살아내어 직접 얻는 의가 필요하다고 성경이 가르치는 것 같을지라도, 어떻게 믿음으로 전가된 하나님의 의를 통해서만 세상을 상속하는 약속이 우리에게 온다고 말할 수 있을까? 셋째, 세상을 상속하는 것은 얼마나 위대한 일인가, 그리고 왜 온 마음을 다해 기대하고 구해야 하는가?

1. 하나님의 율법이 우리가 세상을 상속하는 데 도움이 되지 않는 이유와 그 역할은 무엇인가?

14-15절을 읽어 봅시다. "만일 율법에 속한 자들이 상속자이면 믿음은 헛것이 되고 약속은 파기되었느니라. 율법은 진노를 이루게 하나니 율법이 없는 곳에는 범법도 없느니라." 바울이 여기서 "율법"(the Law)에 관해 여러 번 언급한 것에 주목하십시오. 첫째, 바울이 여기서 율법이라고 말할 때 그것은 구약 전체를 언급하거나 율법서 또는 토라로도 불리는 모세 오경을 언급하는 것이 아닙니다. 바울이 율법을 창세기 15장 6절의 하나님의 언약과 대조시키고 있기 때문입니다. 그 언약은 아브라함이 믿었던 것이고, 토라, 혹은 모세오경, 혹은 율법서라 불리는 책 안에도 있습니다. 갈라디아서 3장 17절을 보면

바울은 오히려 율법을 매우 협소한 형태로 생각하고 있습니다. "내가 이것을 말하노니 하나님께서 미리 정하신 언약을 사백삼십 년 후에 생긴 율법이 폐기하지 못하고 그 약속을 헛되게 하지 못하리라." 따라서 바울은 아브라함이 언약을 받고 수백 년이 흐른 뒤 시내산에서 받은 모세의 율법을 생각하고 있는 것입니다.

하지만 저는 바울이 그보다 더 좁은 개념으로 우리의 초점을 모으고 있다고 생각합니다. 시내산에서 받은 모세의 율법 그 자체에는 "율법"을 어긴 사람들을 위한 용서의 약속과 규정이 들어가 있습니다(출 34:6-7). 따라서 모세 율법 안에는 그보다 좁은 범위의 "계명의 율법"(law of commandment, 엡 2:15)이 있습니다 (로마서 7장 8-13절의 "계명"의 역할에 관한 내용 참조). 즉 여기서 바울이 생각하는 것이 이것입니다. 바울이 15절에서 "율법은 진노를 이루게 하나니"라고 말하기 때문입니다. 여기서 그가 의미하는 바는 무엇일까요? 율법이 특정 행동을 명령(command)할 때 그에 대한 불순종이 진노를 불러 온다는 의미입니다. 그리고 우리 모두는 불순종했으며, 이는 로마서 1장 18절에서 3장 20절까지의 요점이었습니다. 그러므로 우리가 계명의 율법을 사용해서 영생을 얻으려고 하나님 앞에 요구하면 진노를 얻게 됩니다. "율법은 진노를 이루게 하나니."

15절 후반부에 그 이유가 나옵니다. "율법이 없는 곳에는 범법도 없느니라." 달리 말해, 율법이 오기 전에는(갈 3:17, 아브라함이 언약을 받고 430년 후), 위반할 수 있는 구체적 계명이 없었으므로 모든 죄악된 태도나 행동이 죄로 인정되지 않았습니다. 하지만 율법이 들어오자 죄에 대한 인식이 폭발적으로 일어났습니다. 본래 죽어 있던 것들이 빛 가운데 드러나자 계명을 어긴 명백한 위반과 범죄가 되었습니다. 예를 들어 율법을 받기 전에도 십대들이 모여 어머니와 아버지에 대해 험담을 했을 겁니다. 그것은 막연하나마 부모를 험담하는 것에 대한 불편함을 일으켰을 것입니다. 하지만 이후에 출애굽기 20장 12절에 "네 부모를 공경하라"는 율법이 들어왔습니다. 이제는 불손한 모든 언사가 명시적으로 계명을 어기는 것이 됩니다. 그리고 죄는 단순히 명확하게 드러날 뿐 아니라 불어납니다.

바울은 여러 곳에서 율법의 기능을 설명하고 있습니다. 예를 들어 로마서 3장 20절에서는 이렇게 말합니다. "율법으로는 죄를 깨달음이라." 로마서 5장 20절에서는 "율법이 들어온 것은 범죄[위반]를 더하게 하려 함이라." 로마서 7장 12-13절에서는 이렇게 말합니다. "이로 보건대 율법은 거룩하고 계명도 거룩하고 의로우며 선하도다. 그런즉 선한 것이 내게 사망이 되었느냐? 그럴 수 없느니라! 오직 죄가 죄로 드러나기 위하여 선한 그것으로 말미암아 나를 죽게 만들었으니 이는 계명으로 말미암아 죄로 심히 죄 되게 하려 함이라." 로마서 4장 15절 본문의 핵심이 이것입니다. 계명인 율법을 통해 우리 삶 속에 휴면 중이던 죄가 단순히 드러날 뿐 아니라 자극이 되어 극히 죄악된 모습으로 나타납니다. 계명은 우리 모두를 힘겹게 만들고 우리가 얼마나 악한지 보여 줍니다.

따라서 13-14절을 지지해 주는 15절의 핵심은 이것입니다. 계명의 율법은 우리가 세상을 상속하도록 돕는 대신 진노를 일으키고 우리의 죄악이 극명히 드러나게 합니다. 이것이 15절 말씀입니다. 그리고 14절에서 추론할 수 있는 것은 우리가 하나님 앞에 의롭게 서고 세상을 상속하는 권리의 기반을 계명의 율법을 지키는 것에 두려고 애쓰면 믿음을 무효로 만들고 언약을 폐기하게 된다는 것입니다. 그러므로 복음을 믿으십시오. 믿음의 의(13절)는 계명을 순종함으로써 우리가 만들어 낸 의가 아니라 오직 믿음으로 그리스도 안에서 우리에게 전가된 하나님의 의라는 좋은 소식에 즐거워하십시오.

2. 상속을 받으려면 삶으로 살아내어 직접 얻는 의가 필요하다고 성경이 가르치는 것 같을지라도, 어떻게 믿음으로 전가된 하나님의 의를 통해서만 세상을 상속하는 약속이 우리에게 온다고 말할 수 있는가?

먼저 질문에 대해 설명한 뒤 성경적인 답을 드리겠습니다. 13절은 분명하게 말합니다. 앞서 살펴보았듯이, 세상을 상속하는 것은 계명의 율법을 사용함으로써 오는 것이 아니라 "믿음의 의"를 통해서 옵니다. 13절입니다. "아브라함이나 그 후손에게 세상의 상속자가 되리라고 하신 언약은 율법으로 말미암은 것이 아니요 오직 믿음의 의로 말미암은 것이니라." 9절과 11절에서 알 수 있는 것처럼, 로마서 4장 13절에 언급된 "믿음의 의"란 우리가 행한 율법의 의가 아니라 하나님이 그분의 의를 우리의 것으로 인정하고 베풀어 주시는 전가된 의입니다. 9절입니다. "아브라함에게는 그 믿음이 의로 여겨졌다." 11절은 아브라함이 할례를 받기 전에 이 일이 일어났으므로 그가 모든 믿는 자들의 아버지가 될 수 있었다고 말합니다(11절의 마지막 부분 참조). "그들도 의로 여기심을 얻게 하려 하심이라."

그것이 로마서 4장 13절 마지막 부분에 언급된 "믿음의 의"입니다. 오직 믿음을 통해 하나님이 우리의 것으로 인정해 주신 전가된 의입니다(롬 3:28, 4:5). 따라서 13절의 의미는, 장차 세상을 상속하리라는 약속은 하나님이 우리에게 주신 의에 기초한 것이지 우리 스스로 행한 의에 기초하지 않는다는 것입니다.

하지만 장차 얻을 영생의 상속은 이생에서의 우리 행동에 달려 있다고 말하는 듯한 성경의 여러 본문들을 과연 어떻게 이해할 것인가 하는 질문이 제기됩니다. 우리 자신의 완전함(perfection)에 달려 있는 것이 아니라 우리 삶의 방향(direction)에 달려 있습니다.

아브라함의 생애를 예로 살펴보겠습니다. 바울은 아브라함을 "믿음의 의로 말미암아" 약속을 상속받는 실례로 사용하기 때문입니다(롬 4:13). 창세기 22장에서 아브라함이 그 아들 이삭을 바쳤을 때 하나님이 개입해 이삭을 보호하셨고 그 대신 숫양을 사용하게 하셨습니다. 그리고 아브라함에게 다시금 언약을 주셨는데, 여기에 약간 꼬인 부분이 있습니다(창 22:16-18). 하나님은 아브라함이 '그의 순종 때문에' 약속을 유업으로 받을 것이라고 두 번씩이나 말씀하신 것입니다. 이렇게 말씀하셨습니다. "이르시되 여호와께서 이르시기를 내가 나를 가리켜 맹세하노니 네가 이같이 행하여 네 아들 네 독자도 아끼지 아니하였은즉 내가 네게 큰 복을 주고 네 씨가 크게 번성하여 하늘의 별과 같고 바닷가의 모래와 같게 하리니 네 씨가 그 대적의 성문을 차지하리라. 또 네 씨로 말미암아 천하 만민이 복을 받으리니 이는 네가 나의 말을 준행하였음이니라 하셨다 하니라."

그렇다면 어떻게 "나의 말을 준행하였으므로"(창 22:16, 18) 아브라함에게 약속의 유업이 임할 수 있을까요? 바울은, 로마서 4장 13절에서, 창세기 15장 6절 말씀에 따라 하나님이 거저 주신 "믿음의 의를 통해" 약속의 유업이 임한다고 말하고 있는데 말입니다.

제 대답은 이렇습니다. 몇 주 전 야고보서 2장과 로마서 4장의 관계를 다루면서 말씀드렸던 내용과 동일합니다. 아브라함에게 세상을 상속하시려 애쓰는 하나님의 헌신은, 오직 예수 그리스도를 통해 아브라함에게 주시고 오직 믿음으로 말미암아 아브라함에게 인정된 하나님의 의에 유일한 기초와 기반을 두고 있습니다. 이는 하나님께서 반드시 자기를 세상의 상속자로 세우실 것이라는 아브라함의 확신의 근거가 됩니다. 하지만 아브라함의 믿음의 진정성은 반드시 창세기 22장의 예와 같이 순종의 행동으로 나타나야(입증되어야) 합니다. 그리하여 그의 믿음이 진실하고 죽은 믿음이 아니며(약 2:17, 26) 귀신들도 갖고 있는 믿음이 아니고(약 2:19), 행함이 없는 믿음(약 2:20)도 아님이 명백히 밝혀지게 될 것입니다. 믿음에서 나오는 순종(롬 1:5)은 그의 확신의 기반이 아닙니다. 다만 확신의 열매입니다. 열매가 좋은 나무를 만들지 않습니다. 나무가 좋은 열매를 만듭니다.

따라서 우리 믿음의 진실함을 보여 주는 믿음의 열매를 맺어야 할 필요성이 로마서 4장 13절에 나오는 복음이 이미 [illegible] 즉 [illegible]자 세상을 상속 받는 것은 율법을 통해서가 아니라 믿음의 의를 통해서 이뤄진다는 것— 과 모순되지 않는다고 결론내릴 수 있습니다. 우리 소망의 기반은, 비록 그것이 믿음의 열매라 하더라도, 우리 힘으로 행한 의가 아니라 그리스도에 대한 믿음으로 우리에게 인정해 주신 의입니다. 하나님 안에서 만족하는 그 믿음은 이미 해결된 죄의 권세를 깨뜨리고 우리 인생에 새로운 방향을 제시합니다.

따라서 여러분 평생에 그리스도에 대한 믿음을 유지하고 강화하는 것을 목표로 삼으시기 바랍니다. 믿음의 선한 싸움을 싸우십시오(딤전 6:12). 순종하지 못하고 실패할 때는 십자가 앞에 나아가 용서를 구하고 장차 주실 은혜에 대한 소망을 구하십시오. 그럴 때에 성령으로 육체의 행위를 제하고 새로운 생명 가운데 행할 수 있습니다. 평생 믿음의 싸움을 싸우십시오.

3. 세상을 상속하는 것이 얼마나 위대한 일인가, 그리고 왜 온 마음을 다해 기대하고 구해야 하는가?

참으로 위대하고 큰 주제라서 그 자체로 한 편의 설교가 될 수 있을 정도입니다. 그러므로 저는 한 주 더 늘려서 세상을 상속하는 것이 어떤 의미인가를 주제로 메시지를 전하려고 합니다. 이렇게 하려는 이유는(장래의 은혜에 관해 말하기를 좋아하는 탓도 있겠지만) 다음 주가 사역 박람회인 데다 가을맞이 주일 사역과 수요 사역 준비 주간이 겹치는 기간이라 여러분이 베들레헴교회에서 사역할 수 있는 기회를 마련해 드릴 수 있기 때문입니다. 더불어 위대한 상속에 대한 소망과, 사역에서 누리는 자유와 기쁨과 대가 지불 사이에는 깊은 연관성이 있습니다. 따라서 베들레헴교회의 가을 사역을 시작하면서, 다음 주간에는 이런 내용과 연결지어 말씀드리겠습니다.

하지만 오늘 아침에는 짧지만 영광스러운 한 말씀을 언급하지 않고 넘어갈 수는 없겠군요. 바울은 로마서 4장 13절에서 이렇게 말합니다. "아브라함이나 그 후손에게 세상의 상속자가 되리라고 하신 언약은 율법으로 말미암은 것이 아니요 오직 믿음의 의로 말미암은 것이니라." 아브라함과 그 자손은 세상의 상속자가 될 것입니다. 우리도 로마서 4장 11절에 따라 아브라함이 그러했듯 하나님이 주시는 의를 믿으면 아브라함의 후손입니다. 그러므로 우리가 예수 그리스도를 통해 하나님을 신뢰하면 "세상을 상속하게" 될 것입니다. 진노를 상속하지는 않을 것입니다.

처음 시작한 부분에서 마무리 짓고 싶습니다. 우리 앞에는 장차 두 가지 가능성이 있습니다. 하나는 세상을 상속하는 것이고 다른 하나는 진노를 상속하는 것입니다. 어떤 것을 상속하느냐는 근본적인 한 가지, 즉 하나님의 의에 달려 있습니다. 하나님의 의가 여러분을 의롭다고 인정했습니까, 아니면 여러분을 고소하는 증인으로 서 있습니까? 무엇이 그 차이를 만듭니까? 여러분이 자신의 죄를 가리고 하나님의 의를 입기 위해 그리스도를 신뢰하느냐 하지 않느냐가 그 차이입니다. 그러니 그분을 믿으십시오. 그분을 믿으십시오. 지금 당장 믿으십시오. 그분을 믿으십시오.

17장

아브라함의 후손, 세상의 상속자

로마서 4:13-15

아브라함이나 그 후손에게 세상의 상속자가 되리라고 하신 언약은 율법으로 말미암은 것이 아니요, 오직 믿음의 의로 말미암은 것이니라. 만일 율법에 속한 자들이 상속자이면 믿음은 헛것이 되고 약속은 파기되었느니라. 율법은 진노를 이루게 하나니 율법이 없는 곳에는 범법도 없느니라. _롬 4:13-15

유대인의 구원을 위한 기도

지난 토요일자 〈스타트리뷴〉 지의 사설을 읽고 얼마나 안타까웠는지요! 토요일은 유대인의 설날인 로쉬 하샤나(Rosh Hashanah)였습니다. 그 사설은 남침례회에서 그리스도인들에게 유대인들이 예수를 메시아로 받아들이고 구원받도록 명절 기간에 기도하자고 했던 것에 대응하는 내용이었습니다. 사설의 요점은 이러한 기도 독려가 교만하다고 말하려는 것이었습니다. 그 사설은 아브라함 헤셸의 말을 인용했습니다. "기독교도들은 유대인이 반드시 회심해야 한다는 개념을 반드시 버려야 한다." 그 개념이란 "역사상 가장 큰 스캔들 중 하나"라고 헤셀은 말했습니다.*

역사 속 그리스도인을 왜곡할 뿐 아니라 이스라엘과 교회의 관계에 대한 성경의 가르침을 이처럼 심하게 왜곡한 것은 참으로 안타까운 일입니다. 기독교 세계의 많은 이들이 지난 수 세기에 걸쳐 유대인들을 심하게 대우하고 끔찍한 반유대적 태도를 키워 온 것은 의심할 수 없는 사실입니다. 그럼에도, 토요일자 사설을 우리가 인정하지 않는 것과 같은 이유로, 우리는 우리가 교만하다는 사실을 인정하지 않습니다. 신약성경으로 볼 때 양쪽 모두 잘못되었습니다.

오늘의 설교와 대체 무슨 연관성이 있을까요? 바울의 가르침으로 미루어 볼 때 메시아이신 예수님을 믿는 우리 같은 이방인들이 아브라함 언약의 상속자가 될 수 있는 것은 우리가 실제로 아브라함의 자녀이기 때문입니다. 우리는 참된 유대인입니다. 또한 자기들의 메시아이신 예수님을 거부한 민족적 유대인들은 진정한 유대인으로 인정받지도 못하고 불신앙 가운데 멸망할 것이라고 저는 생각합니다.

이는 오늘 설교의 핵심이 아니라 기초입니다. 우리는 앞서 그 점을 하나씩 다져 왔고, 앞으로 다시 다져 나갈 것입니다. 하지만 그 기초를 짚고 넘어가려고 합니다. 예수 그리스도는 이스라엘이 가졌던 모든 소망의 성취이십니다. 그리스도는 하나님이 하신 모든 약속의 '예'가 되십니다(고후 1:20). 그분은 메시아이십니다(막 14:61-62, 마 16:16,

*StarTribune, 1999, 9월 11일. 20쪽

요 20:31, 행 9:22, 요일 2:22, 5:1). 예수님을 거절하는 것은 아버지이신 하나님을 거절하는 것이고, 예수님을 인생의 진정한 주님으로 고백하는 것은 하나님과 화목을 이루는 것입니다. 요한일서 2장 23절입니다. "아들을 부인하는 자에게는 또한 아버지가 없으되 아들을 시인하는 자에게는 아버지도 있느니라."

달리 말해, 메시아요 구원자이신 예수님을 거부하는 유대인은 유대인으로서 소유했던 약속을 잃게 됩니다. 그리고 메시아요 구원자이신 예수님을 영접하는 유대인은 유대인에게 주신 약속의 상속자가 됩니다.

이 말씀은 사도 바울이나 요한이 만들어 낸 이야기가 아닙니다. 예수님께서 직접 하신 말씀을 전한 것입니다. 예를 들어 마태복음 8장 10-12절을 보면 이방인인 백부장이 하인을 낫게 해달라고 예수님을 찾아왔을 때, 예수님은 그 이방인의 믿음에 감동을 받고 이렇게 말씀하셨습니다. "예수께서 들으시고 놀랍게 여겨 따르는 자들에게 이르시되 내가 진실로 너희에게 이르노니 이스라엘 중 아무에게서도 이만한 믿음을 보지 못하였노라. 또 너희에게 이르노니 동 서로부터 많은 사람이 이르러 아브라함과 이삭과 야곱과 함께 천국에 앉으려니와, 그 나라의 본 자손들은 바깥 어두운 데 쫓겨나 거기서 울며 이를 갈게 되리라." 다시 말해, 예수님을 믿는 이방인은 장차 올 세대에 아브라함과 함께 상속자의 자리에 앉겠지만, 믿지 않는 유대인은 바깥 어두운 곳으로 쫓겨날 것입니다.

참된 유대인— 아브라함과 더불어 상속받다

이는 예수님과 모든 사도들이 가르친 내용입니다. 이방인은 메시아 예수님을 믿음으로 진정한 유대인이 되고, 유대인은 메시아이신 예수님을 믿는 것을 거부한다면 최종적으로 유대인으로서의 상속을 잃게 됩니다. 이 가르침을 마치 기독교가 모든 유대인들이 그들의 유업을 잃어버리길 바라고 있다는 식의 거만한 추정으로 설명하는 것은 기독교에 대한 극심한 오해입니다. 이 가르침을 성경적으로 말하면 "구원은 유대인에게서 남이라"(요 4:22)이고, 아브라함에게 주신 약속은 모든 구원을 지지하는 뿌리이며(롬 11:18), 이방인이 구원을 얻는 유일한 방법은 유대인의 메시아를 믿어 아브라함과 함께 상속자가 되는 것입니다. 유대인의 유업이 우리의 유일한 소망입니다.

유대교는 기독교의 중심에 자리하고 있으므로 유대교가 없다면 구원이 없습니다. 그리고 예수 그리스도는 유대교에 있어서 중심이 되시기 때문에 그분 없이 구원은 없습니다. 그리스도인들이 유대인에게 이렇게 말한다고 해서 교만한 것이 아닙니다. '당신들의 유업과 당신들의 메시아가 없이는 우리에게 아무런 소망이 없습니다. 당신들도 마찬가지입니다.' 사실상 많은 유대인들과 〈스타트리뷴〉 지에서는 모욕적으로 받아들일 수 있겠지만, 남침례회에서 이스라엘이 메시아를 믿게 되도록 기도를 촉구한 것은 깊은 사랑의 행동입니다. "아들이 있는 자에게는 생명이 있고 하나님의 아들이 없는 자에게는 생명이 없기" 때문입니다(요일 5:12).

따라서 오늘 저는 이 위대한 진리 위에서 말씀을 전하려 합니다. 메시아이신 예수님을 믿는 우리 이방인들은 아브라함과 더불어 상속자가 되며 또한 세상을 상속받게 될 것입니다. 유대인과 이방인 모두 예수 그리스도를 믿는 자들은 세상의 상속자입니다. 본문인 로마서 4장 13-14절입니다. "아브라함이나 그 후손에게 세상의 상속자가 되리라고 하신 언약은 율법으로 말미암은 것이 아니요 오직 믿음의 의로 말미암은 것이니라. 만일 율법에 속한 자들이 상속자이면 믿음은 헛것이 되고 약속은 파기되었느니라." 지난 주에 이 본문을 다루었지만 세 번째 항목은 오늘로 하기로 했었습니다. "세상을 상속하는 것"은 어떤 의미일까요? 14절에 따르면 아브라함은 세상의 상속자가 되리라는 약속을 받았고, 믿는 사람들은 아브라함과 더불어 '상속자들'이 되리라는 약속을 받았습니다.

세상의 상속자

세상의 상속자란 무엇을 의미하는 것일까요? 그 사실이 지금 어떤 변화를 불러올 수 있습니까?

그렇다면 바울이 과연 아브라함과 그의 참 후손들이 "세상의 상속자"가 된다는 개념을 구약성경 어디에서 가져왔는지 질문하는 것으로 시작하겠습니다. 구약성경 어디에도 "세상의 상속자"라는 단어는 없습니다. 어떻게 바울은 로마서 4장 13절에서 "아브라함에게 하신 언약"을 "세상의 상속자가 되리라"는 것으로 정리할 수 있었을까요?

저는 여기서 바울이 말한 의미를 담고 있는 아브라함의 세 가지 언약을 짚어 가려고 합니다.

첫째, 창세기 17장 8절에서 하나님이 아브라함에게 이렇게 말씀하십니다. "내가 너와 네 후손에게 네가 거류하는 이 땅 곧 가나안 온 땅을 주어 영원한 기업이 되게 하고 나는 그들의 하나님이 되리라." 하나님은 단순히 장차 태어날 세대들이 땅을 영원한 기업으로 얻게 되리라 말씀하지 않으시고, 아브라함도 직접 땅을 받을 것이라고 말씀하십니다. "내가 너와 네 후손에게 … 땅을 주어." 이 말씀은 아브라함이 죽은 자 가운데서 일어나 그의 기업을 누릴 것에 대한 증거이든지, 그것도 아니라면 최소한 지시자(pointer)입니다. 그러므로 그가 기업을 받기 위해 살아 있을 것이므로 그도 세상의 상속자가 될 수 있습니다.

둘째, 창세기 17장 7절에서 하나님은 그 어떤 것보다 가장 귀하고 강력한 약속을 주셨습니다. "내가 내 언약을 나와 너 및 네 대대 후손 사이에 세워서 영원한 언약을 삼고 너와 네 후손의 하나님이 되리라." "나는 너에게 하나님이 되리라." 지금 이 말씀은 무슨 의미입니까? 예수님은 이것을 아브라함이 죽음에게 패할 수 없을 것이라는 뜻으로 말씀하셨습니다. 하나님이 나의 하나님이 되신다는 것은 죽음 앞에 무릎 꿇지 않는다는 의미입니다.

예수님은 마태복음 22장 32절에서 구약의 말씀을 들어 말하셨습니다. "나는 아브라함의 하나님이요." 그런 다음 이렇게 언급하셨습니다. "하나님은 죽은 자의 하나님이 아니요 살아 있는 자의 하나님이시니라." 다시 말해, 하나님이 진실로 우리의 하나님이라고 하면서 그럼에도 우리가 죽음에게 패한다고 말하는 것은 예수님과 바울에게 있어서 생각할 수도 없는 일입니다. 하나님께서 아브라함의 하나님이 되리라는 약속의 의미는 아브라함이 죽음에서 일어나리라는 것입니다. 이것이 아브라함이 세상의 상속자가 될 수 있는 이유입니다. 그는 죽지 않고 죽음에 패할 수도 없습니다. 우리도 믿음으로 그와 더불어 상속자가 된다면 역시 그렇게 됩니다.

셋째, 창세기 22장 17절에서 하나님은 아브라함에게 이렇게 약속하십니다. "내가 네게 큰 복을 주고 네 씨가 크게 번성하여 하늘의 별과 같고 바닷가의 모래와 같게 하리니 네 씨가 그 대적의 성문을 차지하리라." 이 말은 장차 아브라함의 후손과 싸워 이길 원수는 없으리라는 뜻입니다. 그들의 모든 원수들은 정복될 것입니다.

상속자가 된다는 의미

아브라함과 그의 자손은 땅을 유업으로 받을 것입니다. 아브라함은 죽은 자 가운데서 일어나게 될 것이고 죽음에 패할 수 없습니다. 아브라함과 그 자손은 그들의 모든 원수를 눌러 이길 것입니다. 이 세 가지 약속이 의미하는 바는 무엇입니까? 바울은 이 세 가지 약속이 메시아이신 예수 그리스도 안에서 성취되었음을 보았습니다. 메시아야말로 가장 완전한 의미에서 상속자십니다. 아브라함이 알았던 것보다 훨씬 온전히 약속이 성취되었습니다.

예수님은 모든 나라와 모든 땅의 주인이십니다. 모든 무릎이 예수님 앞에 무릎을 꿇을 것입니다(빌 2:10). 하나님은 그 아들(Son)에게 이렇게 말씀하십니다. "내게 구하라 내가 이방 나라를 네 유업으로 주리니 네 소유가 땅 끝까지 이르리로다"(시 2:8).

그뿐 아니라 메시아이신 예수님은 부활을 통해 죽음을 패배시키셨으며, 바울은 고린도전서 15장 57절에서 이렇게 말합니다. "우리 주 예수 그리스도로 말미암아 우리에게 승리를 주시는 하나님께 감사하노니."

그리고 고린도전서 15장 25-26절에서는 이렇게 말합니다. "그[그리스도]가 모든 원수를 그 발아래에 둘 때까지 반드시 왕 노릇 하시리니, 맨 나중에 멸망 받을 원수는 사망이니라."

따라서 아브라함에게 주신 하나님의 모든 약속은 메시아이신 예수 그리스도 안에서 '예'가 됩니다. 그분은 열방의 상속자이시며, 모든 세계가 그분에게 속했습니다. 그분은 생명과 죽음의 주인이십니다. 지금 그분은 아버지의 우편에서 다스리시며, 백성들을 위해 죽음을 포함한 모든 원수를 그 발아래 두고 계십니다.

여기서 분명한 사실은 우리가 세상의 상속자가 되는 이유는 메시아이신 예수님이 세상의 상속자이시기 때문이고 우리가 그분 안에 있기 때문입니다. 달리 말해, 우리가 말 그대로 메시아를 믿음으로써 아브라함의 자녀가 되는 것과 같은 방식을 따라, 메시아가 세상의 상속자이시므로 우리 역시 아브라함과 더불어 상속자가 되는 것입니다. 예수님은 하나님의 모든 약속을 성취하시고, 우리는 그분 안에서 아브라함과 함께 상속자가 됩니다. 그분 안에서 우리는 유대인이고, 그분 안에서 우리는 하나님의 상속자입니다.

갈라디아서 3장 29절은 이 두 가지 사실을 놀랍도록 명쾌하게 언급하고 있습니다. "너희가 그리스도(즉 메시아)의 것이면 곧 아브라함의 자손이요 약속대로 유업을 이을 자니라." 그 두 가지는 이것입니다. '그리스도 안에서 너희는 아브라함의 자손이다. 그리고 그리스도 안에서 너희는 그와 더불어 상속자다.' 그러므로 오늘 아침 우리가 그리스도께 속한 사람이라면, 세상의 상속자입니다.

이제 그것이 의미하는 바는 무엇인지 살펴보겠습니다.

만물이 다 너희 것이다

그에 관한 최고의 주석이 고린도전서 3장 21-23절인 것 같습니다. "그런즉 누구든지 사람을 자랑하지 말라. 만물이 다 너희 것임이라. 바울이나 아볼로나 게바나 세계나 생명이나 사망이나 지금 것이나 장래 것이나 다 너희의 것이요, 너희는 그리스도의 것이요 그리스도는 하나님의 것이니라."

첫째로, "만물이 다 너희 것"인 이유는 우리가 그리스도께 속하고 그리스도는 하나님께 속했기 때문이라는 점에 주목하십시오. 그리스도는 하나님의 상속자고, 그 안에서 우리는 공동 상속자입니다. 그래서 바울은 로마서 8장 17절에서 이렇게 설명합니다. "하나님의 상속자요 그리스도와 함께 한 상속자니."

둘째로, "그리스도 안에서 모든 만물이 너희 것"이라는 점에 주목하십시오. 그것이 세상의 상속자가 된다는 의미입니다. 히브리서 1장 2절은 이렇게 말합니다. "이 모든 날 마지막에는 [하나님이] 아들을 통하여 우리에게 말씀하셨으니 이 아들을 만유의 상속자로 세우시고." 만물이 그리스도의 소유입니다. 그리스도가 기뻐하시는 대로 쓰시기 때문에 그분의 것입니다. 그리고 그리스도가 기뻐하시는 일은 자기의 목숨을 내어 준 백성들과 더불어 만물을 나누시는 것입니다.

따라서 실제적으로 세상의 상속자가 된다는 의미는, 지금 당장 우리가 예수 그리스도를 믿고 있다면, 만물이 우리에게 맡겨지고, 오는 세대에는 그것이 사실상 우리의 것이 됩니다. 예수님도 여러 차례 그에 대해 말씀하셨습니다. 예를 들어 보겠습니다. "온유한 자는 복이 있나니 그들이 땅을 기업으로 받을 것임이요"(마 5:5). 가장 흥미로운 예 가운데 하나는 누가복음 16장 12절입니다. 예수님은 이 세대를 살면서 돈을 사용하는 것에 대해 말씀하고 계십니다. 그분은 지금 소유한 재물의 사용을 장차 올 세대에 소유할 재물과 비교하십니다. "너희가 만일 남의 것에 충성하지 아니하면 누가 너희의 것을 너희에게 주겠느냐?" 다시 말해, 그분은 현재 우리가 소유한 재물 —모든 소유— 을 '다른 이의 재물처럼' 다루고 계십니다.

우리는 지금 당장은 다른 사람의 재물을 맡아 관리하는 피위탁자(trustee)에 불과합니다. 이 세대에서 우리는 사실상 무엇을 소유하고 있지 않습니다. 모두 하나님 것입니다. 우리는 청지기이고 대리인이며 중개업자입니다. 우리의 임무는 하나님의 것을 그분 목적에 따라 운영하는 것입니다. '하나님의 진리와 가치와 영광을 극대화할 수 있는 것은 무엇인가?'에 따라, 하나님의 것을 가지고 무엇을 할지 선택해야 합니다.

하지만 예수님은 부활의 때에, 장차 올 세대가 이르면 "너희의 것"(your own)을 받게 되리라고 말씀하십니다. "너희가 만일 남의 것에 충성하지 아니하면 누가 너희의 것을 너희에게 주겠느냐?" 여기서 "너희의 것"은 로마서 4장 13절과 고린도전서 3장 22절에 나오는 "세상"(the world)과 서로 상응합니다. 우리는 세상의 상속자입니다. 만물이 우리의 것입니다. 우리는 "너희의 것"을 상속받을 것입니다.

이를 적절히 설명하는 데 있어서 우리의 언어가 아무 방해가 되지 않는다는 사실이 참으로 놀랍습니다. 반드시 만물은 그대로 하나님의 것이 될 것입니다. 만물은 그대로 그리스도의 것이 될 것입니다. 분명 그렇습니다. 하지만 그리스도와 우리와의 연합은 더욱 커져서 다른 이의 재물을 다루는 것과 우리 자신의 재물을 다루는 것 사이에 큰 차이가 있게 될 것입니다. 그리고 "만물"이 우리의 것이 될 것입니다.

어떻게 이런 일이 가능할까요? 어떻게 모든 것이 그리스도의 것이 되고 나의 것이 될 수 있을까요? 요한계시록 3장 21절을 보며 유추해 보겠습니다. 예수님은 라오디게아 교회의 성도들에게 이렇게 말씀하십니다. "이기는 그에게는 내가 내 보좌에 함께 앉게 하여 주기를 내가 이기고 아버지 보좌에 함께 앉은 것과 같이 하리라." 우리는 예수님의 보좌에 그분과 함께 앉게 될 것입니다. 어떤 면에서는 우리가 왕권을 나누고 세상을 소유하게 됩니다. 그리스도는 아무것도 잃지 않으시지만 우리는 모든 것을 얻습니다.

하지만 여기서도 우리는 질문합니다. 어떻게 그것이 가능하냐고 말입니다. 어떻게 "만물"이 내 것도 되고 네 것도 될 수 있을까요? 그것은 현 세대에 결혼의 모습과 얼추 비슷합니다. 남편과 아내는 가정을 함께 소유합니다. 가정의 일부가 아니라 전체를 소유하는 것이지요. 공동 소유입니다. 따라서 장차 오는 세대에는 하나님의 모든 자녀들 안에 이와 같은 연합과 조화가 생길 것이므로 하나님의 모든 기업을 소유하게 됩니다. 마치 그들이 그리스도와 연합하여 만물의 상속자가 되는 것과 같습니다. 이것이 문제가 되지 않는 이유는 오는 세대에는 모든 사람들이 모든 백성의 기쁨을 위해 만물을 주고 나누고 사용함으로써 다른 이의 기쁨을 더하게 하는 것을 최고의 기쁨으로 삼을 것이기 때문입니다. 그때에는 그런 일을 할 수 있는 방법에 관해 완벽한 지혜가 생길 것이고, 헛된 노력이나 절망 없는 완벽한 세계가 임할 것입니다. 우리 모두는 서로를 향해, "만물이 너의 것이며 너는 그리스도의 것, 그리스도는 하나님의 것이다"라고 말할 것입니다. 그리고 그렇게 말하는 자체로 기쁨이 흘러넘치게 될 것입니다.

이것이 우리 삶에 가져오는 변화

마지막 질문입니다. 우리가 세상의 상속자라는 사실이 우리의 삶에 어떤 변화를 가져올까요?

1. 이 사실로 기뻐하시기 바랍니다. 로마서 5장 2절입니다. "하나님의 영광을 바라고 즐거워하느니라." 로마서 12장 12절입니다. "소망 중에 즐거워하며." 우리가 세상의 상속자라는 소망 때문에 우리의 삶에 기쁨이 넘쳐야 합니다. 그 말이 사실적으로 다가오지 않는다면, 하나님이 우리의 삶에 사실적으로 느끼게 해 주시기까지 기도와 묵상에 힘쓰십시오. 이것은 꿈이 아닙니다. 지금 모든 것을 소유한 것처럼 사는 삶, 이 세상이 전부인 양 사는 삶, 그것이 꿈입니다.

2. 특별히, 고통과 불행 중에 있다면, 이 소망 가운데 안전감을 누리고 강해지십시오. 로마서 5장 3-4절입니다. "다만 이뿐 아니라 우리가 환난 중에도 즐거워하나니 이는 환난은 인내를, 인내는 연단

을, 연단은 소망을 이루는 줄 앎이로다." 흔들리고 두렵고 자괴감이 느껴지는 중에라도, 나는 세상의 상속자라는 약속의 반석 위에 두 발을 세우시기 바랍니다. 인생의 행성이 궤도를 벗어나 블랙홀로 날아가는 듯한 위협감이 들 때에도 이 소망을 인생의 태양계 중심에 막강한 태양으로 서게 하십시오. 모든 것이 제 궤도로 돌아가게 될 것입니다.

3. 이 소망을 붙잡고 하나님 안에서 새로운 것을 시도하십시오. 세상의 상속자로서 든든한 안전감을 누리며 이 짧은 생애 동안 다소 미쳐 보이는 듯한 일을 시도하십시오. 예수님을 위해 모험을 감행하십시오. 세상의 상속자처럼, 그리고 죽을 때 모든 것을 유업으로 받을 것처럼 행동하십시오. 새로운 일을 시도하십시오. 소그룹 모임에 참여하십시오. 사역에 참여하십시오. 직장이나 학교나 이웃들과 더불어 새로운 사역을 시작하십시오. 하던 일을 정리하고 해외로 나가십시오. 평소 하던 방식에 변화를 주십시오. "소망 중에 기뻐하라"(12절)고 말하기 직전에 로마서 12장 11절은 이렇게 말합니다. "주를 섬기라." 세상의 상속자로서 하나님 안에서 무언가를 모험해 보십시오. 윌리엄 캐리가 말했듯이(이제 여러분도 그렇게 할 수 있는 권리가 있습니다) "하나님께 위대한 것을 기대하고, 하나님을 위해 위대한 것을 시도하십시오."

4. 하나님이 약속하신 유업을 주실 것을 믿고 하나님께 영광을 돌리십시오. 이 모든 게 하나님의 것입니다. 아브라함의 믿음을 가진

자에게 주겠다고 약속하셨습니다. 그러니 로마서 4장 20절에 나온 아브라함처럼 되십시오. "믿음이 없어 하나님의 약속을 의심하지 않고 믿음으로 견고하여져서 하나님께 영광을 돌리며."

소망 중에 즐거워하십시오.
고난 중에도 안심하십시오.
사역 가운데 모험하십시오.
하나님께 영광을 돌리십시오.

우리는 세상의 상속자이기 때문입니다.

18장

믿음과 은혜와 확정의 연관성

로마서 4:16-21

그러므로 상속자가 되는 그것이 은혜에 속하기 위하여 믿음으로 되나니, 이는 그 약속을 그 모든 후손에게 굳게 하려 하심이라 율법에 속한 자에게뿐만 아니라 아브라함의 믿음에 속한 자에게도 그러하니, 아브라함은 우리 모든 사람의 조상이라. 기록된 바 내가 너를 많은 민족의 조상으로 세웠다 하심과 같으니, 그가 믿은 바 하나님은 죽은 자를 살리시며 없는 것을 있는 것으로 부르시는 이시니라. 아브라함이 바랄 수 없는 중에 바라고 믿었으니 이는 네 후손이 이같으리라 하신 말씀대로 많은 민족의 조상이 되게 하려 하심이라. 그가 백 세나 되어 자기 몸이 죽은 것 같고 사라의 태가 죽은 것 같음을 알고도 믿음이 약하여지지 아니하고 믿음이 없어 하나님의 약속을 의심하지 않고 믿음으로 견고하여져서 하나님께 영광을 돌리며 약속하신 그것을 또한 능히 이루실 줄을 확신하였으니. _롬 4:16-21

세상의 상속자

지난 주 마무리했던 부분에서 시작하도록 하겠습니다. 아브라함과 그의 자손들에게 주신 약속을 받은 이들, 즉 아브라함의 믿음을 소유한 모든 사람들(유대인과 이방인)은 세상을 상속하게 될 것입니다. 13절입니다. "아브라함이나 그 후손에게 세상의 상속자가 되리라고 하신 언약…." 하나님이 아브라함에게 주신 모든 약속에 함축된 의미는 다음과 같이 요약됩니다. "아브라함과 그 자손이 세상을 상속할 것이다." 혹은 바울이 고린도전서 3장 21절에서 말하듯 "만물이 다 너희 것임이라 … 너희는 그리스도의 것이요 그리스도는 하나님의 것"입니다. 그리고 네 가지 권고도 드렸습니다. "이 위대한 소망 안에서 기뻐하라. 고통 중에서도 안전감을 누리라. 그리스도를 위해 다소 미친 듯 보이더라도 모험하라. 그리고 하나님께 영광을 돌리라." 지난 한 주 이것을 실천하신 분도 계실 텐데, 그러한 급진적 선택이 우리의 남은 삶에 변화를 가져올 것입니다.

오늘은 조금 더 나아가겠습니다. 바울은 우리가 만물의 상속자가 되리라는 약속 위에 소망을 두기를 간절하고도 진지하게 원하고 있습니다. 그리고 우리가 그리스도를 위해 모든 것을 버릴 만큼 급진적인 삶을 살게 되어 사람들로 하여금 하나님을 보고 놀라고 영광을 돌리게 되기를 원합니다. 그래서 지금 바울은 하나님이 그 약속을 든든하게 보장하셨음을 보여 주고자 애쓰고 있습니다. 그러므로 오늘 우리는 설교를 듣는 동안 다음과 같은 질문을 해야 합니다. "하나님은 그 백성이 세상을 상속하리라는 약속을 확실히하고 보장하고 확정하기 위해 무슨 일을 하셨는가?"라고 말입니다.

믿음

먼저 16절 말씀을 읽은 뒤 거기서 파생되는 첫 번째 질문에 답해 보겠습니다. NASB 성경에는 "그런 이유로 그것이 믿음으로 되나니"라고 나옵니다. 여기서 '그것'은 무엇을 말하는 것일까요? NIV 성경은 이렇게 풀어서 번역했습니다. "그러므로 하나님의 약속은 믿음을 통해 주어지나니." 성경 원문에서는 간단히 이렇게 말합니다. "그러므로 상속자가 되는 그것이 은혜에 속하기 위하여 믿음으로 되나니(한글 개역개정도 이와 동일함 —옮긴이)." 그렇다면 "믿음으로"(by faith)는 무엇입니까? 단순히 믿음으로 받는 약속을 말하는 것입니까?

13절로 다시 돌아가 보겠습니다. "아브라함이나 그 후손에게 세상의 상속자가 되리라고 하신 언약은 율법으로 말미암은 것이 아니요 오직 믿음의 의로 말미암은 것이니라." 여기서 바울은 "언약"이 단순히 믿음으로 오는 것이 아니라 "믿음의 의"(righteousness of faith)로 온다고 말합니다. 물론 약속이 믿음을 통해 온다고 말하는 게 틀린 것은 아닙니다. 하지만 바울은 그 이상을 언급하고 있습니다. 4장 전체가 말하려는 바가 이신칭의라는 점을 잊지 마시기 바랍니다. 즉 우리 자신의 것이 아니지만, 행위가 아닌 믿음으로 우리의 것으로 인정받은 의에 관한 것입니다. 13절은 우리가 세상의 상속자가 된다는 약속이 "믿음의 의"를 통해 우리의 것이 된다고 말합니다. 즉 하나님의 의가 믿음으로 말미암아 우리의 것으로 인정되는 것을 통해 가능하다는 말입니다(롬 4:5, 9, 11 참조).

그렇다면 16절에서 바울이 "그런 이유로 그것이 믿음으로 되나니"라고 할 때 무엇을 "믿음으로" 받는다는 말일까요? 정답은, 우리가 언약을 받도록 해 주는 하나님의 의를 믿음으로 받는다는 말입니다. 믿음으로 언약을 받는다고 말하는 것은 맞지만, 보다 정확히는, 믿음으로 우리의 것으로 여겨지는 (그리스도 안에 있는) 하나님의 의를 통해 믿음으로 언약을 받는 것입니다. 우리는 ―그리스도로 말미암아 우리에게 주어지는 하나님의 약속을― 믿고, 하나님은 이 믿음을 통해 우리에게 그분의 의를 전가하시며, 이렇게 전가된 의를 기초로 해서 우리가 세상의 상속자가 되리라는 언약이 우리에게 확실해지는 것입니다.

은혜

16절의 "그런 이유로 그것이 믿음으로 되나니"를 통해 제기되는 또 다른 질문은 이것입니다. "그런 이유로"란 무엇을 언급하는 것일까요? 무슨 이유를 말하는 것일까요? 14절에 답이 있습니다. "만일 율법에 속한 자들이 상속자이면 믿음은 헛것이 되고 약속은 파기되었느니라." 약속을 얻는 의는 "믿음으로" 받는 것이기 때문에, 율법으로 받게 된다면 그 약속은 무효가 된다는 말입니다. 왜 그렇습니까? 15절입니다. "율법은 진노를 이루게 하나니." 하나님 앞에 의롭게 서려는 목적으로 계명의 율법을 사용하려 애쓴다면 실패하고 말 것입니다. 진노만 받게 될 것입니다. 칭의는 오직 믿음으로만 얻는 것이고, 믿음 이전의 모든 행위는 하나님이 받으시는 의가 아니라 스스로 만들어낸 반역입니다(롬 10:3).

따라서 16절 초반부의 말씀을 다음과 같이 풀어 볼 수 있습니다. "칭의를 얻는 방법으로 계명의 율법을 지키려 애쓰면 진노만 가져올 뿐이다. 그러므로 약속을 받게 하는 의는 율법이 아니라 믿음으로 가능하다."

16절에 새로운 사고가 등장합니다. 바울은 왜 하나님께서 하나님의 의와 약속을 받는 유일한 길을 믿음으로 정하셨는지 그 이유를 보여 주려고 합니다. 첫 번째 이유는 믿음이 아닌 다른 방법은 계명의 율법을 지켜서 의롭게 되려는 시도이기 때문입니다. 그런 시도는 실패하고 진노를 가져오며 약속을 파기합니다. 그리고 믿음만이 칭의의 유일한 방법이어야 하는 두 번째 이유 —16절에 새로이 등장하는 이유— 는 믿음이 은혜에 속하기(in accordance with grace) 때문입니다.

16절입니다. "그러므로 상속자가 되는 그것이 은혜에 속하기 위하여 믿음으로 되나니"(즉 율법은 진노를 이루게 하므로, 우리가 약속을 상속하기 위해 필요한 의는 믿음으로 되나니). 약속을 상속하는 방법에 있어서 "은혜에 속하기 위하여"가 왜 중요한 것일까요? 16절의 그 다음 문구에 답이 있습니다. "이는 그 약속을 그 모든 후손에게 굳게 하려(guaranteed) 하심이라." 그 후손이란 두 부류, 즉 믿는 유대인("율법에 속한 자")과 믿는 이방인("아브라함의 믿음에 속한 자")입니다. 만물을 상속하는 약속을 받는데 왜 "은혜에 속해야" 하는 것일까요? 약속을 굳게 하기 위해, 즉 약속이 확실하고 안전하고 흔들리지 않게 하기 위해서입니다.

확정

이제 바울이 무엇을 말하려는지 살펴봅시다. 이렇게 중요한 편지의 내용 중에 바울이 귀하게 여기는 실질적 목표가 나타납니다. 즉 세상의 상속자가 된다는 약속이 우리 같이 불완전하고 쉽게 넘어지지만 믿어서 의롭다 함을 얻은 죄 많은 성도에게 실제로 일어날 사실이 된다는 것을 '확정'하는 일입니다. 바울은 아무 긴급한 이유도 없이 이런 종류의 서신서와 사고를 통해 우리의 생각을 확장시키려 하는 게 아닙니다. 바울은 우리가 지난 주 다뤘던 약속에 관해 확인하고 보장하고 확신시키기를 원합니다.

인생의 고통과 유혹 속에서도 여간해서는 하나님의 약속에 대한 확신이 흔들리지 않는 사람들은 말씀의 도움으로 하나님과 마음을 같이하여 자신의 길을 계획하는 사람들입니다. 이것이 지금 제가 여러분에게도 그런 일이 있도록 도와드리려 하는 일입니다.

그렇다면 약속을 보장하고 확정하는 근거에 대해 바울은 16절에서 무엇이라고 합니까? 저와 함께 다시 읽어 본 뒤 바울의 논리를 세 단계로 나눠 따라가 보겠습니다. "그러므로 상속자가 되는 그것이 은혜에 속하기 위하여 믿음으로 되나니, 이는 그 약속을 그 모든 후손에게 굳게 하려 하심이라." 믿음 … 은혜 … 약속을 굳게 함.

잠시 이를 묵상해 봅시다. 우리 영혼의 유익을 위해 생각해 보시기 바랍니다. 이 위대한 진술의 뿌리 속으로 깊이 들어가 보십시오. 사실상 우리가 상속자가 된다는 약속을 진짜로 보장하는 것은 무엇입니까? 그 답은 하나님의 은혜입니다. 위의 믿음은 중요하지만, 그것이 중요한 이유는 은혜에 속하는 유일한 마음의 상태이기 때문입니다. 그리고 하나님의 은혜는 약속을 보장하는 가장 깊은 기초가 됩니다.

바울이 16절에서 어떤 식으로 말하는지 주목하십시오. 왜 믿음이 그토록 중요합니까? 바울은 믿음이 은혜에 속하기 때문이라고 대답합니다. 그것이 왜 중요할까요? 하나님의 은혜가 보장을 해 주기 때문입니다. 우리의 영원한 미래를 보장받는 유일한 길은 그분의 은혜 안에 거하는 것입니다. 은혜는 하나님이 자기 백성을 영광으로 옮기기 위해 값없이 행하시는 과분한 일입니다. 은혜는 우리가 유업을 얻었음을 확증하는 하나님의 강력하고 전능한 목적입니다. 은혜는 우리에게 주시는 보장의 기초입니다. 그리고 믿음은 값없이 행하시는 과분한 일에 "속하는" 유일한 마음의 상태입니다.

이 은혜는 무엇인가?

이제 저는 약속을 보장하는 강력한 은혜의 영광을 여러분도 맛보게 되길 바랍니다. 그러기 위해서는 이전으로 돌아가 앞에서 보았던 몇 가지를 살펴본 뒤 돌아와서 아직 보지 못한 부분을 살펴볼까 합니다. 이 은혜는 무엇일까요? 우리가 상속자가 되리라는 보장을 어떻게 해 주는 것일까요?

로마서 4장 4-5절로 돌아가 보겠습니다. "일하는 자에게는 그 삯이 은혜로[문자적으로는 16절에 나오는 "은혜에 속하여"와 동일한 구절임] 여겨지지 아니하고 보수로 여겨지거니와 일을 아니할지라도 경건하지 아니한 자를 의롭다 하시는 이를 믿는 자에게는 그의 믿음을 의로 여기시나니." 바울은 여기서 어떻게 의롭다 함을 얻는지, 어떻게 하나님 앞에서 약속을 유업으로 받을 수 있는 의를 얻는지 이야기하고 있습니다. 은혜와 믿음의 반대가 무엇인지 이 구절에 나와 있음에 주목하시기 바랍니다. 믿음의 반대는 일이고, 은혜의 반대는 보수(빚, 혹은 공적)입니다. 하나님을 의지하는 대신 의를 얻고자 일하려 한다면, 마땅히 받아야 할 임금을 받게 될 것인데 그것은 "은혜에 속하지" 않으며 은혜와 반대가 됩니다. 하지만 하나님 앞에 의롭게 서기 위한 행위를 하려 애쓰는 대신 경건하지 않은 자를 의롭다 하시는 하나님을 신뢰하면, 하나님의 의를 우리에게 선물로 인정해 주십니다. 그것이 은혜이며, 그 은혜에 속하는 유일한 마음의 상태는 믿음입니다.

따라서 은혜는 우리가 받을 자격이 없는 의와 약속을 주시는 하나님의 목적입니다. 은혜가 약속의 보장이 되는 이유가 그것입니다. 은혜는 우리의 흠결을 덮습니다. 이 말씀을 들으십시오! 이 말씀에 눈을 뜨십시오! 이 은혜에 "속하는" 마음의 상태는 무엇입니까? 믿음뿐입니다. 믿음은 우리의 삶에서 은혜의 사역을 평안히 경험하게 합니다. 그리스도 안에서 의롭다 함을 얻는 믿음의 첫 행위를 생각한다면, 믿음과 은혜의 관계는 보는 것과 빛의 관계, 듣는 것과 소리의 관계, 일어나는 것과 자명종의 관계라고 말할 수 있습니다. 단맛을 느끼는 것이 혀 위의 꿀과 상응하듯, 믿음도 은혜와 상응합니다.

제가 왜 이렇게 말씀드리는 걸까요? 오늘은 제가 믿음에 관해 일상적이지 않은 방법으로 설명하고 있습니다. 하지만 300년 전에는 달랐습니다. 오늘날에는 은혜와 믿음의 성경적 특성에 관해 이해하지 못하고 놓치는 부분이 많습니다. 교회에 출석하는 대다수 그리스도인들이 성경의 교리와 성경의 풍성한 진리에 관심이 없으니, 얼마나 많은 진리와 또 그 안에 있는 풍성한 복을 잃어버리고 있는지요. 로마서 강해를 하는 동안 하나님께서 우리에게 긍휼을 베푸셔서 생각 없이 잠들어 있는 우리를 깨우쳐 주시기를 저는 간절히 소망하고 있습니다.

그래서 다시 묻겠습니다. 제가 왜 믿음은 은혜에 있어서 빛을 보는 것, 소리를 듣는 것, 혀 위의 꿀을 맛보는 것이라고 말하는 걸까요? 하나님의 은혜가 실제적으로 믿음을 일으킨다는 의미가 아닐까요? 빛이 시각을 깨우고 소리가 청각을 깨우며 꿀이 단맛의 미각을 일깨우는 것처럼 말입니다. 맞습니다. 저는 하나님의 은혜가 정확히 그러한 일을 한다고 생각합니다. 그것이 은혜가 우리가 받은 약속을 보장해 주는 두 번째 이유입니다. 그에 관해서는 17, 19절에서 보실 수 있습니다.

조심스럽게 따라오십시오. 16절 후반에서 바울은 은혜가 아브라함의 모든 자손에게 약속을 굳게 한다고 말합니다. 믿는 유대인이든 믿는 이방인이든 아브라함이 그들 모두의 조상이기 때문입니다. 그런 다음 17절에서 바울은 창세기 17장 5절을 인용하여 아브라함이 많은 민족의 조상이 될 것이라는 말씀을 보여 줍니다. 그리고 17절 나머지 부분에서는 아브라함이 "하나님은 죽은 자를 살리시며 없는 것을 있는 것으로 부르시는 이"로 믿었다고 말합니다.

지금 바울이 이런 말을 하는 이유는 무엇입니까? 왜 이러한 하나님의 주권적인 역사에 주목하게 하는 것일까요? 그 핵심은 이것입니다. 아브라함이 약속을 유업으로 받게 될 것을 보장하려면 하나님은 죽은 자를 살리시며 없는 것을 있는 것으로 부르셔야 합니다. 이것이 값없이 주시는 주권적이고 전능한 은혜입니다. 바울은 여기서 자신이 의도하는 바 은혜가 약속을 보장하는 것임을 설명하고 있습니다. 죽은 자는 반드시 살아나야 하고 존재하지 않는 것은 반드시 존재해야 합니다. 그것이 은혜가 하는 일입니다. 인간은 그 일을 할 수 없습니다. 인간은 죽은 자를 일으킬 수 없습니다. 또한 인간은 무에서 유를 창조할 수 없습니다. 하지만 하나님은 그 일을 하실 수 있고 또 그렇게 하십니다. 그의 백성에게 주신 약속을 보장하기 위해서 말입니다. 그것이 은혜의 의미입니다.

은혜는 인간이 할 수 없는 것을 행한다

이삭이 태어나지 않으면 아브라함에게 주신 약속은 이뤄질 수 없습니다. 하지만 이삭은 존재하지 않으며, 인간의 힘으로는 존재할 수 없습니다. 이삭의 아버지는 99세 노인입니다. 그의 어머니는 나이 90세에 평생 불임입니다. 아브라함은 인간적 수고와 자원으로 부단히 시도했습니다. 그 결과가 하갈이라는 첩과 이스마엘이라는 아들입니다. 하지만 하나님은 아니라고 하십니다. '약속은 너희 인간의 자원으로 협조할 때 성취되고 보장되는 아니라, 인간이 할 수 없는 일을 나의 주권적 은혜가 행할 때 성취되고 보장될 것이다.'

바울은 19절에서 이렇게 설명합니다. "그[아브라함]가 백 세나 되어 자기 몸이 죽은 것 같고 사라의 태가 죽은 것 같음을 알고도 믿음이 약하여지지 아니하고." 약속이 보장되려면 하나님이 불가능한 일을 하셔야 합니다. 인간이 할 수 없는 일, "죽은 자를 살리시며 없는 것을 있는 것으로 부르시는" 일을 반드시 하셔야 합니다. 그것이 은혜의 의미입니다.

이삭의 초자연적 출생은 하나님이 우리 같은 약속의 자손을 어떻게 창조하시는지 보여 줍니다. 바울은 갈라디아서 4장 28절에서 이렇게 말합니다. "형제들아, 너희는 이삭과 같이 약속의 자녀라." 인간이 할 수 있는 방법으로 태어난 이스마엘은 이와 다릅니다. 이삭은 성령의 기적으로 태어났습니다. 우리도 성령의 기적으로 태어났습니다. 이삭은 죽음에서 불려 나왔습니다. 우리도 죽음에서 불려 나왔습니다. 무에서 그의 믿음이 생겨났습니다. 우리도 무에서 믿음이 생겨났습니다. 그것이 은혜의 의미입니다. 은혜가 약속을 보장하는 이유이기도 합니다. 은혜는 인간의 자원으로 할 수 없는 일을 합니다.

은혜는 우리가 마땅히 받아야 할 것보다 더 좋은 것을 줄 뿐 아니라(롬 4:4-5), 우리가 만들어 낼 수 없는 것을 줍니다. 죽음에서 생명을 만듭니다. 영광을 보게 하고 하나님의 진리를 듣게 하며 영적 감미로움을 맛보게 합니다. 이 모든 것이 하나님의 감미롭고 주권적인 은혜로 임합니다. 그것이 약속을 확신할 수 있는 이유입니다.

죽은 자에게 생명을

로마서 밖의 다른 말씀을 설명하면서 마무리하려고 합니다. 이전에는 전혀 알아채지 못했지만 은혜를 이해하게 된 지금은 참으로 주목하지 않을 수 없는 말씀입니다. 에베소서 2장 4-5절 말씀은 은혜가 정확히 무엇인지 말해 줍니다. 은혜는 죽은 자를 영적으로 일으켜 세우는 하나님의 역사이며, 우리 스스로 할 수 없는 일을 하나님이 우리를 위해 행하시는 것입니다. "긍휼이 풍성하신 하나님이 우리를 사랑하신 그 큰 사랑을 인하여 허물로 죽은 우리를 그리스도와 함께 살리셨고 (너희는 은혜로 구원을 받은 것이라)." 바울이 "너희는 은혜로 구원을 받은 것이라"는 말을 "허물로 죽은 우리를 그리스도와 함께 살리셨고" 뒤에 삽입해 놓은 것은 은혜가 로마서 4장 17절이 말씀하는 바임을 보여 줍니다. 즉 은혜란 "죽은 자를 살리시며 없는 것을 있는 것으로 부르시는" 하나님의 역사입니다.

그러면 하나님은 우리를 위해 무엇을 부르실까요? 에베소서 2장 8절입니다. "너희는 그 은혜에 의하여 믿음으로 말미암아 구원을 받았으니 이것은 너희에게서 난 것이 아니요 하나님의 선물이라." 믿음은 하나님의 은혜의 선물입니다. 보는 것이 빛의 선물이고, 듣는 것이 소리의 선물이며, 맛보는 것이 혀에 있는 꿀의 선물이듯 말입니다.

오늘 아침, 복음의 빛이 빛나고 있습니다. 오늘 아침, 복음의 말씀이 들려옵니다. 오늘 아침, 복음의 감미로움이 내려옵니다. 사랑 가득한 하나님의 명령은 이것입니다. 주목하여 보라, 귀 기울여 들으라, 하나님의 은혜의 영광을 맛보고 누리라.

이것이 믿음입니다. 죽은 자를 살리시며 없는 것을 있는 것으로 부르시는 은혜에 속한 것입니다. 그리고 그 주권적인 은혜는 인간의 변덕과 약함을 넘어 우리가 세상을 상속하도록 보장해 줍니다.

19장

믿음: 하나님의 영광을 위해, 바랄 수 없는 중에 바람

로마서 4:16-21

그러므로 상속자가 되는 그것이 은혜에 속하기 위하여 믿음으로 되나니, 이는 그 약속을 그 모든 후손에게 굳게 하려 하심이라. 율법에 속한 자에게뿐만 아니라 아브라함의 믿음에 속한 자에게도 그러하니, 아브라함은 우리 모든 사람의 조상이라. 기록된 바 내가 너를 많은 민족의 조상으로 세웠다 하심과 같으니, 그가 믿은 바 하나님은 죽은 자를 살리시며 없는 것을 있는 것으로 부르시는 이시니라. 아브라함이 바랄 수 없는 중에 바라고 믿었으니 이는 네 후손이 이같으리라 하신 말씀대로 많은 민족의 조상이 되게 하려 하심이라. 그가 백 세나 되어 자기 몸이 죽은 것 같고 사라의 태가 죽은 것 같음을 알고도 믿음이 약하여지지 아니하고 믿음이 없어 하나님의 약속을 의심하지 않고 믿음으로 견고하여져서 하나님께 영광을 돌리며 약속하신 그것을 또한 능히 이루실 줄을 확신하였으니. _롬 4:16-21

믿음-은혜-확정의 연관성

지난 주에는 16절과 믿음-은혜-확정의 연관성을 중점적으로 보았습니다. 다시 보시기 바랍니다. "그러므로 상속자가 되는 그것이 은혜에 속하기 위하여 믿음으로 되나니 이는 그 약속을 그 모든 후손 [아브라함의 믿음을 가진 유대인과 이방인]에게 굳게 [확정]하려 하심이라." 우리는 은혜와 보장의 관련성을 집중적으로 보았습니다. 하나님의 은혜는 하나님의 약속, 즉 우리가 세상의 상속자가 된다는 약속을 보장합니다.

은혜는 두 가지 방식으로 약속을 보장합니다.

첫째, 은혜는 우리의 흠결을 덮습니다. 우리는 죄인으로서 하나님께 나아갑니다. 그리고 하나님은 우리의 흠결을 무효로 하고 그리스도를 위해 우리를 의로운 자로 인정하십니다. 우리의 흠결에도 불구하고 그리스도 안에 있는 하나님의 의를 우리의 것으로 인정해 주십니다(롬 4:5). 이것이 은혜입니다(롬 3:24).

둘째, 은혜는 우리를 위해 약속을 굳게 합니다. (17절에서 말하듯) "죽은 자를 살리시며 없는 것을 있는 것으로 불러 주기" 때문입니다. 바울이 염두에 두고 있는 것은 아브라함이 거의 100세 가까이 되고 아내인 사라도 90세 불임 상태일 때 이삭이 태어난 일입니다. 이삭은 약속의 아들이었고, 그를 통해 약속이 성취될 터였습니다. 그의 출생은 약속의 자녀인 우리가 어떻게 그리스도인이 되는지 보여 주는 그림입니다. 이것은 하나님의 초자연적인 사역입니다. 그것은 은혜가 행하는 일입니다. 은혜는 죽음에서 영적 생명을 불러 내고 우리 안에 존재하지 않는 믿음의 생명을 일으킵니다.

이런 이유로 하나님의 전능한 은혜는 약속을 보장합니다. 죽음에서 영적 생명을 끌어내며 우리가 믿을 수 있게 해 주고 그 믿음을 지켜나가게 해 줍니다. 그리고 칭의의 행위로 우리의 흠결을 덮어 줍니다. 하나님의 약속은 결국 우리의 변덕스런 의지가 아니라 하나님의 주권적인 은혜에 달려 있습니다.

이후 우리는 16절에서 하나님의 의와 하나님의 약속이 왜 믿음으로만 가능한지 그 주된 한 가지 이유에 주목했습니다. 왜일까요? "은혜에 속하기 위하여"입니다. 은혜에 속하는 유일한 마음의 상태가 있는데, 바로 믿음입니다. 그러므로 은혜의 선물과 하나님의 약속은 "은혜에 속하기 위하여 믿음으로 되나니 이는 그 약속을 그 모든 후손에게 굳게 하려 하심"입니다. 믿음-은혜-확정입니다.

오늘 저는 우리에게 의를 인정해 주시고 세상의 상속자가 되리라는 약속을 보장하시는 하나님의 방법은 왜 믿음 하나뿐인지 그 이유를 한 가지 더 살펴보려고 합니다. 하나님이 우리를 의롭다 하시기 위해 정하신 방법이 왜 믿음뿐인지 그 세 가지 이유는 앞에서 살펴보았습니다. 첫째, 믿음은 자랑을 제외하기 때문입니다(롬 3:27). 둘째, 율법은 진노를 불러오므로, 계명의 율법으로 칭의가 이뤄진다면 약속은 무효화되기 때문입니다(롬 4:13-14). 셋째, 믿음은 은혜에 속하고, 은혜는 약속을 보장하기 때문입니다.

하나님이 믿음을 칭의의 방편으로 계획하신 이유

이제 네 번째로, 믿음이 하나님이 정하신, 칭의를 얻는 방편인 이유는 모든 영광을 하나님께 돌리기 때문입니다. 믿음은 하나님을 신뢰할 만하고 신실하며 능력 있고 지혜롭고 자애로운 분으로 높여 드립니다. 20절을 보십시오. "[아브라함은] 믿음이 없어 하나님의 약속을 의심하지 않고 믿음으로 견고하여져서 하나님께 영광을 돌리며."

350년 전 영국의 목회자요 저술가인 토마스 왓슨은 그의 책 「신학의 체계」(A Body of Divinity)에서 "왜 다른 어떤 은혜가 아닌 믿음으로 의롭다 함을 얻는가?"라고 물었습니다.* 그리고 이렇게 대답했습니다. "하나님의 목적 때문이다. 하나님은 믿음으로 의롭다 함을 얻도록 정하셨고, 그렇게 하고 계신다. 믿음은 인간의 것은 다 떨어내고 모든 영광을 그리스도와 값없이 주시는 은혜에 돌리게 하기 때문이다." 그런 다음 로마서 4장 20절을 인용합니다. "믿음으로 견고하여져서 하나님께 영광을 돌리며."

하나님께 영광을 돌린다는 것(giving)은 하나님께 영광을 덧붙여 드리는 것(adding)을 의미하지 않습니다. 하나님이 영광스러운 분임을 보여 주는 것(showing)을 의미합니다. 그분의 영광에 주목하게 하고 그 영광의 실체가 무엇인지 보여 주는 것을 뜻합니다. 그분의 영광이란 그분이 소유하신 아름다움의 위대함이고 그분의 모든 탁월성의 광채이며 그분의 완전함을 드러내는 빛입니다.

지난 목요일에 저는 휴가를 맞아 아내와 함께 점심 식사를 하러 멕시코 음식을 파는 소형 패스트푸드점에 가서 바깥 테라스에 앉았습니다. 바람은 차가웠으나 태양은 따스했습니다. 푸른 하늘을 올려다보니 높은 상공은 짙은 파란색이고 지평선 부근은 옅은 파란색이었습니다. 이런 생각이 들었습니다. "가을 오후에 도시 위 80킬로미터 높이로 지붕을 디자인하고 만들어 색칠을 한다면 저런 식으로

*Thomas Watson, *A Body of Divinity* (Grand Rapids: Baker Book House, 1979), 151쪽

할 텐데." 이미 그곳에 완성되어 있었습니다. 그것도 훨씬 탁월한 모습으로 말입니다. 영광스러웠습니다. "하늘이 하나님의 영광을 선포하고"(시 19:1). 하나님의 영광은 하나님의 아름다움과 실체가 넘쳐흐르는 것입니다.

만물의 목표는 하나님의 영광을 드러내는 것입니다. 로마서 11장 36절입니다. "이는 만물이 주에게서 나오고 주로 말미암고 주에게로 돌아감이라. 그에게 영광이 세세에 있을지어다. 아멘." 하나님께 가장 큰 영광을 돌릴 수 있는 —다른 모든 은혜를 불러일으키는— 마음의 기본적 상태는 무엇일까요? 20절에 그 답이 나옵니다. 바로 믿음입니다. "[아브라함은] 믿음으로 견고하여져서 하나님께 영광을 돌리며."

강하고 지혜롭고 자애롭고 의지할 만한 하나님을 보여 주는 믿음

왜 그렇습니까? 하나님께 영광을 돌리는 믿음이란 과연 무엇입니까? 이것을 아는 것이 중요한 이유는 우리는 하나님께 영광 돌리기 위해 존재하기 때문입니다. 하나님이 우리를 창조하신 이유입니다. 즉 우주에 하나님의 영광을 더욱 드러내기 위함입니다. 온 세상의 주된 문제는 인간이 하나님의 영광을 다른 것으로 바꾸어 버렸다는 데 있습니다(롬 1:23). 우리는 완전히 상실된 상태가 되었고, 존재 이유를 포기해 버렸으니, 이 세계가 이토록 잘못되는 것을 본들 놀랄 일도 아닙니다. 하지만 하나님은 피조물을 본래의 존재 이유로 되돌리고 계시며, 선지자들은 우리에게 "물이 바다를 덮음 같이 여호와의 영광을 인정하는 것이 세상에 가득함이니라"고 말합니다(합

2:14. 민 14:21도 참조).

우리가 왜 창조되어 이 땅에 존재하는지 아는 것은 매우 중요합니다. 그 사실을 알지 못하면 우리의 인생은 단지 하나님이 의도하신 실체의 그림자가 될 뿐입니다. 우리가 연주하기로 되어 있는 음악의 울림밖에 되지 않을 것이고, 우리가 드러낼 수 있는 영향력의 귀퉁이만을 보여 줄 것입니다. 에베소서 1장 5-6절은 우리의 존재 목적을 다음과 같이 설명합니다. "그 기쁘신 뜻대로 우리를 예정하사 예수 그리스도로 말미암아 자기의 아들들이 되게 하셨으니 … 그의 은혜의 영광을 찬송하게 하려는 것이라." 우리는 하나님의 은혜의 영광을 찬송하기 위해 존재합니다.

그리고 로마서 4장 20절은 우리의 존재 목적을 성취하기 위해서는 믿음이 근본이라고 말합니다. "아브라함은 믿음으로 견고하여져서 하나님께 영광을 돌리며." 하나님이 믿음을 칭의의 방편으로 삼으신 이유는 믿음이 하나님을 영화롭게 하기 때문입니다.

그러므로 다시금 질문합니다. 하나님께 영광을 돌리는 믿음은 과연 무엇입니까? 그 답은 21절에 나와 있습니다. "약속하신 그것을 또한 능히 이루실 줄을 확신하였으니." 이것이 믿음의 모습입니다. 즉 하나님의 약속은 선하고, 그분은 약속을 이루실 수 있고 반드시 그러하시리라는 견고한 확신입니다. 정말 성취되기 힘들어 보이는 약속일수록 우리의 믿음은 더욱 하나님을 영화롭게 합니다.

19-20절에서 바울이 이 점을 어떻게 강조하는지 보십시오. "그가 [아브라함이] 백 세나 되어 자기 몸이 죽은 것 같고 사라의 태가 죽은 것 같음을 알고도 믿음이 약하여지지 아니하고." 그러므로 아브

라함에게 아들이 있으리라는 약속의 성취는 절대적으로 불가능해 보입니다만, 이것은 인간의 입장에서 말하는 것입니다. 우리가 이런 상황에서 하나님을 신뢰하면 그분을 영화롭게 하는 것이고, 그분을 강하고 지혜롭고 자애롭고 의지할 만한 분으로 드러나게 하는 것입니다. 그래서 20절은 이렇게 말합니다. "믿음이 없어 하나님의 약속을 의심하지 않고 믿음으로 견고하여져서 하나님께 영광을 돌리며." 믿음이 하나님께 영광을 돌리는 이유는 인간이 할 수 없는 위대하고 선한 일을 하나님은 하실 수 있고 반드시 이루신다는 사실을 보여 주기 때문입니다.

자녀들을 위한 예화

자녀들을 위해 이를 예화로 설명하겠습니다. 여러분의 아빠가 수영장 물에 들어가 가장자리 쯤에 있다고 합시다. 그리고 여러분은 네 살짜리 어린아이고, 수영장 물밖 가장자리에 서 있습니다. 아빠가 팔을 뻗으며 이렇게 말합니다. "뛰어내리렴, 아빠가 잡아 줄게. 약속한다니까." 이 순간 아빠를 멋져 보이게 하려면 어떻게 해야 할까요? 아빠를 믿고 물 속으로 뛰어내리는 것입니다. 아빠를 신뢰하고 뛰어내리십시오. 그 행동이 아빠를 힘세고 지혜롭고 자애로운 분으로 보이게 합니다. 그런데 만일 뛰어내리지 않는다면, 머리를 흔들고 멀찍이 달아나버린다면, 아빠를 딱하게 만들겠지요. 그건 마치 "날 못 잡을 거예요" 혹은 "날 붙잡지 않을 거잖아요" 또는 "아빠 말대로 하는 건 좋은 생각이 아니에요"라고 말하는 거나 마찬가지입니다. 그 세 가지 모두 아빠를 애처로워 보이게 합니다.

하지만 하나님을 그렇게 딱해 보이게 만들고 싶지는 않을 겁니다. 그러니 하나님을 믿으세요. 그러면 하나님을 멋져 보이게 만들 겁니다. 하나님은 정말로 그런 분이거든요. 그리고 그것이 우리가 "믿음이 하나님을 영화롭게 한다" 혹은 "믿음이 하나님께 영광을 돌린다"고 말하는 진정한 의미입니다. 믿음은 하나님을 실제로 멋진 만큼 멋져 보이게 합니다. 그러므로 하나님을 신뢰하는 것은 참으로 중요합니다.

성취되기 힘들어 보이는 약속일수록, 하나님을 신뢰하는 것이 하나님을 더욱 돋보이게 합니다. 여러분이 아주 깊은 수영장 끝의 다이빙 대 옆에 서 있다고 합시다. 겨우 네 살이고 수영도 못하는데, 아빠는 수영장 반대편에 있습니다. 그런데 갑자기 아주 크고 무섭게 생긴 개가 울타리 밑으로 기어들어 와서는 이빨을 드러내고 으르렁거리며 달려오기 시작합니다. 여러분은 개를 피하려고 다이빙 대에 기어올라 다이빙 대 끝으로 걸어갑니다. 개가 앞발을 다이빙 대 위에 올려 놓습니다. 그때 아빠가 이렇게 소리칩니다. "얘야, 물로 뛰어들어. 아빠가 구해 줄게."

그때까지 1미터 높이에서 뛰어내린 적도 없고 수영도 못하고, 아빠가 다이빙 대 아래 있는 것도 아니고 수심은 머리 위를 넘습니다. 이 순간에 어떻게 하면 아빠를 멋져 보이게 할 수 있을까요? 뛰어내리는 겁니다. 그러면 물과 부딪치자마자 아빠의 손길이 느껴지고 아빠는 여러분을 안전히 품에 안아 물 밖으로 끄집어내 줄 겁니다. 그 사이 누군가 개를 쫓아냅니다. 그런 후 아빠는 수영장 밖으로 여러분을 데리고 나옵니다.

하나님이 하신다고 약속한 일은 분명히 행하시리라고 믿으면 하나님께 영광을 돌리게 됩니다. 특히 모든 인간적 가능성이 희박한 일일수록 그렇습니다. 믿음은 하나님을 영화롭게 합니다. 하나님이 우리를 의롭다 하시는 방편으로 믿음을 계획하신 이유가 바로 그것입니다.

미래 지향적인 믿음

이번에는 여기서 분명하게 드러나는 한 가지에 주목해 보겠습니다. 때로는 명확하게 보지 못하는 사실이기도 합니다. 믿음은 미래 지향적입니다. 믿음은 하나님이라는 분에 대한 신뢰이지만, 또한 하나님이 '그렇게 되리라', '그렇게 하리라' 약속하신 바가 그렇게 되고 그렇게 하실 것에 대한 신뢰이기도 합니다. 그래서 18절은 이렇게 말하고 있습니다. "아브라함이 바랄 수 없는 중에 바라고 믿었으니." 소망과 믿음은 서로 일치되는 확신입니다. 믿음은 인격에 대한 신뢰인데, 누군가 장차 무엇을 하겠다고 약속한 것을 신뢰할 때는 거의 소망과 흡사합니다.

이렇게 말하는 사람도 있을 겁니다. "아브라함에게나 해당되는 일입니다. 아브라함은 그리스도 이전에 하나님을 믿었으니 그 믿음이 미래 지향적일 수밖에요. 하지만 우리는 십자가에서 죽으신 그리스도를 바라보는 것이니 우리 믿음은 과거 지향적입니다." 아니요, 정확히 맞는 말은 아닙니다. 부분적으로만 옳습니다. 그에 관해서는 이렇게 생각해야 합니다. 그리스도가 오셔서 우리를 위해 죽으셨고 죽은 자 중에 살아나셨으니, 이제 우리의 믿음은 아브라함의 믿음보다 더 명확하고 확고하고 역사적 근거도 있습니다. 따라서 우리는 그리스도의 죽음과 부활을 의지해야 합니다. 그런데 우리가 믿는 바는, 예수님의 죽음과 부활이 우리가 아브라함처럼 세상의 상속자가 되리라는 하나님의 약속을 확인하고 보증한다는 것입니다.

바울이 로마서 5장 9절과 8장 32절에서 어떤 식으로 추론하는지 살펴보면 알 수 있습니다. 로마서 5장 9절입니다. "그러면 이제 우리가 그의 피로 말미암아 의롭다 하심을 받았으니 [과거의 일] 더욱 그로 말미암아 진노하심에서 구원을 받을 것이니 [미래의 일]." 믿음은 뒤를 돌아보며 예수님이 흘리신 보혈과 그로 인한 칭의에 견고히 기반을 둡니다. 그런 다음 미래를 바라보며, 과거에 예수님이 하신 일이 장래에도 우리를 하나님의 진노에서 구원하실 것을 보증하리라 믿습니다. 로마서 8장 32절은 이렇게 말합니다. "자기 아들을 아끼지 아니하시고 우리 모든 사람을 위하여 내주신 이가 [과거의 일] 어찌 그 아들과 함께 모든 것을 우리에게 주시지 아니하겠느냐 [미래의 일]?" 믿음은 과거를 보며 그리스도의 죽음 안에서 보여 주신 하나님의 사랑에 기반을 둡니다. 그런 다음 미래를 보며 하나님이 우리에게 주신 모든 약속을 반드시 성취하리라 믿습니다.

따라서 그리스도가 오신 이후인 오늘날에 이르러서도 우리의 믿음은 여전히 미래 지향적입니다. 의롭다 함을 얻게 하는 믿음은 우리를 위해 될 것과 하실 것에 대한 하나님의 모든 약속을 신뢰합니다. 그래서 믿음이 하나님을 영화롭게 하는 것입니다. 과거에 하나님이 하신 일을 믿는 것은 어떤 식으로든 하나님을 영화롭게 합니다. 하지만 하나님은 약속하신 바를 반드시 행하실 것임을 우리 눈으로 보기 전에 믿으면 하나님을 더욱 영화롭게 합니다. 현재나 미래에도 모두 신실하신 하나님을 높이는 것입니다. 따라서 믿음이 미래 지향적인 이유는 하나님께 가장 큰 영광을 돌리기 때문입니다.

믿음이 우리 삶에 불러오는 자유

한 가지를 적용하면서 마무리할까 합니다. 하나님이 우리에게 그 약속을 성취하시리라 믿으면, 즉 합력하여 선을 이루실 것과(롬 8:28) 세상 끝날까지 나와 함께하실 것(마 28:20), 나를 도우시고 강건하게 세워 주실 것(사 41:10), 나의 모든 필요를 채우실 것(빌 4:19), 그리고 무사히 천국으로 인도하신다는 것(빌 1:6)을 믿고, 이 모든 것을 더욱 풍성하게 행하실 하나님을 진심으로 신뢰하면, 그 믿음은 우리가 이 땅에 살면서 하나님을 위해 드리는 희생과 복음에 심대한 영향을 미칠 것입니다. 우리는 안전과 안락함과 재물에 매이지 않을 것입니다. 우리는 하나님의 나라를 구하게 될 것이고 사랑 때문에 모험을 감행하게 될 것입니다. 그것이 하나님의 영광을 그 어떤 것보다 빛나게 할 것입니다(마 5:16).

창세기 13장에서 아브라함과 조카 롯이 거느린 무리가 너무 많아 같이 지내지 못하게 된 일을 기억합니까? 믿음이 무엇인지 보여 주는 이 아름다운 일화에서, 아브라함은 롯에게 말했습니다. "네 앞에 온 땅이 있지 아니하냐. 나를 떠나가라. 네가 좌하면 나는 우하고 네가 우하면 나는 좌하리라"(창 13:9). 아브라함은 하나님을 신뢰하고 이렇게 아름다운 일을 행했습니다. 롯은 물이 충분하고 여호와의 동산처럼 비옥한 소돔과 고모라 인근의 요단 지역을 택했습니다. 아브라함은 다소 척박한 땅을 택했습니다. 결국 롯은 그 선택 때문에 비싼 대가를 치렀습니다. 하지만 아브라함이 믿음으로 아름다운 일을 행하자마자 하나님께서 그에게 나타나 이렇게 말씀하셨습니다. "너는 눈을 들어 너 있는 곳에서 북쪽과 남쪽 그리고 동쪽과 서쪽을 바라보라. 보이는 땅을 내가 너와 네 자손에게 주리니 영원히 이르리라"(창 13:14-15).

아브라함은 하나님을 신뢰하여 롯에게 땅을 내주었습니다. 그리고 하나님은 말씀하셨습니다. "다시 되찾으리라." 예수님이 마가복음 10장 29-30절에서 말씀하신 그대로입니다. "예수께서 이르시되 내가 진실로 너희에게 이르노니 나와 복음을 위하여 집이나 형제나 자매나 어머니나 아버지나 자식이나 전토를 버린 자는 현세에 있어 집과 형제와 자매와 어머니와 자식과 전토를 백 배나 받되 박해를 겸하여 받고 내세에 영생을 받지 못할 자가 없느니라."

우리의 칭의를 위해 십자가에 죽으시고 살아나신 그리스도를 의지하고, 하나님의 약속을 신뢰하며, 하나님이 부르신 일을 행하십시오. 하나님께 영원토록 영광이 있을 것입니다.

20장

베들레헴교회에서 일어난 불신과의 전쟁

로마서 4:20-21

믿음이 없어 하나님의 약속을 의심하지 않고 믿음으로 견고하여져서 하나님께 영광을 돌리며, 약속하신 그것을 또한 능히 이루실 줄을 확신하였으니. _롬 4:20-21

오늘은 '불신과의 전쟁'(Battling Unbelief)이라는 시리즈 설교를 위해 기초를 다지는 작업을 하려고 합니다. 우리가 왜 교회로 존재하는지, 하나님의 약속 안에서 믿음으로 사는 것이 실제적으로 무엇을 의미하는지 이번 설교를 통해 명확히 설명할 수 있기를 소망합니다.

모든 죄는 하나님의 약속을 불신하는 데서 온다

하나님의 약속을 불신하는 데서 모든 죄가 온다는 확신은 제가 이번 설교 시리즈를 준비하게 된 배경입니다. 인간의 모든 죄악된 마음의 상태는 하나님이 삶의 어떠한 상황에서도 우리를 위해 역사하셔서 모든 것을 우리의 유익으로 바꾸실 수 있는 의지와 능력이 넘쳐난다는 사실을 믿지 못합니다. 염려와 잘못된 수치심, 무관심, 후회, 탐심, 질투, 정욕, 쓴뿌리, 조급함, 낙심, 교만, 이 모든 것이 하나님의 약속에 대한 불신을 근간으로 해서 솟아나옵니다. 우리에게 익히 알려진, 하지만 다소 혼란스러운 성경 본문으로 예를 들어보겠습니다.

돈을 사랑함

바울이 디모데전서 6장 10절에서 "돈을 사랑함이 일만 악의 뿌리가 되나니"라고 한 말은 대체 어떤 의미일까요? 모든 죄악된 태도와 돈 사이에 연관성이 있다 —우리가 죄를 지을 때 돈이 늘 우리 마음에 있다— 는 의미는 아닙니다. 바울은 세상의 모든 악이 특정한 상태의 마음, 즉 돈을 사랑하는 마음에서 온다는 의미로 말한 것 같습니다.

그렇다면 돈을 사랑한다는 것은 어떤 의미입니까? 푸른 배춧잎과 갈색 동전을 숭상한다는 의미는 아닙니다. 돈을 사랑한다는 의미를 알고 싶다면, 이렇게 고쳐서 물어야 합니다. "돈이란 무엇인가?"라고 말입니다. 저는 이렇게 대답하려고 합니다. '돈은 인간적 자원을 대표하는 상징입니다.' 돈은 우리가 사람에게서 얻을 수 있는 것을 나타냅니다(하나님에게서 얻는 것이 아닙니다! "오호라 너희 모든 목마른 자들아, 물로 나아오라. 돈 없는 자도 오라. 너희는 와서 사 먹되." 사 55:1). 돈은 인간이 소유한 모든 자원을 대표하는 통화(currency)입니다.

그러므로 돈을 사랑하는 마음이란 우리의 소망과 즐거움과 신뢰를 인간 자원이 줄 수 있는 것에 기울이는 마음입니다. 따라서 돈에 대한 사랑은 사실상 돈에 대한 믿음과도 같습니다. 돈이 나의 필요를 채워 주고 행복하게 해 주리라는 믿음(신임, 신뢰, 확신)입니다.

하나님의 약속에 대한 불신

그러므로 돈에 대한 사랑, 돈에 대한 믿음 이면에는 하나님의 약속에 대한 불신이 자리하고 있습니다. 마태복음 6장 24절에 예수님이 말씀하신 그대로입니다. 하나님과 재물을 겸하여 섬기지 못합니다. 하나님과 돈을 동시에 신뢰하거나 믿을 수는 없습니다. 하나를 믿으면 나머지 하나는 불신합니다. 돈을 사랑하는 마음은 —행복의 근거를 돈에 두거나 돈을 믿는 마음은— 행복을 주시는 하나님의 약속을 동시에 믿지 못합니다.

그러므로 바울이 돈을 사랑하는 마음이 모든 악의 뿌리라고 할 때, 그가 의미한 바는 하나님의 약속에 대한 불신이 우리 마음속 모든 죄악된 태도의 원뿌리라는 것입니다.

메시지의 목표

올 가을에 나눌 메시지는 이 진리에 대해 설명하고 입증하며, 매일 우리의 마음이 성장하지 못하게 방해하는 불신의 뿌리와 싸우기 위한 구체적인 도움을 주는 것을 목표로 할 것입니다. 어떤 면에서 각 설교별로 주된 핵심은 동일한데, 하나님의 약속에 대한 불신에 맞서 싸움으로써 죄와 싸우는 것입니다. 긍정적으로 표현하면, 하나님의 약속에 대한 믿음을 유지하기 위해 싸움으로써 우리 삶 속에서 의와 사랑을 위해 싸우는 것입니다.

이것이 이번 설교 시리즈의 주된 골자입니다. 앞서도 말했지만 오늘 할 일은 이번 메시지에 대한 기초를 다지고, 우리가 교회로서 존재하는 이유와 어떤 식으로 연결되는지 보여 주는 것입니다. 따라서 잠시 몇 분간은 그 작업을 하도록 하겠습니다.

우리가 존재하는 이유

베들레헴교회는 하나님의 영광을 위해 존재합니다. 하나님은 자기의 영광을 위해 우리를 창조하셨습니다(사 43:7). 하나님은 자기의 영광을 위해 우리를 자녀로 미리 택하셨습니다(엡 1:6). 하나님은 우리가 그분의 영광을 위해 살도록 정하셨습니다(엡 1:12). 우리는 먹든지 마시든지 무엇을 하든지 모두 하나님의 영광을 위해 해야 합니다(고전 10:31).

우리가 베들레헴교회의 예배를 이야기하든, 교회의 몸을 세우는 이야기를 하든, 불신자 전도를 이야기하든 모든 것의 마지막 목표는 하나님이 영광을 받으시는 것입니다. 베들레헴교회는 위대하고 거룩하고 자유롭고 은혜가 풍성한 주권자 하나님의 비전입니다. 예배 가운데 하나님의 비전이 향유되고, 양육으로 하나님의 비전이 강화되고, 전도와 선교로 하나님의 비전이 널리 전파됩니다. "이는 만물이 주에게서 나오고 주로 말미암고 주에게로 돌아감이라. 그에게 영광이 세세에 있을지어다. 아멘"(롬 11:36).

존재의 이유를 어떻게 성취하는가

오늘의 본문으로 돌아가겠습니다. 우리가 행하는 모든 것의 목표가 하나님을 영화롭게 하는 것 —하나님의 가치를 극대화하고 아름다움을 드러내며 탁월함을 높이고 완전하심을 보이는 것— 이고 그것이 우리의 목표라면, 로마서 4장 19-21절은 우리가 어떻게 해야 하는지에 대한 매우 중요한 통찰을 보여 줍니다.

하나님의 약속을 믿은 아브라함

아브라함은 100세의 나이에 사라도 늙고 임신을 못하는 상황에서도 아들을 주시리라는 하나님의 약속을 받아들였습니다. 그의 반응이 하나님을 영화롭게 했다고 바울은 말합니다.

> 그가 백 세나 되어 자기 몸이 죽은 것 같고 사라의 태가 죽은 것 같음을 알고도 믿음이 약하여지지 아니하고, 믿음이 없어 하나님의 약속을 의심하지 않고[불신하지 않고] 믿음으로 견고하여져서 하나님께 영광을 돌리며, 약속하신 그것을 또한 능히 이루실 줄을 확신하였으니.

마르틴 루터의 통찰

본문이 가르치는 바는 "우리가 하나님의 약속을 믿음으로써 그분을 영화롭게 한다"는 것임을 여러분도 동의하시리라 기대합니다. 이 진리를 든든히 붙잡았던 마르틴 루터의 말을 들어보시기 바랍니다.

> 믿음은 … 하나님을 진실하고 믿을 만한 분으로 여기므로, 가장 공손하고 가장 높은 존중으로 신뢰하며 하나님을 높인다. 우리가 신뢰하는 그분을 진실함과 의로 높이는 것만큼 영광스럽게 하는 일은 없다 … 반대로 한 인간에게 보일 수 있는 가장 큰 경멸은 그를 불신함으로써 그가

> 거짓되고 악하며 의심스러운 이로 여기는 것만한 것이 없다(마르틴 루터 선집, 59쪽).

하나님의 약속을 신뢰하는 것은 우리가 의식적으로 하나님을 영화롭게 할 수 있는 가장 근원적인 방법입니다. 우리가 하나님의 약속을 믿을 때, 그것은 하나님은 약속하신 바를 행하실 능력이 있고 기꺼이 그 일을 하시며, 어떻게 그 일을 행하실지 아는 지혜로운 분임을 높이는 것이 됩니다.

불신과의 전쟁에 대한 예화

지난 밤 저는 불신과 염려 때문에 싸워야 했습니다. 늦게 설교 준비를 시작한 터라, 오늘 아침 예배 때까지 설교의 틀이 잡히지 않을 거라 생각했던 것입니다. 이러한 염려와 싸우는 방법은 고린도후서 12장 8절에 나오는 말씀을 신뢰하는 것이었습니다("내 은혜가 네게 족하도다. 이는 내 능력이 약한 데서 온전하여짐이라."). 그리고 제가 그 약속을 믿었을 때, 저를 도우시는 하나님의 능력과 지혜와 의지가 영광을 받으셨습니다. 우리가 누군가를 믿을 때, 그것은 가장 깊은 수준에서 그를 높이는 것이 됩니다.

그러므로 우리 교회의 목표가 우리가 하는 모든 일에서 하나님을 영화롭게 하는 것이라면, 불신과 싸우는 일을 반드시 목표로 삼아야 합니다. 하나님이 말씀하신 바를 믿지 않는 것만큼 하나님을 멸시하는 것이 없기 때문입니다. 이를 긍정적으로 표현해 보겠습니다. 우리의 목표가 우리가 하는 모든 일에서 하나님을 영화롭게 하는 것이라면, 모든 일에서 하나님의 약속을 믿는 것을 우리의 목표로 삼아야 합니다. 아브라함이 하나님의 약속을 믿었을 때 하나님께 영광을 돌렸기 때문입니다.

그래서 제가 이번 설교 시리즈가 그토록 중요하다고 생각하는 이유를 여러분이 이해하시면 좋겠습니다. 하나님의 약속을 믿고 믿음으로 사는 법을 배우지 않으면, 우리는 교회로서 목표를 잃어버리고 말 것입니다. 끝없이 공격하는 마음의 불신과 싸우는 방법을 익히지 않으면, 하나님께 영광을 돌리는 일에 매번 실패하고 말 것입니다. 그리고 우리의 존재 이유도 사라질 것입니다.

하나님을 영화롭게 하는 믿음에 관한 세 가지

나머지 설교의 기초를 세우기 위해, 하나님께 영광을 돌리는 믿음에 관한 세 가지를 말씀드리려고 합니다. 내용이 너무 짧게 보인다면, 이번 가을 동안 각 부분에 대해 다룰 것이라는 점을 기억하시기 바랍니다. 지금 하려는 작업은 그 세 가지를 소개하고 우리 교회의 사고체계를 성경적 방향으로 잡아 가려는 시작입니다. 그러는 가운데 우리 안에 새로운 방식으로 하나님을 신뢰하게 되는 일이 일어나기를 소망합니다.

1. 믿음은 미래 지향적이다

믿음에 관해 제일 먼저 말하고 싶은 것은 이것입니다. 즉 하나님께 영광을 돌리는 믿음이란 행복에 대한 우리의 소망을 하나님의 약속들에 두는 것입니다. 달리 말해 믿음은 미래 지향적입니다. 미래에 일어날 어떤 것을 놓고 하나님을 신뢰하는 것입니다. 그 일이 8시간 후에 일어나든 8천 년 뒤에 일어나든 말입니다. 과거에 있었던 사건(예를 들어 우리 죄를 위해 그리스도가 죽으시고 부활하신 일)의 역할은 우리의 미래와 관련된 약속들에 대한 믿음을 세워 줍니다. 그리스도가 과거에 우리의 죄를 위해 단번에 죽으셨고 다시 살아나셨음을 믿는 것은 구원에 있어서 무척이나 중요합니다. 하지만 그것이 중요한 이유는 그리스도의 죽음과 부활이 하나님이 주신 약속들의 보증이 되기 때문입니다. 이렇게 말하는 사람들이 있습니다. "그리스도가 내 죄를 위해서 죽으시고, 죽은 자 가운데서 다시 살아나신 것을 믿습니다." 하지만 그래놓고는 매일 삶에서 하나님의 약속들에 소망을 두지는 않습니다. 이런 사람들은 죄인을 의롭다 하신 하나님께 영광을 돌릴 믿음이 없는 것입니다.

오늘 본문에서도 볼 수 있습니다. 19-21절에서 바울은 하나님의 약속을 믿은 아브라함을 격찬한 직후 이렇게 말합니다. "그러므로 그것이 그에게 의로 여겨졌느니라." 그렇다면 아브라함은 어떻게 하나님 앞에서 의롭다 여겨졌습니까? 왜 하나님은 불완전한 인간을 바라보며 의롭다고 인정하셨을까요? 답은, 그가 하나님의 약속을 믿었기 때문입니다. 아브라함이 의롭다 함을 얻게 한 것은 미래 지향적인 믿음이었습니다. 이번에는 우리 자신에게 적용하며 읽어 보겠습니다. 23-24절입니다.

> 그에게 의로 여겨졌다 기록된 것은 아브라함만 위한 것이 아니요, 의로 여기심을 받을 우리도 위함이니, 곧 예수 우리 주를 죽은 자 가운데서

살리신 '이'를 믿는 자니라.

유의하십시오! "하나님이 예수를 죽은 자 가운데서 살리신 '과거의 역사적 사실'을 믿는 자를 의롭게 여기셨다"고 말하고 있지 않습니다. 이것이 얼마나 중요한지요! 성경은 우리가 '하나님'을 믿으면 의롭다 여김을 받을 것이라고 말합니다. 아브라함이 하나님을 믿었듯이 말입니다. 그리고 이 하나님은 예수를 죽은 자 가운데서 살리신 하나님이시기에 우리가 믿을 수 있습니다. 그래서 하나님의 아들이 영원히 우리의 중보자가 되실 것도 알 수 있습니다. 우리의 모든 원수를 이기고 다스리실 것도 알 수 있습니다. 그리고 17절에 나오듯이 하나님이 죽은 자를 살리시고 없는 것을 있는 것으로 부르시는 것도 알 수 있습니다. 하나님은 모든 것을 하실 수 있습니다! 하나님께 불가능한 것은 없습니다. 그러므로 하나님은 무조건적으로 믿을 만한 분이십니다.

우리는 과거 어느 땐가 예수님이 죄인들을 위해 죽었다가 다시 살아나신 사실이 있음을 믿는 것으로 의롭다 함을 얻는 것이 아닙니다. 그 일을 행하신 분을 믿어야 합니다. 그 일을 행하신 하나님께서 우리를 위해 —독생자의 죽음과 부활을 통해— 확증하고 보장해 주시는 약속들에 우리의 소망을 두는 것으로 의롭다 함을 얻습니다. 하나님의 칭의를 얻고 모든 죄를 용서받으며 의롭다 인정 받게 하는 믿음은, 하나님이 우리를 위해 그분의 모든 약속을 이루실 것이라는 데에서 만족을 얻는 경험입니다.

이것이 믿음에 대해 말씀드리고 싶은 첫 번째입니다. 믿음은 미래 지향적입니다. 믿음은 예수 그리스도의 죽음과 부활을 통하여 안전하게 보장된 하나님의 약속들에 행복의 소망을 두는 것을 뜻합니다.

2. 믿음은 열매를 맺는다

하나님의 약속에 대한 믿음에 관해 말하고 싶은 두 번째는 이것입니다. 믿음은 바울이 "믿음의 역사"(work of faith)라고 부른 열매를 맺습니다. 한 번은 데살로니가전서 1장 3절, 또 한 번은 데살로니가후서 1장 11절에서 바울은 "믿음의 역사"를 언급합니다. 그가 의미하는 바는 이런 류의 믿음에는 역동성이 있어서 늘 마음에 변화를 일으키고(행 15:9) 사랑의 수고를 낳는다는 것입니다.

갈라디아서 5장 6절에 보다 분명히 언급되어 있습니다,

> 그리스도 예수 안에서는 할례나 무할례나 효력이 없으되 사랑으로써 역사하는 믿음뿐이니라.

믿음은 능력입니다. 믿음은 인생을 결코 변화 없는 상태로 남겨두지 않습니다. 그럴 수 없는 것은 우리가 소망하는 바가 우리의 삶을 다스리기 때문입니다. 우리가 돈에 소망을 둔다면, 우리가 명성에 소망을 둔다면, 우리가 향락과 안락함에 소망을 둔다면, 우리가 권력이나 성공에 소망을 둔다면, 그것이 우리의 선택과 태도를 지배할 것입니다. 매일 하나님의 약속에 소망을 둔 사람도 그러할 것입니다. 하나님의 약속에 대한 믿음이 모든 의와 사랑의 원뿌리입니다.

앞서 갈라디아서 2장 20절에서 바울은 이렇게 말했습니다,

> 내가 그리스도와 함께 십자가에 못 박혔나니. 그런즉 이제는 내가 사는 것이 아니요 오직 내 안에 그리스도께서 사시는 것이라. 이제 내가 육체 가운데 사는 것은 나를 사랑하사 나를 위하여 자기 자신을 버리신 하나님의 아들을 믿는 믿음 안에서 사는 것이라.

바울은 날마다 믿음으로 살았습니다. 예수님께서 그를 위해 죽으실 만큼 사랑하셨기에, 이제 바울은 그분을 신뢰하고 믿을 수 있으며 자신을 보살펴 주시고 모든 필요를 채워 주실 것을 압니다(빌 1:19). 하나님의 약속과 예수님의 임재에 소망을 두면 우리의 삶이 달라집니다. 의의 열매를 맺게 됩니다(빌 1:11).

> 무릇 여호와를 의지하며 여호와를 의뢰하는
> 그 사람은 복을 받을 것이라.
> 그는 물가에 심어진 나무가 그 뿌리를 강변에 뻗치고,
> 더위가 올지라도 두려워하지 아니하며,
> 그 잎이 청청하며, 가무는 해에도 걱정이 없고,
> 결실이 그치지 아니함 같으리라(렘 17:7-8).

제가 믿음에 관해 말하고 싶은 두 번째가 이것입니다. 믿음은 우리 삶에 열매를 맺습니다. 하나님의 약속에 소망을 두는 믿음은 죽은 것도 아니고 열매가 없을 수도 없습니다. 행복에 대한 우리의 소망이 우리의 삶을 다스립니다.

3. 매일 불신과 싸워야 한다

마지막 부분은 단순하게 한 문장으로 말씀드리겠습니다. 하나님의 약속에 대한 믿음을 끝까지 지키고 믿음의 열매를 맺으려면 매일 불신과 싸워야 합니다. 그리스도인이 된다는 것은 전투의 시작이지 끝이 아닙니다. 바울은 디모데전서 6장 12절에서 디모데에게 이렇게 말했습니다. "믿음의 선한 싸움을 싸우라. 영생을 취하라 이를 위하여 네가 부르심을 받았고."

영생을 지키기 위해서는 믿음의 선한 싸움을 싸워야 합니다(고전 15:2, 골 1:23, 히 3:14). 이것이 앞으로 14주 동안 배우게 될 내용입니다.

그리고 하나님이 이 주제로 가르치시려는 이유는 우리를 사랑하시기 때문이고, 우리의 삶과 우리 교회에 큰 승리를 주려 하시기 때문이라고 믿습니다. 제가 그렇게 믿는 이유는 요한일서 5장 4절에 나온 약속 때문입니다. "세상을 이기는 승리는 이것이니 우리의 믿음이니라."

함께 기도합시다. 여기 이곳에 있는 모든 사람들이 여러 가지 죄와 더불어 싸우고 있습니다. 이 죄의 뿌리가 불신이라는 것이 생소할 수도 있습니다. 하지만 분명히 맞습니다. 하나님 앞에 잠잠히 나아가 죄와 불신의 연관성을 깨닫도록 도움을 구하는 기도를 하시고, 불신에 맞서 싸우고 죄를 정복하는 법을 배우는 동안 열심히 따라올 것을 다짐하시기 바랍니다.

21장

왜 예수는 죽었다가 다시 살아나셨는가?

로마서 4:22-25

그러므로 그것이 그에게 의로 여겨졌느니라. 그에게 의로 여겨졌다 기록된 것은 아브라함만 위한 것이 아니요, 의로 여기심을 받을 우리도 위함이니, 곧 예수 우리 주를 죽은 자 가운데서 살리신 이를 믿는 자니라. 예수는 우리가 범죄한 것 때문에 내줌이 되고 또한 우리를 의롭다 하시기 위하여 살아나셨느니라. _롬 4:22-25

다음 주를 위한 세 가지 질문

본래 저는 22-25절에 대한 주제로 설교를 하려고 했습니다. 그런데 구절을 묵상하는 동안, 특히 주일 성찬식과 관련시켜 보고 또한 로마서 4장의 마지막 최고조 부분을 앞둔 시점에서 오늘 본문을 놓고 두 번의 설교를 해야겠다고 생각했습니다. 여기 제가 준비해 온 질문들이 있습니다. 하나는 오늘 살펴보고 세 가지는 다음 주에 보도록 하겠습니다.

1) 왜 믿음이 아브라함과 우리에게 의로 여겨지는 것인가? 22절 초반에 나오는 "그러므로"의 의미는 무엇인가? "그러므로 그것[믿음]이 그[아브라함]에게 의로 여겨졌느니라."

2) 어떠한 믿음이 아브라함과 우리에게 의로 여겨지는가? 하나님이 처음 아브라함에게 말씀하시고 갈대아 우르를 떠나라고 하실 때 보였던 첫 번째 믿음이었는가? 아니면 하나님이 아브라함의 자손을 별과 같이 하겠다고 약속하시는 창세기 15장 6절에 나오는 믿음인가? 아니면 하나님이 아브라함의 나이와 사라의 불임과 상관없이 내년에 아들을 주겠다고 약속하시는 창세기 17장에 나오는 믿음인가? 아니면 아브라함이 아들 이삭을 바쳤던 창세기 22장의 믿음인가? 우리는 가장 처음 생겨나는 믿음으로 의롭다 함을 얻는가, 아니면 평생의 믿음으로 의롭다 함을 얻는가?

3) 믿음은 어떻게 아브라함과 우리에게 의로 여겨지는가? 의로 여겨지는 믿음이란 믿음 그 자체가 우리가 행하는 일종의 의이므로 하나님이 그 정도면 의를 얻어낼 만큼 충분히 선한 공로로 여기신다는 의미인가? 마치 칭의는 5만 불짜리인데 나는 1만 불밖에 없음에도, 자비로우신 하나님이 내 1만 불을 5만 불짜리로 여겨 주시고 나머지를 탕감해 주시는 것을 말하는가? 아니면 칭의란 실제로 그리스도 안에 있는 하나님의 의를 나에게 전가시켜 주는 것인가? 만일 그렇다면 믿음이 의로 여겨진다는 말은 어떤 의미인가?

이 내용들은 모두 다음 주에 살펴보겠습니다.

의롭다 함을 얻으려면 누구 혹은 무엇을 믿어야 하는가?

이번 주에 중점적으로 보려는 부분은 이것입니다. 의롭다 함을 얻으려면 우리는 과연 누구를 혹은 무엇을 믿어야 합니까? 24절 중반에서 이 문제를 찾아보게 됩니다. 23-24절은 창세기 15장 6절에 아브라함의 믿음이 의로 인정되었다는 말씀이 기록된 이유는 단지 아브라함만을 위해서가 아니라 또 우리를 위해서라고 말합니다. "아브라함만 위한 것이 아니요, 의로 여기심을 받을 우리도 위함이니." 이 부분을 놓치지 마십시오. 여기서 바울 사도는 하나님이 모세에게 영감을 주셔서 "여호와께서 이를 그의 의로 여기시고"라고 기록하신 것은 우리를 염두에 두셨기 때문이라 말하고 있습니다. 하나님은 우리가 그 말씀을 개인적으로 받아들이기를 원하십니다. 이 말씀을 읽고 들으면서 우리 한 사람 한 사람이 그 말씀에 언급되어 있음을 깨닫기 원하십니다.

지금 하나님은 우리에게 이렇게 말씀하십니다. "믿음이 너를 내 앞에서 의롭게 세울 것이다. 나를 믿어라. 내가 너의 믿음을 의로 여겨 주겠다." 그분의 말씀이 들리십니까? "나를 믿어라. 내 안에서 쉬어라. 나를 의지해라. 나를 믿어라. 모든 게 다 잘될 것이다. 내게는 너를 위한 의가 있다. 너에게는 나에게 줄 의가 없다. 너에게 줄 의는 내 안에 있다. 나를 신뢰해라. 그것이 너의 의로 인정될 것이다."

그런 후 24절 중반에서 바울은 우리가 믿어야 할 대상이 누구인지 말하기 시작합니다. "예수 우리 주를 죽은 자 가운데서 살리신 이를 믿는 자니라. 예수는 우리가 범죄한 것 때문에 내줌이 되고 또한 우리를 의롭다 하시기 위하여 살아나셨느니라." 이분이 바로 우리가 의롭다 함을 얻기 위해 믿어야 하는 분입니다. 바울은 하나님이 행하신 일을 말함으로써 우리가 믿는 하나님이 누구신지 설명하고 있습니다. 그러므로 바울이 "믿음이 [하나님에 의해] 그에게 의로 여겨졌다"고 말하고, 이 말씀이 믿음을 지닌 우리를 위해 기록되었다고 말한 다음에 하나님이 행하신 일을 말한 것은, 우리 믿음의 근거와 내용이 무엇인지 알아야 한다는 것입니다.

이를 하나님에 관한 세 가지 문장으로 정리해 보겠습니다. 1) 우리가 믿는 하나님은 상상조차 못할 권능을 행하신다. 2) 우리가 믿는 하나님은 자비로운 구속을 행하신다. 3) 우리가 믿는 하나님은 승리의 공의를 행하신다.

로마서 4장은 칭의의 방편에 관해 말하고 있지, 이신칭의의 기초를 말하지는 않습니다. 하지만 4장의 마지막 문장에서 바울은 이신칭의의 기초로 다시 돌아갑니다(로마서 3장 24-26절에서 다뤘던 부분). 칭의의 기초란 역사 속에서 그리스도께서 하신 일을 통해 하나님이 행하신 일입니다. 칭의의 방편이란 우리가 믿음을 통해 그 위대한 일과 어떻게 연결되는가 하는 것입니다. 두 가지 모두 말할 수 없이 중요하지만, 칭의의 기초는 그 어떤 것보다 중요합니다.

지금은 천국에 있지만, 존 머레이(John Murray)는 웨스트민스터 신학교에서 가르치던 분으로서 「구속: 성취와 그 적용」(Redemption: Accomplished and Applied)이라는 위대한 책을 썼습니다. 저는 25년 전쯤에 그 책을 읽었습니다. 여러분도 모두 읽으시기를 바랍니다. 우리의 믿음이라는 나무에 단단한 뿌리를 더해 줄 것입니다. "성취와 적용"이라는 두 단어는 제가 지금 말씀드리려고 하는 믿음의 기초와 방편을 언급합니다. '구속의 성취'는 하나님이 그리스도 안에서 행하신 일의 기초입니다. 구속은 우리와는 상관없이 우리 밖에서 성취되었습니다. '구속의 적용'은 이미 성취된 위대한 구속 사역을 우리에게 연결시키기 위해 하나님이 우리 안에서 그리고 우리에게 행하시는 일입니다.

바울은 구속의 성취에 관해 강하게 언급하며 로마서 4장을 마무리합니다. 4장 나머지 부분의, 믿음을 통한 구속의 적용에 관한 내용의 근거이자 기초가 됩니다. 우리가 신뢰하는 하나님은 우리가 존재하기도 전에 우리를 위해 구속을 성취하셨습니다. 하나님은 우리가 믿고 신뢰하는 분이자 우리 믿음이 지향하는 분입니다.

따라서 여기 우리가 매우 단순하고도 간단히 살펴볼 내용이 있습니다. 즉 하나님은 상상조차 못할 능력과 자비로운 구속과 승리의 공의를 행하시는 분이라는 점입니다. 이제 한 번에 하나씩 본문 말씀을 살펴보면서 우리의 마음과 생각으로 깊이 음미해 보겠습니다.

1. 우리가 믿는 하나님은 상상조차 못할 능력을 행하신다

24절은 우리가 "예수 우리 주를 죽은 자 가운데서 살리신 이를 믿는 자니라"고 말합니다. 예수님의 부활을 제일 첫 자리에 둔 것은 17절에서 이삭을 있게 한 능력과 연결시키기 위함입니다. 17절의 내용을 다시 보겠습니다. "그[아브라함]가 믿은 바 하나님은 죽은 자를 살리시며 없는 것을 있는 것으로 부르시는 이시니라." 아브라함은 하나님이 죽은 자를 살리시고 없는 것을 있는 것으로 부르시는 분임을 믿었습니다. 아브라함은 자신은 100세가 되고 아내도 불임 상태임에도 이삭을 낳으리라고 하신 하나님의 약속에 무엇보다 관심이 쏠렸을 것입니다. 그것은 불가능한 일이었습니다. 하지만 그 덕분에 아브라함의 믿음은 본보기가 되었습니다. 19절입니다. "그가 백 세나 되어 자기 몸이 죽은 것 같고 사라의 태가 죽은 것 같음을 알고도 믿음이 약하여지지 아니하고."

그래서 오늘날 우리는 동일한 이 하나님을 믿으며, 하나님이 의로 여겨 주시는 믿음은 죽은 자, 즉 주 예수 그리스도를 죽은 자 가운데서 일으키신 하나님에 대한 믿음이라고 바울은 말합니다. 하나님은 우리가 의지하는 분, 주 예수를 죽은 자 가운데서 살리신 분입니다.

저는 이것을 "상상 못할" 능력이라 부릅니다. 우리가 그것을 상상할 수 없어서가 아니라, 우리가 지금 자연주의(naturalism)로 대표되는 한 세기의 끝에 다다랐기 때문입니다. 자연주의란 "자연의 한 부분이 아닌 것은 실체가 아니라"는 관점 혹은 믿음을 말합니다. 초자연적 실체란 없다는 믿음입니다. 그러므로 초자연적 실체는 상상할 수도 없습니다. 이러한 믿음은 자연 진화라는 형태로 널리 퍼져 있습니다. 이는 자연의 외부에 있는 초자연적 창조자를 믿지 않고 만물의 근원을 설명하려는 노력입니다.

하지만 20세기에는 역사 연구에 있어서도 자연주의 방식이 만연해 있습니다. 성경 연구에 있어서 이러한 믿음은 파괴적입니다. 이러한 믿음에 관해 가장 널리 알려진 진술은 루돌프 불트만의 말입니다. "죽은 자의 부활을 포함하는 역사적 사실이란 상상조차 할 수 없다"*

제가 "상상 못할"이란 단어를 가져온 곳이기도 합니다.

하나님이 우리에게 의로 여기시는 믿음은 상상 못할 능력을 행하시는 분에 대한 믿음입니다. 하나님은 불트만이 말한 대로 죽은 사람을 일으키는 "상상 못할" 일을 하십니다. 그분은 사람들이 할 수 없다고 말하는 일을 행하십니다. 그분은 90세 노인의 끊어진 태에서 이삭을 태어나게 하셨습니다. 그리고 예수 그리스도를 죽은 지 3일 후에 무덤에서 일으키시고 온 우주의 주가 되게 하셨습니다. 그러므로 하나님은 모든 약속을 성취하실 수 있습니다. 그래서 우리는 그분을 신뢰합니다.

2. 우리가 믿는 하나님은 자비로운 구속을 행하신다

25절의 초반부를 보십시오. "예수는 우리가 범죄한 것 때문에 내줌이 되고." 여기서 보아야 할 주된 내용은 하나님이 일으키신 예수님의 죽음은 의도된 것이라는 점입니다. 하나님이 단순히 자신의 상상 못할 능력을 보이고 싶어, 죽은 자 가운데서 되살릴 어떤 피살자를 찾으신 게 아니라는 말입니다. 하나님이 직접 그 죽음을 의도하셨으며 거기에 특정한 목적을 두고 그 일을 의도하셨습니다.

25절에서 그 핵심적인 두 문구를 볼 수 있습니다. "1) 우리가 범죄한 것 때문에 2) 내줌이 되고." 예수님이 내줌이 된 것은 누가 한 일입니까? 군인들입니까? 빌라도입니까? 헤롯입니까? 유대 군중들

*칼 F. 헨리의 「하나님, 계시, 그리고 권위」 제4권에서 인용함. (Wheaton: Crossway Books, 1999, orig. 1979), 33쪽.

입니까? 그중 어느 누구도 아닙니다. 그분이 내줌이 된 것은 "우리가 범죄한 것 때문"이라고 말씀하기 때문입니다. 군인들과 빌라도와 헤롯과 유대 군중이 "우리의 범죄한 것 때문에" 예수님을 내준 것이 아닙니다.

사도행전 2장 23절을 보면 이에 대한 분명하고도 직접적인 답이 나와 있습니다. "그가 하나님께서 정하신 뜻과 미리 아신 대로 내준 바 되었거늘 너희가 법 없는 자들의 손을 빌려 못 박아 죽였으나." 하나님이 예수님을 죽음에 내주셨습니다. 로마서 8장 3절은 이렇게 말합니다. "자기 아들을 죄 있는 육신의 모양으로 보내어 육신에 죄를 정하사." 로마서 8장 23절은 이렇게 말합니다. "자기 아들을 아끼지 아니하시고 우리 모든 사람을 위하여 내주신 이가." 따라서 예수 그리스도의 죽음은 하나님의 의도하심에 따른 것이었습니다. 하나님이 예수님의 죽음을 계획하셨습니다. 예수님은 단순히 죽으신 게 아닙니다. 하나님에 의해 죽음에 내줌이 된 것입니다.

그리고 그 계획에는 목적이 있었습니다(25절). "우리가 범죄한 것 때문에." 하나님의 계획은 우리의 죄를 처리하는 것이었습니다. 그분은 우리의 범죄를 위해 무엇인가를 하기 원하셨습니다. 무엇입니까? 우리가 우리 죄 때문에 죽을 필요가 없도록 대속의 죽음을 제공하기 원하신 것입니다. 그 일을 감당할 수 있는 유일한 죽음은 아들의 죽음이었습니다. 그래서 로마서 8장 3절은 이렇게 말하고 있습니다. "죄로 말미암아 자기 아들을 죄 있는 육신의 모양으로 보내어 육신에 죄를 정하사." 우리의 죄를 보이지 않게 슬쩍 덮어 둔 것이 아닙니다. 우리 죄를 눈감아 준 것도 아닙니다. 우리의 죄는 정죄를 당했습니다. 사형 집행을 당해야 합니다. 하지만 우리가 아니라 그리스도께서 사형을 당하셨습니다.

이런 방식으로 우리는 그리스도의 죽음을 통해 구속을 받았습니다. 즉 우리 자신의 죄에서 구원을 받은 것입니다. 우리는 지옥이라는 형벌에서 구출되었습니다. 우리는 하나님의 심판에서 값을 지불하고 풀려났습니다. 이 모든 구속을 받을 자격이 우리에게는 없었습니다. 우리는 죽음을 당하고 지옥으로 가서 하나님의 심판을 받아야 마땅합니다. 하지만 이것이 자비로운 구속입니다. 의롭다 함을 얻기 위해 우리가 믿는 하나님, 이 하나님이 자비로운 구속을 베푸십니다. 그분이 자기 아들의 죽음을 통해 우리의 범죄로부터 우리를 구해 내시기로 작정하셨습니다.

3. 우리가 믿는 하나님은 승리의 공의를 행하신다

우리는 상상 못할 능력을 행하시고, 자비로운 구속을 베푸시며, 이제 승리의 공의를 행하시는 분을 믿습니다. 그것은 무엇을 의미하며, 과연 어디서 발견할 수 있습니까? 저는 25절 마지막 부분에서 발견했습니다.

우리가 믿는 하나님은 누구십니까? "우리를 의롭다 하시기 위해" 예수님을 일으키는 분입니다. 이 말은, 예수님이 우리의 죄 때문에 죽으셨을 때, 우리의 죄 용서와 칭의를 위해 완전하고 충분한 죄값이 지불되었다는 의미라고 생각합니다. 그러므로 예수님이 우리의 죄값을 충분히 치르셨는데도 무덤 속에 남아 있는 것은 공정하지 않은 일이 될 것입니다. 그래서 하나님은 그리스도의 대속과 순종이 완전하다는 것을 입증하시려고 그분을 죽은 자 가운데서 일으키셨습니다. 예수님의 부활은 그분이 죽음을 통해 완성하신 일이 흠결 하나 없이 성공적이라는 선언이며, 다시 말해 그분이 우리의 칭의를 값으로 사셨다는 선언입니다.

어쩌면 이런 식으로 말할 수도 있겠습니다. 즉 그리스도가 우리 죄를 위해 죽으시고 피 흘리셨을 때, 그분은 자기를 죽인 죄를 대속하셨습니다. 이제 그 죄는 값을 전부 치렀기 때문에 그리스도가 죽은 자로 남을 이유가 없는 것입니다. 그분의 죽음은 오로지 우리의 죄값을 치르기 위함이었습니다. 죄값이 완전히 치러졌으므로 그분이 죽어야 할 이유가 더 이상 없는 것입니다. 예수님을 무덤 속에 가둬 두는 것은 옳지 못한 일이었습니다. 그분은 무덤 속에 머물 수 없으셨습니다. "이는 그가 사망에 매여 있을 수 없었음이라"(행 2:24).

따라서 우리가 의지하는 하나님은 승리의 공의를 행하시는 하나님입니다. 예수님의 부활이 승리인 이유는 죽음을 정복했기 때문입니다. 또한 승리의 공의인 이유는 예수님이 죽은 자 가운데 일어나는 것을 공의가 요구했기 때문입니다. 예수님은 말 그대로 그를 죽음으로 내몬 죄악에 대해 죄값을 완전히 치르셨습니다. 그분을 죽음에 이르게 한 죄 —우리의 죄— 의 대가가 십자가에서 완전하고 완벽하게 치러졌다면, 예수님이 죽음에 내어준 바 된 유일한 이유는 종료된 것입니다. 우리의 칭의는 이제 완전히 보장되었습니다(아직은 믿음으로 효력이 발생되지 않았고, 다만 보장되고 값을 치른 상태입니다). 그러므로 그리스도가 죽은 자 가운데 남아 있는 것은 공의롭지 못합니다. 이유 없는 형벌이 될 것이니까요. 그러므로 하나님이 죽은 자 가운데서 그리스도를 살리는 것이 공정하고 옳았습니다. 그것이 승리의 공의입니다(히 13:20 참조).

의롭다 함을 얻기 위해 누구를 믿어야 하는가

처음 시작할 때 드렸던 질문으로 마무리하겠습니다. 의롭다 함을 얻으려면 ―하나님 앞에 의롭게 서려면― 누구를 혹은 무엇을 믿어야 합니까? 그 답은 하나님을 믿어야 한다는 것입니다. 1) 하나님은 독생자 예수님을 죽음에서 일으키심으로 상상 못할 능력을 행하셨습니다. 2) 하나님은 우리의 범죄로부터 우리를 구하시려고 아들의 죽음을 계획하심으로 자비로운 구속을 행하셨습니다. 3) 하나님은 아들의 죽음으로 우리 칭의의 근거가 완전히 성취되었음을 보이기 위해 예수님을 죽은 자 가운데서 살리심으로 승리의 공의를 행하셨습니다.

그러므로 오늘 그분을 믿으십시오. 마음을 열고 상상 못할 능력과 자비로운 구속과 승리의 공의를 행하시는, 이 구원의 영광을 받아들이십시오. 이 사실을 믿으면 하나님이 그 믿음을 우리의 의로 인정하실 것입니다. 우리는 그분과 함께 안전하게 될 것입니다. 우리 자신의 것이 아닌 (하나님 소유인) 의, 즉 우리가 발을 딛고 설 흔들리지 않는 영원한 반석을 얻게 될 것입니다.

22장

믿음의 목적과 견인

로마서 4:22-25

그러므로 그것이 그에게 의로 여겨졌느니라. 그에게 의로 여겨졌다 기록된 것은 아브라함만 위한 것이 아니요, 의로 여기심을 받을 우리도 위함이니, 곧 예수 우리 주를 죽은 자 가운데서 살리신 이를 믿는 자니라. 예수는 우리가 범죄한 것 때문에 내줌이 되고 또한 우리를 의롭다 하시기 위하여 살아나셨느니라. _롬 4:22-25

지난 주에 본문에서 파생되는 세 가지 질문을 살피겠다고 말씀드렸습니다. 그런데 이번 주에는 두 가지만 살펴볼 수 있을 것 같습니다. 그 이유는 유대인과 그리스도인의 관계에 관한 지난 주 기사 글을 놓고 어제 일자 〈스타트리뷴〉 지에 몇몇 반응들이 실렸는데, 이번 주 내용과 깊은 연관성이 있기 때문입니다. 그래서 두 가지의 질문을 하나씩 차례대로 다루도록 하겠습니다. 세 번째 질문은 다음 주에 보겠습니다.

질문 1: 왜 믿음인가?

첫 번째 질문입니다. 22절 초반부에 나오는 "그러므로"라는 단어에 주목하시기 바랍니다. "그러므로, 그것이[믿음이] 그에게[아브라함에게] 의로 여겨졌느니라." 바울은 왜 믿음이 아브라함과 우리에게 의로 여겨졌는지 그 이유를 우리가 알기 원합니다. 22절 초반의 "그러므로"의 의미는 무엇일까요?

좀 더 폭넓게 전후 관계를 살펴보겠습니다. 로마서 4장은 처음부터 끝까지 의롭다 함을 얻는 믿음의 실례로 아브라함의 믿음에 관해 다루고 있습니다. 바울이 로마서의 한 장 전체를 할애해서 아브라함이 믿음으로 의롭다 함을 얻었다는 사실을 보여 준다는 것은 바울에게 믿음과 관련한 유대인들의 질문이 얼마나 중대했는지를 말해 줍니다. 바울의 마음속에서 기독교는 유대교와 별개의 종교가 아닙니다. 유대인과 그리스도인을 구원하는 방법에 있어서는 반드시 연속성과 조화가 있어야 합니다. 그래서 바울은 한 장 전체를 할애해 아브라함이 율법의 행위가 아니라 믿음으로 의롭다 함을 얻었음을 보이려 애쓰는 것입니다.

이제 22절에서 바울은 하나님이 우리 같은 죄인들을 의롭다 하시는 방편으로 믿음을 선택한 이유를 우리가 다시 한 번 생각해 보기를 원합니다. 그래서 창세기 15장 6절을 한 번 더 인용하면서 "그러므로"와 함께 소개하고 있습니다. "그러므로, 그것이[믿음이] 그에게[아브라함에게] 의로 여겨졌느니라." 그렇다면 하나님이 아브라함을 의롭다 여기기 위해 선택하신 수단이 왜 믿음일까요?

첫째, 아브라함과 우리를 의롭다고 하시는 방편으로 믿음을 선택하신 이유는 믿음이 하나님을 영화롭게 하기 때문입니다. "[아브라함이] 믿음으로 견고하여져서 하나님께 영광을 돌리며"(20절). "그러므로" 믿음이 그에게 의로 여겨진 것입니다.

둘째, 하나님이 칭의의 방편으로 믿음을 선택하신 이유는 믿음이 은혜에 속하고, 은혜는 하나님의 약속을 확정하는, 값없이 주어지는 주권적인 하나님의 역사이기 때문입니다. 16절입니다. "그러므로 상속자가 되는 그것이 은혜에 속하기 위하여 믿음으로 되나니 이는 그 약속을 그 모든 후손에게 굳게 하려 하심이라." 하나님이 믿음으로 우리를 의롭다 하시는 것은 그것이 우리에게 강한 확신을 주기 때문입니다. 하나님의 값없이 주어지는 주권적인 은혜는 구원의 약속을 보장하고 확증해 줍니다. 그리고 믿음은 칭의를 얻게 하는 은혜에 속하는 마음의 상태입니다. 믿음은 은혜에 "예"라고 말하며, 하나님이 우리를 그런 방법으로 구원하시는 것을 즐거워하며, 은혜의 놀라운 역사하심 가운데 머무릅니다.

셋째, 하나님이 믿음을 칭의의 방편으로 선택하신 이유는 믿음이 자랑을 배제하기 때문입니다. 로마서 3장 27절입니다. "그런즉 자랑할 데가 어디냐? 있을 수가 없느니라. 무슨 법으로냐? 행위로냐? 아니라, 오직 믿음의 법으로니라."

그러므로 우리는 첫 번째 질문에 대해 답을 이렇게 정리할 수 있습니다. 하나님이 우리를 의롭다 하시는 방편으로 —칭의의 방편으로— 믿음을 선택하신 이유는 모든 것이 하나님의 전능하고 영광스러운 은혜에 기반을 둠으로써, 우리의 자랑은 배제되고 하나님의 영광은 높임을 받고 우리의 구원이 확정될 수 있게 하려는 것입니다. 우리의 교만은 내려놓습니다. 하나님의 영광은 높이 들립니다. 그리고 구원은 확정됩니다. 그러므로 우리의 칭의가 믿음을 통해 은혜로 말미암아 가능하게 된 것을 기뻐하십시오.

오늘날 유대인과 그리스도인의 관계에 있어서의 관련성

이 사실은, 어제 일자 신문에 나온 반응을 볼 때 그 어느 것보다 연관성이 크며 시급하다고 말씀드렸습니다. 몇 주 전에 〈스타트리뷴〉지의 주요 사설에 대해 언급한 것을 기억하실 겁니다. 유대인들이 예수님을 메시아로 믿고 구원을 받도록 그리스도인들이 기도하거나 설득하는 일이 교만하다는 내용이었습니다. 제가 이에 관한 답글을 적으려 한다고 말하며 여러분께 기도를 부탁드렸습니다. 그렇습니다. 반드시 기도하셔야 합니다. 제가 답글을 적어 보냈더니 한 주 전 토요일에(10월 2일자) 게재되었고, 어제 그에 대한 반응들이 나온 것입니다.

제 글에 반응한 두 통의 편지와 기사 글을 보며 무엇보다 놀라웠던 것은 유대인과 그리스도인의 관계에 있어서 신약 시대와 현 시대 사이에 놀랄 만큼 연관성이 있다는 점입니다.

한 편지의 내용은 이러했습니다. "사실 유대인들이 예수를 메시아로 인정할 수 없는 이유는 예수가 고대 유대인들이 생각하는 메시아로서의 자격을 갖추지 못했다고 보기 때문입니다. 메시아라면 죄를 짓고 불명예스러운 죽음을 당해서는 안 됩니다. 율법을 준수하는 유대인들은 "나무에 달린 자는 하나님께 저주를 받았음이니라"(신

21:23)는 말씀을 믿습니다."

참으로 놀랍습니다. 바울이 그 당시에 들었던 사람들의 반박이나 반응과 매우 유사하기 때문입니다. 바울은 갈라디아서 3장 13절에서 이렇게 말했습니다. "그리스도께서 우리를 위하여 저주를 받은 바 되사 율법의 저주에서 우리를 속량하셨으니. 기록된 바 '나무에 달린 자마다 저주 아래에 있는 자라' 하였음이라." 그래서 예수님은 지금도 예수님 당시의 사람들과 똑같은 이유로 많은 유대인들에게 거치는 돌로 남아 있습니다. 예나 지금이나 널리 퍼졌던 관점은 메시아는 나무에 달려 죽어서는 안 된다는 것입니다.

하지만 유대인들도 믿는 구약성경은 이사야 53장 5절과 12절에서 다음과 같이 말합니다. "그가 찔림은 우리의 허물 때문이요, 그가 상함은 우리의 죄악 때문이라 … 그가 자기 영혼을 버려 사망에 이르게 하며 범죄자 중 하나로 헤아림을 받았음이니라." 백성들의 저주(자기 저주가 아니라)를 몸소 지고 고통당하고 죽임 당한 메시아에 대한 예언도 있지만, 이사야 53장에는 우리가 받는 칭의의 기반에 대한 가르침도 있습니다. "그가 자기 영혼의 수고한 것을 보고 만족하게 여길 것이라. 나의 의로운 종이 자기 지식으로 많은 사람을 의롭게 하며 또 그들의 죄악을 친히 담당하리로다"(사 53:11).

어제 실린 기사 글을 보면 이신칭의 교리를 얼마나 심하게 오해하고 있는지, 그리고 유대인을 포함하여 온 세상에 절대적으로 필요한 것이 이신칭의라는 것을 알 수 있습니다. 글쓴이는 구원이 메시아 예수를 믿음으로 말미암는다는 가르침을 왜곡되게 전달할 뿐 아니라 부인합니다. 그런 다음 이렇게 말하고 있습니다. "[이 가르침]은, 사람들이 이 세상에서의 행위를 근거로 창조주에 의해 심판을 받는다는 유대교와 전적으로 반대됩니다." 여기서 로마서 4장이 얼마나 현 시대와 연관성이 큰지를 다시금 알 수 있습니다. 우리는 살면서 행하는 도덕적 행위를 기반으로 구원을 받습니까(글쓴이는 물에 빠진 아이를 구한 여성을 언급하고 있음), 아니면 오직 (칭의의 열매인 도덕성이 수반되는) 믿음으로 의롭다 함을 얻습니까? 바울의 마음으로 유대인 공동체를 바라보고, 토요일 자 신문과 로마서 4장 말씀을 함께 읽으면, 바울의 가르침이 얼마나 현대적이고 우리 시대와 관련성이 깊은지 무척이나 놀라며 감사하게 될 것입니다.

하나님이 유대인과 이방인을 동일한 방법으로 구원하신다는 것을 알고, 유대인의 메시아인 예수님을 온전히 신뢰하며, 기회가 될 때마다 우리의 입을 열어 이 모든 내용을 유대인과 이방인들에게 가르친다면 얼마나 좋겠습니까!

질문 2 : 어떤 종류의 믿음인가?

지난 주에 제기한 두 번째 질문입니다. 아브라함과 우리에게 의로 인정해 주신 믿음은 어떤 종류의 믿음입니까? 하나님이 처음 아브라함에게 말씀하시며 갈대아 우르를 떠나라고 하실 때 품은 첫 번째 믿음일까요? 아니면 창세기 15장 6절에서 하나님이 아브라함의 자손을 별과 같이 하겠다고 약속하실 때 품었던 믿음입니까? 아니면 창세기 17장에서 하나님이 아브라함의 나이와 사라의 불임과 상관없이 내년에 아들을 주겠다고 약속하실 때 품었던 믿음입니까? 아니면 아브라함이 아들 이삭을 바쳤던 창세기 22장의 믿음입니까? 우리는 가장 처음 생겨나는 믿음으로 의롭다 함을 얻습니까, 아니면 평생의 믿음(lifetime of faith)으로 의롭다 함을 얻습니까?

로마서 4장에 이에 대한 답변을 적시하는 두 가지 사실이 나옵니다. 로마서 4장 3절은 하나님이 아브라함에게 그 자손이 하늘의 별과 같겠다고 약속하신 창세기 15장 6절을 인용하면서 이렇게 말합니다. "아브람이 여호와를 믿으니 여호와께서 이를 그의 의로 여기시고." 당시의 그 믿음으로 아브라함은 의롭다 함을 얻었습니다. 그것이 첫 번째 사실입니다. 두 번째 사실은 19-21절에 나오는데, 바울은 창세기 17장을 인용하면서 아브라함이 믿게 된 지 최소 13년이 지난 99세 때라고 설명합니다. 19절입니다. "그가 백 세나 되어 자기 몸이 죽은 것 같고 사라의 태가 죽은 것 같음을 알고도 믿음이 약하여지지 아니하고." 100세가 되어 가던 당시 아브라함의 믿음에 대해 설명한 후 바울은 22절에서 이렇게 말합니다. "그러므로 그것이 그에게 의로 여겨졌느니라." 아브라함은 이전의 믿음과 이후의 믿음 때문에 의롭다 함을 얻었습니다.

여기서의 요지는 이것입니다. 창세기 15장에 나타난 아브라함의 믿음이 그에게 의로 여겨졌고, 창세기 17장에 나오는 13년 후의 아브라함의 믿음도 그에게 의로 여겨졌습니다. 그렇다면 어떻게 결론을 내려야 합니까? 저는 맨 처음의 구원하는 믿음으로 의롭다 함을 얻는다고 결론을 내렸습니다. 칭의는 과정이 아니기 때문입니다. 칭의는 판결입니다. 칭의는 다른 이, 곧 그리스도의 의를 근거로 누군가를 의롭다고 여기는, 누군가를 하나님이 받으실 만하다고 인정하는 한 번의 단독 행위입니다. 하지만 맨 처음의 구원하는 믿음은, 그 믿음을 하나님이 은혜로 계획하셨듯, 견인하는 믿음이기도 합니다. 사실상 뒤를 이어 나타나는 모든 믿음은 맨 처음 믿음 안에 포함돼 있다고 말할 수 있습니다. 그것은 마치 도토리 안에 떡갈나무가 들어 있는 것과 마찬가지입니다.

조나단 에드워즈는 이렇게 말했습니다. "하나님은 죄인이 맨 처음 믿는 순간에 이루어지는 칭의의 행위 때, 믿음의 견인이 믿음의 첫 행위에 사실상 포함되어 있는 것으로 고려하신다. 견인을 그[맨 처음] 믿음[행위]의 소유물(property)로 보고 계신다 … 하나님은 신자의 믿음이 계속될 것을 내다보셨으며, 신자는 믿음의 견인이 이미 완성된 것처럼 간주되어, 그 믿음으로 의롭다 함을 얻는다. 왜냐하면 하나님께서 그 견인이 이루어지도록 하실 것이기 때문이다."* 저는 이 글의 내용이 옳으며 바울이 쓴 내용과도 잘 맞는다고 생각합니다.

이것이 우리에게는 어떤 의미가 됩니까? 세 가지 실제적인 의미를 줍니다.

1. 칭의는 단번에 온다

완전하고 흔들리지 않는 칭의는 단번의 믿음을 통해 우리에게 주어진다는 의미입니다. 영생에 대한 확신은 맨 처음 믿음의 시작부터 얻을 수 있습니다.

칭의는 오늘은 이만큼 내일은 이만큼, 이렇게 따로따로 오지 않습

*조나단 에드워즈의 저작 제1권 중 "이신칭의", (Edinburgh : Banner of Truth Trust, 1974), 641쪽.

니다. 예수님에 대한 진실한 첫 믿음을 통해 단번에 임합니다. 매번 새로운 믿음을 품고 칭의를 조각조각 모으다가 죽을 때쯤 충분한 조각을 모으기를 바라는 것이 아닙니다. 칭의는 조각으로 나뉘지 않습니다. "죄가 없다"는 선고이므로 분할할 수 없습니다. 우리 의의 공급원이 되시는 그리스도의 사역은 완전하게 성취된 사역입니다. 시간이 흐른다고 더 나아지는 것이 아닙니다. 그리고 우리는 우리의 맨 처음 믿음을 통해, 점진적이지 않고 단번에, 그리스도와 연합합니다. 절반은 그리스도 안에, 나머지 절반은 그리스도 밖에 있는 사람은 없습니다. 우리가 그리스도 안에 있다면 우리가 믿음을 갖는 맨 처음부터, 그리스도는 전적으로 우리를 위하십니다. 이것은 그리스도 안에 있는 자가 되기 위해 오래 기다려야 한다고 생각했던 죄인들에게 참으로 놀라운 소식입니다.

2. 하나님은 우리 믿음의 견인을 보장해 주신다

이것은 하나님이 직접 우리 믿음의 견인을 보장해 주신다는 의미입니다. 믿음을 완전하게 하신다는 것이 아니라 끝까지 견인하고 보존하신다는 것입니다. 제가 이 사실을 어떻게 알 수 있을까요? 로마서 8장 30절은 이렇게 말합니다. "[하나님이] 미리 정하신 그들을 또한 부르시고 부르신 그들을 또한 의롭다 하시고 의롭다 하신 그들을 또한 영화롭게 하셨느니라." 마지막 절이 중요합니다. 하나님이 의롭다 하신 사람들을 분명히 영화롭게 하신다고 합니다. 이미 이루어진 것이나 다름없습니다. 즉 하나님이 틀림없이 이들을 영원한 생명으로 이끄시고 마지막에는 영화롭게 하시겠다는 것입니다. 그것이 정말 사실이라면 —하나님이 의롭다 함을 얻은 사람들을 확실히 그리고 영원히 구원하신다면— 그리고 우리의 칭의가 견인하는 믿음을 통해 온다면, 하나님은 반드시 우리가 믿음의 견인을 이루도록 하실 것입니다.

이것은 매우 소중한 진리입니다. 즉 하나님이 자기 양떼를 지키시며 양들이 하나님을 버리지 않도록 하는 일에 몸소 매진하신다는 뜻입니다. 양들은 무슨 이유로든 다른 길로 갈 수 있습니다. 하지만 하나님은 반드시 그들을 돌이키실 것입니다. 구름은 몰려들고 믿음은 흔들릴 수 있지만, 의롭다 함을 얻은 사람들은 아주 엎드러질 만큼 휘청거리지 않습니다. 그들은 믿음의 견인을 이룰 것입니다. 영화롭게 되리라는 우리의 소망은 그것을 믿고자 하는 우리 자신의 의지력에 달려 있지 않습니다. 우리는 우리 안에 선한 일을 시작하시고 그리스도의 날까지 완성하실 하나님의 신실하심을 믿습니다(빌 1:6).

3. 믿음의 견인은 영원한 안전의 증거다

마지막으로, 견인하는 믿음으로 우리가 의롭다 함을 얻는다는 사실은 이제 막 그리스도인의 삶을 시작한 우리 모든 사람들이 우리 죄를 용서하시고 약속을 성취하시는 하나님을 믿음으로써, 졸지 않고 깨어 믿음의 선한 싸움을 싸우고 영생을 취해야 한다는 것을 의미합니다(딤전 6:12). 칭의와 영화가 우리의 지속적이며 견인하는 믿음과 아무 연관이 없다는 생각은 하지 말아야 합니다. "한 번 구원은 영원한 구원"이란 말은 참됩니다. 만일 "하나님은 그분을 신뢰하는 우리가 그 믿음을 지키도록 주권적으로 일하신다"는 말을 제대로 이해한다면 말입니다. 우리의 영원한 안전(eternal security)이라는 위대한 진리는 하나님께서 우리가 그 믿음에 머물도록 하심으로써 우리를 안전하게 지키신다는 보다 위대한 진리 위에 기반을 둡니다.

하나님께서 의롭다 하신 모든 죄악된 성도들이 영원한 안전을 누린다는 사실은 참되며 소중합니다. 때로는 갈등하고 의심하고 확신을 잃을 때도 있을 것입니다. 하지만 의롭다 함을 얻은 하나님의 자녀들은 결코 그리스도를 버리지 않습니다. 하나님이 그들을 지키십니다.

고린도전서 1장 8절입니다. "주께서 너희를 우리 주 예수 그리스도의 날에 책망할 것이 없는 자로 끝까지 견고하게 하시리라."

고린도후서 1장 22절입니다. "그가[하나님이] 또한 우리에게 인치시고 보증으로[보증금으로] 우리 마음에 성령을 주셨느니라."

데살로니가전서 5장 23-24절입니다. "평강의 하나님이 친히 너희를 온전히 거룩하게 하시고 또 너희의 온 영과 혼과 몸이 우리 주 예수 그리스도께서 강림하실 때에 흠 없게 보전되기를 원하노라. 너희를 부르시는 이는 미쁘시니 그가 또한 이루시리라."

로마서 8장 30, 35-39절입니다. "또 미리 정하신 그들을 또한 부르시고 … 누가 우리를 그리스도의 사랑에서 끊으리요? 환난이나 곤고나 박해나 기근이나 적신이나 위험이나 칼이랴? … 그러나 이 모든 일에 우리를 사랑하시는 이로 말미암아 우리가 넉넉히 이기느니라. 내가 확신하노니 사망이나 생명이나 천사들이나 권세자들이나 현재 일이나 장래 일이나 능력이나 높음이나 깊음이나 다른 어떤 피조물이라도 우리를 우리 주 그리스도 예수 안에 있는 하나님의 사랑에서 끊을 수 없으리라."

이러한 안전을 누리지 못하고 하나님과 평화를 누리지 못한다면, 여러분은 그리스도를 신뢰한 적이 없거나, 잠시 먹구름에 가려진 그리스도의 얼굴을 보지 못하고 있는 것입니다. 양쪽 경우 모두 제가 드리는 부탁은 동일합니다. 그리스도를 생각하십시오. 여러분의 마음을 그리스도께 두십시오. 그분을 바라보십시오. 그분을 신뢰할 때 그분의 의가 값없이 우리의 소유가 된다는 사실을 생각하십시오. 이제 믿음 생활을 시작했거나, 믿음의 어두운 계절을 지나고 있다면, 전능자 하나님께서 여러분이 천국에 영원토록 안전히 거할 때까지 지키시고 매번 돌이키게 하시리라 신실하게 맹세하신 것을 기억하시기 바랍니다(약 5:20).

23장

믿음과 전가된 의

로마서 4:22-26

그러므로 그것이 그에게 의로 여겨졌느니라. 그에게 의로 여겨졌다 기록된 것은 아브라함만 위한 것이 아니요, 의로 여기심을 받을 우리도 위함이니, 곧 예수 우리 주를 죽은 자 가운데서 살리신 이를 믿는 자니라. 예수는 우리가 범죄한 것 때문에 내줌이 되고 또한 우리를 의롭다 하시기 위하여 살아나셨느니라. _롬 4:22-25

"여겨진다"의 의미

위대한 서신서인 로마서 4장을 마무리하기 전에 한 가지 질문이 더 남아 있습니다. 22절에서 찾아볼 수 있습니다. "그러므로, 그것이[믿음이] 그에게[아브라함에게] 의로 여겨졌느니라." 즉 여기서 말하는 바는 믿음이 의로 간주된다는 것입니다. 3절에서도 찾아볼 수 있었습니다. "아브라함이 하나님을 믿으매 그것이[그의 믿음이] 그에게 의로 여겨진 바 되었느니라." 그리고 5절에서도 보았습니다. "그[경건하지 않은 자를 의롭다 하시는 하나님을 믿는 자]의 믿음을 의로 여기시나니.” 9절에서도 나옵니다. “아브라함에게는 그 믿음이 의로 여겨졌다 하노라.”

이것이 의미하는 바는 무엇입니까? 믿음 그 자체도 우리가 행하는 일종의 의라서, 하나님은 그것으로 칭의를 주시기에 충분할 만큼 선한 우리의 의로 —또는 우리가 소유한 의로— 인정하신다는 의미입니까? 칭의란 원래 5만 불짜리지만 나에게는 (믿음이) 1만 불밖에 없고, 그런데 하나님이 자비롭게도 내 1만 불을 5만 불짜리로 인정하시고 나머지를 탕감해 주시는 것을 의미합니까? 그것이 나의 믿음을 내게 전가되는 의로 —혹은 상당 부분의 의로— 만들어 줍니까? 그렇다면 칭의는 내 안에 의가 존재한다는 하나님의 승인이 될 것입니다. 내 안에 실제로 의가 있다고 하나님이 인정하고 여겨 주시는 것입니다. 그렇다면 “믿음이 의로 여겨진다”는 바울의 말이 이런 의미일까요?

아니면 칭의는 그와는 아주 다른 것일까요? 하나님이 내 안에서 아무 의도 보지 못하시지만 믿음을 통해 그리스도 안에 있는 의를 나의 것으로 여겨 주시는 것일까요? 그렇다면 믿음이 의로 여겨진다는 말은 어떤 의미일까요?

이것이 문제가 되는 이유

답변을 하기에 앞서, 왜 제가, 주께서 허락하신다면 아마도 다음 주에, 5장을 다루기에 앞서 이 질문으로 설교를 하고 있는지 말씀드리고 싶습니다.

첫째, 이 구절을 오해하기가 쉽기 때문입니다. "믿음이 의로 여겨진다"는 말은 마치 믿음이 의로운 것으로 인정받았다는 것처럼 들립니다. 하지만 그것은 그런 의미가 아닙니다.

둘째, 바울이 창세기 15장 6절에서 인용한 이 구절에 많은 시간을 투자하고 있기 때문입니다. 거의 한 장 전부를 할애하고 있습니다. 혹시 이 부분에서 잘못 이해하면 매우 중요한 사실이 잘못될 수 있다는 것처럼 말입니다. 맞습니다. 사실입니다. 하나님 앞에서 의롭다는 법적 지위가 하나님께 근거를 두고 있습니까, 아니면 우리에게 근거를 두고 있습니까? 어떤 분은 이 문제를 그다지 중요하게 보지 않을지 모르지만, 사실 중요한 문제입니다. 우리의 칭의에 있어서 하나님 은혜의 풍성한 영광이 여기에 달렸으며, 칭의 안에서 우리가 온전한 평안을 누리느냐의 여부도 여기에 달렸습니다. 이는 우리에게만 해당하는 것이 아니라 우리가 복음을 전할 모든 사람들에게도 해당하는 일입니다. 그러니 이 문제를 놓고 하나님의 영광과 우리의 평안이 매우 심각한 상황에 처한 것이지요.

"전가" — 반드시 이해해야 할 중요 단어

셋째, 에베소서 4장 14절이 말하는 바, 제 설교 사역의 목표가 여러분이 "이제부터 어린 아이가 되지 아니하여 사람의 속임수와 간사한 유혹에 빠져 온갖 교훈의 풍조에 밀려 요동하지 않게 하려 함"이 되어야 한다고 가르치기 때문입니다.

저는 여러분이 강하고 안정적이며 성숙해지기를 원합니다. 특히 그리스도 안에서 하나님의 의가 전가된다는 교리를 잘 이해하셨으면 좋겠습니다. "전가"(imputation)란 중요하면서도 생소한 단어입니다. 하지만 이 단어는 하나님이 그리스도의 순종 때문에 믿음을 통해 우리에게 의를 '전가'하신다는 진리를 설명하기 위해 지난 수백 년 간 사용되었습니다. 지난 수 세기 동안 수많은 그리스도인들이 그리스도 안에 있는 하나님의 의를 "전가"받아 힘있게 살아왔는데 우리는 그러면 안 되는 법이라도 있습니까? 우리가 그것을 제대로 이해하고 맛보게 된다면 우리의 인생을 변화시킬 영광스러운 진리입니다.

"전가"는 "전이"(impartation)와는 다릅니다. 하나님은 우리에게 성령의 은사와 열매를 "나누어 주셔서"(impart), 우리가 그것을 소유하고 그것은 우리 안에서 자라나서 우리의 것이 되게 하십니다. 하지만 성령을 통한 영광스러운 전이는 오히려 한층 더 견고한 기초 위에 있는데, 그것은 우리 외부에서 일어난 하나님의 역사, 즉 전가입니다. 하나님의 의는 우리에게 전이되는 것이 아니라 전가됩니다. 로마서 4장 6절과 11절이 말하듯, 우리에게 (의로) 여겨 주십니다. 우리의 것으로 간주되는 것입니다. 저는 목회자로서 스스로에게 묻습니다. '베들레헴교회 사람들은 지난 수 세기 동안 성도들을 붙잡아 준 이 위대한 교리에 함께할 수 없는 것일까? 우리는 교리를 비현실적인 것으로 보는 현대 실용주의에 굴복해야만 하는 것일까?' 제 대답은 이렇습니다. 결코 그럴 수 없습니다.

넷째, 하나님의 사람들이 지난 수 세기 동안 경험했던 바를 통해 알 수 있는 것은 보석 같은 이 진리가 사람들을 불신의 어둠 속에서 그리스도 안의 소망과 기쁨의 빛으로 이끌고 나온다는 사실입니다. 그 한 예가 「천로역정」의 저자 존 번연입니다. 그는 그리스도를 믿고 안착하기 전까지 큰 갈등을 겪었습니다. 여기 그가 쓴 글이 있습니다.

> 어느 날 내가 들판을 지나고 있을 때 … 이 구절이 갑자기 내 영혼에 다가왔다. '너의 의는 하늘에 있다.' 내가 생각하기에는 하나님 우편에 계시는 예수 그리스도를 영혼의 눈으로 본 것이다. 그곳에 나의 의가 있었다.
>
> 내가 어디에 있든지, 무엇을 하든지, 하나님은 내게 대하여 그분이 원하시는 의가 부족하다고 말씀하실 수 없었다. 왜냐하면 바로 그 의가 하나님 앞에 계속 있었기 때문이다. 또한 나의 선한 마음이 나의 의를 더 낫게 만드는 것이 아니며 아직도 악한 나의 마음이 나의 의를 더 나쁘게 만드는 것이 아님을 알게 되었다. 왜냐하면 "어제나 오늘이나 영원토록 동일하신"(히 13:8) 예수 그리스도 바로 그분이 나의 의이시기 때문이다.
>
> 이제야말로 정말 나의 발목에서 족쇄가 풀렸다. 고통과 쇠사슬에서 해방되었다. 또한 나를 유혹하던 것들도 달아나 버렸다. 그 시간부터 하나님의 그 무서운 (죄와 형벌에 대한) 성경 구절들이 나를 괴롭히지 않게 되었다. 나는 하나님의 자비와 사랑을 기뻐하면서 집으로 돌아왔다.*

*존 번연, 「죄인 괴수에게 임한 풍성한 은혜」, (Hertfordshire: Evangelical Press, 1978, 원본 1666), 90-91쪽.

제가 이를 가장 잘 설명하는 방법은 이것인 것 같습니다. 즉 그리스도 안에서 전가된 하나님의 의에 관한 사안을 계속 다루는 이유는 여러분이 임종을 맞이하는 때 제가 옆에 서 있으면서, 여러분의 얼굴을 내려다보며 세상에서 가장 위로가 되는 말씀을 생각나게 해드리고 싶기 때문입니다. 그리고 여러분이 견고한 성경적 지식으로 제가 드리는 말씀의 의미를 이해하고 즐거워하기를 바라기 때문입니다.

> 기억하십시오. 그리스도가 당신의 의입니다. 그리스도가 당신의 의입니다. 당신의 의는 하늘에 있습니다. 어제도 오늘도 영원히 동일합니다. 당신의 믿음이 강해진다 해도 의가 더 나아지지 않습니다. 믿음이 약해진다 해도 의가 더 나빠지지도 않습니다. 당신의 의는 완전합니다. 당신의 의는 그리스도입니다. 당신 자신을 보지 마십시오. 그분 안에서 안식하십시오. 그분을 의지하십시오.

저는 여러분이 죽음을 대비하기 위해서만 아니라, 여러분에게 맞겨진 복음증거와 선교를 위해서도 이 진리를 소중히 여기기를 바랍니다. 복음은 구원을 주시는 하나님의 능력이라고 바울은 로마서 1장 16-17절에서 말합니다. 복음 안에는 하나님의 의가 드러나서 믿음으로 믿음에 이르게 하기 때문입니다. 저는 이 구절이, 우리가 믿음으로 받는, 하나님의 전가된 의라는 선물을 가리킨다고 믿습니다. 바울은 복음에 능력이 있는 이유를 복음에 하나님의 의가 나타나기 때문이라고 말합니다. 이 복음을, 저는 기니의 마닌카 부족이 듣고 이해하고 믿게 되기를 바랍니다. 그리고 우즈벡인과 카자흐인과 수쿠마 족, 소말리아인, 여러분의 자녀와 부모, 이웃, 동료들도 그렇게 되기를 바랍니다.

바울은 "우리의 믿음이 우리의 의"라고 말하는가?

저는 이 질문에 대해 아니라고 말하겠습니다. 바울이 "믿음이 우리에게 의로 여겨진다"고 말할 때, 그것은 우리의 믿음이 우리의 의라는 의미가 아니며, 혹은 우리를 조금이라도 의롭게 하는 의의 일부라는 의미도 아닙니다. 바울이 의미하는 바, 믿음은 우리를 그리스도와 연합시키는 것이며, 그리스도 안에서 하나님이 우리에게 주기 원하시는 모든 것입니다. 하나님은 그리스도에 대한 우리의 믿음을 보실 때, 그리스도와의 연합을 보십니다. 그리고 그리스도와의 연합을 보실 때, 그리스도의 의를 우리의 의로 보십니다. 그러므로 믿음은 우리의 의가 되시는 그리스도와 우리를 이어주고, 그런 의미에서 믿음이 의로 여겨진다는 것입니다. 믿음은 하나님이 그리스도 안에서 우리에게 주시는 모든 것, 특별히 그리스도 안에 있는 의를 보고 맛보게 합니다. 그것이 믿음이 하는 일입니다.

그러면 이렇게 해석하는 성경적 근거는 무엇일까요? 존 오웬은 그의 저작 중 다섯 번째 책에서(318-319쪽) 다섯 가지 논증을 제시하고, 존 머레이는 그의 로마서 주석에서 아홉 가지의 논증을 제시하는데(353-359쪽), "믿음이 의로 여겨진다"(faith credited as righteousness)고 해서 믿음이 우리의 의(faith is our righteousness)라는 의미가 아닌 이유를 말하고 있습니다. 저는 그중 몇 가지를 말씀드리겠습니다.

첫째, 로마서 4장 6절과 11절에는 "전가" 혹은 여겨진다는 표현이 매우 다른 방식으로 표현되어 있습니다. 6절 초반부에서는 이렇게 말합니다. "일한 것이 없이 하나님께 의로 여기심을 받는." 그리고 11절 후반부에서는 이렇게 말합니다. "그들도 의로 여기심을 얻게 하려 하심이라." 유의할 것은 두 구절 모두에서 믿음이 의로운 것으로 여겨지지 않고, 단지 우리에게 의로 여겨진다는 것입니다. "하나님이 의로 여기신다"(God credits righteousness)이지 "하나님이 믿음을 의로 여기신다"(God credits faith as righteousness)가 아닙니다. 그러므로 이 말씀은 바울이 "믿음이 의로 여기심을 얻는다"(faith is credited as righteousness)고 말할 때 "하나님이 믿음으로 말미암아 우리에게 의를 인정해 주신다"(God credits righteousness to us through faith)는 의미라는 점을 우리에게 환기시키는 역할을 합니다.

둘째, 로마서 3장 21-22절을 보시기 바랍니다. "이제는 율법 외에 하나님의 한 의가 나타났으니 율법과 선지자들에게 증거를 받은 것이라. 곧 예수 그리스도를 믿음으로 말미암아 모든 믿는 자에게 미치는 하나님의 의니 차별이 없느니라." 믿음을 통해 우리에게 임하는 것은 하나님의 의라는 사실에 유의하시기 바랍니다. 믿음은 우리를 하나님의 의와 연합시킵니다. 믿음 자체가 하나님의 의는 아닙니다.

셋째, 고린도후서 5장 21절입니다. "하나님이 죄를 알지도 못하신 이를 우리를 대신하여 죄로 삼으신 것은 우리로 하여금 그 안에서 하나님의 의가 되게 하려 하심이라." 여기에 두 번의 전가가 나옵니다. 하나님은 죄를 알지도 못하는 그리스도께 우리의 죄를 전가하셨습니다. 그리고 하나님은 스스로에게는 아무 의도 없는 우리에게 그분의 의를 전가하셨습니다. 우리에게 핵심되는 구절은 "하나님의 의"와 "그(그리스도) 안에서"입니다. 여기서 우리가 얻은 의는 우리의 것이 아닙니다. 하나님의 의입니다. 그리고 우리의 믿음이 의롭기 때문이 아니라 우리가 "그리스도 안에" 있기 때문에 의를 얻습니다. 믿음은 우리를 그리스도와 연합시킵니다. 그리고 그리스도 안에서 우리는 우리의 것이 아닌 다른 분의 의를 소유합니다. 그리스도 안에 있는 하나님의 의입니다. 혹 그리스도의 의라고도 말할 수 있습니다. 그분은 우리의 죄를 취하시고, 우리는 그분의 의를 취합니다.

넷째, 고린도전서 1장 30절을 보시기 바랍니다. 존 번연은 들판에서 그리스도의 의가 자신에게 강력하게 전가되는 체험을 한 이후에 집으로 돌아와 성경적인 근거를 찾으려 했습니다. 그는 고린도전서 1장 30절 말씀과 만나게 됩니다. "너희는 하나님으로부터 나서 그리스도 예수 안에 있고 예수는 하나님으로부터 나와서 우리에게 지혜와 의로움과 거룩함과 구원함이 되셨으니." 존 번연은 이렇게 말했습니다. "이 말씀을 읽으면서 나는 그리스도 예수가 … 하나님 앞에서 우리의 의로움과 거룩함과 구원이 되심을 깨달았다. 그리하여 한동안 나는 그리스도로 말미암아 하나님과 참으로 달콤한 평화를 누리며 지냈다."*

그리스도, 우리의 의

고린도전서 1장 30절 말씀은 그리스도가 우리에게(혹은 우리를 위해) "의"가 되셨다고 말합니다. 그리고 그리스도가 이러한 방식으로 우리의 "의"가 되시는 이유는 우리가 "그리스도 예수 안에" 있기 때문입니다. "너희는 … 그리스도 예수 안에 있고 예수는 … 우리에게 의로움이 되셨나니." 그리스도는 우리의 믿음이 아니라 의가 되십니다. 믿음은 우리를 그리스도와 연합시키고, 하나님이 우리에게 주시는 모든 것이 그분 안에 있습니다. 그리고 하나님이 예수 안에 있는 우리에게 주시는 것이 의입니다.

그렇다면 이 모든 것의 핵심은 무엇입니까? 바울이 로마서 4장 22절(또한 3, 5, 9절)에서 "믿음이 의로 여겨졌다"고 말할 때, 우리의 믿음이 우리의 의라는 뜻으로 말한 것이 아닙니다. 바울은 우리의 믿음이 우리를 그리스도와 연합시킴으로 하나님의 의가 그리스도 안에서 우리에게 인정된다는 뜻으로 말한 것입니다.

아주 완벽하지는 않지만 비유로 설명할까 합니다. 다소 위험할 수 있는데, 여러분의 이해를 돕기 위해 말씀드립니다. 제가 16살 된 아들 바나바에게 이렇게 말한다고 칩시다. "학교 가기 전에 방 좀 치워라. 방을 깨끗이 하고 다녀야지, 그렇지 않으면 오늘 밤 야구장에 못 갈 줄 알아." 그런데 시간 활용에 서투른 아이가 지저분한 자기 방을 놔둔 채 학교에 갑니다. 그리고 얼마 후에 제가 아이의 방에 들어갔

*존 번연, 「죄인 괴수에게 임한 풍성한 은혜」,(Hertfordshire: Evangelical Press, 1978, 원본 1666), 91쪽.

다가 지저분한 걸 그냥 두지 못하고 청소했다고 칩시다. 오후 내내 빡빡한 일정을 보내고 이제 야구장에 갈 시간이 얼마 남지 않은 상황에서 집에 돌아온 아이가 자신이 벌인 일을 깨닫고는 두려워합니다. 용서를 구하고 겸손히 결과를 받아들입니다.

그때 제가 말합니다. "얘야, 네가 잘못을 깨닫고 사과했으니 방을 청소한 것으로 해 주마. 방을 깨끗이 치우지 않으면 오늘밤 야구장에 못 간다고 하지 않았니. 이제 네 방은 깨끗하단다. 그러니 가도 된다." 제가 "네가 사과했으니 방 청소한 것으로 해 주마"라고 말했다고 해서 사과한 것 자체가 방 청소라고 말하는 것은 아닙니다. 아이는 실제로 방을 청소하지 않았습니다. 청소한 것은 저입니다. 그것은 순전히 은혜였습니다. 여기서 제가 의미하는 바는, 제가 정한 인정 방법으로, 즉 저의 은혜로, 아들의 사과가 방 청소하면 받는 약속과 제 아들을 연결시킨다는 것입니다. 청소된 것은 아들의 방입니다. 제가 그것을 아들에게 인정해 주었습니다. 또는, 제가 아들의 사과를 방 청소로 인정한 것입니다. 어느 쪽으로 말하든 상관없습니다. 그리고 바울도 그 두 가지로 말했습니다. "믿음이 의로 여기심을 받는다", "하나님이 믿음으로 말미암아 우리에게 의를 인정해 주신다."

따라서 오늘 아침 하나님께서 그리스도를 믿는 이들에게 "내가 너의 믿음을 의로 여긴다"고 말씀하신다고 해서, 우리의 믿음이 의라는 의미는 아닙니다. 우리의 믿음이 우리를 하나님의 의와 연결시킨다는 의미입니다.

평화, 안전, 자유
우리의 삶에서 이것이 어떤 차이를 가져옵니까?

마르틴 루터와 존 번연에게는 전가된 그리스도의 의를 발견한 것이 인생에서 가장 큰 변화의 경험이었습니다. 마르틴 루터는 마치 하나님과 함께 평화의 낙원에 들어가는 것 같았다고 말했습니다. 존 번연에게는 영적 고뇌와 의심의 나날들에 대한 종지부였습니다. 우리는 하나님 앞에서 법적으로 용납되고 승인되었다는 사실이 아들 예수 그리스도의 지위만큼이나 확실하다는 것을 확신하기 위해 과연 무엇을 드릴 수 있겠습니까?

하지만 그것은 값없이 주시는 것입니다. 그리스도가 그 일을 행하러 오신 것입니다. 즉 우리의 모든 죄를 없이 하고 우리를 위해 완전한 의가 되시려고 죽음으로 의를 성취하셨습니다. 그분은 오늘 우리에게 그것을 선물로 주십니다. 우리가 예수님을 참되고 귀한 분으로 인정한다면, 그분이 주시는 선물을 받고 신뢰한다면, 모든 생각을 뛰어넘는 하나님과의 평안을 누리게 될 것입니다. 우리는 안전을 누리게 될 것입니다. 다른 이들의 승인이 필요치 않게 될 것입니다. 재물와 권력과 복수로 자기를 지킬 필요도 없을 것입니다. 우리는 자유하게 될 것입니다. 사랑으로 흘러넘칠 것입니다. 우리 앞에 놓인 기쁨을 위하여 그리스도 앞에 우리의 삶을 내려놓게 될 것입니다. 우리에게 의를 주시는 그리스도를 바라보고 신뢰하십시오.

24장

우리의 소망: 하나님의 영광

로마서 5:1-5

그러므로 우리가 믿음으로 의롭다 하심을 받았으니 우리 주 예수 그리스도로 말미암아 하나님과 화평을 누리자. 또한 그로 말미암아 우리가 믿음으로 서 있는 이 은혜에 들어감을 얻었으며 하나님의 영광을 바라고 즐거워하느니라. 다만 이뿐 아니라 우리가 환난 중에도 즐거워하나니 이는 환난은 인내를, 인내는 연단을, 연단은 소망을 이루는 줄 앎이로다. 소망이 우리를 부끄럽게 하지 아니함은 우리에게 주신 성령으로 말미암아 하나님의 사랑이 우리 마음에 부은 바 됨이니. _롬 5:1-5

소망에 관한 복습

오늘은 그리스도인의 소망에 관한 17번째 메시지까지 다다른 만큼 전체를 종합해 보려고 합니다. 소망이란 무엇입니까? 히브리서 6장 11절 말씀으로 답을 찾았듯, 소망은 단순히 두 손을 모으고서 "아빠가 저녁 식사를 하실 수 있도록 늦지 않게 오셨으면 좋겠습니다" 라고 말하는 것이 아닙니다. 오히려 "소망의 풍성함"(full assurance of hope)입니다. 장차 선한 것이 오리라는 확신에 찬 기대입니다.

그런 다음 우리는 이렇게 질문했습니다. "왜 소망인가? 소망할 수 있는 어떤 근거나 이유가 있는가?" 그리고 그에 대한 두 가지 답을 찾았습니다. 데살로니가후서 2장 16절에서는 '은혜'라는 단어로 그 답을 찾았습니다. "우리 주 예수 그리스도와 우리를 사랑하시고 영원한 위로와 좋은 소망을 은혜로 주신 하나님 우리 아버지께서." 하나님은 은혜의 하나님이시므로 우리는 소망할 수 있습니다. 그리고 두 번째 답은 골로새서 1장 23절의 '복음'에서 찾았습니다. "복음의 소망에서 흔들리지 아니하면." 경건하지 않은 자들을 위해 흘러나오는 은혜와, 그리스도가 죄인들을 위해 죽으셨다는 좋은 소식 때문에 우리에게 소망이 있습니다.

또 우리는 이렇게 질문했습니다. "하나님을 사랑하지 않고 그리스도를 믿을 마음도 없는 죄인인 내가 어떻게 소망을 가질 수 있는가? 믿는 자에게는 구원이 약속되어 있다. 내가 믿지 않는데 어떻게 소망할 수 있는가?" 베드로전서 1장 3절에서 얻은 답은 새로 태어나는 것이었습니다. "우리 주 예수 그리스도의 아버지 하나님을 찬송하리로다. 그의 많으신 긍휼대로 예수 그리스도를 죽은 자 가운데서 부활하게 하심으로 말미암아 우리를 거듭나게 하사 산 소망이 있게 하시며." 성령은 그의 뜻하시는 대로 불어 인간의 마음을 일깨우십니다. 영적 생명을 주셔서 믿음이 태어나고 한때 메말랐던 마음의 대지로부터 살아 있는 소망이 솟아나게 하십니다.

그런 후에 이렇게 질문했습니다. "한번 시작된 소망은 어떻게 지속되는가?" 로마서 15장 4절에서 찾은 답은 하나님의 약속이었습니다. "무엇이든지 전에 기록된 바는 우리의 교훈을 위하여 기록된 것이니 우리로 하여금 인내로 또는 성경의 위로로 소망을 가지게 함이니라." 우리의 소망은 하나님이 그의 말씀(Word) 속에서 하시는 말씀으로 지속됩니다.

그리고 또 질문했습니다. "우리는 무엇을 소망하는가? 우리가 실상 소망하는 바는 무엇인가?" 지금까지 세 가지로 답했고, 오늘 그 네 번째 답을 제시할 것이며, 다음 주에는 다섯 번째 답을 찾을 것입니다. 디도서 2장 13절에서 우리는 복된 소망이 "우리의 크신 하나님 구주 예수 그리스도의 영광이 나타나심을 기다리게 하셨으니"라는 답을 찾았습니다. 로마서 8장 23절에서는 우리의 소망이 "우리 몸의 속량"을 기다린다는 답을 찾았습니다. 갈라디아서 5장 5절에서는 우리 의가 완성(consummation)될 것을 기다린다고 했습니다.

우리는 소망으로 삽니다. 우리 주와 얼굴과 얼굴을 마주하게 될 것을 기다립니다. 더 이상 병들지 않는 온전하고 건강한 몸을 갖기를 기다립니다. 그리고 더 이상 죄를 짓지 않는 온전하고 건강한 영혼을 기다립니다.

이와 더불어, 어머니 날에는 하나님께 소망을 둔 거룩한 여인들(벧전 3:5)에 대해 나누었고, 기독교 교육 주일에는 소망을 주는 교육(시 78:7)에 대해 나누었으며, 아버지 날에는 소망을 주는 아버지(골 3:21)에 대해 나누었습니다. 이들 메시지의 배경은 소망이 구원하는 믿음에서 중요한 일부라는 것과 그리스도인의 삶에서 기쁨과 사랑과 용기와 인내를 솟아오르게 한다는 것입니다. 제 목표는 단순합니다. 믿지 않는 사람들을 설득하고 믿는 자들을 권면해 자기 자신에게 있는 것이나 세상이 주는 것이 아닌 하나님의 은혜에 소망을 두게 하는 것입니다.

하나님의 영광을 소망하는 것에 대한 세 가지 진리

오늘 아침 우리는 다시 한 번 우리 소망의 내용을 살펴보고 있으며, 이번에는 하나님의 영광을 보도록 하겠습니다. 오늘 본문은 로마서 5장 1-2절입니다. "그러므로 우리가 믿음으로 의롭다 하심을 받았으니 우리 주 예수 그리스도로 말미암아 하나님과 화평을 누리자. 또한 그로 말미암아 우리가 믿음으로 서 있는 이 은혜에 들어감을 얻었으며 하나님의 영광을 바라고 즐거워하느니라."

2절 후반부를 주목해 보십시오. "하나님의 영광을 바라고 즐거워하느니라." 이 부분에서 세 가지 놀라운 진리를 펼쳐 보려고 합니다. 1) 하나님의 영광은 참으로 위대합니다. 2) 하나님의 영광은 예수 그리스도 안에 있는 확실한 소망입니다 3) 하나님의 영광을 소망하면 마음에 기쁨과 환희가 차오릅니다.

위대한 영광

첫째로 —여기에 설교 대부분을 할애하겠습니다— 하나님의 영광은 참으로 위대합니다. 본문에 나오는 두 가지 사실에서 찾아낸 핵심입니다. 하나는 이것을 소망하는 것만으로도 —그것을 소유하는 것은 말할 것도 없고— 믿는 자에게 환희가 생긴다는 사실입니다. 다른 하나는 그것이 '하나님의' 영광이며, 하나님은 참으로 위대하다는 사실입니다!

〈스타〉 지에 실린 이번 주 교리문답의 질문은 "하나님은 누구신가?"입니다. 그에 대한 답은 이것입니다. "하나님은 영이시다. 그는 무한하시며 영원하고 변함이 없으시며, 본질적으로 지혜와 능력과 거룩과 공의와 선함과 진리가 되신다." 달리 말해, 하나님은 참으로 위대하십니다. 그러므로 그분의 영광도 참으로 위대합니다.

만일 우리가 오늘 아침 그 영광을 보고 나누면서도 기쁨으로 충만하지 않는다면, 지금 당장 하나님이 우리 마음의 눈을 여셔서 우리의 감정을 일깨우고 그분의 영광을 음미하게 하시도록 기도해야 합니다.

하나님 영광의 위대함을 보여 주시는 하나님의 11가지 방법

하나님은 우리가 신약성경 안에서 다양한 방법으로 그 영광의 위대함을 알 수 있도록 우리를 선대하고 계십니다. 저는 이 11가지 중에 하나든 여러 개든 우리의 마음속 깊이 파고들어 하나님의 영광을 갈망하는 마음이 생겨나기를 소망하며 그 방법을 하나씩 말씀드릴까 합니다. 일단은 자세히 설명하지 않고, 본문 자체에서 무엇이라 말하는지 찾아보겠습니다.

1. 그 영광이 영원하다고 말씀하심

하나님은 그분의 영광이 영원하다고 말씀하심으로 영광의 위대함을 보이십니다. 로마서 11장 36절입니다. "이는 만물이 주에게서 나오고 주로 말미암고 주에게로 돌아감이라 그에게 영광이 세세에 있을지어다. 아멘." 하나님 영광의 위대함은 그 영광이 결코 끝나지 않는다는 사실에서 볼 수 있습니다. 영속성과 영존성에 그 위대함이 있습니다.

2. 세상의 사라질 영광과 비교하심

하나님은 잠시 후면 스러질 세상의 일시적인 영광과 비교하시는 것으로 그분의 영광의 위대함을 보여 주십니다. 베드로전서 1장 24절입니다. "모든 육체는 풀과 같고 그 모든 영광은 풀의 꽃과 같으니 풀은 마르고 꽃은 떨어지되, 오직 주의 말씀은 세세토록 있도다."

이 구절에서 "육체"(flesh)란 신령하지 않은 모든 것을 일컫습니다. 육에 속한 사람이 성취한 모든 것은 풀과 같고, 그 모든 영광은 —엔지니어 분야의 영광, 건축의 영광, 예술의 영광, 전기의 영광, 핵의 영광, 컴퓨터의 영광 등 인간의 모든 위대한 영광은— 하나님의 영원한 영광에 비하면 민들레의 꽃봉오리와도 같습니다.

C. S. 루이스는 1941년 6월 8일에 "영광의 무게"라는 위대한 설교를 했습니다. 그는 이렇게 말했습니다. "나라, 문화, 예술, 문명, 이 모든 것은 사라질 것들이며 그것의 생명은 우리의 생명에 비하면 하루살이와도 같다." 세상의 가장 큰 영광이 우리에 비하면 하루살이의 생명과도 같다는데, 그러면 하나님의 영광, 우리가 그 안에서 살아가고 움직이고 존재 이유를 찾는 하나님의 영광은 얼마나 위대하겠습니까!

3. 영광의 힘과 능력을 말씀하심

하나님은 영광의 힘과 능력을 말씀하심으로써 영광의 위대함을 보이십니다. 골로새서 1장 11절입니다. "그의 영광의 힘을 따라 모든 능력으로 능하게 하시며." 그리고 데살로니가후서 1장 9절에서는 반대로 "그의 힘의 영광"이라고 말합니다. 하지만 핵심은 다르지 않습니다. 하나님의 영광이 위대한 능력 안에서 빛나고, 하나님의 능력은 위대한 영광 안에서 드러납니다.

하나님의 영광이 얼마나 큰지 가늠하고 싶다면 하나님의 능력의 범위를 생각해 보십시오. 이사야서 40장에서 말하길, 하나님은 "손바닥으로 바닷물을 헤아렸으며 … 막대 저울로 언덕들을 달아" 보셨습니다. 그리고 다니엘서 4장에서 말하길, 하나님은 "하늘의 군대에게든지 땅의 사람에게든지 … 자기 뜻대로 행하시나니 그의 손을 금하든지 혹시 이르기를 네가 무엇을 하느냐고 할 자가 아무도" 없습니다. 그리고 히브리서 1장 3절은 "그의 능력의 말씀으로 만물을 붙드시며"라고 했습니다. 하나님은 모든 상상을 뛰어넘는 막강한 능력을 갖고 계시며 그 능력은 하나님의 영광의 한 표현일 뿐입니다. 그러므로 그분의 영광은 참으로 위대합니다.

4. 영광으로 그리스도를 죽은 자 가운데서 일으키심

하나님은 역사 속에서 능력과 사랑의 가장 위대한 일을 행하시되 그것을 그분의 영광으로 말미암아(by his glory) 행하신다 말씀하심으로써 그분의 영광의 위대함을 알리십니다. 로마서 6장 4절입니다. "우리가 그의 죽으심과 합하여 세례를 받음으로 그와 함께 장사되었나니 이는 아버지의 영광으로 말미암아 그리스도를 죽은 자 가운데서 살리심과 같이 우리로 또한 새 생명 가운데서 행하게 하려 함이라." 예수 그리스도는 아버지의 영광으로 말미암아 죽음에서 일어나셨습니다. 만약 예수님의 부활이 위대한 일이라면, 그리고 수많은 이들의 영원한 소망이 그 위대한 일에 달려 있다면, 아버지의 영광은 분명 가장 위대할 수밖에 없습니다. 죽음의 사슬을 끊고 생명과 영생을 빛 가운데로 불러내는 것은 아버지의 영광이었기 때문입니다.

5. 영광의 풍성함을 반복적으로 상기시키심

하나님은 그 영광의 풍성함과 부요함을 계속 언급하심으로써 우리 생각 속에 그 영광의 위대함을 심어 주십니다. 로마서 9장 22-23절입니다. "만일 하나님이 그의 진노를 보이시고 그의 능력을 알게 하고자 하사 멸하기로 준비된 진노의 그릇을 오래 참으심으로 관용하시고, 또한 영광 받기로 예비하신 바 긍휼의 그릇에 대하여 그 영광의 풍성함을 알게 하고자 하셨을지라도 무슨 말을 하리요?" 하나님은 그분의 영광을 풍성함에 비유하시고, 모든 역사의 궁극적인 목적은 그 풍성한 영광의 위대함을 영광을 받기 위해 예비된 긍휼의 그릇에게 알게 하시는 것이라고 말씀하십니다.

6. 영광의 기쁨을 이생의 고난과 비교함

하나님은 현재의 고난과 비교할 수 없는 장래의 기쁨을 말씀하심으로써 그 영광의 위대함을 강조하십니다. 로마서 8장 18절입니다. "생각하건대 현재의 고난은 장차 우리에게 나타날 영광과 비교할 수 없도다." 지금 삶에서 얼마나 많은 고난을 겪는지 상관없이, 하나님의 영광의 기쁨은 참으로 크기 때문에 오랜 세월의 고난도 아무것 아닌 듯이 느껴질 것입니다.

7. "영광의 중한 것"이라 지칭하심

하나님은 고린도후서 4장 17절에서 영광에 관해 말씀하시면서 우리가 장차 경험할 영광은 "영광의 중한 것"이라고 덧붙이십니다. "우리가 잠시 받는 환난의 경한 것이 지극히 크고 영원한 영광의 중한 것을 우리에게 이루게 함이니." 하나님의 영광은 영원하고 중하다는 것을 기억하십시오. 이에 비하면 환난은 잠시뿐이고 가볍습니다.

여러분의 삶에 무거운 것이 있습니까? 너무 무거워서 질질 끌고 다녀야 할 것 같은 짐을 짊어지고 계십니까? 주님은 하나님의 영광이 참으로 중하기 때문에, 그 영광이 우리의 삶에 기쁨으로 임하면 세상의 모든 무거운 것이 공기처럼 가벼워질 것이라고 가르치십니다.

8. 영광에서 떠나는 것을 영원한 형벌과 연관시킴

하나님은 심판의 날에 가장 큰 형벌은 그 영광에서 떠나는 것이라고 말씀하심으로 그 영광의 위대함을 우리에게 보이십니다. 데살로니가후서 1장 9절입니다. 그리스도께서 오시는 날에 믿지 않는 자들은 "주의 얼굴과 그의 힘의 영광을 떠나 영원한 멸망의 형벌을 받으리로다."

1974년에 어머니가 돌아가시고 몇 달 후 아버지가 제가 성장한 고향 집을 파셨을 때, 마지막으로 마음을 정리할 수 있는 기회가 있었습니다. 어머니를 추억하고 내가 다시는 이곳에 돌아오지 못하리라는 것을 떠올리며 이방 저방을 걸어다니는 참으로 가슴 뭉클한 경험이었습니다. 그런데 생의 마지막에 이른 사람이 하나님의 영광을 향해 영원한 작별을 고해야 한다는 것은 얼마나 비참하고 통탄스런 일이겠습니까! 우리의 마음은 하나님의 영광을 즐거워하도록 창조되었습니다. 하나님이 우리의 진정한 고향이십니다. 그분의 영광은 참으로 위대합니다! 그분의 영광이 없으면 영원히 가슴앓이를 할 것입니다. 주의 임재에서 떠나고 주의 능력의 영광에서 떠나게 만드는 삶을 살지 마십시오.

9. 영광이 태양을 대신하게 될 것을 보이심

하나님은 장차 하나님의 영광이 태양을 대신해서 우리에게 비추실 것을 보여 주시며 그 영광의 위대함을 그려 주십니다. 요한계시록 21장 23절입니다. "그 성은 해나 달의 비침이 쓸데없으니 이는 하나님의 영광이 비치고 어린 양이 그 등불이 되심이라." 지금은 태양의 광대함과 광채를 상징적으로 보며 하나님의 영광의 위대함과 광채를 떠올릴 뿐입니다. 하지만 언젠가는 진정한 광채가 빛으로 우리를 압도할 것이기에 상징이나 기념물이 필요 없게 됩니다.

10. 하늘에서 벌어지는 예배의 모습을 계시하심

하나님은 그분을 온전히 높여 드리는 하늘의 예배 모습을 계시하심으로 그 영광의 위대함을 극대화하십니다. 요한계시록 5장 11-14절입니다. "내가 또 보고 들으매 보좌와 생물들과 장로들을 둘러 선 많은 천사의 음성이 있으니 그 수가 만만이요 천천이라. 큰 음성으로 이르되, 죽임을 당하신 어린 양은 능력과 부와 지혜와 힘과 존귀와 영광과 찬송을 받으시기에 합당하도다 하더라. 내가 또 들으니 하늘 위에와 땅 위에와 땅 아래와 바다 위에와 또 그 가운데 모든 피조물이 이르되, 보좌에 앉으신 이와 어린 양에게 찬송과 존귀와 영광과 권능을 세세토록 돌릴지어다 하니, 네 생물이 이르되 아멘 하고 장로들은 엎드려 경배하더라."

우리에게 하늘에서 이뤄지는 예배의 모습을 보여 주신 이유는 하나님의 위대하심과 그 영광의 무한한 가치를 느끼게 하시려는 것입니다.

11. 영광의 완전한 광채이신 예수님을 보여 주심

마지막으로, 히브리서 1장 3절에서 예수 그리스도는 "하나님의 영광의 광채시요 그 본체의 형상이시라"고 말하는 것을 통해 우리는 하나님 영광의 위대함을 알게 됩니다. 하나님의 영광은 멀거나 낯선 것이 아닙니다. 우리가 예수님을 보았다면, 아버지도 본 것입니다! 이 영광의 품성이 어떠한지 우리는 알고 있습니다. 은혜와 진리가 충만한 예수님과 같을 것입니다.

그러므로 바울이 로마서 5장 2절에서 "하나님의 영광을 바라고 즐거워하느니라"고 말한 것은 우리가 하나님의 영광이 얼마나 위대한지 알고 느끼라는 의미입니다. 그 안에 경이가 있고 경외함이 있으며, 감탄이 있고, 명성과 찬양과 찬사가 있다면, 그것은 하나님의 영광에 속한 것입니다. 하나님의 영광과 비교할 때 다른 모든 영광은 풀과 같습니다. 이것이 가장 중요한 첫 번째 항목입니다. 즉 하나님의 영광은 참으로 위대합니다.

확실한 소망

두 번째로 하나님의 영광은 예수 그리스도 안에 있는 확실한 소망입니다.

로마서 5장 2절 말씀입니다. "하나님의 영광을 바라고 즐거워하느니라." 하늘은 하나님의 영광을 선포하고 예수님은 그 영광의 형상이자 광채시지만, 하나님의 영광은 아직 온전히 다 드러나지 않았습니다. 우리가 지금 살아가면서 소망하는 것보다 훨씬 큰 영광이 나타날 것입니다. 우리는 기다립니다. 우리는 그리스도를 기다립니다. 우리는 강건함을 기다립니다. 우리는 의를 기다립니다. 그리고 우리는 하나님의 영광을 기다립니다.

로마서 5장 1-2절에는 우리가 이 영광에 참예하게 되리라는 강력한 확신과 보장을 그리스도인들에게 주려고 의도된 세 개의 문구가 등장합니다. 우리는 그 영광이 제대로 나타날지 의심하며 기다리지 않습니다. 우리는 하나님의 영광이 우리의 영원한 분깃이 될 것을 알고 기다릴 수 있습니다.

첫 번째 구절은 "믿음으로 의롭다 하심을 받았으니"입니다. 두 번째 구절은 "하나님과 화평을 누리자"입니다. 세 번째 구절은 "우리가 믿음으로 서 있는 이 은혜"입니다.

우리가 이 말씀으로 충만해지고, 하나님의 영광에 대한 소망으로 마음이 환하게 되어서, 내일 아침 기분 좋게 휘파람을 불고 출근을 한다고 칩시다. 누군가 이렇게 묻습니다. "뭣 때문에 그렇게 행복한 거요?" 그러면 우리는 이렇게 말합니다. "하나님의 영광에 참여하게 된다는 걸 알기 때문이지요." 사람들이 말합니다. "그걸 어떻게 압니까?" 우리는 어떻게 대답해야 할까요?

바울은 이 세 개의 구절로 대답해야 한다고 말합니다. "나는 믿음으로 의롭다 함을 받았고, 하나님과 화평을 누리고 있으며, 하나님의 은혜 가운데 서 있으니 하나님의 영광에 참여하게 될 거랍니다."

만일 사람들이 "그런데 하나님의 은혜 가운데 어떻게 들어갈 수 있었습니까?"라고 물으면 2절 말씀으로 대답하면 됩니다. "나를 사랑하시고 나를 위해 자신을 내어 주신 예수 그리스도를 통하면 됩니다. 예수님 때문에 하나님은 내 모든 죄값을 다 치러 주시고 그 앞에 의롭다고 인정해 주셨지요. 예수님 덕분에 이제는 하나님과 화평하게 지낸답니다. 우리는 더 이상 원수가 아니라 친구라고요. 그리고 예수님 때문에 엄마 품에 안긴 아기처럼 안전하고 확실하게 하나님 은혜 속으로 들어갈 수 있었답니다."

그리고 제가 여러분 한 분 한 분에게 말씀드리듯 말씀하시면 됩니다. "이봐요 친구, 당신도 하나님의 영광에 참여하고 싶지 않습니까? 죄에서 돌이키고 그리스도를 믿기 시작하면 당신도 가능합니다. 그리스도께서 칭의를 주십니다. 그분이 하나님과 화평하게 해 주십니다. 그분이 은혜 위에 은혜를 더해 주실 것입니다. 그러니 하나님의 영광을 소망하는 것이 모래 위에 집을 짓는 것과는 전혀 같지 않습니다. 예수 그리스도의 성품만큼이나 확실합니다."

지금까지 말씀드린 두 가지 항목은 이것입니다. 첫 번째는 하나님의 영광은 참으로 위대하다는 것이고, 두 번째는 하나님의 영광은 예수 그리스도 안에 있는 확실한 소망이라는 것입니다.

마음에 차오르는 기쁨과 환희

이제 마지막 세 번째 항목입니다. 여러분에게 반응할 기회를 드릴 수 있음에도 제가 오늘 설교에서는 많이 다루지 못하는 내용입니다. 아주 단순합니다. 하나님의 영광에 대한 소망은 마음에 기쁨과 환희를 채워 줍니다. "하나님의 영광을 바라고 즐거워하느니라."

하나님 앞에서 늘 즐거워할 수 있는 이유는 그리스도인의 삶이 편해서가 아닙니다. 결코 그렇지 않습니다. 이는 하나님의 영광이 우리의 생각을 뛰어넘어 위대하기 때문이고 예수 그리스도 안에서 반석처럼 확실하기 때문입니다.

그러므로 기뻐하십시오!

영광의 소망으로 기뻐하라!
심판자이신 우리 주님 오시리
하나님의 종들아 일어나
영원한 천국에 가보세.
네 맘을 열고 목소리 높이라!
다시 말하노니, 기뻐하라!
(찬송가 "만유의 주 앞에")

25장

거룩과 소망을 위해 고난과 기쁨으로 부르시다

로마서 5:1-8

그러므로 우리가 믿음으로 의롭다 하심을 받았으니 우리 주 예수 그리스도로 말미암아 하나님과 화평을 누리자. 또한 그로 말미암아 우리가 믿음으로 서 있는 이 은혜에 들어감을 얻었으며 하나님의 영광을 바라고 즐거워하느니라. 다만 이뿐 아니라 우리가 환난 중에도 즐거워하나니 이는 환난은 인내를, 인내는 연단을, 연단은 소망을 이루는 줄 앎이로다. 소망이 우리를 부끄럽게 하지 아니함은 우리에게 주신 성령으로 말미암아 하나님의 사랑이 우리 마음에 부은 바 됨이니. 우리가 아직 연약할 때에 기약대로 그리스도께서 경건하지 않은 자를 위하여 죽으셨도다. 의인을 위하여 죽는 자가 쉽지 않고 선인을 위하여 용감히 죽는 자가 혹 있거니와 우리가 아직 죄인 되었을 때에 그리스도께서 우리를 위하여 죽으심으로 하나님께서 우리에 대한 자기의 사랑을 확증하셨느니라.
_롬 5:1-8

앞으로 4주 동안 여러분이 그리스도를 위해 고난 받을 준비가 되시도록 제가 도울 수 있기를 소망합니다. 우리가 그리스도를 위해 고난 받을 준비를 해야 하는 이유는 성경이 그렇게 말씀하고 있기 때문이고, 또한 우리 세대가 그렇게 말하고 있기 때문입니다.

고난 받을 준비

「옥스퍼드 세계기독교백과사전」을 편집한 선교사이자 학자인 데이비드 배럿(David Barrett)은 2000년에 어떤 일이 일어날지 조망하면서 전 세계적으로 일어나는 기독교 운동의 상황에 대한 자료를 매해마다 증보하여 개정 출간하고 있습니다(1982년에 초판본이 출간됨). 올해 개정판에 실린 보고에 따르면 1980년대 당시 기독교 순교자는 270,000명이었습니다. 올해는 308,000명 정도가 될 것이고 2000년에는 500,000명이 될 것으로 추산하고 있습니다.* 대체적으로 이들은 그리스도인이라는 이유로 살해당한 사람들입니다.

오늘날 소말리아에는 수만 명의 그리스도인들이 적대세력들에 의해 의도적으로 고립되고 굶주림에 죽어 가고 있습니다. 나이지리아에서는 무슬림과 기독교인들 간의 긴장이 위험스러울 정도로 높아지고 있습니다. 중국과 기타 여러 나라에 있는 수백만 그리스도인들도 지속적인 괴롭힘과 투옥의 위협 속에 살고 있습니다.

우리가 사는 지역에서는 특히 지적인 엘리트들과 미디어 선도자 같은 세속적 사회 구성원들이 점차 복음주의 교회와 우리가 믿고 있는 의와 선에 관한 성경적 관점에 대해 적대적으로 변해 가고 있습니다. 그들의 적대적인 성향이 낳은 맨 처음 수정법안은 너무 왜곡되어 있어서, 정부 자원과 규정으로 수도와 전기와 하수도 같은 공공시설

* *International Bulletin of Missionary Research*, 16권 1호, 1992년 1월, 27쪽.

을 교회 건물에 연결하도록 하는 것이 위헌적이라고 주장하는 것은 더 이상 놀라운 일이 아닙니다.

평화롭게 낙태 반대 운동을 벌이는 시위자들이 단지 공공장소에서 기도하는 것조차 낙태 옹호론자들의 맹렬한 공격을 받을 수 있습니다. 뉴욕의 버팔로에서는 경찰의 보호를 받기는커녕 범법행위로 고발을 당했습니다.

유명 연예인들이 수십 년 전이었다면 당연히 비난 받았을 방식으로 예수님의 이름을 공공연하게 멸시하고 모욕하고 있지만, 오늘날에는 오히려 간과되거나 지지를 얻습니다.

지상 대사명의 대가

그리스도인이 되는 것에 따르는 대가는 앞으로 더욱 커질 것입니다. 지상 대사명(Great Commission)을 마무리하기 위해서는 우리의 목숨을 대가로 지불해야 할 것입니다. 이미 과거에 그러했고 지금도 언제나 그렇습니다. 1800년 전 터툴리안은 이렇게 말했습니다. "우리(그리스도인)는 당신들에 의해 목이 잘린 곳에서 더욱 번성합니다. 그리스도의 피가 씨앗이기 때문입니다"(Apologeticus, 50). 그리고 200년 후 성 제롬은 이렇게 말했습니다. "그리스도의 교회는 다른 이들의 피가 아니라 그리스도 그분의 피가 흘러 세워졌다. 분노를 발산하는 대신 분노를 감내하면서 하는 일이다. 교회는 박해로 성장하며 순교자를 통해 영광을 얻는다"(Letter 82).

우리는 오늘날 복음에 문을 닫은 나라들에 대해 많은 이야기를 합니다만, 선교를 향한 하나님의 관점은 거의 잃어버리고 말았습니다. 하나님은 선교를 그리 쉽고 안전한 일이라고 말씀하지 않으셨는데도 말입니다. 박해와 투옥과 죽음이야말로 복음 전파의 결과라고 생각하는 사람들에게 닫힌 나라란 없습니다. 예수님은 그것이 당연한 결과라고 분명히 말씀하셨습니다. "그때에 사람들이 너희를 환난에 넘겨 주겠으며 너희를 죽이리니, 너희가 내 이름 때문에 모든 민족에게 미움을 받으리라"(마 24:9). "사람들이 나를 박해하였은즉 너희도 박해할 것이요"(요 15:20).

고난과 복음 전파에 대한 하나님의 관점을 회복하기까지는 하나님이 계획하신 은혜의 승리를 누릴 수 없습니다.

선교와 사회 정의에 순종하려면 언제나 비싼 대가를 지불해야 했고 앞으로도 그럴 것입니다. 나이지리아의 미안고라는 마을에 선교단체 SIM의 게스트 하우스와 커크 채플이라는 작은 교회가 있습니다. 교회 뒤편에는 56개의 무덤이 놓인 조그마한 공동묘지가 있습니다. 그중 33개의 무덤에 선교사 자녀들의 시신이 묻혀 있습니다. 묘비에는 이렇게 적혀 있습니다. "에틸 아놀드, 1928년 9월 1일 출생-1928년 9월 2일 사망", "바바라 J. 스완슨, 1946년 출생-1952년 사망", "에일린 루이스 위트모이어, 1952년 5월 6일 출생-1955년 7월 3일 사망." 이것은 지난 세월 동안 나이지리아에 복음을 전하려 한 많은 가정들이 치른 대가입니다. 찰스 화이트(Charles White)는 이곳의 작은 묘지를 보러 왔다가 참으로 놀라운 결론을 내리게 되었다고 말합니다. "미안고 마을의 무덤을 이해할 수 있는 한 가지 방법은 하나님 역시 그 아들을 선교 현장에 묻으셨다는 사실을 기억하는 것입니다.* 하나님이 그 아들을 죽은 자 가운데서 일으키셨을 때, 교회들 역시 하나님을 따라 "온 세상"이라는 동일하게 위험한 현장에 나가라고 부르셨습니다. 그런데 우리는 기꺼이 그분을 따르고 있습니까?"

디모데후서 3장 12절을 어떻게 실천하고 있는가?

2년 전 네덜란드의 에르멜로에서 전도자 앤드류 형제가 들려준 이야기입니다. 앤드류 형제는 헝가리 부다페스트에서 10여 명의 목회자들과 함께 앉아 성경을 가르치고 있었습니다. 그때 최근 루마니아의 감옥에서 풀려난 오랜 친구 목사님이 들어왔습니다. 앤드류 형제는 지금은 들어야 할 때임을 알고 강의를 멈췄다고 합니다.

한참이 지난 후 루마니아 목사님이 물었습니다. "앤드류 형제, 네덜란드에는 감옥에 들어간 목사들이 있소?" 그가 대답했습니다. "없습니다." 목사님이 물었습니다. "왜 없지요?" 앤드류 형제는 잠시 생각하다가 입을 열었습니다. "응당 그래야 하는데, 하나님이 주신 기회를 하나도 못 누리고 있군요."

그런 뒤 가장 어려운 질문이 들어왔습니다. "앤드류 형제, 디모데후서 3장 12절을 어떻게 실천하고 계시오?" 앤드류 형제는 성경을 열어 본문을 찾은 뒤 큰 소리로 읽었습니다. "무릇 그리스도 예수 안에서 경건하게 살고자 하는 자는 박해를 받으리라." 그는 천천히 성경을 덮으며 이렇게 말했습니다. "형제님, 저를 용서해 주세요. 우리는 그 말씀을 하나도 실천하지 못하고 있습니다."**

* Charles White, "Small Sacrifices", *Christianity Today*, 36권, 7호, 1992년 6월 22일, 33쪽.

** Herbert Schlossberg의 *Called to Suffer, Called to Triumph* 서문에서 따옴(Portland: Multnomah Press, 1990), 9-10쪽.

우리는 경건(godliness)이라는 개념을 남에게 해를 입히지 않는 중산층의 도덕성과 준법심 정도로 길들여 놓고 있는 게 아닌지 두렵습니다. 그러니 디모데후서 3장 12절 말씀이 이해가 되지 않는 것입니다. 우리 중에 많은 이들이 복음을 위해 고난 받을 준비가 되지 않은 것 같습니다. 그래서 그에 관한 성경의 말씀과 더불어, 오늘날 하나님이 우리를 무엇으로 부르시는지에 대해서 4주 동안 다뤄야 할 것 같습니다.

성경이 말하는 고난의 네 가지 목적

4주 동안 전하는 메시지들은 고난의 네 가지 목적과 상응합니다. 우리가 고난의 목적에 대해 이야기할 수 있는 이유는 고난을 당하는 것이 명백한 하나님의 목적이기 때문입니다. 예를 들면 이 말씀입니다. "하나님의 뜻대로 고난을 받는 자들은 또한 선을 행하는 가운데에 그 영혼을 미쁘신 창조주께 의탁할지어다"(벧전 4:19. 벧전 3:17, 히 12:4-11 참조).

제가 생각하는 고난의 네 가지 목적은 이것입니다.

1) 도덕적인 목적. 고난은 우리의 경건과 소망을 단련시키기 때문입니다(롬 5:1-8).

2) 친밀함의 목적. 고난을 당하는 동안 그리스도와 우리와의 관계가 더욱 깊어지고 아름다워지기 때문입니다(빌 3:7-14).

3) 선교적 목적. 하나님은 우리가 현실의 삶을 통해 그리스도의 가치를 전파하면서 그리스도의 고난을 완성하도록 부르시기 때문입니다(골 1:24).

4) 영광의 목적. 잠시 받는 고난의 경한 것이 우리 안에 지극히 크고 영원한 영광의 중한 것을 이루게 하기 때문입니다(고후 4:16-18).

고난의 도덕적(영적) 목적

오늘 우리는 고난의 도덕적(영적) 목적을 중점적으로 보겠습니다. 하나님은 우리에게 복음과 의를 위해 고난을 받도록 하셨습니다. 그것은 우리에게 임할 도덕적이고 영적인 결과 때문입니다.

하나님의 영광을 소망하며 기뻐하기

이것과 관련한 위대한 본문 하나를 읽겠습니다. 로마서 5장 3-4절입니다. 우리가 믿음으로 의롭다 함을 얻고 예수님을 통해 은혜로 들어가며, 은혜 안에 서게 된 것을 보여 준 뒤에, 바울은 2절에서 우리 그리스도인들이 "하나님의 영광을 바라고 즐거워하느니라"고 말합니다. 그리스도인의 삶에서 생겨나는 기쁨의 주 원인은 우리가 하나님의 영광을 보고 참여하게 될 것이라는 간절한 소망 때문입니다. 하나님의 영광에 대한 소망은 우리가 지닌 기쁨의 핵심입니다.

그것이 진실이라면, 바울은 참으로 일관되게 3절과 4절에서 우리의 소망을 더해 주는 것들도 기뻐하게 될 것이라고 말합니다. 그에 대한 논리적 전개는 다음과 같습니다. 2절, 우리는 하나님의 영광을 소망하는 데서 시작합니다. 4절, 그리고 결국 소망으로 끝맺습니다. 즉 우리가 소망하면서 기뻐하면, 우리에게 소망을 가져다 줄 것들도 기뻐하게 될 것입니다.

소망을 가져오는 것

3-4절은 그것이 무엇인지 설명합니다. "다만 이뿐 아니라[하나님의 영광을 바라며 기뻐할 뿐 아니라] 우리가 환난 중에도 즐거워하나니 이는 환난은 인내를, 인내는 연단을, 연단은 소망을 이루는 줄 앎이로다."

우리가 환난 중에도 기뻐하는 이유는 고통이나 불행이나 불편이나 어려움을 좋아해서가 아닙니다(우리는 마조히스트들이 아닙니다). 환난은 우리가 원하는 것, 즉 오랜 인내의 경험과 검증을 통해 강하디 강한 소망을 이루기 때문입니다.

백성들의 고난에 대한 하나님의 목적

그렇다면 여기서 주된 교훈은 백성들의 고난에는 하나님의 목적이 있다는 것입니다. 그리고 그 목적은 그들이 수고하는 사역의 목표와는 다를 때가 많습니다. 사역의 목표는 우리 도시에 거주하되 교회에 나오지 않는 독신자나 도시 외곽의 전문직 종사자 혹은 터키계 무슬림에게 복음을 전하는 것일 수 있습니다. 하지만 하나님의 목적은 사역자들과 선교사들을 감옥에 갇히게 함으로써 그들이 더 큰 소망을 갖게 하는 것일 수 있습니다. 하나님은 늘 그보다 더 많은 일을 하시지만(앞으로 몇 주간 보겠지만), 그것으로도 충분합니다.

다시 말해, 하나님은 우리가 행하는 사역의 생산성이나 효율성 따위에는 관심이 없으실 수 있습니다. 바울은 투옥되고 매를 맞고 파선하고 계획이 틀어질 때마다 하나님의 기이한 역사를 기대해야 했습니다. 하나님은 그분의 선교 사역이 그렇게 매번 막히도록 내버려두시니, 어쩌면 그렇게도 비효율적일까요? 오늘 본문이 답이 될 것 같습니다(유일한 답은 아닙니다). 하나님은 잃어버린 자를 찾는 중에 그의 백성이 더 큰 소망과 경건을 얻게 되도록 힘을 기울이고 계십니다. 그리고 그 두 가지의 균형을 어떻게 유지하며 공히 최고의 방법으로 이루어 가실지는 오직 하나님만이 알고 계십니다.

고난의 세 가지 결과

이번에는 고난의 결과를 좀 더 구체적으로 보겠습니다. 3-4절에 세 가지 결과가 상세히 나옵니다.

인내

먼저, 고난은 인내를 이룹니다. 혹은 참고 견디게 합니다. 바울은 이것이 언제나 그렇다고 말하지 않습니다. 많은 이들에게 고난은 증오와 쓴뿌리와 분노와 화와 불평을 가져옵니다. 하지만 그리스도의 성령을 받은 자들에게는 그런 결과가 지속되지 않습니다. 그들에게 고난은 인내라는 결과로 나타납니다. 성령의 열매이기 때문입니다.

우리의 삶에 고난이 오기 전까지, 특히 그 고난이 그리스도와 그분의 의를 위한 것이기 전까지는 그리스도에 대한 확장되고 깊이 있는 헌신을 경험하지 않습니다. 힘겨운 시간이 오기 전까지는 우리가 —마가복음 4장 16-17절에 나오는 겨자씨 비유에서 예수님이 설명하신 것처럼— 편할 때만 반응하는 그리스도인인지 아닌지 실제로 알 길이 없습니다.

또 이와 같이 돌밭에 뿌려졌다는 것은 이들을 가리킴이니 곧 말씀을 들을 때에 즉시 기쁨으로 받으나 그 속에 뿌리가 없어 잠깐 견디다가 말씀으로 인하여 환난이나 박해가 일어나는 때에는 곧 넘어지는 자요.

따라서 바울은 환난이 가져오는 위대한 결과 중 하나가 하나님의 백성들 안에 길이 참는 인내를 이루는 것이라고 말하고 있습니다. 그리하여 자신들의 삶에서 하나님의 신실하심을 보고 자신이 정말 하나님의 소유임을 깨닫게 됩니다.

연단(검증된 성품)

두 번째 결과의 핵심은 이것입니다(4절). "인내는 연단(proven character)을 [이루는 줄]." 도키멘(dokimen)이라는 단어는 문자 그대로 "시험을 받고 검증된 경험"을 뜻합니다. "공인됨"(approvedness) 혹은 "검증"(provenness)으로 말할 수도 있습니다.

이해하기 어려운 말이 아닙니다. 환난이 올 때 그리스도께 온전히 헌신하면서 인내하고, 결코 그분께 등을 돌리지 않는다면, 그 환난을 통해 '나는 진짜다, 나는 증명되었다, 나는 위선자가 아니다'라는 더욱 견고한 확신을 얻게 될 것입니다. 믿음이라는 나무는 휘어지되 부러지지 않습니다. 우리의 충성심과 충절은 시험을 받았고 통과했습니다. 이제는 "검증된 성품"을 지녔습니다. 믿음이라는 금이 풀무불에 들어가 소멸된 것이 아니라 잘 정련되어 나왔습니다.

불타는 시험 중에 길이 열리리

내 은혜가 너에게 충만하리라
불꽃이 너를 상하게 못하리니
찌꺼기는 살라지고 정금이 되리라

이것이 고난의 두 번째 결과입니다. 예수님에 대한 우리의 충성이라는 금이 시험받고 정련됩니다. 인내가 연단의 확신을 가져옵니다.

소망

시험을 받고 검증을 받고 정련이 된다는 개념에서 세 번째 결과가 나옵니다. 4절입니다. "연단은 소망을 이루는 줄 앎이로다." 이 말씀 때문에 2절을 다시 보게 됩니다. "하나님의 영광을 바라고 즐거워하느니라." 그리스도인의 삶은 복음 안에 있는 하나님의 약속을 소망하는 데서 시작됩니다. 그리고 고난을 거치며 더 큰 소망으로 상승합니다.

시련을 통과하면서 자신의 진짜 모습을 경험할 때 우리의 소망은 더욱 자라나므로, 연단(approvedness)은 더 많은 소망을 가져옵니다. 하나님을 잘 아는 사람들은 그리스도와 함께 고난을 당한 사람들입니다. 결코 소망 안에서 흔들리지 않는 사람들은 가장 깊은 시험을 받았던 사람들입니다. 영광의 소망을 진지하고 견고하고 간절히 바라는 사람들은 환난을 통해 이생에서의 위로들을 하나씩 벗어 버린 사람들입니다.

영광을 바라며 고난 중에 기뻐하기

이번 설교 시리즈에서 고난과 고통에 관해 맨 처음 이야기했던 내용은 고난에는 하나님의 목적이 있다는 것입니다. 그 목적이란 하나님의 이름을 위하여 백성들 안에서 인내를 이루는 것입니다. 그리고 이를 통해 믿음의 진실성과 그리스도에 대한 충성을 시험하고 입증하고 정련하는 것입니다. 또한 그러한 연단을 통해 우리의 소망이 더욱 강해지고 깊어지며 강화되는 것입니다.

우리에게는 교회로서 갖는 사역 목표가 있습니다(도시 제자 사역, 소그룹 목장, 전도 네트워크, 낙태 반대, 청소년과 어린이 동원). 우리에게는 2000년까지 선교사 2,000명을 파송한다는 원대한 선교 비전도 있습니다. 그리고 그리스도와 그의 나라를 위해 사용할 건물에 대한 비용도 지불하고 예산 집행을 위한 자금 마련도 해야 합니다. 하나님이 주권 가운데 이 모든 일을 얼마나 이루게 하실지 저는 알지 못합니다. 하지만 제가 아는 것이 있습니다. 이러한 목표들을 순종하며 추구하는 가운데 우리가 마주칠 모든 장애물과 좌절과 고통과 고난에 하나님이 의도하신 목적이 있다는 것입니다. 그리고 하나님의 목적은 사역 각각의 목표만큼이나 중요하다는 것입니다. 그분의 목적은 우리의 인내와 연단과 하나님의 영광에 대한 소망입니다.

우리 인생을 계획하는 단계에서 하나님이 어떤 일을 행하실지 모르지만, 그 하나님은 늘 우리 인생의 중심에서 일하고 계십니다. 그러므로 바울과 함께 영광의 소망 중에 기뻐하고 장차 닥칠 환난 중에도 기뻐하십시다.

26장

자격 없는 자에게 주시는 그리스도의 사랑의 깊이

로마서 5:1-11

그러므로 우리가 믿음으로 의롭다 하심을 받았으니 우리 주 예수 그리스도로 말미암아 하나님과 화평을 누리자. 또한 그로 말미암아 우리가 믿음으로 서 있는 이 은혜에 들어감을 얻었으며 하나님의 영광을 바라고 즐거워하느니라. 다만 이뿐 아니라 우리가 환난 중에도 즐거워하나니 이는 환난은 인내를, 인내는 연단을, 연단은 소망을 이루는 줄 앎이로다. 소망이 우리를 부끄럽게 하지 아니함은 우리에게 주신 성령으로 말미암아 하나님의 사랑이 우리 마음에 부은 바 됨이니. 우리가 아직 연약할 때에 기약대로 그리스도께서 경건하지 않은 자를 위하여 죽으셨도다. 의인을 위하여 죽는 자가 쉽지 않고 선인을 위하여 용감히 죽는 자가 혹 있거니와 우리가 아직 죄인 되었을 때에 그리스도께서 우리를 위하여 죽으심으로 하나님께서 우리에 대한 자기의 사랑을 확증하셨느니라. 그러면 이제 우리가 그의 피로 말미암아 의롭다 하심을 받았으니 더욱 그로 말미암아 진노하심에서 구원을 받을 것이니, 곧 우리가 원수 되었을 때에 그의 아들의 죽으심으로 말미암아 하나님과 화목하게 되었은즉 화목하게 된 자로서는 더욱 그의 살아나심으로 말미암아 구원을 받을 것이니라. 그뿐 아니라 이제 우리로 화목하게 하신 우리 주 예수 그리스도로 말미암아 하나님 안에서 또한 즐거워하느니라. _롬 5:1-11

복습

누군가 우리를 위해 사랑을 행한다면, 그 사랑의 깊이를 알 수 있는 네 가지 방법이 있습니다.

1) 그 행위에 따르는 희생

먼저 사랑의 행위를 위해 치르는 희생을 보면 알 수 있습니다. 우리를 사랑하는 그 사람이 얼마나 많은 불편과 손해를 감수했습니까? 그 희생이 클수록 사랑은 깊습니다. 오후 내내 시간을 투자하고 땀을 흘린다면 그것도 어느 정도 사랑이라 말할 수 있습니다. 그런데 자신의 목숨을 대가로 치른다면 그건 차원이 다른 사랑입니다.

2) 사랑 받는 대상의 무가치함

사랑의 깊이를 아는 두 번째 방법은 우리가 얼마만큼 그 사랑을 받을 자격이 없는지 헤아려 보는 것입니다. 마태복음 5장에서 예수님이 말씀하셨습니다.

> 너희가 너희를 사랑하는 자를 사랑하면 무슨 상이 있으리요? 세리도 이같이 아니하느냐? 또 너희가 너희 형제에게만 문안하면 남보다 더하는 것이 무엇이냐? 이방인들도 이같이 아니하느냐?(마 5:46-47)

다시 말해, 사랑의 깊이는 사랑을 베푸는 사람이 치르는 희생의 크기로도 알 수 있지만, 사랑을 되갚을 수 없는 사람, 즉 사랑을 받을 자격이 전혀 없는 사람에게 그 사랑을 주는가를 통해서도 알 수 있습니다. 우리가 심하게 해악을 끼친 상대로부터 진실한 사랑이 올 때 그 사랑은 우리를 압도합니다.

3) 상대에게 끼치는 유익의 크기

사랑의 깊이를 아는 세 번째 방법은 사랑의 행위를 통해 우리에게 얼마나 큰 유익이 오는지 보는 것입니다. 만일 어떤 사람이 와서 자신이 희생하면서까지 우리를 사랑하고 있다고 주장하는데, 그럼에도 그의 사랑으로 실제로 도움을 얻지 못한다면, 우리는 그 사랑이 정말로 의미가 있는지 의심할 수 있습니다. 사랑은 그저 희생만 하는 것이 아닙니다. 사랑은 상대의 삶에 기여를 합니다. 최소한 그것을 의도라도 해야 합니다. 상대에게 큰 선물이 될수록 그 사랑은 더욱 놀라운 것입니다. 요한은 이렇게 기록했습니다.

> 보라 아버지께서 어떠한 사랑을 우리에게 베푸사 하나님의 자녀라 일컬음을 받게 하셨는가(요일 3:1).

하나님 사랑의 위대성은 우리가 하나님의 자녀라 일컬음을 받는, 이 믿을 수 없이 큰 유익에서 알 수 있습니다.

4) 자유로운 행위

마지막으로, 우리는 그 사랑의 행위가 얼마나 자유롭게 행사되는지를 보면서 사랑의 깊이를 압니다. 만일 제가 10년 혹은 15년 간 해마다 아들에게 동생 생일 선물을 준비하라고 말하고서, 아들이 동생에게 줄 선물을 대신 사준다면, 그것도 형제들 간에 어느 정도의 사랑이 있다고 할 수 있겠지요. 그렇지만 아들이 19살이 되어 1년 전부터 멀리 집을 떠나 있고, 부모한테서 아무런 언질을 받지 않았는데도 동생 생일이 되기 한 주 전에 저한테 전화해서 자기 계좌에서 돈을 인출해 동생이 받고 싶어 하는 특제 칼 연마기를 상점에서 대신 사달라고 부탁한다면, 그 사랑은 전혀 다른 방식으로 표현된 것입니다.

예수님은 인간이 결코 이해할 수 없는 수준의 방식으로 우리를 사랑하셨습니다. 지난 주에는 그분이 치른 희생의 정도를 통해 우리를 향한 그 사랑의 깊이를 살펴보았습니다. 그분은 우리를 위해 목숨을 내어 주셨으니, 참으로 주기 위한 생명이었습니다! 오늘은 우리가 얼마나 사랑 받을 자격이 없는지를 살펴봄으로 그 사랑의 깊이, 특별히 아버지의 사랑의 깊이를 보도록 하겠습니다.

이번 메시지의 목표는 우리 인생의 뿌리를 하나님의 끝없는 사랑이라는 기초 위에 내리게 하는 것입니다. 그리하여 견고하여 흔들리지 않고, 인생의 가지를 통해 흐르는 하나님의 사랑의 양분을 공급받아 귀하고 아름다운 사랑의 열매를 맺고 우리 모두가 그것을 맛볼 수 있게 하는 것입니다.

이해할 수 없는 그리스도의 사랑을 이해하는 열쇠: 성령

예수님은 인간의 이해를 뛰어넘는 네 가지 방식으로 우리를 사랑하신다고 앞서 말씀드렸습니다. 오늘 아침에는 거기서 시작하겠습니다. 그것이 사실이라면 제가 여러분을 위한 하나님의 사랑과 그리스도의 사랑을 이해하도록 도울 수 있다는 소망이 과연 있을까요? 제 설교를 통해 여러분이 그리스도의 사랑의 이해할 수 없는 깊이를 실제 경험할 수 있다는 소망을 가질 수 있는 근거는 무엇일까요? 다음 본문에 그 답이 나와 있습니다.

로마서 5장 3절에서 바울은 우리에게 환난 중에 기뻐하라고 말합니다.

> 이는 환난은 인내를, 인내는 연단을, 연단은 소망을 이루는 줄 앎이로다. 소망이 우리를 부끄럽게 하지 아니함은 우리에게 주신 성령으로 말미암아 하나님의 사랑이[즉 우리를 위한 하나님의 사랑이지, 하나님을 위한 우리의 사랑이 아님. 다음 구절에서 볼 수 있음] 우리 마음에 부은 바 됨이니.

오늘 아침, 우리를 향한 하나님의 사랑과 그리스도의 사랑에 대한 저의 설교를 통해 여러분이 실제로 그 사랑을 경험하게 되고, 일정 정도 그리고 삶이 변화될 만한 수준에서, 그리스도의 이해할 수 없는 사랑을 이해할 수 있게 될 것이라고 소망할 수 있는 근거가 여기에 있습니다. 그러한 제 소망의 근거는 하나님이 그리스도를 믿는 우리에게 성령을 주셨다는 것입니다. 5절 마지막에서 볼 수 있습니다. "우리에게 주신 성령으로 말미암아." 이곳에 앉아 계신 여러분 안에 하나님의 성령이 내주하십니다. 그분이 여러분 안에 계십니다.

> 너희 몸은 너희가 하나님께로부터 받은 바 너희 가운데 계신 성령의 전인 줄을 알지 못하느냐(고전 6:19).

만약 그렇지 않다면, 여러분에게 사랑에 관해 설교하는 저의 목표는 실패하고 말 것입니다. 저는 살아계신 하나님의 성령이 내주하시는 사람들에게 설교하고 있습니다. 그리고 아직 성령이 내주하실 수 없는 사람들에게도 설교하고 있습니다. 성령은 어떻게 내주하십니까? 사도행전 2장 38절은 이렇게 말합니다.

> 너희가 회개하여 각각 예수 그리스도의 이름으로 세례를 받고 죄 사함을 받으라. 그리하면 성령의 선물을 받으리니.

성령과 설교의 역할

'성령의 임재'는 제가 여러분에게 하나님의 사랑에 대해 설교할 때 여러분이 그 사랑을 실제로 경험할 것이라는 확신을 어떻게 제게 줄 수 있는 것일까요? 5절은 성령의 사역이 하나님의 사랑을 우리의 마음에 부어 주는 하나님의 대리자가 될 것이라 말합니다. 5절입니다.

> 소망이 우리를 부끄럽게 하지 아니함은 우리에게 주신 성령으로 말미암아 하나님의 사랑이 우리 마음에 부은 바 됨이니.

하나님이 우리에게 성령을 주시는 주된 이유 중 하나는 하나님의 사랑을 우리 마음에 부어 주실 수 있기 때문입니다.

하나님의 사랑을 우리 마음에 부어 주시는 성령

이 말의 의미를 아시겠습니까? 이 말은 성령의 초자연적인 역사가 없으면 우리가 그리스도 안에 있는 하나님의 사랑을 경험하지도 이해하지도 못한다는 뜻입니다. 하나님의 사랑은 신적이고 초자연적인 실체입니다. 하지만 성령을 떠나서는 여러분이나 저나 그저 육에 속하여 신령하지 않은 존재일 뿐이므로, 그리스도 안에 있는 사랑을 이해하지도 못하고 가치를 깨닫지도 못합니다. 하지만 하나님이 그분의 진리에 우리를 눈뜨게 하실 때, 그리고 성령이 믿음으로 우리 마음에 오실 때, 성령은 하나님의 사랑의 실체에 우리를 일깨워 주시고 우리 마음에 사랑을 부어 주시기 시작합니다.

자신의 성장 배경 때문에 사랑을 느끼는 것이 아주 불가능하지는 않더라도 결코 쉽지 않다고 느끼는 사람들에게 이 말씀은 큰 격려가 될 것입니다. 사실 그것은 쉽지 않은 일이 아니라 불가능한 일입니다. 여러분에게만 그런 것이 아니라 우리 모두에게 그렇습니다. 우리가 깨달아야 할 정말 중요할 사실입니다. 우리를 위한 하나님의 사랑을 이해하는 것 —경험하는 것, 붙들리는 것, 맛보는 것— 은 좋은 가정 환경에 좋은 설교가 더해져서 발생하는 결과가 아닙니다. 좋든 나쁘든 자연적 힘의 결과가 아닙니다. 그것은 하나님이신 성령의 역사입니다. 하나님의 사랑은 성령을 통해 우리의 마음에 부어집니다. 이 나라에서 최고의 가문 태생으로 살 수는 있지만, 성령이 없이는 결코 하나님의 사랑을 제대로 이해할 수 없습니다. 성령이 계시면, 비록 가정 배경이 형편없더라도 성령이 그 마음에 하나님의 사랑을 부어 주십니다.

설교의 적절한 위치는 어디인가?

하지만 이렇게 질문하는 사람도 있을 것입니다. 그러면 설교가 들어갈 자리는 어디입니까? 지금 제가 하고 있는 일이 성령이 우리 마음에 하나님의 사랑을 부어 주시는 사역과 무슨 관련이 있습니까? 그 답은 6-8절에 나와 있으며, 5절과의 관계에서도 찾아볼 수 있습니다.

6절은 이렇게 시작됩니다.

> 우리가 아직 연약할 때에 기약대로 그리스도께서 경건하지 않은 자를 위하여 죽으셨도다.

그 연관성에 주목하시기 바랍니다. 6절에서 "그리스도가 죽으셨다"는 역사적 사건이 재차 언급되고 있습니다. 그리고 그것의 의미, 즉 하나님의 목적이 나옵니다. "그리스도께서 경건하지 않은 자를 위하여 죽으셨다." 경건하지 않은 자를 대신하기 위해, 경건하지 않은 자들을 구원하기 위해서입니다. 이 말씀은 5절과는 다릅니다. 5절에서는 그리스도인으로서의 경험 —우리 마음에 하나님의 사랑을 부어 주시는 성령— 이 나옵니다. 6절에서는 역사적인 사실(그리스도께서 죽으셨다)과 신학(경건하지 않은 자를 구원하기 위해 죽으셨다)이 나옵니다.

한편으로는 역사적 사실과 신학이 관련되고(6절), 다른 한편에서는 경험이(5절) 등장하는 것은 역사와 신학이 경험의 기초이자 내용이 된다는 말입니다. 여기서 일어나는 일은 이것입니다. 바울은 성령이 우리 마음에 하나님의 사랑을 부어 주신다고 말했습니다. 그런 다음 그 사랑이 무엇인지 역사에 기초해서 설명합니다. 그 말은 우리 마음에서 역사하시는 성령이 하나님의 사랑을 부어 주시기는 하지만, 하나님 사랑의 내용이 무엇인지까지는 알려 주지 않는다는 의미입니다. 하나님의 사랑을 우리에게 설명하는 것은 성령의 역할이 아닙니다. 하나님은 역사적 사실과 그 역사를 해석하는 성경의 말씀을 전하고 우리 마음에 그 사실을 이해시키는 역할을 설교에 맡기셨습니다.

우리는 예수 그리스도 안에 있는 사랑이 역사 속에서 어떤 방식으로 표출되었는지를 봄으로써 하나님 사랑의 특성과 내용을 배웁니다. 그리고 성령이 우리 마음에 사랑을 부어 주실 때 그 사랑을 현재적으로 그리고 삶이 변화되는 실체로 경험합니다. 둘 다 절대적으로 중요합니다. 만일 우리가 역사적인 견고한 기초도 없이, 그리고 하나님이 사랑을 주시는 의미도 모른 채 그저 그 사랑을 경험하려고만 한다면, 감상적이고 광신적인 사이비 숭배자가 될 것입니다. 하지만 역사와 역사적 의미를 아는 것만 주장하고 성령으로 말미암아 우리 마음에 부어진 하나님의 사랑을 경험하지 못하면, 우리는 열매도 없고 병에 걸린 머리만 큰 사람들이 됩니다.

핵심은 이것입니다. 오늘 아침 메시지는 여러분의 삶에서 성령을 대신할 수는 없습니다. 그리고 성령은 성경 말씀에 부여된 역할을 대신 행하지도 않습니다. 저의 부르심은 하나님의 사랑을 여러분에게 잘 설명하는 것입니다. 성령의 부르심은 여러분의 마음에 사랑을 부어 주시는 것입니다. 제 부르심은 그리스도가 하신 일을 여러분에게 전하는 것이고, 성령의 부르심은 여러분의 눈을 열어 영광스럽고 인격적인 사랑을 깨닫게 하는 것입니다. 제 부르심은 사랑을 쉽게 설명하는 것이고, 성령의 부르심은 이를 귀하게 만드는 것입니다. 제 부르심은 선명하게 설명하는 것이고, 성령의 부르심은 이를 사랑스럽게 만드는 것입니다. 제 부르심은 여러분을 하나님의 사랑이라는 깊고 경치 좋은 호수 주변으로 여행 가이드를 하는 것이고, 성령의 부르심은 여러분을 그 안에 집어넣어 하나님의 사랑으로 삶이 채워지게 하는 것, 곧 세례를 주시는 것입니다.

아직 우리가 죄인 되었을 때에

저와 함께 그리스도 안에 있는 하나님 사랑의 깊이를 보시기 바랍니다. 오늘 아침 우리가 취하려는 방식은 우리가 얼마나 그 사랑을 받을 자격이 없는지를 살펴보는 것입니다. 6-8절 말씀은 성령이 우리 마음에 부어 주시는 하나님의 사랑을 설명하고 있습니다.

> 우리가 아직 연약할 때에 기약대로 그리스도께서 경건하지 않은 자를 위하여 죽으셨도다. 의인을 위하여 죽는 자가 쉽지 않고 선인을 위하여 용감히 죽는 자가 혹 있거니와, 우리가 아직 죄인 되었을 때에 그리스도께서 우리를 위하여 죽으심으로 하나님께서 우리에 대한 자기의 사랑을 확증하셨느니라.

하나님의 사랑에 있어서 중심적인 사실은 그리스도가 우리를 위해 죽으셨다는 것입니다. 지난 주에 중점적으로 살펴본 내용입니다

—그리스도께서 자기 생명을 희생하셨습니다. 단지 그분의 시간과 에너지와 안락함과 돈과 건강뿐 아니라— 그분의 생명을 희생하셨습니다. 그분의 생명은 죄가 없고 거룩하며 인자하고 지혜롭고 사랑이 넘치고 경건한 생명입니다.

하지만 이 구절에서 바울의 초점은 거기에 있지 않습니다. 여기서는 예수님이 죽으신 당시 우리의 도덕적 상태에 초점을 맞추고 있습니다. 이것은 그리스도의 사랑이 참으로 놀랍다는 사실을 보여 주는 대목입니다. 그리고 이 사랑을 오늘 성령이 우리의 마음에 새롭게 부어 주실 것입니다.

7절에서 바울이 인간의 사랑과 비교한 대목에서 시작하겠습니다.

> 의인을 위하여 죽는 자가 쉽지 않고 선인을 위하여 용감히 죽는 자가 혹 있거니와.

여기서의 요점은 인간의 사랑이 특별히 자신을 선대한 사람을 위해 죽을 정도로 고귀한 경우가 드물다는 것을 보여 주는 데 있습니다. 인간의 사랑은 단순히 의롭거나 원칙에 충실한 사람을 위해 목숨을 희생하는 경우도 거의 없습니다. 다시 말해, 만일 사랑을 베풀 수 있는 최고의 대상자 둘을 꼽는다면 —의롭고 올바른 사람, 그리고 나에게 선을 베푼 친절하고 관대한 사람— 순전히 인간의 사랑만으로는 그 두 경우에도 위하여 목숨을 바칠 가능성이 매우 희박하다는 겁니다.

바울은 이와 완전히 대조되는 하나님의 사랑을 설명합니다. 8절입니다.

> 하나님께서 우리에 대한 자기의 사랑을 확증하셨느니라.

여기서 잠시 멈추어 이 말씀을 5절과 함께 보겠습니다. 여기서 하나님은 자기의 사랑을 확증하십니다. 거기서는 성령이 하나님의 사랑을 부어 주십니다. 이것이 보이십니까? 우리는 역사와 성경 속에 나타난 하나님의 사랑을 봅니다. 그러나 하나님의 사랑을 적용하고 경험하는 것은 우리 마음에 부으시는 성령의 역사로 가능합니다.

이제 선인을 위해 죽는 일이 희박한 인간의 사랑과 대조되는 사랑을 다시 보겠습니다. 8절입니다.

> 우리가 아직 죄인 되었을 때에 그리스도께서 우리를 위하여 죽으심으로 하나님께서 우리에 대한 자기의 사랑을 확증하셨느니라.

우리를 향한 하나님의 사랑 —그리스도의 사랑— 의 깊이가 여기에 나타납니다. 하나님이 예수님의 목숨을 대가로 치르고서라도 우리를 사랑하기로 작정하셨을 때, 우리는 그 사랑을 받을 만한 가치가 없는 자들이었습니다. 사실 우리는 진노를 받아야 마땅했습니다. 우리는 하나님을 거역한 죄 때문에 응당 벌을 받아야 했습니다. 그런데 하나님의 사랑은 우리 안에 도덕적인 발전이 있기를 기다리지 않으셨습니다. 이런 상황에서 하나님의 사랑이 나타났습니다. 우리가 여전히 죄인일 때 온전한 희생을 치르신 것입니다.

우리가 연약하고 경건하지 않을 때

바울은 이 사실을 다른 세 단어와 함께 강조하고 있습니다. 그중 두 가지는 6절에 나옵니다.

> 우리가 아직 연약할 때에 기약대로 그리스도께서 경건하지 않은 자를 위하여 죽으셨도다.

그리스도는 우리를 사랑하셨고, 우리가 아직 "연약할" 때, 우리가 "경건하지 않을" 때 우리를 위해 자신을 드리셨습니다. "연약하다"는 말은 힘이 없고 약하며 스스로 구원을 이루거나 감동을 줄 만한 능력이 없음을 뜻합니다. 바울은 이렇게 말했습니다.

> 하나님께서 … 세상의 약한 것들을 택하사 강한 것들을 부끄럽게 하려 하시며 … 이는 아무 육체도 하나님 앞에서 자랑하지 못하게 하려 하심이라.

하나님의 사랑이 가장 사랑받을 가치도 없고 이유도 없는 자들에게 주어진 것은 우리가 하나님 앞에서 자랑하지 못하게 하기 위함입니다. 우리를 구원하시는 순전하고 값없이 주어지는 긍휼 앞에 우리는 언제나 겸손하게 될 것입니다.

하지만 우리는 그저 연약하기만 한 것이 아니라 "불경건"하기까지 합니다. 불경건하다는 단어는 불손함을 의미합니다. 우리는 하나님을 경외하지 않았습니다. 하나님을 존중하지도 않았습니다. 우리는 하나님을 믿지 않았습니다. 하나님이 우리를 사랑해 아들을 주셨을 당시의 우리의 모습입니다. "불경건"이라는 단어가 참으로 놀라운 것은 로마서 1장 18절에서 바울이 이 단어를 다음과 같이 사용했기 때문입니다.

> 하나님의 진노가 불의로 … 모든 경건하지 않음 … 에 대하여 하늘로부터 나타나나니.

그리스도를 믿는 우리 모두를 위해, 하나님의 사랑은 하나님의 진노를 뛰어넘어 우리를 구원하셨다는 의미입니다. 우리는 죄인이었고 힘없고 연약했으며, 공의롭고 거룩한 하나님의 진노를 받아 마땅한 불경건한 사람들이었습니다. 그런데 이 모든 것에도 불구하고 하나님은 우리를 사랑하셨고 우리가 살 수 있도록 그 아들을 죽음에 내어 주셨습니다.

우리가 그분의 원수되었을 때

사랑 받을 가치가 없는 우리에 대한 마지막 설명이 10절에 나옵니다.

> 곧 우리가 원수 되었을 때에 그의 아들의 죽으심으로 말미암아 하나님과 화목하게 되었은즉 화목하게 된 자로서는 더욱 그의 살아나심으로

말미암아 구원을 받을 것이니라.

마무리하기에 참 좋은 대목입니다. 부활절도 지나고 이제 우리의 생각과 마음을 돌려 우리가 세상 속에서 그리고 우리 가운데서 어떻게 사랑의 수고를 해야 할지 고민해야 할 때, 예수님의 말씀이 크고 분명하게 외치는 소리를 들을 수 있으니 말입니다.

또 네 이웃을 사랑하고 네 원수를 미워하라 하였다는 것을 너희가 들었으나, 나는 너희에게 이르노니 너희 원수를 사랑하며 너희를 박해하는 자를 위하여 기도하라(마 5:43-44).

사랑의 기초와 사랑의 근원이 여기에 나옵니다. 로마서 5장 10절입니다.

곧 우리가 원수 되었을 때에 그의 아들의 죽으심으로 말미암아 하나님과 화목하게 되었은즉.

하나님은 우리가 원수일 때에 우리를 사랑하셨습니다. 우리가 원수일 때 우리를 위해 아들을 희생하셨습니다. 이 사랑을 향해 여러분의 뿌리를 내리십시오. 이 사랑으로부터 깊이 들이키십시오. 이 사랑 위에 여러분의 삶을 세우십시오. 그 사랑을 더 많이 경험하기를 갈급해 한다면 —저는 정말로 그렇습니다— 저와 함께 기도하고 금식하고 사모하십시오. 하나님께서 성령으로 말미암아 우리 마음에 하나님의 사랑을 부어 주시도록 말입니다. 이것이 부흥입니다. 이것이 우리가 기도하는 대각성(great awakening)입니다.

27장

하나님의 영광을 바라며 기뻐하라

로마서 5:1-2

그러므로 우리가 믿음으로 의롭다 하심을 받았으니, 우리 주 예수 그리스도로 말미암아 하나님과 화평을 누리자. 또한 그로 말미암아 우리가 믿음으로 서 있는 이 은혜에 들어감을 얻었으며 하나님의 영광을 바라고 즐거워하느니라. _롬 5:1-2

확실한 하나님의 뜻

오늘 아침 저의 목표는 여러분이 "하나님의 영광을 바라고 즐거워" 하게 되는 것입니다. 큰 기대를 품고 이 일을 시도하는 이유는 그것이 그리스도 예수 안에서 우리를 향한 하나님의 뜻이기 때문입니다. 이것은 오늘 본문에 나타나는 하나님의 목표이기도 합니다. 2절입니다. "우리가 … 하나님의 영광을 바라고 즐거워하느니라."

인생에는 확신할 수 없는 일들이 많습니다. 여기서 살아야 하나, 저기서 살아야 하나? 직업을 바꿀까, 그대로 있을까? 이 학교로 갈까, 저 학교로 갈까? 선교사로 나가야 하나, 보내야 하나? 이 사람이

랑 데이트를 해야 하나, 말아야 하나? 이걸 먹어야 하나, 저걸 먹어야 하나? 이걸 읽을까, 저걸 읽을까? 이 사람이랑 말할까, 저 사람이랑 말할까? 이 공연을 봐야 하나, 말아야 하나? 어떤 것이 하나님을 좀 더 기쁘시게 할지 고민되는 선택들도 많습니다. 하지만 우리가 절대적으로 확신할 수 있는 몇 가지 것들이 있습니다. 그중 하나가 이것입니다. "하나님의 영광을 바라고 즐거워하는 것"입니다. 이것은 분명한 하나님의 뜻입니다.

우리가 무엇을 하든, 무엇을 말하든, 무엇을 느끼든, 언제 일어나고 언제 자리에 누울지를 고민하든, 이 모든 일에서 우리는 확신이 필요합니다. 그런데 하나님은 우리가 그분의 영광을 바라며 기뻐하길 원하십니다. 그러므로 우리가 힘을 다해 하나님의 뜻을 따르는 것이 당연합니다. 다른 일들은 그것만큼 명확하지도 않고 중요하지도 않습니다. 이 일은 확실할 뿐 아니라 최고의 일이기도 합니다. "하나님의 영광을 바라고 즐거워하십시오."

이 일을 하려면 하나님의 영광을 보아야 합니다. 우리가 보게 될 영광을 소망해야 합니다. 그런 다음에야 우리가 보게 될 영광을 소망하며 즐거워합니다. 하나님의 영광이 있습니다. 하나님의 영광에 대한 소망도 있습니다. 그러면 하나님의 영광을 소망하며 즐거워하든지 자랑하든지 기뻐합니다.

우리는 그 영광을 어디서 봅니까? 우리 죄인들을 위한 그리스도의 삶과 죽음과 부활의 이야기를 다룬 복음서에 주로 나옵니다. 우리가 그 이야기를 나누고 복음을 전파할 때 그것으로부터 나오는 것이 있습니다. 고린도후서 4장 4절에서 바울이 말한 내용입니다. "그리스도의 영광의 복음의 광채 … 그리스도는 하나님의 형상이니라." 복음은 "그리스도의 영광의 복음"입니다. 그리고 이 영광스런 그리스도는 "하나님의 형상"입니다. 그러므로 우리가 예수님의 삶과 죽음과 부활을 다루는 복음 이야기 안에서 보는 그리스도의 영광은 하나님의 영광입니다. 하나님 아들의 삶에 대한 역사와 그 역사 속 위대한 이야기의 전파를 통해 하나님이 드러나십니다. 복음을 통해 그분의 영광이 빛납니다.

그것이 무엇인지 지켜볼 때, 우리는 하나님의 영광이 온 우주에서 가장 위대한 가치가 있음을 보게 됩니다. 하나님의 영광보다 사모해야 할 것은 아무것도 없습니다. 로마서 8장 18절입니다. "생각하건대 현재의 고난은 장차 우리에게 나타날 영광과 비교할 수 없도다." 우리에게 하나님의 영광을 나타내 준다면, 아무리 힘들어도 참지 못할 고통은 없을 것입니다. 그 영광은 단지 "우리에게 나타날" 뿐 아니라, 우리의 마음을 사로잡을 것입니다. 로마서 8장 21절입니다. "그 바라는 것은 피조물도 썩어짐의 종노릇 한 데서 해방되어 하나님의 자녀들의 영광의 자유에 이르는 것이니라." 우리는 하나님의 영광에 참여할 것입니다. 우리 자신도 영화롭게 될 것입니다.

이러한 경험이 가져다주는 기쁨이 얼마나 큰지 모든 상상을 초월합니다. 바울이 고린도전서 2장 7-9절에서 말하고 있는 내용입니다. "하나님의 지혜를 말하는 것으로서 … 하나님이 우리의 영광을 위하여 만세 전에 미리 정하신 것이라 … 하나님이 자기를 사랑하는 자들을 위하여 예비하신 모든 것은 눈으로 보지 못하고 귀로 듣지 못하고 사람의 마음으로 생각하지도 못하였다 함과 같으니라." 바울은 자신이 하늘로 이끌려 올라가서 보고 들은 것을 감히 말로 표현할 수가 없었습니다. 바울은 말합니다. "그가 낙원으로 이끌려 가서 말로 표현할 수 없는 말을 들었으니 사람이 가히 이르지 못할 말이로다"(고후 12:4). 그는 고난을 받는 중에도 "잠시 받는 환난의 경한 것이 지극히 크고 영원한 영광의 중한 것을 우리에게 이루게 한다"고 말했습니다.

로마서 9장 23절에 따르면 모든 피조물과 심판과 구원의 마지막 목표는 이것입니다. "영광 받기로 예비하신 바 긍휼의 그릇에 대하여 그 영광의 풍성함을 알게 하고자 하셨을지라도." 그냥 영광이 아니라 "영광의 풍성함"입니다. 우리는 하나님의 영광의 풍성함을 누리도록 창조되었습니다.

어느 누구보다 이 영광을 더 많이 맛보았을 바울에게는 참으로 소중했기에, 그는 이렇게 말했습니다. "모든 것을 해로 여김은 내 주 그리스도 예수를 아는 지식이 가장 고상하기 때문이라. 내가 그를 위하여 모든 것을 잃어버리고 배설물로 여김은 그리스도를 얻고"(빌 3:8). 그러면 우리가 그리스도를 얻을 때 무엇을 얻게 됩니까? 데살로니가후서 2장 14절에 따르면 단순합니다. "이를 위하여 우리의 복음으로 너희를 부르사 우리 주 예수 그리스도의 영광을 얻게 하려 하심이니라." 그것은 하나님의 영광입니다(고후 4:4, 6).

하나님의 영광을 사모함

하나님의 영광이 무엇인지 제대로 알고 경험할 때, 우리는 그 영광을 간절히 소망하게 됩니다. 그것과 비교할 것은 아무것도 없습니다.

비교해 보면 모든 것은 가치 없고 하찮은 것들입니다. 그래서 소망 중에 즐거워하는 것입니다. 그게 어떤 의미입니까? 그것이 의미하는 바를 우리 모두는 얼핏 보았습니다. 다들 이미 맛본 적이 있습니다. 한 예로, 베트남전이 막바지에 다다랐을 무렵에 감정이 메마른 사람들도 눈물 없이 보기 힘든 영상물이 많이 있었던 걸 기억하실 겁니다. 미군이 전쟁 포로로 억류된 뒤 3년, 4년, 6년이 지났을 때의 이야기를 담은 내용이었습니다. 아내들은 여전히 남편을 기다렸습니다. 자녀들은 성장했습니다. 그러던 어느 날 소식이 날아옵니다. 남편이 살아 있으며 어느 어느 날에 샌디에고로 오면 만나게 될 거라는 연락이었습니다. 이들이 항공모함에서 재회하는 장면에서는 지켜보던 모두의 감정이 북받쳐 오릅니다.

그런데 "남편이 살아 있습니다"라는 연락을 받았을 시점과 실제 배에서 남편과 재회하기까지 그 사이에 일어나는 감정적 경험을 생각해 보시기 바랍니다. 하나만 빼면 변하는 것은 아무것도 없습니다. "남편이 살아 있습니다. 남편이 집으로 돌아오는 중입니다. 남편을 곧 만날 수 있습니다"라는 소식만 들었을 뿐입니다. 그런데 그 소식(즉 복음입니다!)이 확실한 소망을 만들어 냅니다. 그 소망이 모든 것을 변화시킵니다. 예전과 똑같은 것은 하나도 없습니다. 진짜 사랑하는 사람을 정말로 만나기 원한다면 말입니다. 여러분은 하나님의 영광을 사모하십니까?

오늘 본문의 목표가 이것입니다. 우리가 "하나님의 영광을 바라며 즐거워"하게 되는 것입니다. 하나님께서 우리 마음의 눈을 열어 "그의 부르심의 소망이 무엇이며 성도 안에서 그 기업의 영광의 풍성함이 무엇"인지 보게 하시기를 소원합니다. 오늘 아침 여러분께 부탁합니다. 여러분이 다른 것은 확신하지 못하고, 다른 것은 실패하더라도 이것 한 가지는 꼭 확신하고 성공하십시오. "하나님의 영광을 바라고 즐거워하십시오!"

하나님의 영광을 바라고 즐거워하는 다섯 단계

오늘 본문의 다른 모든 내용은 바로 이 말씀을 위한 수단입니다. 본문에는 하나님의 영광을 바라고 즐거워하는 마지막 여섯 번째의 단계로 이끄는 다섯 단계가 나옵니다. 그중 세 가지는 그동안 이미 살펴보았던 내용입니다. 나머지 두 가지는 새로운 것이라서 집중적으로 보겠습니다. 본문에 나오는 순서대로가 아니라 발생 순서에 따라 말씀드리겠습니다.

1. 예수 그리스도의 구속 사역

1절 후반부에 나옵니다. "우리 주 예수 그리스도로 말미암아." 우리가 하나님의 영광을 바라고 즐거워하는 목표를 이루기 위한 첫 번째의 가장 중요한 방편은 "예수 그리스도께서 이 세상에 오셔서 완전히 의로운 삶을 사셨고 우리 죄악의 정죄를 대신 지고 죽으셨다가 그의 구속 사역의 성취를 입증하기 위해 다시 살아나셨다"는 사실입니다. 우리에게 일어난 모든 선한 것이 이 일로 가능해졌습니다. 그리스도의 사역이 아니었다면 우리에게는 하나님의 공의와 진노뿐이었을 것이고 구원은 없었을 것입니다. 그것이 로마서 3장 24-26절의 요점입니다.

2. 위대한 구속 사역의 진리와 아름다움을 보고 그리스도를 믿음

우리는 이것을 1절의 "믿음으로"라는 짤막한 문구에서 봅니다. "그러므로 우리가 믿음으로 의롭다 하심을 받았으니." 우리가 그리스도의 의와 연결되고 그리스도의 대속의 죽음과 연결될 수 있는 것은 오직 믿음으로만 가능합니다. 그것이 로마서 4장의 핵심이었습니다.

3. 칭의를 경험함

1절입니다. "그러므로 우리가 믿음으로 의롭다 하심을 받았으니." 칭의는 무죄 방면을 판결하는 선고이며, 그리스도 안에 있는 하나님의 의가 전가되는 것입니다. 하나님의 공의 앞에서 더 이상 죄가 없고 의롭다는 것입니다. "하나님이 죄를 알지도 못하신 이를 우리를 대신하여 죄로 삼으신 것은 우리로 하여금 그 안에서 하나님의 의가 되게 하려 하심이라"(고후 5:21).

이상이 우리가 몇 주간 살펴보았던 세 단계입니다. 이번에는 아직 집중적으로 보지 않은 나머지 두 가지로 넘어가겠습니다.

네 번째 단계는 칭의 때문에 우리가 하나님과 화평을 누린다는 것이며, 하나님과의 이러한 화평을 통해 은혜의 영역과 능력으로 들어가 거기서 하나님의 영광을 유업으로 받기까지 의롭게 설 수 있다는 것이 다섯 번째 단계입니다. 하나씩 살펴보면서 각 단계들이 우리가 하나님의 영광을 바라며 즐거워할 수 있도록 어떻게 도움을 주는지 알아보겠습니다.

4. 칭의 때문에 하나님과 화평을 누림

로마서 5장 1절입니다. "그러므로 우리가 믿음으로 의롭다 하심을 받았으니 우리 주 예수 그리스도로 말미암아 하나님과 화평을 누리자." 하나님과 누리는 화평을 어떻게 이해해야 할까요? 바울이 생각하는 개념이 10절에서 보다 구체적으로 드러납니다. "우리가 원수 되었을 때에 그의 아들의 죽으심으로 말미암아 하나님과 화목하게 되었은즉, 화목하게 된 자로서는 더욱 그의 살아나심으로 말미암아 구원을 받을 것이니라." 이 말씀은 하나님과 우리 사이에 증오가 있다는 바울의 생각을 보여 줍니다. 하나님은 우리의 죄 때문에 우리에게 진노하시고(롬 1:18), 우리는 하나님의 권위에 도전했기에 하나님과 원수 관계에 있습니다(롬 8:7-8). 로마서 1장 18절은 이렇게 말합니다. "하나님의 진노가 불의로 진리를 막는 사람들의 모든 경건하지 않음과 불의에 대하여 하늘로부터 나타나나니." 우리의 불경건함에 대한 하나님의 진노야말로 우리 인생의 주된 문제입니다. 하나님이 우리에게 그 진노를 붓기로 작정하신다면 우리는 그야말로 두려워할 수밖에 없습니다.

하나님의 진노 뒤에 있는 권능을 상상해 보십시오. 맑은 날에 밤하늘을 쳐다보면 은하수가 보입니다. 그 안에 2천억 개의 별이 있다고 합니다. 날이 좋으면 그중 4천만 분의 1 정도를 눈으로 볼 수 있을지도 모릅니다. 은하수는 약 10만 광년 거리(약 60경 마일)만큼 흩어져 있으며, 그 폭도 2000광년에 달합니다. 태양이 그 주변을 한 바퀴 돌려면 약 20만 년이 걸립니다. 게다가 우리가 사는 은하 말고도 약 5000만 개의 다른 은하들이 있습니다.

우리가 로마서에서 만나고 있는 하나님은 단지 말씀으로 이 우주를 만드신 분입니다. 단지 말씀만 하셨을 뿐인데 이 모든 은하들이 생겨난 것입니다. 그리고 하나님은 권능의 말씀으로 별들을 붙잡고 계십니다. 이 하나님의 위대하심은, 이 위대하심을 표현하려는 어떤 시도도 부족할 만큼 위대합니다. 하지만 하나님의 위대하심과 관련해 우리가 보고 느낄 수 있는 것은 다른 내용입니다. 즉 그토록 위대한 하나님께서 우리에게 진노하신다면, 그리고 그 진노를 뒷받침할 만한 엄청난 능력의 소유자시라면, 우리는 상상할 수 있는 모든 조건 중에서도 가장 최악의 자리에 있는 셈입니다. 무한 전능자의 진노에 맞서 있는 것보다 더 끔찍한 일은 없습니다.

그것이 우리가 처한 상황입니다. 하나님은 지금 우리의 불경건함에 맞서 진노를 드러내고 계시며, 마지막 심판 날에 그것이 최고조에 이를 것입니다(롬 2:5). 우리의 유일한 소망은 하나님이 화목으로의 길을 마련해 주시는 것입니다. 10절은 이렇게 말합니다. "그의 아들의 죽으심으로 말미암아 하나님과 화목하게 되었은즉." 이것이 가능해진 이유는 그리스도가 우리의 죄를 담당하시고 우리의 의를 성취하셨기 때문입니다. 우리는 믿음으로 그리스도와 연합되고, 따라서 그분의 의가 우리에게 전가됩니다(혹은 우리의 것으로 여겨집니다). 그리고 그 결과는 화평입니다. 하나님은 더 이상 우리에게 진노하지 않으십니다. 우리는 화목하게 되었습니다. 더 이상 정죄가 없습니다. 이것이 하나님의 영광을 바라며 즐거워하는 길로 가기 위한 네 번째 단계입니다.

이것이 이 상황에 관한 최고의 설명입니다. 그리고 그것이 우리를 하나님의 영광을 바라고 즐거워하기 위한 다섯 번째와 마지막 단계로 직접 인도합니다. 우리를 향한 하나님의 진노를 실행하기 위해 준비되었던 모든 권능이 이제는 우리를 향한 하나님의 은혜를 뒷받침하기 위해 준비되어 있습니다.

그러므로 바울은 2절에서 이렇게 말합니다. "또한 그[그리스도]로 말미암아 우리가 믿음으로 서 있는 이 은혜에 들어감을 얻었으며 하나님의 영광을 바라고 즐거워하느니라." "또한"이라는 단어에 유의하십시오(NIV 성경에는 누락되었습니다). 우리가 주 예수 그리스도로 말미암아 하나님과 화평을 누릴 뿐 아니라, "또한" 그리스도로 말미암아 그밖에 다른 것, 더 좋은 어떤 것을 얻는다는 말입니다. 그것이 무엇입니까? 다섯 번째 단계가 그것입니다.

5. 하나님과의 화평을 통해 은혜의 영역과 능력으로 들어가 거기서 하나님의 영광을 유업으로 받기까지 의롭게 섬

화평이란 우리가 하나님과 맺은 새로운 관계를 설명하는 한 가지 방식입니다. 우리는 하나님과 화평을 이루고 있습니다. 하지만 이러한 화평과 화목을 통해 이뤄지는 더 위대한 것이 있습니다. 말 그대로, 우리를 대적하시는 게 아니라 우리를 위하시는 하나님의 전능하심을 경험하는 것입니다. 우리는 주권적 은혜의 전능한 통치 안으로 들어갑니다.

왜 제가 이것을 언급하는 것일까요? 첫째, 바울이 로마서 5장에서 은혜를 말하고 있는 부분이 이곳이기 때문입니다. 21절입니다.

“이는 죄가 사망 안에서 왕 노릇 한 것 같이 은혜도 또한 의로 말미암아 왕 노릇 하여 우리 주 예수 그리스도로 말미암아 영생에 이르게 하려 함이라.” 은혜가 왕 노릇 한다는 말에 주목하십시오. 이는 그러한 성향을 말하는 것이 아니라 권세를 사용한다는 말입니다. 은혜는, 우리를 대적하지 않고 우리를 위해 역사하는 하나님의 무한한 능력이 미치는 영역이자 통치입니다.

그리고 둘째, 조금 더 가서 로마서 6장 14절에서는 바울이 이렇게 설명하고 있습니다. “죄가 너희를 주장하지 못하리니 이는 너희가 법 아래에 있지 아니하고 은혜 아래에 있음이라.” 은혜는 우리를 그리스도 안에서 다스리는 영역이자 능력이며, 은혜는 우리를 죄의 지배로부터 풀어 주고 영생으로 인도하는 일을 합니다. 우리는 이 은혜 안에 서 있으며, 이 은혜로 말미암아 섭니다. 로마서 14장 4-5절은 모든 그리스도인에 대해 이렇게 말합니다. “그가 서 있는 것이나 넘어지는 것이 자기 주인에게 있으매, 그가 세움을 받으리니 이는 그를 세우시는 권능이 주께 있음이라.” 이것이 은혜의 주권적인 통치입니다.

하지만 이 두 구절보다 은혜와 더 깊은 관련이 있는 구절은 앞에서 살펴보았던 로마서 4장 16절입니다. 은혜는 우리가 받을 상속의 보장입니다. 이 말씀을 기억해 보십시오. “그러므로 상속자가 되는 그것이 은혜에 속하기 위하여 믿음으로 되나니, 이는 그 약속을 그 모든 후손에게 굳게 하려 하심이라.” 믿음-은혜-확정의 연관성을 떠올려 보십시오. 우리가 장차 약속을 유업으로 받을 것을 굳게 하고 보장해 주는 것이 하나님의 주권적 은혜입니다. 왜 그렇습니까? 17

절에 나오는 은혜의 능력 때문입니다. "죽은 자를 살리시며 없는 것을 있는 것으로 부르시는 이"의 은혜입니다. 하나님의 은혜가 약속을 성취하는 이유는 아브라함이 의롭다 함을 얻고 하나님과 화평을 이룬 결과로, 전능하시고 죽은 자를 살리시며 없는 것을 있는 것으로 부르시는 하나님이 아브라함을 대적하는 대신 아브라함을 위해 역사하셨기 때문입니다.

로마서 5장 2절에 따르면 우리도 그곳에 들어감을 얻었습니다. 의롭다 함을 얻은 하나님의 사람들이 살아가는 곳입니다. 우리는 전능하신 주권적 은혜의 영역과 통치와 권세 안에서 살아갑니다. 이것이 우리가 "하나님의 영광을 바라고 즐거워하는" 이유입니다. 로마서 4장 16절에 나온 믿음-은혜-확정의 연관성과 같은 개념입니다. "상속자가 되는 그것이 은혜에 속하기 위하여 믿음으로 되나니, 이는 그 약속을 그 모든 후손에게 굳게 하려 하심이라."

세상의 모든 민족과 우리에게 가장 긴급한 소식

여섯 단계를 모두 넣어, 발생하는 순차대로 나열했습니다

1) 그리스도는 우리의 죄를 위해 죽으셨고 완전한 의를 성취하셨다.

2) 우리는 그 사실을 보고 믿었다.

3) 우리는 믿음으로 의롭다 함을 받았다. 그리스도의 의가 우리에게 전가되었다.

4) 우리와 하나님 사이의 증오가 사라지고 화평하게 되었다.

5) 그 화평을 통하여 은혜의 영역과 통치로 들어가게 되었는데, 거기서 하나님의 무한한 능력이 더 이상 우리를 대적하지 않고 우리를 위해서 역사하신다. 그리하여 약속이 보장되고, 은혜가 영원토록 우리를 다스릴 것이며(롬 5:21), 의롭다 함을 얻은 자들은 영화롭게 될 것이다(롬 8:30). 그러므로,

6) "우리는 하나님의 영광을 바라고 즐거워한다."

이것이 위대한 구원입니다. 다음 주에 시작하는 선교 대회를 맞이하기 위한 위대한 준비입니다. 세상 모든 민족들에게는 가장 긴급한 소식입니다. 그것이 없으면 오늘 아침 혹 그리스도를 믿지 않는 여러분의 상태가 그러하듯, 그들도 하나님의 진노 아래 있습니다. 그러므로 여러분 자신을 위해 그리고 모든 민족을 위해, 그리스도를 믿고 하나님과 화평을 누리며, 전능한 은혜의 통치 안으로 들어가서 하나님의 영광을 바라고 즐거워하시기 바랍니다.

28장

환난 중에도 기뻐하다

로마서 5:1-5

그러므로, 우리가 믿음으로 의롭다 하심을 받았으니, 우리 주 예수 그리스도로 말미암아 하나님과 화평을 누리자. 또한 그로 말미암아 우리가 믿음으로 서 있는 이 은혜에 들어감을 얻었으며 하나님의 영광을 바라고 즐거워하느니라. 다만 이뿐 아니라 우리가 환난 중에도 즐거워하나니, 이는 환난은 인내를, 인내는 연단을, 연단은 소망을 이루는 줄 앎이로다. 소망이 우리를 부끄럽게 하지 아니함은 우리에게 주신 성령으로 말미암아 하나님의 사랑이 우리 마음에 부은 바 됨이니. _롬 5:1-5

하나님을 믿음

한 사람을 그리스도인, 하나님의 자녀로 만들기 위해 일어나는 일은 무엇입니까? 첫째, 복음이 그 사람에게 전해집니다. 하나님이 그 아들을 이 세상에 보내어 죄인들을 위해 죽게 하시고, 그를 믿는 모든 자들을 위해 사망과 지옥을 이기고 죽은 자 가운데서 살아나셨다는 역사적 사실입니다. 이 복음 안에서 성령이 우리의 마음의 눈을 여셔서, 그리스도는 신실하시고 인간의 어떤 보화보다 사모할 만하다는 것을 깨닫게 하십니다. 그리하여 그리스도를 믿는 우리 마음은 하나님이 그리스도 안에서 우리에게 되리라 약속하신 모든 것을 믿습니다. 그런 믿음이 발생할 때, 우리는 하나님 앞에서 의롭다 함을 얻습니다. 다시 말해, 그 믿음으로 말미암아 하나님의 성령이 우리를 그리스도와 연합시켜서, 그분의 죽음이 우리의 죽음이 되고, 그의 생명이 우리의 생명이 되게 하시는 것입니다.

하나님은 그리스도께 우리가 행한 죄악을 짐 지우셨고, 우리에게는 그리스도가 행하신 의를 씌워 주셨습니다. 그리스도는 자신이 저지르지 않은, 우리의 죄를 지십니다. 그리고 우리는 우리가 행하지도 않았는데 그분의 의를 취합니다. 우리를 그리스도와 연합시키는 그 믿음으로 말미암아 우리는 그렇게 우리의 모든 죄를 사함 받고 우리에게 전가된 그리스도의 의로 의롭다 함을 받아 하나님 앞에 서게 되는 것입니다.

우리를 그리스도인으로 만들어 주는 이 위대한 진리를 기반으로, 바울은 로마서 5장 1절에서 우리가 하나님과 화평을 누리고 ―그 화평을 누리도록 부르심 받았고(제가 가장 좋아하는 성경 사본에는 "우리가 하나님과 화평을 누리자"로 나옵니다)― 또 우리가 이제는 은혜 안에 서 있으며(2절), 우리가 하나님의 영광을 바라며 기뻐한다(기뻐해야 한다)고 말합니다. 하나님의 영광이 나타나는 것뿐 아니라 우리가 그 영광을 바라고 기뻐하는 것이 이신칭의의 목표입니다. 이것이 모든 그리스도인의 삶이 지향하는 바입니다. 이신칭의는 우리가 하나님의 영광을 바라고 즐거워하는 것을 돕기 위해 의도된 것입니다. 우리가 하나님 앞에 의롭다는 인정을 받은 것은 하나님과 함께하고, 그분을 보고, 무한 만족을 주시는 실재인 하나님을 영원토록 즐거워하기 위함입니다.

믿음의 시험

하지만 영원에 들어가기 전에 그리스도인의 삶에 뭔가 다른 것이 오는데, 바로 환난입니다. 3-5절에서 다루고 있는 내용입니다. 우리는 환난을 어떤 식으로 이해하고 반응해야 할까요? 바울은 환난이 그리스도인의 삶에서 영광스러운 목적을 가지고 있으므로, 환난을 당할 때 그 안에서 기뻐해야 한다고 대답합니다.

저는 이 말씀을 가볍게 보지도 않고 쉽게 말하지도 않습니다. 하나님이 계획하셨겠지만, 오늘은 박해받는 교회를 위한 세계 기도의 날입니다. 오늘 예배 주보 안에 들어 있는 안내 책자를 한번 보시면, 환난에 대한 우리의 경박하고 경솔하고 피상적인 이야기는 싹 사라질 것입니다. 첫 번째 지면 아래를 보면 이렇게 나와 있습니다.

> 죽임을 당하지 않은 그리스도인들은 잔인한 고문과 세뇌를 당하기 일쑤다. 그들이 믿음을 포기하도록 강압적인 시도를 하는 것이다. 세계의 일부 지역에 사는 그리스도인 여성들은 잔인하게 강간을 당하기도 한다. 그리스도에 대한 충성심을 깨뜨리기 위한 것이다. 한편 아이들은 겨우 15달러도 안 되는 푼돈에 노예로 팔려 간다. 감옥이나 강제 노동 수용소에서 수년을 지내며 몸과 마음이 쇠약해 가는 이들도 수천에 달한다.

바울은 로마서 5장 3절에서 "다만 이뿐 아니라(즉, 하나님의 영광을 바라고 즐거워할 뿐 아니라) 우리가 환난 중에도 즐거워하나니"라고 말하는데, 그도 구경꾼으로서가 아니라 함께 고난을 받는 자로서 이 말을 하고 있는 것입니다. 바울의 고통은 참으로 길고 험난했습니다. 하지만 고린도후서 12장 9절에서 그는 이렇게 말했습니다. "[그리스도께서] 나에게 이르시기를 내 은혜가 네게 족하도다. 이는 내 능력이 약한 데서 온전하여짐이라 하신지라. 그러므로 도리어 크게 기뻐함으로 나의 여러 약한 것들에 대하여 자랑하리니 이는 그리스도의 능력이 내게 머물게 하려 함이라." 로마서 5장 3절에서 "환난 중에도 즐거워(exult)하나니"라고 말하고 있듯, 고린도후서 12장 9절에서도 "크게 기뻐함"으로 자신의 약한 것을 "자랑한다"(exult)고 (동일한 단어로) 말하는 것에 유의하시기 바랍니다. 바울은 자신이 설교하는 그대로 실천했습니다.

그리고 바울이 고린도후서 12장 9절에서 "약한 것들"이라고 말하는 의미는 그 다음 구절에 나옵니다. "그러므로 내가 그리스도를 위하여 약한 것들과 능욕과 궁핍과 박해와 곤고를 기뻐하노니 이는 내가 약한 그때에 강함이라." 궁핍과 약한 것들과 질병과 곤고 등으로 나열된 전체 내용은 단순히 박해가 아니라 로마서 5장 3절에서 말하는 환난입니다. 그리고 바울은 환난에 대해 투덜대고 불평하는 대신 그 안에서 즐거워한다고 말합니다.

따라서 그리스도인의 삶에 있어서 고난의 역할이 무엇인지 볼 때, 고난은 우리 믿음에 대한 시험임을 기억하시기 바랍니다. 건강을 잃어버리는 환난이거나, 관계가 깨지고 손상되는 환난이거나, 직장의 어려움 혹은 좌절로 인한 환난이거나, 사고 혹은 자연재해로 인한 환난이거나, 언어 폭력 내지는 신체 폭력에 따른 환난이거나, 또는 단순히 교통지옥에서부터 수도 배관 문제에 이르기까지 일상의 불편함이기도 합니다. 하나님의 선하심과 능력과 지혜에 대한 우리의 믿음을 위협하고 삶을 힘겹게 만드는 것이라면 무엇이든 환난입니다.

환난이 오는 것은 비정상이 아니라 정상입니다. 그리스도인에게 고난이 없다는 것이야말로 비정상입니다. 사도행전 14장 22절을 보면 바울이 모든 교회들에게 이렇게 가르치고 있기 때문입니다. "우리가 하나님의 나라에 들어가려면 많은 환난을 겪어야 할 것이라."

"환난 중에도 즐거워하나니"

바울은 로마서 5장 3절에서 아주 놀라운 말을 합니다. "환난 중에도 즐거워하나니." 바울이 실제로 행한 일입니다. 바울이 우리에게도 요청하는 일입니다. 어떻게 그런 일이 가능할까요? 2절에 나온 답은 우리가 은혜 안에 서 있기 때문이라고 합니다. 이것은 받을 자격이 없는 우리를 도우시는 하나님의 전능한 능력입니다. 그리스도인을 세상과 구별시키는, 놀랍고도 초자연적인 삶의 방식을 가능케 하는 열쇠로, 우리에게는 없지만 하나님께 있는 것입니다. 환난 중에 기뻐하고 즐거워하는 능력은 우리가 하나님의 약속을 믿음으로써 받게 되는 전능한 은혜로부터 나옵니다.

고린도후서 8장 1-2절에서 그에 대한 예가 나옵니다. 바울은 마게도냐의 그리스도인들이 시련과 극심한 가난 속에서 어떻게 기뻐했는가를 말하고 있습니다. 그 열쇠가 무엇인지 유의해 보시기 바랍니다. "형제들아, 하나님께서 마게도냐 교회들에게 주신 은혜를 우리가 너희에게 알리노니 환난의 많은 시련 가운데서 그들의 넘치는 기쁨과 극심한 가난이 그들의 풍성한 연보를 넘치도록 하게 하였느니라." 열쇠가 보입니까? "하나님의 은혜"를 그들에게 주셨기 때문입니다. 그리고 그 은혜가 극한 고난의 시련(시험) 속에서도 흔들리지 않는 기쁨을 주었던 것입니다. 고난 중의 기쁨이 사랑으로 흘러 넘쳤습니다.

오늘날 우리 앞에 놓인 모든 것이 나빠지고 있는데 우리는 어떻게 지내고 있습니까? 하나님의 은혜 안에 안식하면서 하나님 안에서의 기쁨을 경험하고 사람들을 계속 사랑하며 지내고 있습니까? 아니면 하나님의 은혜를 잊은 채 불평은 늘고 사랑 대신 자기에게만 몰두하며 비판적으로 살아가고 있습니까? 은혜의 전능한 능력이 열쇠입니다. 우리는 바울이 2절에서 말하는 이 은혜 안에 서 있습니다.

그렇다고 은혜가 마술처럼 작용하지는 않습니다. 은혜는 진리를 통해 역사합니다. 우리는 그 진리를 알아야 하고, 진리는 우리를 자유하게 해줄 것입니다(요 8:32). 불평과 무력하게 만드는 좌절과 비판의 영으로부터 말입니다. 은혜는 마음의 눈을 열어 진리를 보게 하고, 마음이 진리를 받아들여 진리를 따라 살도록 이끌어 줍니다.

진리를 통해 역사하는 은혜

무슨 진리입니까? 본문의 나머지 부분에서 그에 대해 말하고 있습니다. 바울이 우리에게 깨닫고 묵상하기를 바라는 네 가지 진리가 있습니다. 은혜가 우리를 환난 중에도 즐거워하는 평온하고 기쁨에 넘치는 사람으로 바꾸어 주는 방법입니다.

1. 환난은 인내를 이룬다

로마서 5장 3절은 이렇게 말합니다. "다만 이뿐 아니라 우리가 환난 중에도 즐거워하나니 이는 환난은 인내를, 인내는 연단을, 연단은 소망을 이루는 줄 앎이로다." "인내"에 해당하는 또 다른 단어는 "참고 견딤"입니다. 달리 말해 우리의 삶에 힘겹고 고통스럽고 절망스럽고 실망스러운 어떤 일이 생길 때, 은혜로 말미암아(by grace) 우리의 믿음이 그리스도와 그 힘과 능력과 교제와 지혜와 사랑을 바라보되 비통함과 분노와 불평에 마음을 내주지 않으면, 우리의 믿음은 참고 견디며 인내하게 됩니다. 믿음이 더 강해집니다. 어떻게 더 강해질 수 있을까요? 철이 제련되는 방법으로 강력해집니다. 부러뜨리려면 더 많은 게 필요합니다. 환난은 믿음이라는 철을 제련하는 불과도 같습니다. 따라서 바울이 "환난은 인내를 이룬다"고 말할 때 그가 의미하는 바는 하나님이 우리의 믿음이 부러지지 않게 하시려고 불 같은 환난의 시험을 허락하신다는 것입니다.

이상은 우리가 환난 중에 즐거워하고 다른 이들을 사랑하는 기쁨의 사람이 되게 하는 데 은혜가 필요하다는 첫 번째 진리였습니다. 두 번째 진리는 다음과 같습니다.

2. 인내는 연단(검증된 성품)을 이룬다

로마서 5장 3-4절입니다. "우리가 환난 중에도 즐거워하나니, 이는 환난은 인내를, 인내는 연단(proven character)을, 연단은 소망을 이루는 줄 앎이로다." 여기서의 초점은 '연단'(검증된, proven-dokimen)이라는 단어입니다. 풀무불 속에 철을 넣으면 잘 참고 견디다가 반대편으로 나옵니다. 이때 이 철을 "연단된"(검증된, proven), "순정상태", "진짜"라고 부릅니다. 여기서도 같은 개념입니다. 환난을 겪으면서 믿음이 시험받고 견뎌 내면, 아름다운 진품이 나오는 것입니다. 그러면 내 믿음이 진짜임을 느낍니다. 믿음이 시험을 거쳤습니다. 인내로 시험을 견뎠습니다. 그러므로 그 믿음은 실제이고 진짜이며 검증된 순정상태의 진품입니다.

이것이 우리가 환난 가운데 즐거워하는 사람들이 되는 데 은혜가 필요하다는 두 번째 진리입니다.

3. 연단은 소망을 이룬다

로마서 5장 3-4절입니다. "다만 이뿐 아니라 우리가 환난 중에도 즐거워하나니, 이는 환난은 인내를, 인내는 연단을, 연단은 소망을 이루는 줄 앎이로다." 어떻게 그렇게 되는 것일까요? "연단"이 어떻게 소망을 이룹니까?

우리의 믿음이 고난 중에 시험을 받아 잘 견뎌 내고, 검증된 진품이 되고, 자신이 가짜가 아닌 진짜 그리스도인이라는 사실을 알게 되었을 때, 그 사실이야말로 우리가 참으로 하나님의 자녀이며 그분의 영광을 유업으로 받을 것이라는 소망을 갖게 한다는 대답이 되지 않겠습니까? 다시 말해, 하나님의 영광에 대한 온전하고 강한 소망을 갖지 못하게 방해하는 가장 큰 장애물 가운데 하나는 우리 자신이 위선자일지 모른다는 두려움, 즉 우리의 믿음은 진짜가 아니며 다만 부모에게서 물려받았을 뿐, 하나님을 영화롭게 하지 못할 일에만 끌려다닌다는 두려움입니다. 우리 삶에 닥치는 시련의 목적 중 하나는 이러한 두려움을 이겨 내고 하나님의 자녀로서 충만한 소망과 확신을 갖게 하는 것입니다.

그러므로 하나님은 우리의 믿음이라는 철을 단련하셔서 우리가 정말로 검증된 진품이라는 사실을 보이시려고 고난의 시간을 사용하시며, 또 그 동일한 방식을 통해, 우리가 하나님의 영광을 유업으로 받고 심판을 받지 않으리라는 소망을 우리에게 주십니다.

이제 우리가 환난 중에 즐거워하는 사람이 되는 데 하나님의 은혜가 필요한 마지막 진리가 남았습니다. 사실상 단순한 진리가 아니라 경험입니다.

4. 연단으로 생겨난 소망은 우리를 실망시키지 않는다

그 이유는 하나님이 성령으로 우리의 마음에 하나님의 사랑을 경험하게 하시기 때문입니다.

로마서 5장 5절입니다. "소망이 우리를 부끄럽게 하지 아니함은 우리에게 주신 성령으로 말미암아 하나님의 사랑이 우리 마음에 부은 바 됨이니."

이제 여기에 관해 무엇을 말할 수 있을까요? 그에 관해서는 오늘 아침 나눴던 시간보다 더 많은 시간을 들여야 합니다. 그래서 추수감사절 이후에 그에 관해 몇 가지를 말씀드린 후 이 구절을 계속 나누고, 6-8절도 살펴보도록 하겠습니다.

그리스도인들이 확신을 갖기 원하시는 하나님

오늘 아침 제가 말씀드리려는 바는 이것 한 가지입니다. 즉 우리가 그리스도인라면 하나님이 정말로 우리에게 원하시는 것은 우리가 하나님의 영광을 유업으로 받을 것임을 확신하는 일입니다. 우리가 죽으면 지옥이 아니라 천국에 가게 됩니다. 그리고 장차 올 그리스도의 왕국의 일원이 될 것이고, 기쁨이 끊어지지 않고 고난이 없는 새 하늘과 새 땅에서 영원히 살 것입니다. 5절 말씀의 진리는 하나님께서 성령을 통해 우리에게 그 확신을 주신다는 것입니다.

바울은 우리의 확신을 방해하는 원수는 하나가 아니라는 점을 알고 있습니다. 그중 하나는 우리가 위선자라는 두려움일 것입니다. 우리는 어쩌면 거짓 그리스도인일 수도, 혹은 전혀 그리스도인이 아닐 수도 있습니다. 비록 종교적인 사람으로서 교회 생활을 한다 해도 말입니다. 여기서 바울은 믿음의 진정성을 검증하기 위한 하나님의 방법이 고난이라고 가르칩니다. 그리고 감사하게도 하나님은 우리가 시험을 통과하게 하셔서 우리의 믿음이 진실됨을 드러내 보이게 하시고, 우리가 위선자가 아니기에, 또한 소망을 품게 하십니다.

하지만 우리의 확신을 방해하는 원수가 또 있습니다. "우리 믿음의 대상이 거짓이면 어떻게 하지? 우리의 믿음도 그렇지만 우리가 믿는 대상은 어떠한가? 환난을 통해 검증된 믿음과 성장하는 소망을 갖게 되기는 했는데, 마지막에 가보니 그 소망이 사상누각이었다면? 우리는 하나님이 우리를 사랑하신다고 생각했는데, 알고 보니 그게 아니라면? 그가 존재하지 않는 분이라면?" 이것 역시 확신을 가로막는 큰 장애물입니다.

이에 대한 바울의 대답은 논증이 아니라 경험입니다. 바울이 기꺼이 사용할 수 있는 논리가 있습니다. 하지만 여기서 바울은 단순하게 말합니다. 우리의 검증된 믿음에 뿌리내린 우리의 소망은 우리를 실망시키지 않을 것이라고 말입니다. 그리고 성령이 우리 삶에 들어오셔서 마음에 하나님의 사랑을 경험적으로 부어 주기 시작하셨다면 우리도 그 사실을 알 수 있습니다. 이것은 단순한 주장이 아닙니다. 하나님의 실존과 사랑이 바로 느껴지는, 마음에 차고 넘치는 하나님의 사랑에 대한 개인적 경험입니다.

이것이 얼마나 크고 놀라운지 여러분도 알 수 있습니다. 그래서 이 주제를 놓고 길게 설명하고 싶었던 것입니다. 앞으로 두 주 동안 여기서 그 부분을 다루도록 하겠습니다. 그리고 그 사이에 여러분은 하나님이 우리의 삶 속에서 그러한 경험을 더욱 부어 주시도록 함께 기도하시기 바랍니다. 하나님이 실수 없이 그 일을 행하실 것입니다. 우리 안에 성령의 위대한 운행이 있을 것이며, 우리의 믿음이 진실하다는 확신뿐 아니라, 우리를 위한 하나님의 사랑 안에 잘 뿌리내렸다는 확신도 주실 것입니다.

그리고 기도할 때 고난이 오는 것을 이상하게 여기지 마십시오. 고난은 찾아옵니다. 하지만 하나님께서 고난을 사용해 우리의 믿음을 제련하고, 믿음을 통해 하나님의 진정한 자녀가 되었다는 확신을 우리의 마음에 주실 것이기에, 그 하나님의 사랑 안에서 기뻐하고 즐거워하십시오.

29장

그리스도 안에 계시는 하나님: 복음의 대가와 상급

로마서 5:1-11

그러므로, 우리가 믿음으로 의롭다 하심을 받았으니 우리 주 예수 그리스도로 말미암아 하나님과 화평을 누리자. 또한 그로 말미암아 우리가 믿음으로 서 있는 이 은혜에 들어감을 얻었으며 하나님의 영광을 바라고 즐거워하느니라. 다만 이뿐 아니라 우리가 환난 중에도 즐거워하나니 이는 환난은 인내를, 인내는 연단을, 연단은 소망을 이루는 줄 앎이로다. 소망이 우리를 부끄럽게 하지 아니함은 우리에게 주신 성령으로 말미암아 하나님의 사랑이 우리 마음에 부은 바 됨이니. 우리가 아직 연약할 때에 기약대로 그리스도께서 경건하지 않은 자를 위하여 죽으셨도다. 의인을 위하여 죽는 자가 쉽지 않고 선인을 위하여 용감히 죽는 자가 혹 있거니와, 우리가 아직 죄인 되었을 때에 그리스도께서 우리를 위하여 죽으심으로 하나님께서 우리에 대한 자기의 사랑을 확증하셨느니라. 그러면 이제 우리가 그의 피로 말미암아 의롭다 하심을 받았으니 더욱 그로 말미암아 진노하심에서 구원을 받을 것이니. 곧 우리가 원수 되었을 때에 그의 아들의 죽으심으로 말미암아 하나님과 화목하게 되었은즉 화목하게 된 자로서는 더욱 그의 살아나심으로 말미암아 구원을 받을 것이니라. 그뿐 아니라 이제 우리로 화목하게 하신 우리 주 예수 그리스도로 말미암아 하나님 안에서 또한 즐거워하느니라. _롬 5:1-11

‘트레이드마크’가 의미하는 것

제가 여러분에게 베들레헴교회 30년의 신학적 트레이드마크에 대해 시리즈 설교를 하겠다고 말하거든 혹 교회를 알리기 위한 마케팅이라고 생각하지 마시기 바랍니다. 우리만의 “30년 대표신학”이라고도 오해하지 마십시오. 저는 ‘독보적’이라는 단어를 싫어합니다. 다른 사람과 신학적으로 차별화되고 싶은 욕망을 암시하는 것처럼 보입니다. 우리의 사고 체계는 이와 정확히 반대입니다. 우리는 교회의 역사적 가르침과 다른 것은 의심스러워합니다. 우리는 우리에게만 있는 새로운 교리 따위를 전하고 싶지 않습니다.

우리가 “트레이드마크”라고 말할 때는 정제되고 다듬어진 보화 같은 진리들을 의미합니다. 그리스도에게 속한 다른 교회들과 뚜렷하게 구별되는 특정한 관점을 의미하지 않습니다. 우리는 남들에 비해 돋보이는 것을 원하지 않습니다. 우리는 하나님의 말씀을 신실하게 따르는 수많은 그리스도인과 함께 가기 원합니다. 진리는 구별합니다. 하지만 연합시키기도 합니다. 우리가 가장 기뻐하는 것은 연합시키는 진리의 힘입니다.

따라서 교회의 역사를 돌아보면서 우리의 성경 해석을 늘 점검해야 합니다. 우리가 내린 해석이 그 안에 없다면, 성급히 강단에서 선포하지 말아야 합니다. 사이비와 이단은 남과 다르려고 애쓰는 종교 지도자들의 생각에서 탄생합니다. 여호와의 증인, 몰몬교, 통일교, 크리스천 사이언스 등은 모두 새로운 계시와 해석을 원하고 발견해 낸 교사들의 머릿속에서 만들어졌습니다. 그 사람들은 성경과 그 역사적 해석에 있어서 주어지는 제한에 불편해 했습니다.

오늘날에는 역사적 인물을 숭배하는 것에 관해 건전하고 합당한 경고 사항이 많습니다. 아우구스티누스, 아퀴나스, 칼뱅, 루터, 청교도, 에드워즈, 웨슬리, 스펄전, 바르트, 체스터턴, 루이스 등 역사적인 교사들을 과도하게 무비판적으로 찬양하고 모방하는 것에 대해 경계하는 것입니다. 하지만 이러한 비판이 너무 지나치지 않도록 주의할 필요도 있습니다. 위대한 역사적 인물을 따르는 사람들은 자기 자신을 영웅으로 보지 않습니다. 이 사람들은 옛 인물들의 가르침을 받느라 여념이 없습니다. 그 말은, 역사적 인물을 숭배하는 것에 따르는 모든 위험성을 다 따지더라도, 역사적으로 위대한 인물들로부터 열심히 배우면 적어도 이단으로 빠지지는 않습니다.

지혜로운 기초, 깊이 있는 뿌리

우리의 성향도 그 방향에 속해 있습니다. 우리 교회 30년의 신학적 트레이드마크는 새로운 게 아니며, 우리에게만 있는 특별하거나 차별화되거나 독점적이거나 유별난 것도 아닙니다. 모든 것은 다 성경의 널찍한 기반 위에 있고, 하나님의 사람들의 역사 속에 깊이 뿌리박고 있습니다. 참신함이라는 왜곡에서 지켜야 할 가장 귀한 것이 있다면, 바로 오늘의 트레이드마크, 즉 예수 그리스도의 복음입니다.

오늘 설교의 제목은 "그리스도 안에 계시는 하나님: 복음의 대가와 상급"입니다. 그리스도 안에 계시는 하나님이 복음의 대가와 상급이라는 의미입니다. 복음의 상급이란 대가를 지불한 분, 즉 그리스도 안에 계시는 하나님입니다. 다시 말해, 복음은 그리스도 안에 계시는 하나님이 고통의 대가를 치르셨기 때문에 우리가 영원히 그분을 즐거워하는 상급을 얻게 되었다는 좋은 소식입니다. 하나님은 그분 스스로를 상급으로 우리에게 주시기 위해 그 아들을 대가로 지불하셨습니다.

이것의 의미를 설명하고 또 이것이 얼마나 성경적인지 보여 드리려면 다른 곳에서 가져온 내용으로 이번 설교 제목을 세 가지로 요약하는 것이 도움이 되겠습니다. 하나는 로마서 5장에서, 두 번째는 교회 역사에서, 그리고 다른 하나는 고린도전서 15장에서 보도록 하겠습니다.

로마서 5장이 말하는 대가와 상급

"복음"(gospel)이라는 단어가 좋은 소식을 의미한다는 것을 유념하시기 바랍니다. 여기서는 세상을 위한 하나님의 좋은 소식입니다. 로마서 5장에 따르면 좋은 소식의 대가와 상급은 무엇입니까? 로마서 5장 6-8절에 대가가 무엇인지 나옵니다.

> 우리가 아직 연약할 때에 기약대로 그리스도께서 경건하지 않은 자를 위하여 죽으셨도다. 의인을 위하여 죽는 자가 쉽지 않고 선인을 위하여 용감히 죽는 자가 혹 있거니와, 우리가 아직 죄인 되었을 때에 그리스도께서 우리를 위하여 죽으심으로 하나님께서 우리에 대한 자기의 사랑을 확증하셨느니라.

복음의 대가는 그리스도의 죽음입니다. 6절입니다. "그리스도께서 경건하지 않은 자를 위하여 죽으셨도다." 8절입니다. "그리스도께서 우리를 위하여 죽으심으로." 하나님은 우리가 죄인일 때 우리를 사랑하셨고 우리가 무한한 상급을 받을 수 있게 하기 위해 대가를 지불하셨습니다. 그 대가는 하나님 아들의 죽음이었습니다. 하나님께서 대가를 지불하실 때 우리에게 주신 상급은 무엇입니까? 9-11절입니다.

> 그러면 이제 우리가 그의 피로 말미암아 의롭다 하심을 받았으니 더욱 그로 말미암아 진노하심에서 구원을 받을 것이니. 곧 우리가 원수 되었을 때에 그의 아들의 죽으심으로 말미암아 하나님과 화목하게 되었은즉 화목하게 된 자로서는 더욱 그의 살아나심으로 말미암아 구원을 받을 것이니라. 그뿐 아니라 이제 우리로 화목하게 하신 우리 주 예수 그리스도로 말미암아 하나님 안에서 또한 즐거워하느니라.

하나님께서 아들을 대가로 지불함으로써 우리에게 무엇을 사주셨습니까? 9절입니다. "이제 우리가 그의 피로 말미암아 의롭다 하심을 받았으니." 또 있습니다. 9절 후반부를 보면 칭의로 인해 우리가 진노에서 구원을 받을 것이라고 했습니다. 우리가 무엇에서 구원을 받아야 한다고요? 하나님의 진노입니다. "더욱 그로 말미암아 진노하심에서 구원을 받을 것이니"(9절). 하지만 그것이 복음이 제공하는 가장 고귀하고 가장 좋고 가장 풍성하며 가장 만족스러운 상급일까요?

아닙니다. 11절은 또 다른 "더욱 좋은 것"(much more)으로 시작합니다. 10절은 "더욱 그의 살아나심으로 말미암아 구원을 받을 것이니라"로 마무리 됩니다. 이제 11절은 그 수준을 더 올립니다. "그뿐 아니라[much more] … 하나님 안에서 또한 즐거워하느니라." 이것이 복음의 가장 최종적이고 높은 수준의 유익입니다. 그 이후에는 다른 "더욱 좋은 것"이 없습니다. 우리가 어떻게 거기에 도달하는가에 대해 다시 이야기하는 부분만 있습니다. "이제 우리로 화목하게 하신 '우리 주 예수 그리스도로 말미암아' 하나님 안에서 또한 즐거워하느니라."

복음의 끝은 "하나님 안에서 즐거워하는 것"입니다. 복음의 가장 높고 풍성하고 깊고 감미로운 선(善)은 바로 하나님 그분입니다. 구속 받은 백성들이 그분으로 인해 기뻐하는 것입니다. 그래서 본 설교의 제목이 "그리스도 안에 계시는 하나님: 복음의 대가와 상급"입니다. 그리스도 안에 계시는 하나님이 대가가 되셨고(롬 5:6-8), 그리스도 안에 계시는 하나님이 상급이 되셨습니다(롬 5:11). 복음은 하나님이 (대가를 지불하심으로) 우리에게 영원토록 하나님을 즐거워할 수 있게 해 주셨다는 좋은 소식입니다. 그것이 제가 "하나님이 복음이다"(God is the gospel)라고 말하는 의미입니다.

교회 역사에서 찾는 대가와 상급

오늘 설교 제목의 두 번째 요약은 교회 역사에서 가져왔습니다. 500여 년 동안 개신교 그리스도인들은 "오직"(only), "홀로"(alone)라는 뜻의 라틴어 "sola" 다섯 개로 복음을 정리했습니다. 저는 이 다섯 가지 "오직" 외에, 다른 것에 암시되어 있는 한 가지를 덧붙여 보았습니다. 역사적으로 전해 내려온 다음의 글귀를 가지고 복음에 대해 설명하도록 하겠습니다.

오직 성경을 최종 권위로 하여 계시된 복음은
오직 믿음으로
오직 은혜를 통하여
오직 그리스도라는 토대 위에
오직 하나님의 영광을 위하여
오직 하나님 안에서,
죄인들이 충만하고도 최종적인 기쁨을 누린다는 좋은 소식이다.

이 선언은 모두 성경에 기반하고 있습니다.

오직 성경만이 그리스도의 복음을 계시하고 정의하는 최종 권위입니다(갈 1:9): "만일 누구든지 너희가 받은 것 외에 다른 복음을 전하면 저주를 받을지어다." 사도가 전한 복음이 최종적이고 결정적입니다.

오직 믿음으로(롬 3:28): "사람이 의롭다 하심을 얻는 것은 율법의 행위에 있지 않고 믿음으로 되는 줄 우리가 인정하노라."

오직 은혜를 통하여(엡 2:5, 8, 9): "허물로 죽은 우리를 그리스도와 함께 살리셨고 (너희는 은혜로 구원을 받은 것이라) 너희는 그 은혜에 의하여 믿음으로 말미암아 구원을 받았으니 이것은 너희에게서 난 것이 아니요 하나님의 선물이라. 행위에서 난 것이 아니니 이는 누구든지 자랑하지 못하게 함이라."

오직 그리스도라는 토대 위에(히 7:27): "그는 저 대제사장들이 먼저 자기 죄를 위하고 다음에 백성의 죄를 위하여 날마다 제사 드리는 것과 같이 할 필요가 없으니 이는 그가 단번에 자기를 드려 이루셨음이라"(히 9:12, 10:10 참조). 단번에 모두 이루셨습니다. 우리 죄를 덮기 위해 그리스도께서 하신 일에는 아무것도 덧붙일 것이 없으며, 다시 되풀이 될 수도 없습니다.

오직 하나님의 영광을 위하여(엡 1:6): "이는 그가 사랑하시는 자 안에서 우리에게 거저 주시는 바 그의 은혜의 영광을 찬송하게 하려는 것이라." 하나님은 어떤 인간도 자랑할 수 없는 방법으로(엡 2:9, 고전 1:26-31), 그러나 이 모든 것이 그분의 영광을 보여 줄 수 있는 방법으로 우리를 구원하셨습니다.

오직 하나님 안에서 누리는 충만하고 최종적인 기쁨(시 16:11, 73:25): "주께서 생명의 길을 내게 보이시리니 주의 앞에는 충만한 기쁨이 있고 주의 오른쪽에는 영원한 즐거움이 있나이다." "하늘에서는 주 외에 누가 내게 있으리요? 땅에서는 주 밖에 내가 사모할 이 없나이다."

"그리스도 안에 계시는 하나님: 복음의 대가와 상급." 이것은 지난 수 세기 동안 무수한 그리스도인이 생각해 온 복음입니다. 이렇게 위대한 개혁 신앙의 유산에 함께하게 된 것을 기쁘게 여겨야 할 것입니다.

고린도전서 15장에 나오는 대가와 상급

세 번째 요약은 고린도전서 15장에서 살펴보겠습니다. 본문을 보니 복음에는 여섯 가지 요소, 여섯 가지 측면이 있습니다. 그중 다섯 가지는 본문에 분명하게 드러나 있고 나머지 하나는 함의적으로 나타나 있습니다. 1-4절입니다.

> 형제들아, 내가 너희에게 전한 복음을 너희에게 알게 하노니, 이는 너희가 받은 것이요 또 그 가운데 선 것이라. 너희가 만일 내가 전한 그 말을 굳게 지키고 헛되이 믿지 아니하였으면 그로 말미암아 구원을 받으리라. 내가 받은 것을 먼저 너희에게 전하였노니, 이는 성경대로 그리스도께서 우리 죄를 위하여 죽으시고, 장사 지낸 바 되셨다가 성경대로 사흘 만에 다시 살아나사.

복음의 여섯 가지 필수 요소

여기에 복음의 여섯 가지 요소가 나옵니다. 그중 하나라도 누락되면 복음도 없습니다.

1. 복음은 하나님의 계획입니다. 3절입니다. "성경대로 그리스도께서 우리 죄를 위하여 죽으시고." 예수님이 죽으시기 수백 년 전에 기록된 성경에 따른 일이었습니다. 발생하기 오래 전부터 하나님이 복음을 계획하셨다는 뜻입니다.

2. 복음은 역사적인 사건입니다. 3절입니다. "그리스도께서 … 죽으시고." 복음은 신화가 아닙니다. 어떤 개념이나 감정도 아닙니다. 사건입니다. 그 사건 없이는 복음도 없습니다.

3. 복음은 죽음이라는 사건을 통해 이루어진 하나님의 성취입니다. 우리가 존재하기 오래 전에 하나님이 예수님의 죽음 안에서 성취하신 것들입니다. 3절입니다. "그리스도께서 우리 죄를 위하여 죽으시고." "우리의 죄를 위하여"라는 말은 이 죽음이 그렇게 예정되었음을 뜻합니다. 무언가를 성취하기 위해 의도된 것입니다. 그리고 우리의 죄를 덮는 일을 완수해 냈고(골 2:14), 하나님의 진노를 제하였으며(롬 8:3, 갈 3:13), 영생을 값으로 사서 주셨습니다(요 3:16). 이것은 아직 누군가에게 적용되기 이전에 그리스도의 사역이 객관적으로 성취하신 것들입니다.

4. 복음은 믿음을 위해 그리스도가 값없이 주시는 것입니다. 1-2절입니다. "내가 너희에게 전한 복음을 너희에게 알게 하노니 이는 너희가 받은 것이요 또 그 가운데 선 것이라. 너희가 만일 내가 전한 그 말을 굳게 지키고 헛되이 믿지 아니하였으면 그로 말미암아 구원을 받으리라." 하나님이 그리스도 안에서 성취하신 것들에 대한 좋은 소식은 믿음으로(by faith), 믿어서(by believing), 받음으로(by receiving) 우리의 것이 됩니다. 선한 일을 행하거나 칭찬받을 만하거나 수고해서가 아닙니다. 하나님이 행하신 일은 믿게 될 모든 사람을 위해 거저 주시는 것입니다. 믿음으로 받습니다. 믿음을 위해 그리스도께서 거저 주지 않으신다면, 복음은 없습니다.

5. 복음은 하나님이 그리스도의 죽음 안에서 성취하신 일들이 믿는 자들에게 적용되는 것입니다. 따라서 우리가 믿을 때 우리는

우리 죄를 용서받습니다(행 10:43). 우리는 의롭다 함을 얻습니다(롬 5:1). 우리는 영생을 받습니다(요 3:16). 그밖에도 수많은 유익을 얻습니다(제가 「예수가 못 박히신 50가지 이유」라는 책을 쓴 목적입니다). 복음은 하나님이 십자가에서 우리를 위해 성취하신 것을 우리 각 사람에게 개인적으로 강력히 적용하는 것입니다.

6. 복음은 하나님과의 사귐을 누리는 것입니다. 좋은 소식인 "복음"이라는 단어에 함축된 사실입니다. 혹시 여러분이 가장 높고 깊고 만족스럽고 모든 것을 아우르는 좋은 소식이 무엇이냐고 묻는다면, 저는 이렇게 대답하겠습니다. 그의 구원받은 백성들이 알게 되고 기뻐하게 될 하나님입니다. 베드로전서 3장 18절에 분명하게 나와 있습니다. "그리스도께서도 단번에 죄를 위하여 죽으사 의인으로서 불의한 자를 대신하셨으니 이는 우리를 하나님 앞으로 인도하려 하심이라."

복음의 다른 모든 선물이 존재하는 이유는 이 한 가지를 가능하게 하기 위해서입니다. 우리가 죄 용서 받는 것은 우리의 죄가 하나님에게서 우리를 멀리 떼어 놓지 못하게 하기 위함입니다. 우리가 의롭다 함을 얻는 것은 우리의 정죄 당함이 하나님에게서 우리를 멀리 떼어 놓지 못하게 하기 위함입니다. 우리가 지금 영생을 얻고, 장차 부활의 새 몸을 얻는 것은 하나님을 최대한 힘껏 기뻐할 수 있기 위함입니다. 여러분의 마음을 살펴보십시오. 왜 죄 용서를 원하십니까? "하나님을 기뻐하고 싶어서"야 말로 참으로 결정적인 대답이 아닙니까?

요약하면, "그리스도 안에 계시는 하나님은 복음의 대가요 상급이십니다." 복음의 상급이란, 대가를 지불하신 분입니다. 복음을 사랑하는 하나님이 선물로 주신 것은 궁극적으로 그 자신이십니다. 이것을 위해 우리가 창조되었습니다. 우리가 죄 안에서 잃어버린 것이 이것입니다. 그리스도가 오셔서 회복시키려 하신 것이 바로 이것입니다. "주께서 생명의 길을 내게 보이시리니 주의 앞에는 충만한 기쁨이 있고 주의 오른쪽에는 영원한 즐거움이 있나이다"(시 16:11).

에드워즈의 해설

저는 그리스도를 대신해서 이 말씀을 여러분께 드립니다. 받아들이시기를 간절히 권고합니다. 값을 치르지 않아도 됩니다. 여러분에게 필요한 것은 그리스도의 아름다움을 발견하고 그분을 여러분의 보화이자 주인, 구원자로 받아들이는 것입니다. 복음을 믿는다는 것이 의미하는 바입니다. 제가 읽어 본 가장 아름다운 해설을 들려 드리는 것으로 여러분에게 마지막으로 한 번 더 기회를 제공하고자 합니다. 하나님이 복음이시고, 하나님의 사랑이란 그분 자신을 선물로 주시는 것이라는 제 말의 의미를 가장 잘 담고 있습니다. 1731년 조나단 에드워즈가 28살에 쓴 글입니다.

> 구속 받은 자들은 그들의 모든 객관적인 선을 하나님 안에서 소유하고 있다. 하나님 그분 자체가 위대한 선(善)인데 그들은 구속으로 말미암아 하나님을 소유하고 즐거워하게 된다. 하나님은 최고의 선이시며, 그리스도가 값을 지불하고 사신 모든 선한 것들의 요체시다. 하나님은 성도들

이 받는 유업이시며, 성도들의 영혼의 분깃이시다. 하나님은 그들의 부이자 보화이며, 그들의 양식, 그들의 생명, 그들의 거주지, 그들의 장식이요 왕관이며, 그들의 끝없는 영예이자 영광이시다. 그들이 천국에서 소유할 것은 오직 하나님뿐이다. 왜냐하면 하나님은 구속 받은 자들이 죽음의 순간에 받는 위대한 선이며, 세상의 마지막 때에 그들을 일으키실 위대한 선이기 때문이다. 주 하나님, 그분은 천국 예루살렘을 비추는 빛이요, 흐르는 '생명의 강'이며, '하나님의 낙원 중앙에서' 자라는 생명 나무이시다. 하나님의 영광스러운 탁월하심과 아름다움은 성도의 마음을 영원토록 기쁘게 할 것이며, 하나님의 사랑은 그들의 영원한 연회가 될 것이다. 구속 받은 자들은 다른 것들도 누리게 될 터인데, 천사들을 거느리고 서로를 누리게 될 것이다. 하지만 그들이 천사를 거느리든 서로를 누리든, 기쁨과 행복을 주는 다른 어떤 것을 하든, 그 안에 하나님이 계신 것을 보게 될 것이다.*

아멘.

* Jonathan Edwards, "God Glorified in the Work of Redemption, by the Greatness of Man's Dependence upon Him, in the Whole of It (1731)" (고전 1:29-31에 관한 설교), Wilson H. Kimnach, Kenneth P. Minkema, and Douglas A. Sweeney 편집. *The Sermons of Jonathan Edwards: A Reader* (New Haven: Yale University Press, 1999), 74-75쪽.

30장

자녀들이 다른 사람을 사랑하게 도우라

로마서 5:1-11

그러므로, 우리가 믿음으로 의롭다 하심을 받았으니 우리 주 예수 그리스도로 말미암아 하나님과 화평을 누리자. 또한 그로 말미암아 우리가 믿음으로 서 있는 이 은혜에 들어감을 얻었으며 하나님의 영광을 바라고 즐거워하느니라. 다만 이뿐 아니라 우리가 환난 중에도 즐거워하나니 이는 환난은 인내를, 인내는 연단을, 연단은 소망을 이루는 줄 앎이로다. 소망이 우리를 부끄럽게 하지 아니함은 우리에게 주신 성령으로 말미암아 하나님의 사랑이 우리 마음에 부은 바 됨이니. 우리가 아직 연약할 때에 기약대로 그리스도께서 경건하지 않은 자를 위하여 죽으셨도다. 의인을 위하여 죽는 자가 쉽지 않고 선인을 위하여 용감히 죽는 자가 혹 있거니와, 우리가 아직 죄인 되었을 때에 그리스도께서 우리를 위하여 죽으심으로 하나님께서 우리에 대한 자기의 사랑을 확증하셨느니라. 그러면 이제 우리가 그의 피로 말미암아 의롭다 하심을 받았으니 더욱 그로 말미암아 진노하심에서 구원을 받을 것이니. 곧 우리가 원수 되었을 때에 그의 아들의 죽으심으로 말미암아 하나님과 화목하게 되었은즉 화목하게 된 자로서는 더욱 그의 살아나심으로 말미암아 구원을 받을 것이니라. 그뿐 아니라 이제 우리로 화목하게 하신 우리 주 예수 그리스도로 말미암아 하나님 안에서 또한 즐거워하느니라. _롬 5:1-11

오늘 베들레헴교회에 처음 오신 분들이 계시다면, 우리에 대해 아실 수 있는 중요한 몇 가지를 말씀드리겠습니다. 우리 교회는 1993년부터 —지금 세어 보니 약 18년간— 매년 1월이면 동일한 두 가지 주제에 관한 설교에 초점을 맞춰 왔습니다. 그 주제는 시기적절하고 중요하며, 성경이 아주 명확하게 언급하는 내용입니다. 바로 우리나라와 우리 교회 안에서 다양한 인종 및 민족들이 화합을 이루는 주제가 하나이고, 또 하나는 인간 생명의 고귀함, 특히 낙태에 관한 주제입니다.

인종 화합과 인간 생명을 부끄러워하지 않는다

우리는 다양한 인종 및 민족들이 서로 화합하고 그들 사이에 정의가 실현됨을 통해 그리스도를 높이고자 부끄럼 없이 헌신하고 있습니다. 우리는 이 땅에서 —우리 교회 안에서도 마찬가지입니다— 점차 증가하고 있는 인종적 다양성을 기쁜 마음으로 받아들이고 있습니다. 미국 인구 조사국은 2042년까지(지금으로부터 32년 후) 소수 이민자들의 수가 전체 인구의 50퍼센트 이상을 차지할 것이라고 전망합니다. 우리는 그 점에 관해 불안해 하거나 위협감을 느끼지 않습니다. 천국의 모습이 그러하기 때문입니다. "[주 예수께서] 일찍이 죽임을 당하사 각 족속과 방언과 백성과 나라 가운데에서 사람들을 피로 사서 하나님께 드리시고"(계 5:9).

우리는 또한 모태 안에, 그리고 모태 밖에 있는 인간 생명의 고귀함을 지키기 위해 부끄럼 없이 헌신하고 있습니다. 인간의 생명은 단순히 자연 생식 과정의 산물이 아니며, 하나님의 형상대로 창조된 것이기 때문입니다. 우리가 서로에게 어떤 식으로 말을 해야 하는가에 대해 예수님의 동생 야고보가 하는 말에 귀를 기울여 보십시오. "혀는 능히 길들일 사람이 없나니 쉬지 아니하는 악이요 죽이는 독이 가득한 것이라. 이것으로 우리가 주 아버지를 찬송하고 또 이것으로 하나님의 형상대로 지음을 받은 사람을 저주하나니"(약 3:8-9). 엄마와 아기가 목숨을 잃기 직전의 아주 드문 경우를 제외하면, (하나님의 형상대로 지음을 받은) 이들 모태에 있는 작은 인간의 생명을 빼앗는 것은 큰 죄악이라고 믿습니다.

섭리에 따른 일치

마틴 루터 킹 주간과 고귀한 인간 생명 주일이 모두 1월에 끼어 있다는 것은 참으로 하나님의 섭리에 따른 시기적 일치인 것 같습니다. 따라서 이를 기회 삼아 성경으로 이 두 가지 사안을 놓고 하나님이 말씀하시는 바를 들으면 좋겠습니다.

오늘은 인종 화합의 문제를 중점적으로 다루고 다음 주에는 인간 생명의 고귀함에 대해 살펴겠습니다.

마찬가지의 장애인 문제

오늘 제가 인종 화합을 주제로 설교하고자 하는 내용은 전혀 새로운 것이 아니며, 다만 일부 오래된 성경상의 내용을 새로운 맥락에서 다루겠습니다. 저는 우리가 자녀들에게 자기와 다른 사람을 어떻게 사랑하도록 가르쳐야 하는가의 맥락에서 성경의 기본 진리를 설명하겠습니다.

이러한 접근 방법을 취하면 좋겠다고 느꼈을 때, 실은 인종에 따른 차이와 장애에 따른 차이에 관한 내용 모두를 솔직하게 다루는 메시지를 나누고 싶은 큰 열망이 생겼습니다. 그 이유는 아주 어린 아이들도 자기 자신이나 엄마 아빠와는 다르게 생긴 사람들을 인종에 따라 그리고 장애로 인한 차이에 따라 분명하게 구분짓기 때문입니다. 그러므로 어린이들도 이런 부분에 관해 가르침을 받아야 합니다. 아이들도 자기와 인종이 다른 사람들을 사랑하는 법을 동일하게 배워야 하며, 또한 지체 장애자들을 사랑하는 법 역시 배워야 합니다.

행간에 귀 기울이기

그런데 아내 노엘과 이번 설교의 방향을 이야기하면서, 그것이 그다지 좋은 생각이 아니라는 결론을 내리게 되었습니다. 첫째, 이번 주는 마틴 루터 킹 주간이고, 인종 화합이 주요 초점이기 때문입니다. 둘째, 보다 중요한 사실은 혹 몇몇 분들은 제가 인종 문제를 장애인 문제처럼 다룬다고 생각하실까 봐 그렇습니다. 하지만 사실은 그렇지 않습니다.

그래서 저는 인종적 차이에 관한 내용을 먼저 분명하게 다룰 예정이며, 장애인 문제가 더 시급한 사안이라고 생각하는 분들은 설교의 행간을 잘 읽으시고 내용상 적절한 부분을 적용하시리라 믿습니다.

주로 부모들에게 드리는 말씀

이번 메시지는 주로 부모님들께 드리는 말씀이지만, 어린이라도 제가 지금 하는 말을 이해할 수 있다면 잘 귀 기울여 들으라고 격려하고 싶습니다. 여러분의 부모님은 여러분을 참으로 사랑하십니다. 그리고 저는 부모님들이 여러분을 더욱 사랑하도록 돕는 설교를 하고 있습니다. 하나님이 말씀을 통해 여러분을 사랑하도록 부모님께 명령하신 것 중에 하나라도 여러분이 이번 설교를 통해 배운다면 여러분에게 큰 도움이 될 것입니다.

최고의 교육자, 부모

저는 다음과 같은 가정 하에 말씀을 시작하겠습니다. 부모는 인종적 차이에 대한 자녀들의 태도를 형성하고 가르치는 최고의 교육자가 되라는 위임을 하나님께 받았습니다. 이러한 가정의 배경이 되는 핵심 구절이 에베소서 6장 1-4절입니다.

> 자녀들아 주 안에서 너희 부모에게 순종하라 이것이 옳으니라. 네 아버지와 어머니를 공경하라. 이것은 약속이 있는 첫 계명이니, 이로써 네가 잘되고 땅에서 장수하리라. 또 아비들아 너희 자녀를 노엽게 하지 말고 오직 주의 교훈과 훈계로 양육하라.

그러므로 자녀들은 부모 —엄마 아빠 모두— 를 존경하고 순종해야 합니다. 우리에게 유익이 되도록 이 세상의 기틀을 놓으신 하나님이 의도하신 방법입니다. 이것이 깨지면 다른 모든 것도 깨지기 시작합니다.

특히 아버지들에게

특별히 에베소서 6장 4절에는 아버지들이 언급되어 있는데, 아버지들에게는 자녀들의 생각과 마음을 주의 교훈을 따라 빚어 가야 하는 중요한 역할이 맡겨졌습니다. 에베소서 6장 4절입니다. "아비들아 … 오직 주의 교훈과 훈계로 양육하라."

자녀들에게 가르쳐야 하는 교훈 중 하나가 인종적 차이에 관한 하나님의 진리이고, 우리가 이것에 대해 어떻게 생각하고 느끼며 행동해야 하는가에 대해서도 가르쳐야 합니다. 따라서 아버지들은 무엇보다 자녀들이 다른 인종의 사람들을 사랑하도록 도우라는 하나님의 명을 받은 것입니다. 이것이 이번 메시지의 기본 전제이며, 메시지의 남은 부분에서 제가 하고 싶은 나머지 작업은 그것을 실행하는 방법을 실례로 제시하는 것입니다.

자녀들이 자신과는 다른 사람들을 사랑하도록 돕는 8가지 방법

자녀들이 자신과는 다른 사람들을 사랑하도록 도울 수 있는 8가지 방법이 있습니다. 이에 대한 명령도 있으므로, 중간에 그것에 대해서도 설명하도록 하겠습니다. 그리스도의 복음은 5번 항목에서 등장합니다. 그렇게 뒤에 등장하는 이유는 자녀 양육에 있어서 효과가 큰 방법이기 때문입니다. 자녀들은 자신이 타락했다는 것의 의미와 하나님이 그리스도 안에서 행하시는 구원 방법이 영광스럽다는 것의 의미를 제대로 알지 못해도 하나님과 하나님의 명령에 관해 이해할 수 있습니다.

그러므로 오늘 전할 내용은 주로 부모들을 향한 것이지만, 아이들이 자신과는 다른 사람을 사랑하도록 돕는 데 관심이 있는 모든 분에게도 해당됩니다. 각 항목마다 기억해야 할 것은 모든 부모가 자녀에게 가르치는 대로 자신들도 실천하고자 애쓴다는 전제 하에서 말씀드린다는 점입니다. 가르치고 본보기가 되십시오.

1. 자녀들이 하나님의 주권적인 지혜와 선하심을 따라 그들의 모습 그대로 창조되었음을 믿도록 도와 주십시오.

놀랍게도 어린 아이들 대부분은 자기 몸에 관해 전혀 불안해 하지 않습니다. 그것에 대해 생각하지도 않습니다. 몸에 통증만 없다면 성가신 자기의식 없이 이러저리로 분주하게 돌아다닙니다.

하지만 거의 모든 아이들이 자기 몸에 대해 걱정하는 나이에 다다릅니다. 내가 너무 키가 큰가, 아니면 너무 작나? 너무 말랐나, 혹은 너무 뚱뚱하나? 너무 까무잡잡하나, 혹은 너무 하얀 건가? 머리카락 색상이 멋진가, 아니면 단조로운가? 피부가 맑은가, 아니면 잡티투성이인가? 이러한 두려움과 사람들의 사랑을 받고 싶은 열망이 아이들을 파괴적인 기능장애와 나쁜 행동으로 이끌어 갈 수 있습니다.

자존감이 아니라 하나님의 주권적인 선하심

여기서 필요한 것은 자기 존중에 대해 세상이 가르치는 내용이 아니라, 하나님께서 그분의 주권적 선하심과 지혜로 우리의 자녀들을 그 모습 그대로 만드셨다는 하나님의 가르침입니다. 시편 139편 14절입니다. "내가 주께 감사하옴은 나를 지으심이 심히 기묘하심이라

주께서 하시는 일이 기이함을 내 영혼이 잘 아나이다." 이 사실이 모든 문제를 해결하지는 않습니다. 다만 매우 중요한 말씀입니다. 자녀가 11살이 아니라 1살이 되었을 때부터 가르치고 본보기가 되는 일이 시작되어야 합니다. 우리의 자녀가 태어난 첫날부터 청소년이 될 준비가 되도록 해 주어야 합니다.

그리고 우리는 자녀들이 다음과 같은 진리를 최대한 이해하도록 도와야 합니다. "1) 하나님이 나를 만드셨다. 2) 하나님은 매우, 매우 지혜로우시다. 3) 하나님은 매우, 매우 선하시다. 4) 그러므로 우리는 하나님을 신뢰해야 한다. 하나님이 나를 만드신 방법은 선하다." 아이들이 청소년기에 이르러 치르는 전쟁의 주된 사안은 자존감의 문제가 아닙니다. 그것은 하나님에 대한 문제입니다. 신뢰의 문제입니다. 우리는 처음부터 자녀들이 하나님의 주권과 지혜와 선하심을 믿도록 가르쳐야 합니다.

제가 여기서 시작하는 이유는 이 내용을 처음부터 아이에게 잘 설명을 해둘 경우, 두 번째 항목에 더욱 큰 능력이 있을 것이기 때문입니다.

2. 자녀들이 다른 사람들의 지금 모습 그대로의 몸을 만드신 하나님의 주권적 지혜와 선하심을 믿도록 도와 주십시오.

이번 항목은 첫 번째 진리를 다른 곳에 적용하는 내용입니다. 만일 하나님께서 그분의 지혜와 선하심으로 자신들을 창조하셨다는 개념 —놀랍고도 아름다운 진리— 을 자녀들이 이해하도록 도왔다면, 자녀들은 다른 사람에게도 그것이 사실인지 이해하려고 그다지

고민하지 않을 것입니다.

만일 자녀들이 자신과는 전혀 다르게 생긴 이들 역시 하나님께서 그분의 지혜와 선하심을 따라 창조하셨다는 사실을 이해한다면, 그 사실이 함축하는 의미를 찾아낼 수 있을 것입니다. 예를 들어, 하나님의 작품을 향해 조롱하는 일은 없을 것입니다. 그렇지 않습니까? 사람들을 마치 어리석고 악한 신이 만든 피조물인 것처럼 바라보면서 상처를 주는 일은 없을 것입니다. 그렇지 않습니까? 그런 식으로 찾으면 됩니다.

3. 자녀들이 자기뿐 아니라 다른 모든 아이들과 어른들을 하나님께서 그분의 형상을 따라 만드셨다는 사실을 믿도록 도와 주십시오.

창세기 1장 27절입니다. "하나님이 자기 형상 곧 하나님의 형상대로 사람을 창조하시되 남자와 여자를 창조하시고." 인간이 동물과 다른 이유는 하나님의 형상을 따라 창조되었기 때문이라는 사실을 자녀들에게 처음부터 잘 설명하시기 바랍니다. 이 말씀은 모든 인간에게 그리고 모든 인종에게 적용됩니다. 우리는 하나님을 알 수 있습니다. 그리고 하나님을 사랑합니다. 그리고 성경에 나오는 하나님의 생각을 따라 사고합니다. 그리고 하나님과 대화를 나눕니다. 이는 다른 어떤 동물도 할 수 없는 방식으로 하나님을 드러내는 것입니다.

우리는 자녀들에게 인간이 된다는 것은 참으로 놀랍고 영광스러운 일이라고 가르쳐야 합니다. 어떤 인종도 여기에서 예외가 될 수 없습니다. 여기에 함축된 의미 중 하나는 이것입니다. '우리를 서로 다르게 만드는 신체적인 요소보다 무한히 중요한 것은 (우리 모두가) 하

나님의 형상을 따라 만들어졌다는 점이다.'

따라서 자녀들이 자신과 다르게 생긴 사람들을 기피한다면 이렇게 하시면 됩니다. "그 아이가 너랑 많이 비슷하니, 아니면 많이 다르니?" 아이가 "많이 달라요"라고 대답한다면, 이렇게 말해 주십시오. "아니. 그 애도 하나님의 형상으로 창조되고 너도 하나님의 형상으로 창조되었어. 그렇다면 정말 정말로 중요한 방식으로 너희 두 사람은 닮은 거란다. 겉으로 드러나는 차이는 그다지 중요하지 않아."

사랑을 명하신 창조주 하나님

우리 자녀들이 자신과 다르게 생긴 사람들을 사랑하도록 돕는 처음 세 가지 방법은 모두 하나님을 창조주로 알고 그것이 그들의 삶에 어떤 의미가 되는지 깨닫게 하는 것과 관련 있습니다.

자녀들을 돕는 방법에 관한 네 번째 내용은 하나님이 사랑을 명령하신 창조주라는 사실을 아는 것과 관련이 있습니다. 따라서 자녀들은 먼저 하나님을 창조자로 만납니다. 그런 후에는 사랑에 대한 명령으로 요약된 율법을 주신 분으로 만납니다.

4. 다른 사람이 내게 해 주기를 바라듯이 남에게 행하라는 하나님의 말씀을 가르치십시오.

예수님이 말씀하셨습니다. "그러므로 무엇이든지 남에게 대접을 받고자 하는 대로 너희도 남을 대접하라. 이것이 율법이요 선지자니라"(마 7:12). 남에게 놀림을 받거나 따돌림을 당하는 느낌을 알 만큼 자란 아이들에게 매우 능력 있는 말씀입니다.

우리는 자신이 대접받고 싶은 대로 남을 대하라는 황금률을 아이들에게 가르쳐야 합니다. 아이들의 다양한 관계 속에서 이를 어떻게 적용하며 다른 사람을 어떻게 대할 것인지 기회가 닿을 때마다 반복해서 가르쳐야 합니다. "너도 그런 식으로 대접받고 싶니? 아니잖아. 그러니까 우리도 그 사람들한테 그렇게 대하지 말자."

놀랍게도 예수님은 이렇게 말씀하셨습니다. "이것이 율법이요 선지자니라"(마 7:12). 그러므로 어릴 때부터 아이들에게 자주 이 말씀을 새겨 주십시오. 누군가 나와 다를 때 그 사람에게 무언가를 말하고 싶고 행동하고 싶은 충동을 느낀다면, 스스로에게 이렇게 물어보게 하십시오. '나는 다른 사람이 나한테 그런 식으로 말하거나 그런 식으로 행동하기를 바라는가?'

복음에 다다르다

이제는 복음과 관련된 예를 들어 살펴보겠습니다(5번부터 8번까지). 그리스도의 복음 ―우리 죄를 위한 그리스도의 죽음, 죽음을 정복하고 승리하신 부활― 과 직접적으로 연결되는 내용입니다. 이것이 뿌리를 잘 내리면 앞에서 제안했던 네 가지 항목에 복음의 능력이 더해질 것입니다.

5. 자녀들에게 그들의 죄는 신체적으로 매력 없어 보이는 사람들보다 훨씬 추하다는 것을 가르치고 본보기를 보이십시오.

죄는 모르고 저지른 잘못이나 어처구니없는 실수, 혹은 고상한 결점이 아닙니다. 죄는 하나님을 대적하는 추악한 반역입니다. 바울은 이를 악한 세대라고 부릅니다. "어그러지고 거스르는 세대 가운데서"(빌 2:15). 성경은 "가증"(abomination) 같은 단어를 사용하고 있고 바울은 로마서 3장 13절에서 타락한 인간을 이렇게 묘사했습니다. "그들의 목구멍은 열린 무덤이요 그 혀로는 속임을 일삼으며 그 입술에는 독사의 독이 있고." 죄는 가증하고 추합니다.

만일 우리 자녀들이 복음을 제대로 깨달으려면 자기 자신에 대해서도 반드시 깨달아야 합니다. 부모들은 더 말할 나위가 없습니다. 부모와 자녀는 모두 죄인입니다. 끔찍한 죄인입니다. 어느 정도 그 사실을 이해하고 느끼게 되기까지는 복음을 소중히 여기지 않을 것입니다.

죄의 깊이를 알다

우리와 모습이 다른 사람을 사랑하는 문제가 이것과 연결되는 한 가지는 이것입니다. 우리가 조금 잘못을 해서가 아니라 도덕적으로나 영적으로 일그러지고 추하기 때문이라는 사실로 인해 우리의 마음이 깨어질 때, 단지 우리 보기에 좋지 않은 외모라고 해서 다른 사람을 무시하는 일은 하지 않게 됩니다.

하지만 자신의 죄와 도덕적 추악함을 이런 식으로 느끼게 되는 것은 주로 그 다음 단계를 위한 준비 과정으로 보면 됩니다.

6. 하나님은 추악한 죄를 저지른 우리 같은 사람들일지라도 사랑하실 뿐 아니라 우리 죄를 대신해 죽도록 자기 아들을 보내심으로 그 사랑을 입증하셨고, 그분을 믿는 모든 사람들이 죄사함을 얻게 하신다

는 사실을 자녀들에게 가르치십시오.

"우리가 아직 죄인 되었을 때에 그리스도께서 우리를 위하여 죽으심으로 하나님께서 우리에 대한 자기의 사랑을 확증하셨느니라"(롬 5:8). 이것이 복음의 핵심입니다. 그리고 우리 자녀들에게 나와 다르게 생긴 사람을 사랑하도록 돕는 능력의 깊은 근원입니다.

따라서 우리 자녀들에게 이렇게 말합시다. "그 사람들이 매력도 없고 보기 싫다고 생각하니? 그런데 기억하거라. 너의 죄 ―엄마 아빠의 마음처럼 악한 너의 마음― 은 네 눈에 보이는 그 사람들보다 하나님 앞에 훨씬 매력도 없고 보기가 싫단다. 하지만 하나님은 너를 사랑하신단다. 그래서 우리를 대신해 아들 예수님을 보내셔서 고통받고 죽게 하신 거지. 우리가 그분을 믿으면 우리의 모든 죄를 다 용서하시고 우리를 새롭고 매력적인 사람들로 만드실 거란다."

"하나님이 우리를 그런 식으로 사랑하신다면, 우리도 다른 사람을 그런 식으로 사랑해야 하지 않겠니?"

7. 예수님께서 아이들을 위해 죽으시고 살아나셨으므로, 그 예수님이 아이들을 위해 모든 만족을 주시는 친구이자 보물이 되신다는 사실을 가르치십시오.

바울은 이렇게 말했습니다. "또한 모든 것을 해로 여김은 내 주 그리스도 예수를 아는 지식이 가장 고상하기 때문이라"(빌 3:8). 예수님을 아는 것, 즉 예수님을 나의 구세주요 왕이요 친구로 아는 것은 그 어떤 것보다 낫습니다.

예수님이 이토록 귀하고 만족스러운 분이라면 나와 모습이 다른 사람을 두려워할 필요도 없고, 내가 다른 사람보다 뛰어나다고 느끼거나 다른 사람들을 무시하면서까지 행복을 얻으려 할 필요도 없다는 것을 자녀들이 연관지어 생각할 수 있도록 —부모님들도 물론 그래야 합니다— 도와 주십시오. 우리에게는 예수님이 계십니다. 우리는 부족함이 없습니다. 그리고 우리에게는 나눌 것이 있습니다. 사람들에게서 돌아서지 말고, 사람들에게 나아가십시오.

남을 사랑할 만큼 예수님 안에서 행복함
예수님을 알고 예수님의 용서를 받고 예수님으로 인해 하나님의 사랑을 받는 것이 정말 행복하다는 것을 자녀들이 알도록 도와 주십시오. 그러면 다른 사람을 향한 사랑이 자연스럽게 흘러나오게 될 것입니다. 그렇지 않으면 남을 무시하고 멀찍이 피하는 것으로 기쁨을 얻으려 하게 됩니다.

마지막으로, 자녀들이 복음을 제대로 이해하고 있는지, 그 복음이 삶에서 어떻게 역사하고 있는지 확인하려면…

8. 자녀들이 자신과 모습이 다른 사람을 사랑하도록 가르치되, 하나님께 용납 받기 위해서가 아니라, 예수님 덕분에 이미 하나님께 용납을 받았기 때문이라는 것을 가르치십시오.

바울은 빌립보서 2장 12-13절에서 "너희 구원을 이루라"고 말하면서 이렇게 덧붙입니다. "너희 안에서 행하시는 이는 하나님이시니." 그리고 빌립보서 3장 12절에서는 "그것을 잡으려고 달려가노라"라고 말하지만 "그리스도 예수께 잡힌 바 된 그것을 잡으려고 달려

가노라"고 덧붙여 말합니다.

다시 말해, 우리 자녀들을 향해 그들의 구원을 이루라고 —선하고 거룩하고 친절하고 사랑스러워지라고— 애써 가르친다 해도 그것으로 자녀들을 그리스도인으로 만들지 못합니다. 이러한 노력은 하나님을 그들 편으로 삼지 못합니다. 자녀들이 복음을 제대로 깨닫는다면, 하나님이 이미 그들 편이신 까닭에 이런 노력들을 기울이라고 가르치게 될 것입니다. 하나님이 그들 편이 되시는 이유는 예수님이 그들을 위해 행하신 일 때문이지 자녀들이 행한 일 때문이 아니기 때문입니다.

복음에 있는 하나님의 능력

복음은 우리와 다른 모습의 사람들을 사랑할 수 있는 능력입니다. 우리 자녀들에게 넘겨줄 수 있는 열쇠입니다. 그리고 무엇보다 우리를 그러한 부모로 만들어 주는 은혜에 다다르는 열쇠이기도 합니다. 우리는 날마다 예수님의 복음 안에서 하나님의 사랑으로 살아갑니다. 하나님이 우리의 자녀에게 복음을 깨닫게 하시고, 그 복음의 능력 안에서 자신과 다른 모습의 사람들을 사랑하며 살게 해 주시기를 소망합니다.

31장

하나님의 사랑이 우리 마음에 부은 바 되다

로마서 5:3-8

다만 이뿐 아니라 우리가 환난 중에도 즐거워하나니 이는 환난은 인내를, 인내는 연단을, 연단은 소망을 이루는 줄 앎이로다. 소망이 우리를 부끄럽게 하지 아니함은 우리에게 주신 성령으로 말미암아 하나님의 사랑이 우리 마음에 부은 바 됨이니. 우리가 아직 연약할 때에 기약대로 그리스도께서 경건하지 않은 자를 위하여 죽으셨도다. 의인을 위하여 죽는 자가 쉽지 않고 선인을 위하여 용감히 죽는 자가 혹 있거니와, 우리가 아직 죄인 되었을 때에 그리스도께서 우리를 위하여 죽으심으로 하나님께서 우리에 대한 자기의 사랑을 확증하셨느니라. _롬 5:3-8

오해의 가능성

두 주 전에 로마서 5장 3-5절에서 살펴본 내용을 복습하는 최선의 방법은 혹이라도 갖고 있는 오해를 명쾌히 푸는 것입니다. 3-5절에서 바울은 환난 가운데 자리한 하나님의 자비로운 목적을 우리가 발견하도록 돕고자 했습니다. 그리하여 환난이 올 때 우리가 균형을 잃거나 하나님이 우리에게 등을 돌리셨다고 생각하지 않도록 하기 위함이었습니다. 오히려 하나님은 환난 중에도 은혜롭게 역사하시므로 우리는 환난 중에도 즐거워해야 합니다. 3절입니다. "우리가 환난 중에도 즐거워하나니." 뭔가를 알기 때문입니다! 그렇다면 투덜대고 불평하며 심지어 하나님을 비난하는 것보다, 환난 중에 기뻐하는 것이 더 유익함을 안다는 것은 과연 무엇입니까?

그 답은 하나님의 백성들에게 임하는 역경의 세 가지 결과에 있습니다. 첫째(3절), "환난은 인내를." 우리의 믿음에 대한 위협이 오히려 힘든 시간을 뚫고 나가게 해 줍니다. 둘째(4절), "인내는 연단을." 우리의 믿음이 힘든 시간을 뚫고 지나갈 때, 믿음의 진정성과 실제성이 검증됩니다. 불이 철을 제련하듯 고난은 믿음을 검증합니다. 그래서 환난은 믿음을 더욱 강하게 하고, 우리의 믿음이 딱딱하게는 보이지만 시련의 용광로에서 녹아 버리는 납이 아니라는 것을 보여 줍니다. 셋째(4절), "연단은 소망을 이루는 줄을." 우리의 믿음이 고난을 인내하고, 녹아 버리는 납이 아니라 강철과 같다는 것을 보여 준다면, 우리에게는 더 많은 소망이 있습니다. 왜일까요? 우리가 진짜라는 사실을 알고 느끼기 때문입니다. 우리의 믿음은 가짜가 아닙니다.

하지만 여기에 오해의 소지가 있습니다. 4절 후반부를 보면 처음에는 소망이 환난으로 시험받은 후의 결과인 것처럼 보입니다. "연단은 소망을 이루는 줄." 그래서 소망은 불을 지나고 나서 그 반대편에 등장하는 듯합니다. 하지만 여기에는 엄청난 오해가 있습니다.

우리 안에 하나님이 우리를 위하시고 우리가 이 환난의 시기를 끝까지 지나가도록 하시리라는 소망이 처음부터 없다면, 어느 누구도 믿음 속에서 인내하지 못합니다. 사실상 그 소망은 시험받은 믿음의 핵심에 자리하고 있습니다. 우리가 환난을 통과하도록 하는 것은 소망입니다. 인내와 연단을 이루는 것으로는 처음부터 소망을 품지 못합니다. 먼저 소망이 있어야, 시험을 견디며 하나님의 영광을 향해 나아갈 수 있습니다.

제가 왜 이 말씀을 드리는 걸까요? 환난의 시험을 잘 대비하도록 바울이 어떤 식으로 우리를 준비시키는지 알고 싶다면 1-3절을 보십시오. 세 가지가 나옵니다. 첫째(1절), 우리는 믿음으로 의롭다 함을 얻고, 우리 주 예수 그리스도로 말미암아 하나님과 화평을 이룹니다. 처음부터 인내의 시험을 통과하는 것으로 하나님과 화평할 수는 없습니다. 우리가 하나님과 화평을 이루었고, 그리스도 안에서 의와 용서와 용납과 사랑과 안전을 얻었다는 사실을 알기 때문에 인내의 시험을 통과하는 것입니다.

둘째(2절), 환난을 만나기 전에 은혜 안에 굳게 섭니다. "그로[그리스도로] 말미암아 우리가 믿음으로 서 있는 이 은혜에 들어감을 얻었으며." 우리는 우리의 힘으로 비틀거리며 환난 속으로 들어가는 것이 아니라, 은혜의 능력 안에 단단히 선 채로 들어갑니다. 이것은 우리가 시험을 당해 바로 설 수 있게 하시려고, 우리가 시험을 만나기 전에 그리스도가 행하시는 사역입니다. 그리고 우리가 참으로 하나님의 자녀가 맞다면, 은혜는 분명 우리를 굳게 서게 할 것입니다(롬 14:4).

셋째(2절), "하나님의 영광을 바라고 즐거워하느니라." 여기에 하나님의 영광을 바라고 즐거워한다는 내용이 나옵니다. 3절에서 환난을 언급하기 전입니다.

환난은 소망을 이루고, 또한 소망으로 환난을 견딘다

그러므로 이것으로 2주 전에 살펴보았던 내용을 명확히 해보겠습니다. 4절에서 (연단은 소망을 이룬다고) 말하듯, 환난은 단순히 소망을 이루지 않습니다. 소망은 이미 우리 안에 있으므로 그 소망으로 환난을 견딥니다. 그리고 그 소망이 있게 된 것은 우리를 의롭다 하시고, 은혜 안에 서게 하시며, 우리에게 영광에 대한 소망을 주시려고 그리스도가 우리를 위해 행하신 일 때문입니다.

그렇다면 이 모든 것을 어떻게 정리할까요? 다른 본문을 보지 않았다면 저는 이렇게 말했을 것입니다. '그리스도인의 삶은 우리를 위해, 우리 안에 행하신 그리스도의 사역으로 말미암아 소망과 함께 시작된다. 그리고 환난을 통해 하나님의 보존하시고 단련하시는 은혜를 경험하면 할수록 우리의 소망도 더욱 자란다. 고난을 견디는 것이 처음의 소망을 만들어 내지 않지만, 그 처음 소망을 정련하고 더욱 풍성하게 만들어 준다.'

하지만 이와 관련한 다른 본문을 보겠습니다. 로마서 15장 13절입니다. 소망에 나타나는 나선형의 특성을 주목하십시오. "소망의 하나님이 모든 기쁨과 평강을 믿음 안에서 너희에게 충만하게 하사 성령의 능력으로 소망이 넘치게 하시기를 원하노라." 그렇다면 그리스도인의 삶에서 소망이 어떻게 작용합니까? 우리는 소망의 하나님으로 시작합니다. 하나님은 우리를 기쁨과 평강으로 채우십니다. 어떻게 가능합니까? "믿음으로" 가능합니다. 그러면 무엇을 믿는 것입니까? 그리스도께서 우리를 위해 행하신 모든 것과 행하겠다고 약속하신 모든 것을 믿는 것입니다. 다시 말해, 우리의 기쁨과 평강은 소망의 하나님이 그리스도 안에서 우리를 위해 행하신다는 믿음에서 일어납니다. 기쁨과 평강은 소망으로 유지됩니다. 하지만 본문은 하나님이 우리를 "소망이 넘치게 하"기 위해 기쁨과 평강으로 채우신다고 말합니다. 여기서 우리는 소망의 열매로부터 더 큰 소망을 얻습니다. 소망은 우리에게 기쁨과 평강을 일으킵니다. 그리고 우리의 기쁨과 평강은 더 큰 소망을 일으킵니다.

이것이 두 주 전에 살펴본 내용을 가지고 정리한 것입니다. 환난은 인내를 낳고, 인내는 연단을 낳고, 연단은 소망을 낳습니다. 이 소망은 처음의 소망이 아니라, 처음보다 더 풍성하고 더 강력해진 소망입니다. 우리는 소망으로 시작합니다. 그리고 소망에서 더 큰 소망으로 계속 나아갑니다.

우리 마음에 부어지는 하나님의 사랑

오늘 살펴보겠다고 한 것이 5절에 나오는 약속입니다. 소망이 우리를 실망시키지 않는다는 약속입니다. "소망이 우리를 부끄럽게 하지 아니함은 우리에게 주신 성령으로 말미암아 하나님의 사랑이 우리 마음에 부은 바 됨이니." 지난 시간에는 우리의 확신을 위협하는 것에 대해 말씀드렸습니다. 그중 하나는 우리의 믿음이 거짓일 수 있다는 것이며, 환난의 불은 우리가 진짜임을 입증하고 스스로에게도 확인시키도록 해 주는 선물이라고 했습니다. 다른 하나는, 우리 믿음의 대상이 거짓일 수 있다는 것입니다. 만일 우리가 검증된 믿음과 자라나는 소망으로 환난을 지나왔는데, 결국에는 그 소망이 사상누각이었음이 드러난다면 어떻게 하겠습니까? 우리는 하나님이 우리를 사랑하신다고 생각했는데, 알고 보니 그게 아니었다면 어떻게 합니까?

바울이 5절에서 말하는 바가 그것입니다. 바울은 하나님이 그런 종류의 의심과 불안에 대한 해결책을 제공하셨다고 말합니다. 그는 이것을 우리 마음에 부으시는 하나님의 사랑이라고 부릅니다. 저는 5절에서 "하나님의 사랑"("하나님의 사랑이 우리 마음에 부은 바 됨이니") 이라는 구절로 우리를 향한 하나님의 사랑에 대해서 말씀드리려고 합니다. 하나님을 위한 우리의 사랑이 아닙니다. 잠시 후 보여 드리겠지만, 저는 6-8절이 이 구절과 어떤 식으로 연결되는가에 기반을 두겠고, 여러분은 그것을 8절에서 찾아볼 수 있습니다. "하나님께서 우리에 대한 자기의 사랑을 확증하셨느니라." 이 말씀은 5절에 나온 "하나님의 사랑"에 대한 열쇠라고 생각합니다.

저는 2주 전에, 우리를 위한 하나님의 사랑에 대한 의심을 해결할 바울의 방법은 그것에 대해 논증을 펼치는 것이 아니라 직접 경험하는 것임을 강조했습니다. 하나님이 우리를 사랑하시는지 어떻게 알 수 있습니까? 그분의 사랑이 진짜이고 우리가 신기루를 좇고 있는 게 아님을 어떻게 알 수 있을까요? 그에 대한 답은 이렇습니다. 하나님은 하나님의 사랑을 경험하게 하시는데, 이것은 자기입증적인 (self-authenticating) 경험입니다. 그 일이 일어나면 하나님의 사랑이라는 것을 알게 됩니다. 그러므로 우리는 여기서 하나님의 사랑을 '경험'하는 것에 대해 말하고 있습니다. 이것은 우리를 향한 하나님의 사랑이 진짜라는 것을 확신하게 하는 주관적 근거입니다.

저는 이 본문으로 사랑의 경험에 대해 세 가지로 말씀드리고 싶습니다. 하지만 오늘은 그중 두 가지만 말씀드릴 시간이 있을 것 같습니다. 다음 주에도 계속 살펴보겠습니다.

첫째, 하나님의 사랑에 대한 경험은 성령을 통해 부어집니다

"우리에게 주신 성령으로 말미암아 하나님의 사랑이 우리 마음에 부은 바 됨이니." 이 경험에 관해 우리가 뭐라고 말하든, 결론은 이렇습니다: 결단코 이것은 인간의 역사가 아니라 하나님의 역사입니다. 초자연적입니다. 결국 우리의 힘에 있지 않습니다. 단순한 환경의 산물이 아닙니다. 좋은 가정 배경에 달려 있지 않습니다. 성령으로 말미암습니다. 우리의 힘으로 경험할 수 있는 게 아닙니다. 성령이 그 일을 하십니다. 성령의 역사입니다.

우리가 너무 자연주의나 심리학적으로 나가게 되면 어린 시절의 상처와 학대 배경이 있는 사람들은 하나님의 사랑을 경험적으로 알 수 없다고 생각하게 되는데, 여기에 심각한 오류가 있습니다. 하나님의 사랑을 아는 것이 실제로 좋은 성장 과정과 연결되는 문제라는 인상을 주게 됩니다. 이런 태도가 지나치면, 하나님의 사랑을 경험적으로 아는 것이 성령의 주권적이고 초자연적인 사역이라는 영광스러운 핵심 진리를 가리게 됩니다. 균형을 맞추기 위해 다음 사항을 고려하십시오. 즉 건강하며 심리적으로도 건전하고 균형 잡힌 많은 성인들은 다복한 배경에서 자라서 그런지 평안하게 잘 사는 것을 하나님의 사랑으로 오해하지 않습니까? 그러다보니 결국 정서적인 문제가 있는 사람들보다도 영적으로 상태가 더 나빠지는 것입니다. 오히려 문제가 있던 사람들은 모두의 기대와 달리 성령의 힘으로 하나님의 사랑을 경험하는데 말입니다.

사랑의 경험에 관해 유의할 첫 번째 사항은 이것입니다. 이 경험은 성령에 의해 초자연적으로 우리에게 주어지는 것이지, 사람이 주거나 자기 스스로가 최면이나 훈련을 통해 만들어 내는 것이 아닙니다.

둘째, 이 경험은 객관적이고 사실에 입각한 내용입니다

다른 식으로 말하면 성령이 역사하시는 이 경험은 역사적 사실을 통해 성립됩니다. 이 경험에는 지식적 요소가 있고, 그 지식 이면에는 실제 사실적 요소들도 있습니다.

그럴 수 있는 근본적 이유는 그리스도에 대한 지식에 근거하지 않은 경험으로는 그리스도를 영화롭게 하지 못하기 때문입니다. 또 우리는 성령이 그리스도의 영광을 나타내기 위해 이 세상에 보냄을 받으셨음을 알고 있습니다(요 16:14). 만일 성령이 한밤중에 전기 자극처럼 역사하셔서 우리가 행복에 마냥 겨워하는데, 그 머릿속에는 그리스도에 대한 생각이 전혀 없다면, 헤로인에 취해 생기 넘치는 것만큼도 그리스도께 영광을 돌릴 수 없습니다.

하나님의 사랑을 경험하는 것이 역사 속에서 일어난 그리스도의 십자가 사역에 대한 지식을 통해 성립되는(전달되는) 궁극적인 이유는 그 경험으로 우리는 기쁨을 얻고 그리스도는 영광을 얻으시도록 의도되었기 때문입니다. 그러나 하나님의 사랑을 경험한다고 해도 그 경험이 그리스도의 (객관적이고 역사적인) 사역 안에서 나타난 하나님의 사랑 이야기에 대한 반응으로 일어난 것이 아니라면 그리스도는 결코 영광을 얻지 못하십니다.

제가 본문 어디에서 그런 내용을 찾았을까요? 5절과 6-8절 사이의 연결 부분에서 찾았습니다. 5절은 하나님의 사랑을 경험하는 것이 성령을 통해 우리에게 부어진다고 말합니다. 그런 다음 "왜냐하면"이라는 단어로 6절이 연결됩니다. "[왜냐하면] 우리가 아직 연약할 때에 기약대로 그리스도께서 경건하지 않은 자를 위하여 죽으셨[기 때문이]도다."(한글 개역개정에는 접속사가 없음—옮긴이). 그런 다음 7절과 8절에서 바울은 그리스도께서 연약하고 불경건한 죄인을 위해 돌아가신 역사적이고 객관적 사실을 우리 앞에 펼쳐 놓습니다. 그런 후 8절에서 이 역사적 행위가 갖는 핵심을 분명하게 제시합니다. "하나님께서 우리에 대한 자기의 사랑을 확증하셨느니라."

사실과 경험

이제 생각해 보십시오. 하나님의 사랑이 우리에게 역사적으로 확증된 것은 객관적 사실을 연구하고 생각하고 깨닫기 위해서입니까?(8절) 아니면 하나님의 사랑이 성령으로 우리 마음에 부어진 것은 의심과 마주쳤을 때 확신을 가지기 위해서입니까?(5절) 물론 바울은 우리가 이런 식으로 둘로 나누어 어느 하나만을 답으로 정하는 것을 원하지 않습니다. 우리는 감히 이 둘 사이에서 선택을 하거나 이 둘을 서로 대립하게 만들어서는 안 됩니다. 하나님의 사랑은 마음속에서 경험됩니다. 그리고 하나님의 사랑은 역사 속에서 확인됩니다. 사실도 있고 느낌(감정)도 있습니다. 머릿속 지식도 있고 마음속 사랑도 있습니다. 진리가 있고 성령이 계십니다.

핵심 질문은 이것입니다. '그 둘이 어떻게 연결되는가?' 5절과 6-8절의 관계를 기초로, 성령은 그리스도의 죽음이라는 역사적 사실을 가져다가, 우리 마음 눈을 여셔서 그리스도의 사역 안에서 확증된 하나님 사랑의 (모든 것을 만족시키는 거룩한) 아름다움을 보게 하십니다. 따라서 성령은 그리스도의 사역 안에서 나타난 하나님의 사랑을 볼 수 있는 영의 눈을 열어 줌으로써, 우리 마음에 경험적으로 그 사랑을 부어 주십니다. 전기 충격 같은 경험이 아닙니다. 그것은 깊이 숙고된 경험입니다. 사실에 입각한 내용입니다. 그러므로 성령에 의해 하나님의 사랑을 경험하는 일은 모호한 뉴 에이지적 유체이탈 경험이나, 최면 상태나, 무아지경에 빠지는 것과는 다릅니다. 우리 죄를 위해 죽으시고 우리의 칭의를 위해 다시 살아나신 그리스도 예수 안에서 확증된 하나님의 사랑이 영광으로 가득 차는 것입니다.

본문에 대해 나누고 싶은 한 가지가 더 남았습니다. 이 경험을 우리는 어떻게 계속 추구할까요? 이는 변하기 쉬운 것인가요? 모든 그리스도인들이 경험하게 되나요? 이 경험을 어떻게 더 확대시킬까요?

오늘은 충분히 살펴보았고 최소한 다음의 내용만큼은 이해하게 되었습니다. '5절의 경험은 6-8절에서 나온 사실들을 깊이 숙고함으로 이루어집니다.' 왜 그렇습니까? 성령은 예수 그리스도를 영화롭게 하기 위해 보냄 받았기 때문입니다. 성령은 기분을 확 바꿔 주는 마약이 아닙니다. 성령은 그리스도의 사역 안에서 확증된 하나님의 사랑의 영광을 조명해 주시는 분입니다. 성령은 우리를 위한 그리스도의 죽음 안에서 하나님이 우리를 향한 무한 사랑을 확증하셨다는 황홀한 실재에 우리 마음의 눈을 뜨게 해 주십니다.

32장

우리에 대한 자기의 사랑을 확증하신 하나님

로마서 5:5-8

소망이 우리를 부끄럽게 하지 아니함은 우리에게 주신 성령으로 말미암아 하나님의 사랑이 우리 마음에 부은 바 됨이니. 우리가 아직 연약할 때에 기약대로 그리스도께서 경건하지 않은 자를 위하여 죽으셨도다. 의인을 위하여 죽는 자가 쉽지 않고 선인을 위하여 용감히 죽는 자가 혹 있거니와, 우리가 아직 죄인 되었을 때에 그리스도께서 우리를 위하여 죽으심으로 하나님께서 우리에 대한 자기의 사랑을 확증하셨느니라. _롬 5:5-8

우리는 5절에 서술된 하나님 사랑을 의식적으로 경험하는 것과 관련된 내용을 3주에 걸쳐 다루고 있습니다. 이 경험은 우리가 '느낄 수 있는' 어떤 것이라고 저는 강조했습니다. 마음으로 경험하여 아는 것은 논증을 통해 추론해 낸 사실보다 더 강력합니다. 마음으로 경험하지 못한 것을 논증으로 어느 정도는 알 수 있습니다. 이런 식으로 주장할 수 있겠지요. "1) 성경은 이렇게 말한다. '하나님이 세상을 이처럼 사랑하사'(요 3:16). 2) 나는 이 세상에 속해 있다. 3) 그러므로 하나님은 나를 사랑하신다." 이것은 내가 하나님의 사랑을 받고 있다는 사실을 아는 한 가지 방법입니다.

혹은 이런 식으로 더 깊이 나갈 수 있습니다. "1) 그리스도께서 제자들에게 말씀하셨다. '사람이 친구를 위하여 자기 목숨을 버리면 이보다 더 큰 사랑이 없나니'(요 15:13). 2) 나는 하나님의 친구다. 나는 그분을 따를 뿐 아니라 그분의 계명을 지키기 때문이다(요 15:14). 3) 그러므로 그리스도는 가장 큰 사랑으로 나를 사랑하신다."

논증을 사용하는 것은 우리가 사랑받고 있음을 알 수 있는 방법의 일부입니다. 게다가 중요합니다. 믿음의 싸움을 싸울 때는 이것을 잘 알고 무기처럼 사용할 수 있어야 합니다. 하지만 그것은 로마서 5장 5절이 말하는 바가 아닙니다. 로마서 5장 5절은 이렇게 말합니다. "소망이 우리를 부끄럽게 하지 아니함은 우리에게 주신 성령으로 말미암아 하나님의 사랑이 우리 마음에 부은 바 됨이니." 우리를 위한 하나님의 사랑을 경험하는 것은 주로 논리적 추론에 의해 되지 않습니다. 무언가 부어져야 합니다. 무언가 마음으로 느껴져야 합니다. 마음이 감지할 수 있는 방법으로 알아야 합니다.

하나님 사랑을 경험하는 것에 관한 네 가지

지난 주에는 본문에서 하나님의 사랑을 경험하는 것에 관한 두 가지 내용을 살펴보았습니다.

1. 하나님의 사랑을 경험하는 것은 성령을 통해 부어진다

첫 번째 사항은 5절 중간에 근거를 두고 있습니다. "우리에게 주신 성령으로 말미암아." 이것은 인간의 방편으로는 이룰 수 없는 초자연적인 경험입니다.

2. 사실에 입각한 객관적 내용이 있는 경험이다

이 경험은 그리스도에 관한 객관적 진리를 통해 전달되고 이루어집니다. 텅 빈 머리로는 그런 경험을 하지 못합니다. 그리스도가 역사 속에서 실제로 행하신 일 안에서 하나님 사랑의 영광을 보게 될 때 우리는 그것을 경험할 수 있습니다.

두 번째 사항은 5절과 6-8절간의 연결 관계에 기반을 두었습니다. 예로, 5절과 8절 사이의 연결 관계에 다시금 주목하십시오. 5절에서 우리를 위한 하나님의 사랑이 성령으로 말미암아 우리 마음에 부어졌다고 나옵니다. 8절에서는 하나님이 그리스도의 죽음을 통해 역사 속에서 그 사랑을 확증하셨다고 나옵니다. 8절을 주의 깊게 읽어 보면 무언가가 눈에 들어옵니다. "우리가 아직 죄인 되었을 때에 그리스도께서 우리를 위하여 죽으심으로 하나님께서 우리에 대한 자기의 사랑을 확증하셨느니라."

동사의 시제가 좀 특이한 것을 알아채셨습니까? 중간 구절을 보십시오. "그리스도께서 우리를 위하여 죽으심(died)…" 과거형입니다. 그것은 역사입니다. 이미 고정적이고 객관적이며 변하지 않을 사실입니다. 그렇다면 바울에게 다음과 같이 기록하는 것이 훨씬 자연스럽지 않았을까요? "'이 역사적인 행위 안에서' 하나님이 우리에 대한 자기의 사랑을 '확증하셨느니라'"(demonstrated, 과거형). 하지만 바울은 그렇게 쓰지 않았습니다. 바울은 이렇게 썼습니다. "하나님께서 우리에 대한 자기의 사랑을 '확증하시느니라'"(demonstrates, 한글 개역개정은 과거형으로 되어 있음 —옮긴이). 현재형입니다. 지금도 진행되는 일입니다. 하나님은 오늘도 그분의 사랑을 확증하십니다. 우리를 위해 그 아들이 죽으셨다는 과거의 역사적이고 객관적인 사실을 통해 오늘도 하나님의 사랑을 보여 주십니다.

이제는 이 내용을 성령으로 말미암아 하나님의 사랑을 부으신다는 5절 말씀과 연결지어 보십시오. 연결 관계가 보입니까? 하나님은 우리 '마음'에 그의 사랑을 부으십니다. 그리고 하나님은 우리 '생각'이 그의 아들의 죽음에 향하도록 이끄심으로 그의 사랑을 확증하십니다. 이것이 하나님의 사랑을 경험하는 일은 사실에 입각한 객관적 내용이 포함된다고 제가 말씀드린 이유입니다. 하나님의 사랑을 경험하는 일은 그리스도의 죽음에 관한 객관적인 진리를 통하여 이루어지고 전달됩니다. (지식이 빠진) 텅 빈 머리로는 그 사랑을 경험하지 못합니다. 그리스도가 역사 속에서 이루신 사역 안에 나타난 하나님 사랑의 영광을 목도함으로써 —그렇게 사랑이 확증되는 것을 우리가 볼 때— 비로소 그 사랑을 경험하게 됩니다.

오늘 저는 하나님의 사랑을 경험하는 것에 관한 다른 두 가지를 말씀드리고자 합니다.

3. 모든 그리스도인은 하나님의 사랑을 어느 정도 경험한다

모든 그리스도인이 이런 경험을 어느 정도 얻는다고 제가 말하는 이유는 바울이 5절에서 그렇게 말하고 있기 때문입니다. "우리에게 주신 성령으로 말미암아 하나님의 사랑이 우리 마음에 부은 바 됨이니." 여기서 "우리"라는 단어는 모두 동일 집단을 가리킵니다. 성령을 받은 동일 집단의 사람들이 또한 그들 마음에 하나님이 부으시는 사랑을 받았습니다. 그런데 성령을 누구에게 주신 것일까요?

로마서 8장 9절에서 바울의 대답을 들어보겠습니다. "만일 너희 속에 하나님의 영이 거하시면 너희가 육신에 있지 아니하고 영에 있나니 누구든지 그리스도의 영이 없으면 그리스도의 사람이 아니라." 여기서 바울은 영, 하나님의 영, 그리스도의 영이라는 세 가지 용어를 사용합니다. 서로 다른 영들이 아니라 동일한 영입니다. 그런 다음 9절 후반부에서 바울이 하는 말에 유의하십시오. "누구든지 그리스도의 영이 없으면 그리스도의 사람이 아니라." 그 말은 모든 참된 그리스도인에게는 그리스도의 영이신 성령이 계신다는 뜻입니다.

그러므로 그 사람들이 로마서 5장 5절에서 바울이 "우리에게 주신 성령"이라고 언급하는 이들입니다. "우리"란 모든 참된 그리스도인입니다. 또한 5절에서 "우리에게 주신 성령으로 말미암아 하나님의 사랑이 '우리 마음에' 부은 바 됨이니"라고 말할 때 나오는 두 번째 "우리"도 그 사람들입니다.

따라서 저는 모든 참된 그리스도인이 적어도 그 마음에 하나님 사랑의 부으심을 맛본다고 결론을 내리겠습니다. 모든 참된 그리스도인은 논증이 아닌 경험으로 하나님의 사랑을 압니다. 성령은 우리 마음의 눈을 열어서 그리스도 안에 있는 하나님 사랑의 고귀함과 아름다움을 있는 그대로 볼 수 있게 하셨고, 우리는 영적인 감각으로 우리 마음에 있는 사랑에 감동되어 그리스도와 그 안에 있는 하나님의 사랑을 귀하고 가치 있는 보물로 여기며 신뢰합니다. 그것이 바로 그리스도인이 된다는 것의 의미입니다.

4. 그 경험은 때마다 그리고 사람마다 다르며, 더욱 온전히 추구할 수 있다(추구해야 한다)

제가 왜 이런 이야기를 할까요? 첫째, 5절에서 하나님의 사랑이 부어지는 것과 성령이 주어지는 것 사이에 동사의 시제가 서로 다르기 때문입니다. "우리에게 주신(was given to) 성령으로 말미암아 하나님의 사랑이 우리 마음에 부은 바 됨(has been poured out)이니"에 유의하십시오. 여기에 나타나는 두 동사의 시제 차이를 헬라어 원문으로 살펴보면, 하나님의 사랑이 부은 바 됨의 시제는 모든 신자에게 일어났던 과거 행위이면서 또한 지금도 계속되는 결과 내지는 지금도 계속되는 행위임을 암시합니다. 하지만 "우리에게 주신"의 시제는 모든 것을 단번에 완료시킨 행위임을 암시합니다. 우리는 성령을 단번에 완전히 받았지만, 사랑을 부어 주시는 것은 지금도 계속되고 있을 뿐 아니라 그 양상도 다양하다고 봅니다. 모든 이에게 단번에 주어진 성령, 그리고 모든 그리스도인에게 일정 수준에서 하나님의 사랑을 부어 주시는 성령, 그 성령은 때마다 그리고 사람마다 다른 양상으로 일하십니다.

이를 증거할 다른 말씀이 있을까요? 하나님이 부어 주시는 사랑을 온전히 경험하려면 어떻게 해야 하는지 도움을 얻을 수 있는 말씀 말입니다. 있습니다. 세 가지 본문을 말씀드리겠습니다(모두 실어 놓지는 않았습니다!).

첫째, 데살로니가후서 3장 5절을 보십시오. "주께서 너희 마음을 인도하여 하나님의 사랑과 그리스도의 인내에 들어가게 하시기를 원하노라." 여기서 바울은 하나님이 데살로니가 교인들에게 무언가를 해 주시기를 기도하고 있습니다. 그것이 무엇입니까? 바울이 원하는 것은 하나님이 "그들의 마음을 인도하는(direct)" 것이었습니다. 놀라운 말씀입니다! 마음에는 방향(direction)이 있습니다. 마음은 이것 혹은 저것을 향해 움직입니다. 매력적이고 만족스럽고 가치 있다고 생각하는 어떤 것을 향해 움직입니다. 그래서 바울은 세상에 있는 평범한 것들보다 하나님의 사랑을 더 매력적이고 만족스러우며 가치 있는 것으로 볼 수 있는 마음의 눈을 주시도록 데살로니가 교인들을 위해 기도하고 있습니다. "주께서 너희 마음을 인도하여 하나님의 사랑 … 에 들어가게 하시기를 원하노라."

하나님의 사랑을 경험하는 것 외에 다른 어떤 것이 있을 수 있을까요? 우리는 그리스도인이지만, 그럼에도 불구하고 우리가 있는 자리에서 하나님의 사랑으로 옮겨가는 것이 반드시 필요합니다. 그렇지 않다면 바울은 그렇게 기도하지도 않았을 것입니다. 그러므로 하나님 사랑을 경험하는 것은 때마다 다르고 사람마다 다릅니다. 우리는 여기에 그리스도인으로 있습니다. 우리는 모두 우리를 위한 하나님의 사랑을 맛보았고, 하나님이 그리스도 안에서 우리를 위해 행하신 모든 것을 믿기로 했습니다. 하지만 우리 마음은 언제나 확고부동한 게 아닙니다. 표류하기도 하고 흔들리기도 합니다. 청교도들이 했던 말처럼 말입니다. "그리스도인들 사이에 하나님께 속한 것들에 대한 무관심이 지나치게 많습니다."

이것이 우리에게 부흥이 필요한 이유입니다. 부흥이란 바로 이런 모습입니다. 부흥은 일차적으로는 잃어버린 자들이 회심을 하는 것이 아닙니다. 부흥은 먼저 데살로니가후서 3장 5절에 나온 바울의 기도에 대한 응답입니다. "주께서 너희 마음을 인도하여 하나님의 사랑과 그리스도의 인내에 들어가게 하시기를 원하노라." 주께서 하나님의 백성들의 마음을 붙드시고, 하나님의 사랑으로 이끄실 때, 백성들은 성령을 통해 부으시는 하나님의 사랑을 경험합니다. 그 일이 같은 시간, 같은 장소에서 많은 이들에게 일어날 때, 우리는 그것을 부흥이라고 부릅니다.

둘째, 고린도후서 13장 13절을 보시기 바랍니다. 마무리하는 기도입니다. "주 예수 그리스도의 은혜와 하나님의 사랑과 성령의 교통하심이 너희 무리와 함께 있을지어다." 여기서 지금 바울은 무엇을 하고 있습니까? 사람들에게 하나님의 사랑이 명백히 나타나고 실제로 임재하도록 하나님께 요청하고 있습니다. "하나님의 사랑이 너희와 함께 있을지어다!" 그 사랑이 여러분에게도 명백히 함께 있기를 바랍니다!

여기서 "명백히" 함께 있는다는 의미는 무엇일까요? 그리스도인에게 하나님의 사랑은 늘 함께하는 것이 아닙니까? 로마서 8장 35절과 39절은 어떤 것도 하나님의 사랑에서 우리를 갈라놓을 수 없다고 말합니다. 따라서 우리를 하나님의 사랑에서 갈라놓을 것이 없다면 왜 바울은 "하나님의 사랑이 너희 무리와 함께 있을지어다"라고 기도했을까요? 하나님의 사랑은 늘 믿는 자들과 함께하지만, 우리는 하나님의 사랑이 함께하는 것을 늘 현재적으로 경험하지 못하기 때문입니다. 그러므로 우리는 하나님께서 그분의 사랑을 좀 더 명백히 알려 주시기를 바랍니다. 보다 분명하게, 보다 경험적으로 말입니다. 그러므로 고린도후서 13장 13절에서 바울이 정말로 요청하는 바는 하나님의 사랑이 우리 마음에 보다 풍성하게 그리고 보다 의식하기 쉽게 부어지도록 해달라는 것입니다.

마지막으로, 에베소서 3장 14-19절에서 바울이 드리는 특별한 기도를 생각해 보도록 하겠습니다. 바울은 그리스도인들을 위해 기도하고 있는데, 그 기도를 범상치 않게 만드는 무엇인가가 있습니다.

> 이러므로 내가 하늘과 땅에 있는 각 족속에게 이름을 주신 아버지 앞에 무릎을 꿇고 비노니, 그의 영광의 풍성함을 따라 그의 성령으로 말미암아 너희 속사람을 능력으로 강건하게 하시오며, 믿음으로 말미암아 그리스도께서 너희 마음에 계시게 하시옵고, 너희가 사랑 가운데서 뿌리가 박히고 터가 굳어져서 능히 모든 성도와 함께 지식에 넘치는 그리스도의 사랑을 알고, 그 너비와 길이와 높이와 깊이가 어떠함을 깨달아 하나님의 모든 충만하신 것으로 너희에게 충만하게 하시기를 구하노라.

생각하기는 언젠가 이 본문으로 연속 설교를 하려고 합니다. 성경에 나오는 어떤 구절도 이 말씀처럼 기도의 열망으로 가득 차게 해 주지 않습니다. 겹겹이 의미로 싸여 있는 말씀입니다. 하지만 오늘은 본문을 거슬러 올라가며 바울이 무엇을 기도하고 있는지 아주 표면적인 뜻만을 살펴보기로 하겠습니다. 19절에서 바울은 하나님의 모든 충만하신 것으로 채워지게 해달라고 기도합니다. 그것은 경험입니다. 우리는 언제나 그 경험을 하지는 않습니다. 우리는 그것을 바랍니다. 그것을 추구합니다.

경험은 어떻게 임하는가?

어떻게 임할까요? "지식에 넘치는 그리스도의 사랑을 알고." 즉 우리의 이해를 넘어서는 그리스도의 사랑을 경험적으로 아는 것을 통해 임합니다. 그러면 그리스도의 사랑을 경험적으로 아는 것은 어떻게 가능합니까? 17절에서 바울은 그들이 "사랑 가운데서 뿌리가 박히고 터가 굳어져서" 지식에 넘치는 그 사랑을 "깨닫게" 되기를 간구합니다. 그렇다면, 사랑 가운데 뿌리를 박고 터가 굳어지는 일은 어떻게 일어납니까? 바울은 성령으로 말미암아 속사람을 능력으로 강건하게 해서 믿음으로 그 마음속에 그리스도가 (명백히) 계시게 함으로써, 그 일이 일어나기를 기도하고 있습니다(16-17절).

여기서 우리는 다시금 성령의 사역을 보게 됩니다. 에베소서 3장 14-19절에 나오는 놀라운 모든 경험은, 로마서 5장 5절에서 우리에게 주신 성령으로 하나님의 사랑이 우리 마음에 부은 바 된다는 단순한 문장을 펼쳐 놓은 것은 아닐까요?

만약 그렇다면, 그 경험이 때마다 사람마다 다르다는 것은 분명하지 않은 것일까요? 그렇지 않다면 바울은 그런 기도를 그렇게 자주 하지 않았을 텐데 말입니다.

그리고 마지막으로 우리가 백성으로서 이 경험을 충만히 얻을 수 있게 구하는 방법도 분명치 않은 것일까요? 그렇지 않습니다. 첫째,

우리는 머리를 비우는 대신 그리스도의 진리로 채우고, 그리스도께서 이 땅에 와서 살고 죽으시고 부활하셨을 때 우리를 향한 하나님의 사랑을 확증하셨다는 사실을 우리의 머리에 채워야 합니다. 둘째, 우리는 그것을 경험하기 위해 기도해야 합니다. 정말로 기도해야 합니다!

이상은 바울이 반복하고 또 반복했던 두 가지입니다. 바울은 하나님의 백성들이 그리스도 안에 있는 하나님의 진리를 향해 마음이 이끌리도록 편지를 썼습니다. 그리고 바울이 그의 편지에서 전했던 하나님의 영광을 볼 수 있는 눈을 성령께서 그들에게 주시도록 기도했습니다.

강림절을 맞아 여러분께 부탁드립니다. 그리스도 안에서 하나님의 사랑이 확증된 것을 읽으십시오. 그 말씀이 전하는 그대로 생각하십시오. 그리고 마음을 다해 바울이 기도한 바를 기도하시기 바랍니다. 에베소서 1장 18-19절의 기도처럼 말입니다. "너희 마음의 눈을 밝히사 그의 부르심의 소망이 무엇이며 성도 안에서 그 기업의 영광의 풍성함이 무엇이며, 그의 힘의 위력으로 역사하심을 따라 믿는 우리에게 베푸신 능력의 지극히 크심이 어떠한 것을 너희로 알게 하시기를 구하노라." 우리 마음의 눈이 하나님 사랑의 위대하심에 열리게 되면, 하나님의 사랑이 우리에게 주신 성령을 통해 부어집니다. 이것을 간구하십시오. 그 사랑을 우리의 힘닿는 대로 충만히 경험하도록 간절히 구하십시오.

33장

값을 치러 기쁨을 주시다

로마서 5:6-8

우리가 아직 연약할 때에 기약대로 그리스도께서 경건하지 않은 자를 위하여 죽으셨도다. 의인을 위하여 죽는 자가 쉽지 않고 선인을 위하여 용감히 죽는 자가 혹 있거니와, 우리가 아직 죄인 되었을 때에 그리스도께서 우리를 위하여 죽으심으로 하나님께서 우리에 대한 자기의 사랑을 확증하셨느니라. _롬 5:6-8

오늘 아침에는 복음 —기독교의 좋은 소식— 의 핵심에 곧바로 초점을 맞추겠습니다. 지금까지 우리는 복음을 이해할 수 있게 해 주는 성경의 네 가지 진리를 살펴보았습니다. 그 네 가지 진리를 되돌아본 후에, 우리의 가장 큰 필요에 대한 하나님의 자비로운 응답이 다섯 번째 진리가 되는 이유를 보여 드리겠습니다.

네 가지 진리에 대한 복습

첫 번째 진리는 하나님의 기쁘신 목적, 즉 "하나님이 그분의 영광을 위해 우리를 창조하셨다"는 것을 설명했습니다. 창조에 있어서 하나님의 계획은 하나님의 아름다움과 탁월함과 지혜와 공의와 능력과 사랑을 피조물이 기뻐하도록 나타내시는 것이었습니다. 하나님 그분이 온 우주의 중심이 되는 실재이십니다. 사람이 아닙니다. 우리는 그분의 영광을 위해 존재합니다.

두 번째 진리는 인간에게 부여된 기쁨의 의무, 즉 "모든 인간은 하나님의 영광을 위해 살아야 한다"는 것을 설명했습니다. 달리 말해, 우리가 살아가는 이유는 하나님이 우리를 창조하신 이유로부터 옵니다. 저는 최근 존 젠스터드로부터 편지 한 통을 받았는데, 그는 이렇게 말했습니다. "인간이 된다는 것은 참으로 경이로운 일입니다." 우리는 하나님을 신뢰하고 감사하고 사랑하고 순종하면서 하나님의 영광을 위해 살도록 부르심 받았습니다. 게다가 우리 자신의 영원한 운명도 그것의 균형에 달려 있습니다. 하나님의 형상으로 창조되었다는 사실, 그리고 하나님의 영광을 위해 먹고 마시고 일하고 논다는 것은 경이로운 일입니다. 그것은 인간으로서 우리가 감당해야 하는 기쁨의 의무입니다.

세 번째 진리는 우리가 어떤 식으로 그 기쁨을 덧없는 죄의 쾌락과 모두 바꾸었는지, 즉 "우리 모두는 마땅히 하나님을 영화롭게 해야 하지만 실패했다"는 사실을 설명했습니다. 우리는 마땅히 있어야 할 곳 어디에서도, 하나님을 사랑하지도 신뢰하지도 감사하지도 순종하지도 않았습니다. 사람들은 자신이 선한 사람인지 그렇지 않은지 생각할지라도, 마땅한 부르심에 실패했다는 그 사실만큼은 인정해야 합니다. 하나님은 우리 인생의 중심이 되지 못하셨습니다. 우리는 모든 것을 하나님의 영광을 위해 하지 않았습니다. 우리들 누구도 그러지 않았습니다.

그러므로 네 번째 진리는 우리의 창조 목적인 그 기쁨을 어떤 식으로 잃어버렸는지, 즉 "우리 모두는 하나님의 공의로운 정죄를 받는다"는 사실을 설명했습니다. 하나님은 공의의 하나님입니다. 그분의 의는 절대적이며, 모든 일에서 자기의 영광을 위하시려는 하나님의 헌신에는 타협함이 없습니다. 그래서 우리가 하나님의 영광을 다른 것으로 바꾸고, 그분의 영광을 위해 살지 않을 때, 우리는 우리 자신을 하나님의 의로운 진노 아래 두는 셈이 됩니다. 달리 말해, 하나님의 영광에 무관심하고 불신하고 감사하지도 않고 불순종함으로 그분의 영광을 계속 멸시한다면, 하나님은 우리에게 영원한 지옥의 형벌을 주심으로써 그분 영광의 가치를 입증하실 것입니다.

우리가 이 네 가지 진리를 통해 알게 된 결론은 이것입니다. 인류가 당면한 가장 큰 위험은 핵전쟁도 아니고 에이즈도 아니고 공산주의도 아니며 온실효과나 인종 갈등도 아닙니다. 인류에게 가장 큰 위험은 하나님의 진노입니다. 우리의 가장 큰 문제는 하나님의 의가 우리의 정죄를 요구한다는 것입니다. 우리 모두가 —우리 한 사람 한 사람이— 하나님의 영광을 멸시했기 때문입니다.

영생을 주시려고 독생자를 보내신 하나님

이제 다섯 번째 진리를 이해할 준비가 되었습니다. 다섯 번째 진리는 복음의 핵심 중의 핵심으로, "하나님께서 영생을 주시려고 독생자 예수님을 보내셨다"는 사실입니다. 혹은 디모데전서 1장 15절에 나온 바와 같이 "그리스도 예수께서 죄인을 구원하시려고 세상에 임하셨습니다."

따라서 오늘 아침에 하고 싶은 일은 우리에게 주어진 얼마의 시간 동안, 예수님이 죄인을 어떻게 구원하시는가에 대해 최대한 명확하게 설명하는 것입니다. 다섯 번째 진리의 초점은 구원받기 위해 우리가 해야 할 일(다음 주 주제)에 있지 않습니다. 여기서의 초점은 죄인을 구원하기 위해 하나님이 하신 일에 있습니다.

로마서 5장 6-8절에서 바울은 이렇게 말합니다.

> 우리가 아직 연약할 때에 기약대로 그리스도께서 경건하지 않은 자를 위하여 죽으셨도다. 의인을 위하여 죽는 자가 쉽지 않고 선인을 위하여 용감히 죽는 자가 혹 있거니와, 우리가 아직 죄인 되었을 때에 그리스도께서 우리를 위하여 죽으심으로 하나님께서 우리에 대한 자기의 사랑을 확증하셨느니라.

이 본문에서는 세 가지에 유의하십시오.

첫째, 죄인들을 구원하기 위한 예수님의 방법은 죄인들을 위해 죽으시는 것입니다. "그리스도께서 경건하지 않은 자를 위하여 죽으셨도다." 디모데전서 1장 15절에서 "그리스도 예수께서 죄인을 구원하시려고 세상에 임하셨다"고 말할 때 그 의미는 예수님이 죄인들을 위해 죽으려고 세상에 오셨다는 뜻입니다. '예수님이 죄인들을 어떻게 구원하시는가'라는 질문에 대한 답은 '그들을 위해 죽으심으로써 죄인들을 구원하신다'입니다.

둘째, 로마서 5장 6-8절에서 유의할 것은 여러분과 제가 이 구원 사역을 먼저 시작하지 않았다는 사실입니다. 우리는 구원을 받을 자격도 없었고 구원을 일으키지도 않았습니다. 바울은 우리가 모두 무력하고 불경건한 죄인들이었다고 말합니다. 구원은 전적으로 하나님이 시작하신 일입니다.

셋째, 이 사실은 우리가 다시금 주목해야 할 세 번째 내용으로 이어집니다. 즉 죄인들을 위한 그리스도의 죽음이 하나님의 사랑을 확증했다는 사실입니다. 8절입니다. "우리가 아직 죄인 되었을 때에 그리스도께서 우리를 위하여 죽으심으로 하나님께서 우리에 대한 자기의 사랑을 확증하셨느니라." 성부 하나님은 그저 진노하시는 하나님이고, 성자 하나님, 즉 예수 그리스도는 긍휼의 하나님이라고 생각하지 마십시오. 그것은 진실이 아닙니다. 성부 하나님은 진노의 하나님이시면서 동시에 사랑의 하나님이시기에 우리의 구원을 계획하셨고 그의 독생자를 보내셨습니다.

하나님은 우리의 심판자이시며 우리는 그분의 의로운 정죄 아래 있습니다. 우리가 하나님의 영광을 더럽혔기 때문입니다. 하지만 하나님이 심판자로 계시던 때, 그리고 우리에게 그분의 의로운 정죄를 내리시면서도, 동시에 하나님은 그 진노로부터 우리를 구원할 길을 모색하신 구원자로 계시기 때문에 하나님의 사랑이 그토록 경이로운 것입니다.

예수님의 죽음이 죄인들을 구하는 세 가지 방식

이제 하나님의 아들, 예수님의 죽음이 어떻게 하나님의 진노에서 그의 백성들을 구하시는지 이해하시겠습니까? 그리스도의 죽음이 어떻게 죄인들을 구하는지 성경이 설명하고 있는 세 가지를 말씀드리겠습니다.

1. 속전을 지불하심

예수님의 죽음은 많은 사람을 위한 속전(몸값, ransom)으로 불립니다. 마가복음 10장 45절에서 예수님은 이렇게 말씀하셨습니다. "인자가 온 것은 섬김을 받으려 함이 아니라 도리어 섬기려 하고, 자기 목숨을 많은 사람의 대속물(ransom)로 주려 함이니라." 베드로전서 1장 18-19절에서는 이렇게 말합니다. "너희가 알거니와 너희 조상이 물려 준 헛된 행실에서 대속함을 받은 것은 은이나 금 같이 없어질 것으로 된 것이 아니요, 오직 흠 없고 점 없는 어린 양 같은 그리스도의 보배로운 피로 된 것이니라." 고린도전서 6장 19-20절은 이렇게 말합니다. "너희는 너희 자신의 것이 아니라 값으로 산 것이 되었으니, 그런즉 너희 몸으로 하나님께 영광을 돌리라." 요한계시록 5장 9절은 이렇게 말합니다. "일찍이 죽임을 당하사 각 족속과 방언과 백성과 나라 가운데에서 사람들을 피로 사서 하나님께 드리시고."

따라서 그리스도의 죽음을 이해하는 한 가지 방식은 대속을 위한 값 지불로 보는 것입니다. 대체 누구에게 속전을 치렀는가에 대한 질문에 어떤 이는 아마도 사탄이라고 말하거나, 아니면 하나님이라고 —하나님이 자기 자신에게 치렀다고— 말할 수 있습니다.

하나님이 자기 백성을 구속하시기 위해 사탄에게 값을 지불했다고 주장하는 것은 매우 잘못되었다고 봅니다. 하나님이 그분의 대적이 요구하는 바를 들어주셔야 한다고 생각하는 것은 하나님의 주권과 완전히 반대됩니다. 악한 마귀가 구원의 조건을 좌지우지하도록 하나님이 내버려두신다는 생각도 하나님의 거룩하심에 완전히 반대됩니다. 그 외에도 마가복음 3장 27절에서 예수님은 자신이 사탄의 속박에서 백성들을 어떻게 풀어 주실지 설명하고 계십니다. 말씀을 보면 그분이 강한 자를 결박하고 그 세간을 강탈한다고 나옵니다. 달리 말해서 예수님은 인질을 붙잡고 있는 테러범, 사탄과 협상하지 않으십니다. 그분은 침입해서 결박하시고 구원하십니다.

그렇다면 우리 죄를 위해 죽임 당하도록 아들을 내어주신 것은 하나님이 자기 자신에게 속전을 치르신 것이라고 말하는 것이 옳다고 생각합니다. 달리 말해 우리는 사탄에게 아무것도 빚지고 있지 않으며, 하나님도 사탄에게 아무런 빚을 지고 계시지 않습니다. 우리에게 지워진 가장 큰 짐은 하나님께 진 빚입니다. 그 하나님은 우리가 우리의 죄로 공격했던 분입니다. 그 하나님은 우리의 불신과 불순종으로 그 명성이 더럽혀지고 그 이름이 모독을 당했던 분입니다.

그렇다면 우리가 하나님의 의로운 진노에서 구원을 받을 것이라면, 그에 따르는 대가 지불도 이뤄져야 한다는 사실을 어렵지 않게 알 수 있습니다. 그러므로 그리스도의 죽음이 죄인들을 구원한 첫 번째 방식은 그 죽음으로 속전을 지불하고 하나님의 진노에서 구해내는 것입니다.

제가 고린도전서 6장 19-20절을 읽을 때, 하나님의 목표는 이런 방식으로 우리를 값으로 사거나 속전을 지불하는 것이었음을 여러분은 눈치 채셨습니까? 본문은 이렇게 말합니다. "너희는 너희 자신의 것이 아니라 값으로 산 것이 되었으니 그런즉 너희 몸으로 하나님께 영광을 돌리라." 우리를 값으로 사신 이유는 우리를 본래의 창조 목적으로 돌이키게 하려는 것입니다. 다시 말해, 예수님이 죽으신 이유는 하나님의 영광을 알고 그 영광을 드러내는 기쁨의 삶으로 우리를 되돌리려는 것입니다. 다섯 가지 진리가 서로 어떻게 어우러지는지 깨닫게 되시기를 소망합니다.

2. 대속물이 되심

그리스도의 죽음이 어떻게 죄인들을 구원하시는지 성경이 설명하는 두 번째 방식은 그분이 우리를 위한 대속물(substitution)임을 알리는 것입니다. 하나님을 욕되게 하고 그분의 영광을 경홀히 여겼으므로 우리 모두는 의롭고 정당한 정죄 판결을 받아 저주 아래 있습니다. 그리고 예수님은 그 저주와 정죄를 몸소 취하여 자기 위에 부으시고 그분을 믿는 모든 사람을 위한 대속물이 되셨습니다.

베드로전서 3장 18절은 이렇게 말합니다. "그리스도께서도 단번에 죄를 위하여 죽으사 의인으로서 불의한 자를 대신하셨으니 이는 우리를 하나님 앞으로 인도하려 하심이라."

고린도후서 5장 21절은 이렇게 말합니다. "하나님이 죄를 알지도 못하신 이를 우리를 대신하여 죄로 삼으신 것은 우리로 하여금 그 안에서 하나님의 의가 되게 하려 하심이라."

갈라디아서 3장 13절은 이렇게 말합니다. "그리스도께서 우리를 위하여 저주를 받은 바 되사 율법의 저주에서 우리를 속량하셨으니."

그러므로 그리스도가 우리를 우리 죄에서 구원하시는 방식은 우리를 위한 대속물이 되시는 것입니다. 그분은 우리가 져야 할 저주를 대신 받으셨고, 자칫 우리를 영원한 정죄로 이끌었을 죄를 대신 감당셨습니다. 예수님은 우리 자리에 대신 서셨고, 하나님은 모든 믿는 자들의 죄를 그분에게 얹으셨습니다(사 53:6).

3. 하나님이 의로우심을 나타내심

마지막으로, 예수님의 죽음이 구원을 이루는 이유는 그 죽음으로 하나님의 의로우심이 입증되었기 때문입니다. 아마도 이것이 우리가 가장 쉽게 놓치는 부분이며, 그럼에도 예수님의 죽음이 지닌 근본적인 의미를 가장 잘 담고 있는 부분입니다. 우리가 쉽게 간과하게 된 이유는 앞의 처음 네 가지 진리를 간과했기 때문인지도 모릅니다.

함께 로마서 3장 25-26절로 가보겠습니다. 하나님의 영광에서 시작하지 않으면 예수님의 죽음이 하나님의 의로우심을 입증한다는 측면을 제대로 이해하지 못할 것입니다.

그러므로 로마서 3장의 이 두 구절을 이해하기 위한 토대를 마련해 보겠습니다. 하나님은 그분의 영광을 위해 세상을 창조하셨습니다. 하나님의 의는 하나님의 영광의 가치를 지키시려는 하나님의 흔들림없는 헌신입니다. 이 말은 그분의 영광을 확장시키는 모든 것은 지원하고, 그 영광을 축소시키는 모든 것에 맞서겠다는 의미입니다.

우리는 모두 하나님의 영광을 축소시키고 더럽혔으므로, 하나님의 의가 하나님으로 하여금 전능자의 진노로 우리를 대적하도록 만듭니다. 그렇다면 어떻게 하나님은 우리 같은 죄인을 구원하시면서도 여전히 그분의 영광의 가치를 지켜 낼 수 있으실까요? 어떻게 죄로 물든 죄인들을 무죄 방면 하시면서도 여전히 의로운 심판자로 계실 수 있을까요?

로마서 3장 25-26절은 예수님의 죽음이 지닌 의미를 매우 쉽게 설명합니다.

> 이 예수를 하나님이 그의 피로써 믿음으로 말미암는 화목제물로 세우셨으니, 이는 하나님께서 길이 참으시는 중에 전에 지은 죄를 간과하심으로 자기의 의로우심을 나타내려 하심이니. 곧 이 때에 자기의 의로우심을 나타내사 자기도 의로우시며 또한 예수 믿는 자를 의롭다 하려 하심이라.

예수님이 죽기 위해 보냄 받은 이유는 하나님의 의로우심을 나타내기 위함이라는 사실에 유의하시기 바랍니다. 그러면 하나님의 의로우심이 나타나야 했던 이유는 무엇입니까? 25절에 답이 있습니다. "이는 하나님께서 길이 참으시는 중에 전에 지은 죄를 간과하심으로." 다시 말해, 하나님이 죄를 간과하실 때 —여러분과 저를 용서하실 때— 마치 그분이 의롭지 않은 것처럼 보입니다. 우리가 죄를 범하여 경멸했던 하나님의 영광에 하나님은 마치 아무런 가치를 두지 않으시는 것처럼 보입니다. 그리고 하나님 앞에서 유죄인 죄인들을 무죄 방면하는 것이 결코 놀라운 일이 아니라는 듯, 세상의 죄를 우주의 카펫 밑으로 쓱 밀어넣어 버리신 거라면 그것은 참으로 끔찍한 불의가 아닐 수 없습니다.

그래서 하나님은 우리가 하나님의 영광을 모욕한 일에 결코 무관심하지 않으시다는 사실을 단번에 입증하셨고, 그리스도가 죽으셨을 때 바로 그 일이 일어난 것입니다. 그리스도가 죽으시면서 행하신 일은 죄인들을 구원하시는 일로 자칫 오해받을 수 있었던 하나님의 의로우심을 입증하시는 것이었습니다. 그리스도가 우리를 대신해 죽지 않으셨다면 하나님의 의는 단 한 가지 방법, 즉 우리를 영원히 정죄하는 것으로 입증될 수밖에 없었을 것입니다.

요약

그리스도의 죽음이 우리를 심판에서 구원받고 영생을 얻게 하셨음을 세 가지 방식으로 살펴보았고, 이를 요약하겠습니다. 첫째, 그리스도의 죽으심은 우리가 우리 죄 때문에 하나님께 진 엄청난 빚을 대신 갚는 속전입니다. 둘째, 그리스도의 죽으심은 대속물입니다. 우리가 죄책과 형벌에서 자유로울 수 있기 위해 그리스도는 몸소 우리의 죄와 저주를 감당하십니다. 셋째, 그리스도의 죽으심은 하나님이 여전히 의로운 분으로 계시면서도 동시에 예수 믿는 자들을 의롭다 하시기 위해 필요한 하나님의 의로우심을 입증하신 것입니다.

이제 기도하는 것은 여러분 모두가 이 사실을 명확히 이해하는 것입니다. 예수 그리스도의 죽으심은 우리가 하나님의 진노를 피해 그분과 화평할 수 있는 유일한 길입니다. 그리고 저는 그 진리가 여러분에게 분명해질 뿐 아니라 강력한 부담감이 되기를 기도합니다. 제가 마음으로 간절히 원하고 하나님께 기도하는 것은 여러분도 구원을 받는 것입니다. 그 길은 열려 있습니다. 구원은 충분하고, 값없이 주어집니다. 하나님은 예수님을 믿는 자들을 의롭다 하십니다. 여러분의 모든 믿음을 하나님에게 쏟으면 그분이 여러분의 온전한 구원자가 되실 것입니다.

34장

더욱 그의 살아나심으로 말미암아 구원을 받을 것이니라

로마서 5:9-11

그러면 이제 우리가 그의 피로 말미암아 의롭다 하심을 받았으니 더욱 그로 말미암아 진노하심에서 구원을 받을 것이니 곧 우리가 원수 되었을 때에 그의 아들의 죽으심으로 말미암아 하나님과 화목하게 되었은즉 화목하게 된 자로서는 더욱 그의 살아나심으로 말미암아 구원을 받을 것이니라. 그뿐 아니라 이제 우리로 화목하게 하신 우리 주 예수 그리스도로 말미암아 하나님 안에서 또한 즐거워하느니라. _롬 5:9-11

오늘 아침에는 로마서 5장 9-10절을 중점적으로 보겠습니다. 이 두 구절에서 네 가지 위대한 실체를 봅니다. 그중 세 가지는 크리스마스 선물이라 불러도 됩니다. 하나는 우리에게 그 선물이 필요한 이유를 말합니다. 다른 하나는 본문의 주요 핵심이자 이 단락 전체의 주제인 '확신'을 반복하고 있습니다. 이 단락에서 바울의 주된 목표는, 하나님이 우리를 위하시고 우리가 모든 고난을 지나는 동안뿐 아니라 세상에 쏟아질 마지막 거대한 진노에서도 우리를 위하실 것이라는 그리스도인의 확신을 키우는 것입니다. 9절과 10절에 나오는 "더욱"이라는 단어에서 그것을 알게 될 것입니다. 하지만 그것은 네 번째 요점입니다. 이제 첫 번째 요점부터 시작하겠습니다.

1. 우리는 모두 하나님과 원수가 되었고, 우리는 하나님에게 그리고 하나님은 우리에게 원수였으므로, 화목이 필요했다

10절의 "곧 우리가 원수 되었을 때에"를 보면 그 사실이 명확합니다. 일부 사람들은 우리가 하나님의 원수일 뿐 하나님은 우리의 원수가 아니라는 의미로 만들려고 애썼습니다. '우리는 하나님을 대적하고 있지만 하나님은 우리를 대적하지 않으신다. 우리는 하나님에게 증오를 품지만 하나님은 우리에게 증오를 품지 않으신다.' 그들의 논리는 다음과 같이 흘러갑니다. 10절을 보면 우리가 하나님의 원수였다고 할 뿐, 하나님이 우리의 원수였다고 말하지는 않는다고 주장합니다. 그리고 두 번째 논리는 10절에 "우리가 하나님과 화목하게 되었다"고 말할 뿐, 하나님이 우리와 화목하게 되었다고 말하지 않는다는 것입니다.

하지만 이러한 해석에는 두 가지 중대한 문제점이 있습니다. 하나는 화목하게 되는 것에 관해 말하는 우리의 방식이 신약성경이 말하는 방식과 다르다는 점입니다. 만일 우리가 누군가와 화목하게 되었다면, 증오를 품은 당사자는 우리였지 상대방이 아닐 거라고 생각합니다. 하지만 마태복음 5장 23-24절을 보면 예수님은 이렇게 말씀하셨습니다. "그러므로 예물을 제단에 드리려다가 거기서 네 형제에게 원망들을 만한 일이 있는 것이 생각나거든[주의: 상대인 형제가 증오를 품고 있음], 예물을 제단 앞에 두고 먼저 가서 형제와 화목하고 그 후에 와서 예물을 드리라."

여기 나오는 형제는 우리에 대한 노여움을 품고 있습니다. 예수님은 화목에 관해 어떻게 말씀하고 계십니까? "가서 형제와 화목하라"고 하십니다. 이제 이 사실을 염두에 두면서 로마서 5장 10절을 읽어 보겠습니다. "곧 우리가 원수 되었을 때에 … 하나님과 화목하게 되었은즉." 마태복음 5장 24절에 나오는 "형제와 화목하고"라는 의미가 우리 형제에게 우리를 대적하는 무언가가 있다는 뜻이라면, 로마서 5장 10절에서 하나님과 화목하게 된다는 말의 의미는 하나님에게도 우리를 대적하는 무언가가 있다는 뜻이 됩니다. 따라서 우리가 반역자라서 단지 우리가 그분의 원수인 것만 아니라, 우리가 반역자이기에 하나님이 우리의 원수가 되십니다.

그렇지만 이 사실을 보려고 마태복음까지 갈 필요가 없습니다. 9절에 명확히 나와 있습니다. 9절은 그리스도가 하신 일로 말미암아 우리가 "진노하심에서 구원을 받을 것"이라는 약속으로 마무리하고 있습니다. 바로 그것입니다. 하나님은 죄인들의 세상을 향해 진노와 분을 품고 계십니다. 하나님은 죄인들의 원수입니다. 우리가 영원한 복락을 누리는 데 최대의 장애물은 하나님의 진노입니다. 만일 하나님이 우리를 대적하시면, 누가 우리를 위하든 우리는 멸망하고 말 것이기 때문입니다.

따라서 첫 번째 관찰한 사항에 대해서는 이렇게 결론 맺습니다. 우리는 모두 하나님과 원수가 되었습니다. 우리는 반역으로 하나님께 대항하고 하나님은 우리에게 진노하셨습니다. 그러므로 우리 모두는 하나님과 화목을 이루어야 합니다. 하나님의 진노와 우리의 반역을 제하지 않고서는 아무 소망이 없습니다.

2. 하나님 아버지는 우리를 그분의 진노에서 구하시려고 과거에도 결정적으로 일하셨고 장래에도 실수 없이 일하실 것이다

복음 안에 들어 있는 이 놀라운 진리를 놓치지 마시기 바랍니다. 성경은 하나님께서 언젠가 죄 많은 불신 세상에 그분의 진노를 가득 쏟아부으실 것이며, 회개하지 않는 자들은 요한이 "불못"이라 부른 곳에 던져질 것이라고 분명하게 말합니다. 요한계시록 20장 15절입니다. "누구든지 생명책에 기록되지 못한 자는 불못에 던져지더라." 그리고 요한계시록 14장 10-11절은 이렇게 묘사합니다. "[그들이] 거룩한 천사들 앞과 어린 양 앞에서 불과 유황으로 고난(torment)을 받으리니, 그 고난의 연기가 세세토록 올라가리로다." 지옥은 불과 같습니다. 지옥은 고통(torment)입니다. 끝도 없이 영원히 계속될 것입니다.

참으로 끔찍합니다. 증오가 의도하는 바가 있었다면, 바로 이것입니다. 이것이 바로 원수가 되는 것입니다. 언젠가 하나님은 하나님을 의지하지 않았던 모든 세상 인류에게 그분의 증오 —진노— 를 쏟아부으실 것입니다.

질문이 있습니다. 과연 누가 이러한 하나님의 진노에서 우리를 건져낼 수 있습니까? 본문에 —신약성경 전체에— 분명한 답이 나옵니다. 오직 하나님만이 하나님의 진노에서 우리를 건져낼 수 있습니다.

어디서 그 사실을 알 수 있습니까? 다섯 개의 수동태 동사를 잘

보시기 바랍니다. 9절입니다. "그러면 이제 우리가 그의 피로 말미암아 의롭다 하심을 '받았으니'[been justified] 더욱 그로 말미암아 진노하심에서 구원을 '받을 것이니'[be saved]. 곧 우리가 원수 되었을 때에 그의 아들의 죽으심으로 말미암아 하나님과 화목하게 되었은즉'[were reconciled] '화목하게 된'[been reconciled] 자로서는 더욱 그의 살아나심으로 말미암아 구원을 '받을 것이니라'[be saved]." 모든 행위를 우리가 당하고 있습니다. 누가 행위의 주체입니까? 의롭다 하고 화목하게 하고 구원하는 행위는 누가 하고 있습니까? 성부 하나님이 답입니다. 우리는 그 사실을 어떻게 알 수 있습니까? 10절이 이렇게 말하기 때문입니다. "그의 아들의 죽으심으로 말미암아 하나님과 화목하게 되었은즉." 만일 하나님의 아들이 화목을 이루게 하고 있는 것이라면, 하나님이 "아들로 말미암아" 화목하게 하셨다고 말하지는 않을 것입니다. "하나님의 아들이 그의 아들로 말미암아 우리를 하나님과 화목하게 했다"고 말하지 않는 것이지요.

아들이 아닙니다. 아버지 그분이 몸소 우리를 사랑하십니다. 그 점은 8절에 분명하게 나와 있습니다. "우리가 아직 죄인 되었을 때에 그리스도께서 우리를 위하여 죽으심으로 하나님께서 우리에 대한 자기의 사랑을 확증하셨느니라." 좋은 소식이 여기에 있습니다. 하나님의 사랑이 하나님의 진노에서 우리를 구해 내셨습니다. 죄인들에 대한 하나님의 진노를 부인하면서까지 우리를 위한 하나님의 사랑을 변호하려고 하지는 마십시오. 우리가 그렇게 하면 하나님의 사랑을 훼손하는 것이 됩니다. 하나님의 사랑이 가장 위대하게 입증되는 길은 하나님의 진노에서 우리를 구해 내는 것이기 때문입니다. 사랑을 변호하기 위해 진노를 거부한다면, 사랑을 잃습니다.

지금까지 살펴본 두 번째 요점은, 성부 하나님이 우리를 그분의 진노에서 구원하시기 위해 직접 역사하신다는 것입니다. 그리고 이 두 번째 요점에서 살펴본 다른 내용은 하나님이 과거에도 그렇게 역사하셨고, 미래에도 그렇게 하시리라는 것입니다. 9-10절의 내용도 이것입니다. 9절입니다. "이제 우리가 그의 피로 말미암아 의롭다 하심을 받았으니[하나님이 과거에 행하신 일—'피'는 하나님이 보내신 아들의 죽음을 말함], 더욱 그로 말미암아 진노하심에서 구원을 받을 것이니[하나님이 미래에 행하시는 일]." 그리고 10절입니다. "곧 우리가 원수 되었을 때에 그의 아들의 죽으심으로 말미암아 하나님과 화목하게 되었은즉[역사 속에서 하나님이 행하신 과거의 일], 화목하게 된 자로서는 더욱 그의 살아나심으로 말미암아 구원을 받을 것이니라[미래에 있을 하나님의 사역]."

그러므로 두 번째 요점은, 하나님 아버지께서 우리를 그분의 진노에서 구해 내기 위해 과거에도 직접 일하셨고, 미래에도 실수 없이 일하시리라는 것입니다

3. 우리를 구하기 위한 하나님의 과거 사역과 미래 사역은 그 아들 그리스도의 사역을 통해 이루어진다

이것이 세 번째 요점입니다. 하나님은 그 아들 예수 그리스도를 통하지 않고서는 과거에 우리를 의롭다 하지 않으셨을 것이고, 미래에도 우리를 구원하지 않으십니다. 아, 우리가 그리스도의 사역을 얼마나 묵상해야 하는지요. 바로 여기서 우리는 그리스도의 사역과 마주치

기 때문입니다. 하나님의 사랑을 알기 원한다면 우리는 그리스도의 사역을 알아야 합니다.

어디서 이 사실을 알 수 있습니까? 9-10절에 분명하게 나옵니다. 9절입니다. "그러면 이제 우리가 그의 피로 말미암아 의롭다 하심을 받았으니[하나님의 사역] 더욱 그로 말미암아[그 아들 예수 그리스도의 사역] 진노하심에서 구원을 받을 것이니[하나님의 사역]." 예수님은 과거에 우리를 위해 죽으셨을 때 우리의 칭의를 값주고 사셨습니다. 그리고 예수님은 우리를 위해 살아 계시므로 미래에 우리의 구원을 중재하십시다.

10절은 오히려 더 명확합니다. "곧 우리가 원수 되었을 때에 그의 아들의 죽으심으로 말미암아[우리를 위해 죽으신 아들의 사역] 하나님과 화목하게 되었은즉[하나님의 사역] 화목하게 된 자로서는 더욱 그의 살아나심으로 말미암아[그리스도의 사역] 구원을 받을 것이니라[하나님의 사역]."

세 번째로 관찰한 내용은 이렇습니다. 우리를 구해 내시기 위한 하나님의 과거 사역과 미래 사역 모두 그 아들 그리스도의 사역을 통해 이루어집니다. 과거에 이루어진 칭의와 화목 그리고 미래에 있을 구원은 예수 그리스도로 말미암습니다. 그리스도는 구원 역사에서 결코 없어서는 안 됩니다. 그리고 아버지는 아들이 그의 영광을 얻는 것을 원하십니다.

이것이 의미하는 바는 우리가 드리는 예배와 가르침과 전도에 있어서 매우 큽니다. 예수님이 이렇게 말씀하셨기 때문입니다. "아들을 공경하지 아니하는 자는 그를 보내신 아버지도 공경하지 아니하느니라"(요 5:23). 우리가 예수님을 예배하지 않으면 하나님을 예배하지 않는 것입니다. 요한은 이렇게 기록했습니다. "아들이 있는 자에게는 생명이 있고 하나님의 아들이 없는 자에게는 생명이 없느니라"(요일 5:12. 요일 2:23도 참조). 선교란 사람들에게 생명을 전해 주는 일이지만, 하나님에 관한 모호한 메시지를 전하는 것으로가 아니라, 하나님의 아들 예수 그리스도에 대한 분명한 메시지 —그분의 죽음, 그분의 삶 그리고 그분을 통해 하나님에게서 오는 칭의, 화목, 구원의 메시지— 를 전하는 것으로 이루어집니다.

4. 그리스도 안에서 이루어진 하나님의 과거 사역은, 하나님의 진노에서 우리를 구원하실 하나님의 미래 사역을 더욱 확신시켜 준다

마지막으로 관찰한 이 내용이 본문의 핵심입니다. 그 이유는 다른 모든 내용들이 이를 보좌하고 있고 "더욱"이라는 단어로 반복되고 있기 때문입니다. 이번에는 각 구절이 마음으로 확신하는 논리에 초점을 맞춰서 9-10절을 다시 한 번 읽어 보겠습니다. 이 논리에 따른 뜨거운 논쟁이 있었다면 분명 이 두 구절에서 나왔을 것입니다. 9절입니다. "이제 우리가 그의 피로 말미암아 의롭다 하심을 받았으니 더욱 그로 말미암아 진노하심에서 구원을 받을 것이니."

이제 "더욱"이라는 구절이 어떻게 기능하고 있는지 아시겠습니까? 자녀 여러분, 이 예화를 잘 생각해 보세요. 여러분이 부모님과 함께 새로 이사를 갑니다. 첫날 밤에 여러분 집에 큰 화재가 발생합니다. 옆집 사람이 —피터슨 씨라고 부릅시다— 연기를 보고 소방서에 연락을 하고, 창문을 깨서 사람들을 깨우고, 안으로 뛰어들어가 여러분의 엄마 아빠를 무사히 구해 밖으로 빠져나왔습니다. 소방관들이 아직 도착하지 못했는데, 위층 침실에서 여러분의 비명소리가 들립니다. 피터슨 씨는 잠시의 머뭇거림도 없이 계단을 득달같이 올라가 욕조에서 담요를 적시고는 복도 불길을 뚫고 담요로 여러분을 감싸 무사히 밖으로 데리고 나옵니다. 하지만 피터슨 씨는 온 팔과 얼굴에 심한 화상을 입었습니다.

이후 수개월 동안 여러분은 피터슨 씨와 친한 친구가 되었고 병원에 병문안도 갑니다. 어느 날 피터슨 씨는 퇴원을 하고, 여러분은 그에게 이런 부탁을 합니다. "피터슨 아저씨, 오늘 오후에 우리 집에 와서 요요 멋지게 하는 법 좀 보여 주실래요?" 피터슨 씨는 말합니다. "물론이지, 기꺼이 가마." 하지만 하루 종일 여러분은 정말 아저씨가 오실지 반신반의합니다. 그래서 아버지에게 말합니다. "피터슨 아저씨가 오늘 오후에 오실지 잘 모르겠어요. 혹시 잊어버리지 않으실까요, 어쩌면 나 같은 꼬마에겐 관심이 없는지도 모르겠어요."

그러자 아버지가 이렇게 말합니다. "너 그거 아니? 피터슨 씨는 너를 구하려고 자기 목숨을 걸고서 기꺼이 불길을 뚫고 들어갔단다. 그런데 오늘 오후에 너를 찾아 와서 요요 기술을 보여 주는 것이야말로 얼마나 더 많이 바라시겠니! 널 위해 힘든 일도 하셨다면 그런 쉬운 일은 반드시 해 주실 게 너무나 확실하지 않겠니."

9절에 나온 "더욱"이라는 단어가 어떤 역할을 하는지 아시겠습니까? "이제 우리가 그의 피로 말미암아 의롭다 하심을 받았으니 더욱 그로 말미암아 진노하심에서 구원을 받을 것이니." 즉 이것의 요점은 하나님이 우리를 구원하실 것이라는 확신과 보증을 우리에게 더욱 더해 준다는 것입니다.

10절도 마찬가지입니다. "곧 우리가 원수 되었을 때에 그의 아들의 죽으심으로 말미암아 하나님과 화목하게 되었은즉 화목하게 된 자로서는 더욱 그의 살아나심으로 말미암아 구원을 받을 것이니라." 피터슨 씨가 여러분을 아직 제대로 알지 못한 상황에서 여러분을 구하기 위해 목숨도 걸었다면, 이제 친구가 된 상황에서는 여러분을 찾아와 함께 놀아 주겠다는 약속을 더욱 지키지 않겠습니까!

하나님은 그분의 원수와 화목을 이루기 위해 아들을 희생하시는 가장 힘든 일을 하셨습니다. 그러니 그분의 친구는 구하지 않으시겠습니까? 반드시 그러실 것입니다. 더욱 그러하실 것입니다!

하나님이 주시는 크리스마스 선물

이것을 오늘 아침 하나님이 주시는 크리스마스 선물로 받으시기 바랍니다. 로마서 5장 1절부터 끝까지의 모든 내용은 지금도 하나님이 우리를 위하시고 영원히 우리와 함께하시리라는 확신을 우리에게 주려는 것입니다. 이것은 하나님의 말씀입니다. 하나님은 우리가 이 강렬한 말씀에 대해 더욱 확고해지고, 더욱 확신하며, 더욱 소망에 차고, 더욱 안정적이고, 더욱 견고해져서 이곳을 떠나길 원하십니다. 하나님께서 원수를 의롭다 하고 화목하기 위해 아들을 내어주셨다면, 그의 친구를 구하기 위해서는 모든 것을 하시지 않겠습니까?

35장

그리스도로 말미암아 하나님 안에서 즐거워하다

로마서 5:9-11

그러면 이제 우리가 그의 피로 말미암아 의롭다 하심을 받았으니 더욱 그로 말미암아 진노하심에서 구원을 받을 것이니. 곧 우리가 원수 되었을 때에 그의 아들의 죽으심으로 말미암아 하나님과 화목하게 되었은즉 화목하게 된 자로서는 더욱 그의 살아나심으로 말미암아 구원을 받을 것이니라. 그뿐 아니라 이제 우리로 화목하게 하신 우리 주 예수 그리스도로 말미암아 하나님 안에서 또한 즐거워하느니라. _롬 5:9-11

오늘은 11절을 중심으로, 이 구절에 담긴 크리스마스 메시지로 시작하겠습니다. 크리스마스 메시지는 11절의 "받았으니"(received)라는 단어에 있습니다. "이제 우리가 화목을 받았으니(we have now received the reconciliation, 영문판 직역임. 한글 개역개정판은 '이제 우리로 화목하게 하신'으로 나옴—옮긴이)." "받았으니"라는 단어는 이 화목이 선물이며 우리가 그것을 받는다는 뜻입니다.

이것이 의미하는 바는 한 때 우리가 하나님과 불화했다는 것입니다. 우리는 죄를 지었고, 하나님은 진노하셨습니다. 이에 관해서는 지난 주에 9-10절에서 명확히 살펴보았습니다. 9절은 하나님의 진노에서 구원받는 것을 말하고 있습니다. 그리고 10절은 우리 모두가 하나님과 원수이던 때 일어난 일에 대해 이야기합니다.

10절은 정확히 어떤 일이 있었는지 말합니다. "그의 아들의 죽으심으로 말미암아 하나님과 화목하게 되었은즉." 그리스도의 죽음이 발생했습니다. 그리고 하나님의 아들이 우리 죄를 위해 죽으시던 때, 그리스도는 하나님이 그의 백성을 향해 품으셨던 모든 증오를 몸소 다 받고 죽으셨습니다. 그래서 그리스도의 죽음은 우리와 하나님과의 화목을 위한 객관적이고 역사적이며 변함 없고 반석처럼 견고한 기초입니다.

이 위대한 사실을 놓치지 마십시오. 하나님이 화목을 성취하셨습니다. 즉 하나님이 우리에게 없는 화목의 기초를 놓으셨습니다. 하나님이 화목이라는 특권을 값을 치르고 사신 것입니다. 우리가 이 땅에 등장하기 전, 혹은 우리가 무언가 도울 만한 일을 하기 전에, 화목을 위한 결정적인 역사가 이루어졌습니다. 죄가 있는 곳에는 반드시 형벌이 따릅니다. 우리가 하나님의 영광을 무시한 지점에서는, 하나님을 무시하는 일은 실제로 끔찍한 일이라는 사실이 반드시 입증되고 드러나야 합니다. 그것이 바로 그리스도의 죽음이 행하신 일입니다. 그리고 그리스도는 그 일을 우리의 도움이나 협조 없이 행하셨습니다.

오늘날 일반적인 법 관련 사안에서도 이러한 공의의 원리는 유효합니다. 우리가 법을 위반했다고 가정합시다. 가령 시속 80킬로미터 구간에서 110킬로미터로 달렸다고 합시다. 정부가 우리에게 증오를 품습니다. 우리는 신의를 깨뜨렸고 공공의 안녕을 위해 우리 삶에 제한을 둘 수 있는 정부의 권위와 권리에도 도전했습니다. 그러므로 정부는 우리와 정부 사이에 화목을 이루기 위해 벌금을 지불할 것을 요구합니다. 혹이라도 우리는 벌금 고지서를 잃어버리고 범법 사실도 잊어버릴 수 있습니다. 하지만 정부는 잊지 않고 법원에 출두하라는 소환장을 보냅니다. 정부는 우호적이지 않습니다. 범법 행위가 있으면 반드시 바로잡아야 합니다. 그리고 형벌이 따를 것입니다. 이것이 정부의 명예와 권리 회복을 위해 법률이 요구하는 바입니다.

하나님과 우리와의 관계도 마찬가지입니다. 우리는 하나님의 법을 어겼습니다. 우리는 하나님의 영광을 무시했습니다. 우리는 하나님과의 교제를 하찮게 여겼습니다. 우리는 하나님의 약속에 대한 신뢰를 깼습니다. 우리는 우리를 인도하시는 하나님의 권리와 권위를 거부했습니다. 그래서 우리는 반역자이고 소외된 자들입니다. 하지만 우리가 이 땅에 나타나 그렇게 살기도 전에, 하나님은 우리의 화목을 값 주고 사셨습니다. 하나님의 백성이 내야 할 영원한 교통위반 범칙금이 우리가 태어나기도 전에 완전히 지불되었습니다. 그래서 바울은 11절에서 하나님과 화목하기 위해 우리에게 남겨진 일은 오직 "화목을 받는 것"이 전부라고 말합니다. 참으로 영광스러운 말씀입니다. "화목을 받으십시오." 화목을 위해 애쓰지 마십시오. 화목을 공로로 성취하려고 하지 마십시오. 화목을 위해 일하지 마십시오. 화목을 얻고자 고통 받지 마십시오. 화목을 위해 돈을 지불하지 마십시오. 그저 받으십시오.

이것이 11절에 나오는 위대한 크리스마스 메시지입니다. 하나님과의 화목은 전적으로 하나님이 주시는 선물입니다.

누구를 위한 선물인가?

화목이 과연 누구를 위한 선물인지 묻는다면, 선물을 받게 될 모든 사람을 위한 것이라고 답변할 수 있습니다. 그런데 이 말은 받는다는 것이 실제로 무엇을 의미하는지 이해하는 데 있어서 매우 중요한 문제를 제기합니다. 그러므로 잠시 이에 대해 생각해 보고 나머지 구절을 살펴보겠습니다.

11절은 이렇게 말합니다. "그뿐 아니라 이제 우리로 화목하게 하신 우리 주 예수 그리스도로 말미암아 하나님 안에서 또한 즐거워하느니라." 이 구절의 주된 요점은 그리스도인들이 하나님 안에서 즐거워한다는 것입니다. 즉 그리스도로 말미암아 우리가 하나님 안에서 기뻐하고 자랑하고 영광을 맛본다는 것입니다.

11절이 "그뿐 아니라"로 시작하는데 그 앞의 어떤 것을 언급하는 것일까요? 제가 보기에 바울은 우리가 2절과 3절을 11절 앞에 있는 내용으로 이해하기를 바라는 것 같습니다. 거기에도 즐거워한다는 동일한 단어가 사용되고 있기 때문입니다. 2절입니다. "우리가 … 하나님의 영광을 바라고 즐거워하느니라." 11절과 마찬가지로 여기서도 "즐거워한다"는 같은 단어가 나옵니다. 2절의 강조점은 하나님의 영광이 우리에게 아직 충만히 임하지 않았다는 것입니다. 그것은 미래의 일입니다. 우리는 그것을 바라면서, 그러한 소망 중에 기뻐하고 즐거워하고 자랑하고 영광스러워합니다.

그런 후 바울은 3절에서 11절에 사용된 동일한 문구를 사용합니다. 하나님의 영광을 바라는 것 외에 우리가 즐거워해야 할 다른 것이 있음을 보여 주기 위해서입니다. 3절입니다. "다만 이뿐 아니라 우리가 환난 중에도 즐거워하나니." 바울은 우리가 소망 중에 즐거워할 뿐 아니라 큰 고통과 고난 중에도 즐거워한다는 점을 확실히 해 두기 원합니다. 왜냐하면 이 고난은 우리의 믿음을 시험할 뿐 아니라 우리야말로 하나님의 영광의 소망을 누리는 수혜자라는 사실을 더욱 확신할 수 있게 해 주기 때문입니다. 고통은 인내를 이루고, 인내는 검증되고 정련되고 단련되고 강철 같은 믿음을 이루며, 이 믿음은 우리가 참된 그리스도인으로서 하나님의 영광을 유업으로 받으리라는 소망을 줍니다.

바울은 6-10절에서 우리가 참으로 하나님의 진노에서 구원을 받고 하나님의 영광을 유업으로 얻으리라는 확신을 주기 위해 힘쓰고 있습니다. 그리고 3절에서 말했던 동일한 내용을 11절에서 다시 언급하는데, 우리의 즐거움을 새로운 차원으로 이끌기 위해서입니다. 바울이 말합니다. "그뿐 아니라 이제 우리로 화목하게 하신 우리 주 예수 그리스도로 말미암아 하나님 안에서 또한 즐거워하느니라." 여기서 말하는 즐거움에서 새로운 점은 무엇일까요? 여기서의 즐거움은 현재적이고 매우 개인적이라는 점입니다.

2절에서는 하나님의 영광을 소망하며 즐거워합니다.

3절에서는 환난 중에도 즐거워하는데 이 환난이 우리의 믿음을 연단하고 장차 올 영광을 온전히 소망하도록 돕기 때문입니다.

하지만 11절에서는 이제 더 이상 소망 중에만 즐거워하지 않고, 하나님 바로 그분 안에서 현재적으로 즐거움을 누립니다. 소망과 환난 중에 즐거워할 뿐 아니라 바로 하나님 안에서 지금 기뻐한다는 것입니다. 바울이 이것을 기독교의 두 번째 차원 정도로 말하지 않는 것에 유의하십시오. 혹은 매우 성숙한 그리스도인들이나 경험하는 특별한 것이라고도 말하지 않습니다. "우리로 … 하나님 안에서 … 즐거워하느니라." 이는 우리 모든 그리스도인에게 해당하는 일입니다.

이제는 "화목을 받는다"(개역개정판에는 '우리로 화목하게 하신'으로 나옴, receive the reconciliation)는 말의 진정한 의미가 무엇인지에 대한 답을 구하는 긴 여정으로 나아가겠습니다. 화목을 받는다는 것은 하나님을, 화목을 이루고 친구처럼 다정하고 사적으로 친밀하고 늘 곁에 계시며 유익하고 만족을 주시는 분으로 경험한다는 의미입니다. '하나님과의 화목'을 선물로 받는다는 것은 화목케 된 하나님을 선물로 받는다는 의미입니다. 그러므로 "화목을 받는다"는 것은 관계가 화목케 된 하나님을 받아들인다는 의미입니다.

우리는 성경이 강조하는 바, 우리와 화목케 된 하나님을 받는다는 사실을 확신해야 합니다. 이것이 11절 후반, "하나님 안에서 즐거워하느니라"의 요점입니다. 단지 하나님의 영광을 바라며 즐거워하는 것이 아닙니다. 그 소망을 연단하는 환난을 기뻐하는 것만이 아닙니다. 우리는 하나님 안에서 즐거워합니다. 미래가 아닌 지금이 그 때입니다. 우리를 만족하게 하시는 이는 하나님이십니다.

이런 종류의 받음(receiving)을 다른 종류의 받음과 비교해 보고,

우리가 과연 화목을 받아 누리고 있는지 점검해 보십시오. 누군가 아주 지혜롭고 사랑 많고 능력 있는 사람이 우리를 위해 매우 귀한 선물 꾸러미를 가져와 건네면서 이런 약속을 한다고 생각해 보십시오. "이 선물을 받아 준다면 당신에게 정말 좋은 일이 있을 뿐 아니라 만족과 기쁨을 얻을 것입니다." 그래서 우리의 손에 선물을 받아들었는데, 선물 꾸러미를 풀고 펼쳐서 기쁘고 만족스럽게 바라보는 대신, 열어 보지도 않고 다락방 선반에 얹어 둡니다. 그리고 내가 선물을 받으면 좋은 일이 있을 뿐 아니라 만족과 기쁨을 얻을 거라던 그 사람의 약속을 가끔씩 떠올립니다. 그리고 정말로 선물을 받은 게 맞다면서 스스로 위로합니다. 선물은 다락방에 있으니까요. 그리고 뭔가 조금은 더 나아졌을 거라 믿습니다. 하지만 확신은 들지 않습니다. 그리고 과연 그 약속이 진짜인가를 놓고 의심하며 갈등합니다.

이것이 "화목을 받는다"는 것의 의미일까요? 하나님의 화목을 선물로 받고, 우리가 그 선물을 받으면 죄를 사함받고 영생을 얻고 하나님이 우리의 유익을 위해 모든 것이 합력하여 선을 이루게 하겠다는 약속을 들은 다음에, "그것 정말 좋은 생각이네. 누군들 마다하겠어?"라고 말하는 것이 바울이 의미하는 바일까요? 화목을 선물로 받고 다락방 선반(우리 머리 속을 말합니다)에 올려 놓고서는 "이것 봐, 내가 화목을 받았잖아"라고 말합니다. 이것이 바울이 말하는 "화목을 받는다"는 의미일까요?

저는 그렇게 생각하지 않습니다. 그것은 기독교가 아닙니다. 마술입니다. 기독교가 아닌 한 가지가 있다면 그것은 마술입니다.

예화를 조금 바꿔서 말씀드리겠습니다. 혹 그 선물 꾸러미를 풀러본다고 할 때, 화목이라는 선물은 대부분의 다른 선물과는 다릅니다. 전기 퓨즈 세트가 담긴 선물 상자를 예로 들어봅시다. 퓨즈 상자를 받았을 때 진심으로 기뻐할 수 있습니다. 집에서 전기 제품을 사용하는 데 필수적인 물건이기 때문입니다. 전기는 누구에게나 중요한 것이죠. 그래서 우리는 매우 유용한 선물을 받아 무척 기뻐합니다. 필요한 때에 퓨즈를 새로 갈아끼우면 우리가 아끼는 전기 제품들이 작동하게 됩니다. 그러고나서 나머지 퓨즈는 상자에 담아 다락방에 두고, 다른 전기 제품이 고장날 때까지 상자에 대해서는 완전히 잊어버립니다. 퓨즈 상자를 다시 꺼낼 그때가 되면 다시금 선물 받은 일을 감사하며 다락방에서 내려오겠지요. 그러나 퓨즈를 갈아끼우고 나면 또다시 잊어 버릴 겁니다.

화목을 선물로 받는 것

교회 안의 많은 이들이 생각하는 기독교란 이런 모습입니다. 구원을 받고 천국으로 향하는 길 위에 있다는 의미를 사람들은 이런 식으로 생각합니다. 하지만 이것은 화목을 선물로 받는다고 말할 때 바울이 염두에 둔 의미가 아닙니다. 바울이 의미하는 것은 이렇게 받은 선물 꾸러미 안에 든 그것이 우리를 즐거워하게 만든다는 것입니다. 그리고 꾸러미 안에 들어 있는 것은 우리와 화목케 된 하나님입니다.

화목이라는 선물은 우리를 위해 무언가를 행하시는 하나님의 선물을 받는 것이 아닙니다. 우리는 "구원"이라는 선물을 가리켜 우리를 위해 무언가를 하시는 하나님의 선물, 즉 우리를 죄와 죄책과 지옥으로부터 구조하시는 것을 선물로 받는다고 말할 수 있습니다. 그리고 "칭의"라는 선물도, 우리를 위해 무언가를 행하시는 하나님의 선물, 즉 우리 죄를 사하시고 그리스도를 위해 우리를 의롭다고 여겨 주시는 것을 선물로 받는 것이라고 말할 수 있습니다. 그러나 "화목"이라는 선물은 다릅니다. 화목이란 하나님이 하나님 자신을 우리에게 선물로 주시는 것입니다.

우리는 그 선물을 무엇을 위해 받습니까? 다락방에 모셔 두기 위함입니까? 전자기기에 꽂아 넣기 위함입니까? 세속적인 우리 인생의 바퀴에다가 그동안 즐기던 모든 일이 더욱 잘되라고 듬뿍 기름칠을 하기 위함입니까? 아닙니다. 바울은 하나님이 왜 스스로 화목케 된 자신을 우리에게 내어주시는지를 이 구절에서 분명하게 밝히고 있습니다. 그 답은 우리가 하나님 안에서 즐거워하도록 하기 위함입니다. 하나님 안에서 말입니다. 하나님의 선물들을 즐거워하는 것이 주된 이유가 아닙니다. 그분이 끼친 영향력을 즐거워하는 것이 주된 이유가 아닙니다. 오직 하나님 안에서 즐거워하기 위함입니다. "우리는 하나님 안에서 즐거워합니다."

우리가 화목을 받았는지 확인하는 방법이 있습니다. 선물 꾸러미를 열어 보셨습니까? 화목이라는 선물 안에 든 것이 마음에 드십니까? 정말 마음에 드는 것입니다. 그 안에 하나님이 계시니까요.

그렇다면 실질적으로 우리가 이 일을 어떻게 합니까?

우리 주 예수 그리스도로 말미암아

한 가지 열쇠는 우리가 예수 그리스도로 말미암아 화목을 받고, 예수 그리스도로 말미암아 하나님 안에서 기뻐하는 것입니다.

정말로 중요한 로마서 5장 1절부터 12절까지의 말씀은 우리가 하나님을 경험할 수 있도록 하는 예수 그리스도의 대리자와 같습니다. 지난 주에 보았습니다만, 하나님의 과거 사역은 예수 그리스도로 말미암았습니다. 하나님의 미래 사역도 예수 그리스도로 말미암을 것입니다. 1-2절로 돌아가 보십시오. 우리는 우리 주 예수 그리스도로 말미암아 하나님과 화평을 이루고, 또 그리스도로 말미암아 우리가 굳게 설 은혜의 자리로 들어갑니다.

11절에서 다시 한 번 서로 단계가 다른 두 가지가 등장합니다. "이제 우리로 화목하게 하신[하나의 단계] 우리 주 예수 그리스도로 말미암아 하나님 안에서 또한 즐거워하느니라[또 다른 단계]."

그러므로 앞선 질문, 즉 "우리가 어떻게 실제적으로 화목을 선물로 받고 또 어떻게 하나님 안에서 기뻐하는가"에 대한 답은 "예수 그리스도로 말미암아 이 일들을 행한다"는 것입니다. 이것이 의미하는 바는 무엇입니까? 신약성경에 나오는 예수님의 모습, 즉 신약성경에 나오는 예수님의 행적과 말씀은, 비록 일부라 해도, 우리가 하나님을 기뻐하게 되는 핵심적인 내용이라는 것입니다. 그리스도에 대한 내용이 빠진 즐거움은 결코 그리스도를 영화롭게 하지 못합니다.

고린도후서 4장 4, 6절에서 바울은 회심을 두 가지로 설명합니다. 4절에서는 "하나님의 형상이신 그리스도의 영광"을 보는 것이라고 말합니다. 그리고 6절에서는 "예수 그리스도의 얼굴에 있는 하나님의 영광"을 보는 것이고 말합니다. 양쪽 모두에 핵심이 있습니다. 우리에게는 하나님의 형상인 그리스도가 계시고, 그리스도의 얼굴에 있는 하나님이 계십니다.

실제적으로 하나님 안에서 즐거워한다는 것은, 우리가 예수 그리스도의 초상 안에서 드러난 하나님을 보고 깨달으며 그 안에서 즐거워하는 것입니다. 그리고 5절에서 말하듯이, 성령으로 말미암아 하나님의 사랑이 우리 마음에 부어지면 이것을 충만하게 경험하게 됩니다.

이제 설교를 마무리하겠습니다. 제 말에 귀기울이십시오. 하나님은 예수 그리스도의 죽으심으로 말미암아 우리와의 화목을 값 주고 사셨을 뿐 아니라(10절), 또 하나님은 주 예수 그리스도로 말미암아 우리가 화목을 받게 해 주셨을 뿐 아니라(11절), 11절에서 말하듯, 심지어 지금도 우리가 주 예수 그리스도로 말미암아 하나님 안에서 즐거워하게 하십니다.

*예수님은 우리의 화목을 값 주고 사셨습니다. *예수님은 우리가 화목을 선물로 받고 그 선물을 열어볼 수 있게 하셨습니다. *예수님은 (말로 표현 못할 선물) 꾸러미 속에서 빛을 발하며 드러나십니다. 육신을 입은 하나님으로 드러나시며 우리가 하나님 안에서 모든 즐거움을 누리게 하십니다.

이번 크리스마스에는 예수님을 바라보십시오. 그분이 값 주고 사신 화목을 받아들이십시오. 그 선물을 열어보지도 않은 채 선반에 던져 놓지 마십시오. 그리고 그 안에 있는 것을 자신의 쾌락을 위해 사용하려면 열지 마십시오. 선물을 열어서 누리십시오. 그분 안에서 즐거워하십시오. 그분을 여러분의 기쁨으로 삼으십시오. 여러분의 보화로 삼으십시오.